동양윤리교육론

동양윤리교육론

서 은 숙

한국학술정보㈜

　현대 한국사회는 많은 변화를 겪고 있다. 그 가운데서 우리는 글
로벌 사회와 정보화 사회로의 변화를 들 수 있을 것이다. 글로벌 사
회로의 변화 속에서 우리는 많은 다양한 문화를 접하게 되어 우리
밖에 살고 있는 사람들에 대한 이해를 바탕으로 그들의 가치 체계를
인정해야 할 것이고, 또한 정보화 사회로의 변화는 많은 사람들로
하여금 개인적 선호에 우선을 두게 하여 자칫 가치 상대주의로 빠져
들게 하는 듯한 상황에 이르게 되었다.

　이와 아울러 우리는 또한 전통적 가치 체계의 재검토의 순간에 서
있기도 하다. 근대화 내지 현대화를 서구화로 받아들이면서부터 우
리의 전통적 가치체계는 의례 오래되고 낡은 구세대의 유물로 여겨
져 지금도 가능하면 없애버리려는 태도가 만연하다. 특히 젊은 세대
들에 있어 우리의 전통은 어렵고 따분하고 흥미 없는 것으로 여겨져,
마치 창고 안에 보물이 있으나 잠겨져 있을 뿐 아무도 열쇠로 그 창
고의 문을 열어 그 안의 보물들을 보려 들지 않는 것 같다.

　이러한 점에서 볼 때 한국 사회는 점차 사회적인 유대보다는 개인
적 권리와 가치가 우선시되는 사회로 전환하고 있으며, 문화 다양성
은 개인의 선택과 판단이 중시되는 사회로 가게하고 있다고도 볼 수
있다. 즉 이는 개인적 선호와 판단을 중시하고 개인의 인권을 중시
하는 방향으로의 변화라고 볼 수 있을 것이다.

이러한 상황에서 우리의 교육은 그 철학을 어디에 두어야 할 것인 가를 진지하게 생각할 때라고 생각한다. 오늘날의 교육은 상급 학교 진학 이외의 목적은 없는 듯하다. 옛 사람들이 爲己之學을 학문의 목표로 삼은 반면, 오늘날의 교육은 상급학교 입학과 출세와 부를 위한 수단으로 전락하였다. 이에 반해 전통적인 교육 철학은 우선 인간의 도덕적 인격 완성을 그 목표로 하였다. 그 내용은 인륜을 중 심으로 하였으며, 그 방법은 정서함양과 실천 그리고 성찰을 통하여 이루어졌다. 오늘날의 교육은 단순한 지식 교육 이상의 것이라 보기 힘들 것 같다.

동양윤리교육은 글로벌 사회와 다가치 사회에서 보편 윤리를 지향 하며, 그 과정에서 초기 교육에서의 실천을 기본으로 하여 개인의 성찰과 실천을 통한 사고력, 판단력을 중시한다. 또한 예술을 통한 정서함양 교육을 강조하여, 선한 사람으로서의 심성을 길러준다.

이 책에서는 우리의 동양윤리교육에 관한 철학 및 그 내용을 다루 고 있다. 동양윤리교육은 자기 자신의 인격 완성을 목표로 하는 위 기지학을 그 기본 철학으로 바탕한다. 인간으로서 인륜을 지키고 무 엇이 옳고 그른가에 대한 반성적 성찰도 강조하여 이를 위해 禮와 樂 등을 중시한다. 또한 동양윤리교육에서는 구체적인 행동 실천을 중시한다. 실천과 직접적인 실행이 없는 교육은 아무런 의미가 없게 된다. 다시 말해 동양윤리교육은 도덕적 지식에 대한 이해와 반성 및 실천 그리고 정서 함양 등을 그 핵심 내용으로 하고 있다.

앞으로 한국의 도덕·윤리 교육의 방향은 이상의 동양윤리교육이 시사하는 현대적 의미를 제고하는 것이고, 다른 하나는 멀티미디어와 인터넷 세대에 맞는 참신하고 흥미 있는 교수-학습 방법의 개발이라고 볼 수 있다. 이에 대한 아이디어에는 우선, 청소년들이 직접 경험할 수 있는 혹은 가상의 경우에 대한 깊이 생각하고 성찰하는 방법, 이를 통한 글쓰기 방법(논술), 인터넷 강의 및 각종 자료를 이용하는 컴퓨터를 이용한 방법, 내러티브나 멀티미디어를 이용한 방법 즉 이야기, 영화 등을 이용한 방법, 여러 가지 문화 콘텐츠를 이용한 방법 등을 들 수 있을 것이다.

끝으로 본서를 출판해주신 (주)한국학술정보 여러분들께 감사를 드린다.

2007년 2월 연구실에서 서은숙 씀

목차

I. 孔子와 孟子의 教育論과 德性涵養

이 장에서는 孔子와 孟子의 教育思想을 다루고 이에 근거한 德性涵養의 의미를 서술하려 한다. 孔子는 그의 人性論에서 사람들의 氣質之性은 비슷하나 어떻게 '習' 하느냐에 따라 선한 사람이 되기도 하고 악한 사람이 되기도 한다고 보았다. 즉 선한 것을 익히면 선한 사람이 되고, 악한 것을 익히면 악한 사람이 된다는 것이다. 孔子의 일차적인 교육 목표는 氣質之性을 변화시켜 道德的인 人格 혹은 完美 人格을 완성하는데 두었다. 孟子는 그의 性善說을 바탕으로 하여, 인간의 善性을 이해하고 그것을 보존하고 발전시키는 것을 중요시했다. 孟子는, 또한 사람은 동물과는 달리 먹고 입는 데서 만족하지 않고 사람으로서 지켜야 할 人倫을 깨달아 理性과 善한 性을 보존하는 것이 교육의 궁극적 목표가 되어야 한다고 주장하였다. 즉 孟子는 性善을 기초로 하여, 仁義禮智가 인간에게 모두 갖추어져 있음을 확인하려 했고, 이 점에서 교육의 목적을 이러한 善性을 보존하고 배양하여 궁극적으로는 人倫을 밝히고 至善의 경지에 도달하는 것이라고 했다.

우리가 흔히 사용하는 道德教育은 '道教育'와 '德教育'으로 나누어 볼 수 있다. '道'란 인간이 지켜야 할 道理 혹은 規範으로서 인간이 지켜야 하는 當爲的 理致에 관한 道德的 知識에 관한 教育이고, '德教育'에서 '德'이란 道를 행하여 마음에 얻는 것을 말하며, '德教育'이란 마음가짐 혹은 품성 교육이며 '됨'을 위한 교육으로 반성과 성찰을 통한 행동 실천 교육이라 할 수 있다. 孔孟思想에서 말하는 德性涵養은 여기서의 道教育과 德教育을 모두 말하는 것이다.

1. 孔子의 人性論과 道德的 人格 完成

여기서는 孔子의 性相近論을 바탕으로 그의 敎育思想을 살펴보고 그가 敎育 目標를 道德的 人格 完成에 두었음을 원전을 중심으로 서술하려 한다.[1] 孔子는 항상 배우는 것을 말했지만 남을 가르치는 것도 말했다. 배우는 것(爲學)은 자기 힘으로 하는 교육으로 현대의 수양에 해당하고, 남을 가르치는 것(誨人)은 다른 사람의 힘으로 하는 교육이니 현대의 교육에 해당한다.

孔子께서 말씀하셨다. …… 대저 仁者는 자신이 서고자 할 때 남

---

1) 儒家에서 말하는 人性 혹은 人格의 의미를 보면, 孔子의 性相近論과 孟子의 性善說이 있다. 人性論에 관한 주장들을 보면, 먼저, Nancy Sherman, *The Fabric of Character-Aristotle's Theory of Virtue*, Oxford: Clarendon Press, 1989, p.1에서는, 아리스토텔레스가 人性(character)을 한 개인의 지속적인 특징들, 즉 이는 한 인간이 어떻게 보고, 행동하고, 살아가는가에 영향을 미치는 態度, 情感, 信念 등을 말한다고 하였고, 이인재, 「쉘러 인격주의 가치윤리학의 도덕교육적 함의에 관한 연구」, 서울대 대학원, 국민윤리교육과, 박사논문, 1995, pp.103-109에서는 인격을 다음과 같이 정리하고 있다. 스콜라철학에서는 人格을 '理性的 自主體(Suppositum)'라고 정의내리고 있다. 즉 인격은 궁극적 자주체를 자기 자신 안에 소유하는 정신적 완전실체이다. 또한 Kant는 '인격은 이성적 작용활동의 논리적 주체'라고 보았다. Max Scheler, *Der Formalismus in der Ethik und die materiale Wertethik*, Gesammelte Werke, Band 2, Bern und Munchen, 1980, p.382에서, Scheler는 이러한 인격의 개념들을 비판하고, 모든 價値活動의 중심에 人格을 위치시키고, 인간의 여러 성질의 모든 작용들―사랑하는 것, 판단하는 것, 기억하는 것, 사고하는 것, 의욕하는 것, 지각하는 것, 판단하는 것, 감지하는 것 등―을 하나의 전체로 통합하는 것이 바로 人格이라고 한다. 즉, 인격의 존재는 본질적으로 상이한 모든 작용들을 정초한다. 儒家에서 '性'은 人性, 天性, 本性의 의미가 있고, 孟子의 경우 四端 즉 仁, 義, 禮, 智는 生來的인 本性을 말하는 것으로 쉘러가 말하는 人格의 의미를 가지고 있으며, 孔子의 性相近論에서의 人性은 氣質之性으로 쉘러가 말하는 인간의 여러 성질의 모든 작용들에 해당한다고 볼 수 있다.

을 세우며 자신이 이루고 싶을 때 남도 이루게 한다.2)

'자기를 세우는 것'과 '자기를 이루게 하는 것'은 자기 힘으로 하는
교육이니 자기를 닦는 것이고, '남을 세우는 것'과 '남을 이루게 하는
것'은 다른 사람의 힘에 의한 교육이니 남을 가르치는 것이다. 두 가
지가 가르치는 대상이, 하나는 자기이고, 또 하나는 다른 사람이므로
차별이 있지만 그 작용, 목적, 방법은 모두 지식의 발전과 도덕의 충
실에 있으므로 다를 바 없으며 나아가 두 가지 사이에는 매우 밀접
한 관계가 있다.3) 가르침을 베푸는 사람에 대해서 말하면 반드시 먼
저 자신을 닦아서 성취한 다음에 비로소 다른 사람을 가르칠 수 있
고, 반드시 먼저 자기가 서고 자기가 이룬 다음에 비로소 다른 사람
을 세우고 다른 사람을 이루게 할 수 있다.

孔子께서 말씀하셨다. 옛 것을 익히고 새 것을 알면 스승이 될 만
하다.4)

'옛 것은 익히고 새 것을 안다'는 자기의 지식을 나날이 더욱 진전
시키고 나날이 더욱 충실하게 해야 비로소 스승이 될 수 있고 다른
사람을 교육할 수 있다는 말이다.

孔子께서 말씀하셨다. '진실로 그 몸을 바르게 하면 정치하는 데
무슨 어려움이 있겠으며, 그 몸을 바르게 하지 못한다면, 남을 바

---

2) 『論語』, 「雍也」 28, ······ 夫仁者 己欲立而立人 己欲達而達人 ······ 본문의
   원전에 대한 해석은 四書에 대해서는 傳統文化研究會에서 발행한 四書集
   註를 참고 하였고, 그 외의 원전에 대한 해석은 儒家 思想에 관련된 단행
   본으로 된 번역서들을 참고하였음.

3) 陳大齊, 『孔子學說』, 台北: 正中書局, 民國 53年, p.272.

4) 『論語』, 「爲政」 11, 子曰 溫故而知新 可以爲師矣.

14

르게 하는 것을 어떻게 하겠는가?'

孔子께서 말씀하셨다. '자기 몸의 처신이 바르면 명령하지 않아도 행해지고, 자기 몸의 처신이 바르지 않으면 비록 명령한다 하더라도 따르지 아니한다.'5)

다른 사람을 교육하는 것은 바로 다른 사람을 바르게 하는 일이다. 따라서 자기 몸이 바르지 않으면 다른 사람을 바르게 할 수 없기 때문에 반드시 자기의 덕행이 충실하고 전혀 문제가 없을 때 비로소 다른 사람이 德에 들어가도록 지도할 수 있다.

孔子의 궁극적인 敎育 目標는 氣質을 變化시켜 道德的 人格을 完成하는 데 있다.6)

옛날의 배우는 자들은 자기를 위해 공부했고, 오늘날의 배우는 자들은 남을 위해 공부한다.7)

孔子는 道德的인 人格의 完成을 위해 仁과 義를 동시에 강조하기 때문에 孔子가 생각하는 최고의 도덕적 인격체인 君子는 반드시 仁과 義를 겸비한 사람이고 완전한 덕을 갖춘 사람이지 단지 한쪽 덕만을 갖춘 사람이 아니다.8) 교육이 양성하고자 하는 인격은 반드시 仁과 義를 겸비해야 하기 때문에 교육의 임무도 반드시 어진 마음을 양성해야 할 뿐만 아니라 또한 의로운 행동을 양성해서 어진 마음은 義에 맞고 의로운 행동은 仁을 포함하게 해야 한다. 仁은 情緒에 속

---

5) 『論語』, 「子路」13, 子曰, 苟正其身矣 於從政乎何有 不能正其身 如正人何. 『論語』, 「子路」6, 子曰 其身正 不令而行 其身不正 雖令不從.
6) 邱鎭京, 『論語思想體系』, 臺北: 文津出版社, 民國 81年, p.63.
7) 『論語』, 「憲問」25, 子曰 古之學者爲己, 今之學者爲人.
8) 陳大齊, 『孔子學說』, 台北: 正中書局, 民國 53年, p.273.

하고, 義는 理智에서 나온다. 따라서 孔子가 주장하는 道德教育은 한 편으로는 情緒教育이고, 다른 한편으로는 理智教育이라 할 수 있다.

　　孔子께서 말씀하셨다. '忠과 信을 주로 하고, 義로 옮겨 가는 것이 덕을 높이는 것이다.'9)

　孔子의 이 말은 '忠과 信을 주로 하는 것'이 '德을 높이는 것'이고, '義로 옮겨 가는 것' 역시 '德을 높이는 것'이라는 말이 아니라, 반드시 '忠과 信을 주로 하고' 또한 '義로 옮겨 가서' 두 가지를 겸비해야만 비로소 '德을 높이는 것'이 된다는 말이다. '忠과 信을 주로 하지만', '義로 옮겨 가지 않으면', '덕은 높이는 것'이라고 말하기에는 충분하지 못하고, '義로 옮겨 가지만', '忠과 信을 주로 하지 않으면' 또한 '德을 높이는 것'이라고 말하기에 충분하지 못하다. '忠과 信을 주로 하라'는 말은 情緒教育을 말하는 것이고 '義로 옮겨 가는 것'은 理智教育이라 할 수 있다.
　孔子의 人性論은 性近說에서 볼 수 있다.10)

　　孔子께서 말씀하셨다. '性稟은 서로 비슷하지만 習慣은 서로 먼 것이다.'
　　孔子께서 말씀하셨다. '오직 지극히 지혜로운 자와 지극히 어리석은 자는 옮겨지지 아니한다.'11)

　孔子가 人間의 本性에 대해서 언급한 말은 『論語』 가운데 단지 '성품은 서로 비슷하다'는 구절이 있을 뿐 그 외에는 보이지 않는다. '오직 지극히 지혜로운 자와 지극히 어리석은 자는 옮겨지지 아니

---

9)『論語』,「顏淵」10, …… 子曰 主忠信 徙義崇德也 ……

10) 葉經柱,『孔子的 道德 哲學』, 臺北: 正中書局, 民國 66年, p.293.

11)『論語』,「陽貨」2, 子曰, 性相近也, 習相遠也.『論語』, 陽貨 3, 子曰 唯上知與下遇不移.

한다'는 구절을 같이 보면 孔子 人性論의 대략을 볼 수 있다.

'오직 지극히 지혜로운 자와 지극히 어리석은 자는 옮겨지지 않는 다'에서 지극한 지혜도 아니고 지극히 어리석음도 아닌 것은, 즉, 중간 정도의 지혜를 가진 사람은 옮길 수 있다는 뜻이 될 것이다. 공자는 人間의 本性을 지극히 지혜로운 것, 중간 정도로 지혜로운 것, 아주 어리석은 것 세 단계로 나누었다고 말할 수 있다. 최상과 최하는 옮기지 못하는 것이고, 중간 부류는 옮길 수 있다는 뜻이다. 이른바 옮기지 못한다는 것은 善으로 옮기지 못하거나 惡으로 옮기지 못하는 것으로 해석할 수 있고, 옮길 수 있다는 것은 善으로 옮길 수 있고 또 惡으로 옮길 수 있는 것으로 어느 정도 敎育의 成果를 기대할 수 있다는 의미이다.

'性은 서로 가깝다'는 서로 가깝다고 말했을 뿐 서로 같다고는 말하지 않았으므로 일반인의 性 또한 대체로 서로 같으나 약간의 차이는 있기 때문에 옮길 수 있는 정도도 모든 사람이 완전히 같을 수는 없다. 모든 사람들이 타고난 자질이 비록 같지는 않을지라도 결국 가깝지만 習慣은 서로를 멀게 하는 것이다. 일단 環境과 접촉해서 影響을 받으면 곧 옮기는 운동을 시작하여 善으로 옮기기도 하고 惡으로 옮기기도 하고, 비교적 많이 옮기기도 하고 비교적 조금 옮기기도 하여서 결국은 君子가 되기도 하고 小人이 되기도 하니, 사람과 사람의 도덕 정도는 서로 거리가 멀게 된다. 習慣이 사람들을 서로 멀게 할 수 있는 까닭은 일반인들의 性이 변할 수 있다는 점에서 비롯된다. 이동의 방향이 혹은 善이 되고 혹은 惡이 되며, 이동의 정도가 혹은 많고 적은 것은 인성이 서로 완전히 같지 않다는 점과 관계가 있지만 그 주요 원인은 마땅히 後天的인 習慣 특히 敎育이라고 볼 수 있다.

여기서 孔子의 敎育思想을 보면, 우선 孔子는,

孔子께서 말씀하셨다. '가르침은 있으나 종류는 없다.'12)

라고 하여, 최상 최하 양극단의 사람도 교육을 베풀 필요는 있다는 것이다. 지극히 지혜로운 사람은 비록 惡으로 변화하는 것이 쉽지 않지만 교육을 실시하면 善한 것 위에 善을 더할 수 있다. 지극히 어리석은 사람은 비록 善으로 변하는 것이 쉽지 않지만 교육을 실시하면 얼마쯤은 善을 기르고 惡을 제거할 수 있다. 그러므로 교육은 최상과 최하 양극단의 사람에게도 효과가 있을 수 있다. 다만 그 효과는 크지 않을 수도 있을 것이다.

중간 부류의 사람들은 원래 善할 수도 惡할 수도 있는데 善으로 변하거나 惡으로 변하는 주요 결정권은 習慣에 달려있다. 사람들의 자연적인 소질은 비슷하나 다만 후전적인 환경의 영향과 교육의 영향으로 달라질 수 있다.13) 習은 곧 환경의 영향을 받는 것이니, 요즘의 家庭敎育, 學校敎育, 社會敎育 더 나아가서 인격에 영향을 줄 수 있는 일체의 교육을 포괄한다. 교육의 효능과 성과가 도덕적 인격 완성에 주는 영향력은 매우 크다고 볼 수 있다.

孔子는 敎育의 目標를 個人的인 目標와 社會的인 目標로 나누어 설정하고 있다.14) 個人的인 目標는 우선적으로 君子가 되는 것인데, 그러기 위해서는 主觀的인 目標로서 修己(self-cultivation)를 들고 있다. 여기에는 道德的인 목표-仁, 義, 中庸 등-와 지적인 목표, 신체적인 목표 등이 있고, 客觀的인 目標로는 타인에게 평화를 주기 즉 安人을 들고 있다. 즉, 孔子는 敎育의 目標를 修己安人에 두고 있는 것이다. 한편, 社會的인 目標로는 理想的인 社會秩序로서 대동사회

---

12) 『論語』, 「衛靈公」38, 子曰 有敎無類.

13) 金景芳 외, 『孔子新傳』, 長沙: 호남출판사, 1991, p.135.

14) Chen Jingpan, *Confucius as a Teacher*, Beijing: Foreign Languages Press, 1990, pp.175-205.

18

(Great Harmony) 혹은 道의 段階의 社會에 두었다.

또한 孔子의 敎育 目標를 完美人格의 成就, 政治 人才 培養, 樂觀的인 人生 陶冶와 事物眞理의 探求로도 해석하고 있다.[15] 여기서는 修身敎育과 관련된 첫 번째와 마지막 목표를 보기로 한다. 먼저 完美人格의 成就와 관련해 보면, 『論語』의 「憲問」에,

> 孔子께서 말씀하셨다. 옛날의 學者들은 자신을 위한 學問을 하였는데, 지금의 學者들은 남을 위한 학문을 한다.[16]

라고 하였다. 이에 대한 주를 보면, "程子가 말씀하셨다. 옛날의 學者들은 자신을 위한 學問을 하여, 끝내는 남을 이루어 주는데(成物), 지금의 學者들은 남을 위한 學問을 하여, 끝내는 자신을 喪失하는 데 이른다."[17]라고 하였다. 자기를 이루는 成己는 자기 인격을 완성함을 이르는 것이다.

또한 孔子는 達과 聞의 차이를 말하며, 人格 完成의 경지를 達로 설명하고 있다.

> 子張이 물었다. 선비가 어떠하여야 이 達이라고 이를 수 있습니까? 孔子께서 말씀하셨다. 무엇인가? 네가 말하는 達이란 것이. 子張이 대답하였다. 나라에 있어도 반드시 소문이 나며, 집 안에 있어도 반드시 소문이 나는 것입니다. 孔子께서 말씀하셨다. 이것은 聞이지 達이 아니다. 達이란 질박하며 정직하고 義를 좋아하며, 남의 말을 살피고 얼굴빛을 관찰하며 생각해서 몸을 낮추는 것이니, 나라에 있어서도 반드시 達이 되며, 집안에 있어서도 반드시 達이 되는 것이다. 聞이란 얼굴빛은 仁을 취하나 행실은 실제 위

---

15) 邱鎭京, 『論語思想體系』, 台北: 文津出版社, 民國 81年, pp.63-67.
16) 『論語』, 「憲問」,25, 子曰, 古之學者爲己, 今之學者爲人.
17) 同上, 程子曰古之學者爲己其終至於成物 今之學者 爲人其從至於喪己.

배되며 그대로 머물면서 의심하지 않는 것이니, 반드시 소문이 나며, 집안에 있어도 반드시 소문이 난다.18)

여기서는 達의 경지를 人格 完成의 경지로 보고 있으며, 그 의미는 배우는 자들이 실제에 힘 쓸 것이요 명예에 가까우려 하지 말 것을 강조하고 있다. 완성된 인격이란 그러므로 질박하고 정직하며 義를 좋아하며, 남의 말을 살피고 얼굴빛을 관찰하며 생각해서 몸을 낮추는 것임을 강조하고 있다.

修身敎育과 관련하여 孔子가 주장하는 또 하나의 敎育 目標는 事物의 眞理를 探求하는 것이다. 여기서 眞理는 孔子가 말하는 所謂 道이다.

孔子께서 말씀하셨다. 아침에 道를 들으면 저녁에 죽어도 괜찮다.19),
孔子께서 말씀하셨다. 선비가 道에 뜻을 두고서 나쁜 옷과 나쁜 음식을 부끄러워하는 자는 더불어 道를 의논할 수 없다.20)

여기에서 말하는 道란 진리와 통용될 수 있는 것이다. 孔子가 말하는 道는 또한 倫理와 物理를 포괄하는 道이다. 즉, 이는 天人의 융합을 말하고 있는 것이다.

孔子께서 말씀하셨다. 위대하시다. 堯의 임금노릇 하심이여! 높고크다. 오직 저 하늘이 가장 크거늘, 오직 堯임금만이 그와 같으셨으니, (그 功德이) 넓고 백성들이 무어라 형용하지 못하는 구나.21)

---

18) 『論語』, 「顔淵」20, 子張問士何如 斯可謂之達矣. 子曰 何哉 爾所謂達者. 子張對曰 在邦必聞 在家必聞. 子曰 是聞也 非達也. 夫達也者 質直而好義 察言而觀色 慮以下人 在邦必達 在家必達. 夫聞也者 色取仁而行違 居之不疑 在邦必聞 在家必聞.

19) 『論語』, 「里仁」8, 子曰, 朝聞道, 夕死可矣.

20) 『論語』, 「里仁」9, 子曰 士志於道而恥惡衣惡食者 未足與議也.

21) 『論語』, 「泰伯」19, 子曰,大哉 堯之爲君也 巍巍乎唯天爲大 唯堯則之 蕩蕩乎

20

孔子께서 시냇가에 계시면서 말씀하셨다. 가는 것이 이 물과 같구나. 밤낮을 그치지 않는도다.[22)

孟子께서 대답하셨다. 근원이 좋은 물이 混混히 흘러서 밤낮을 그치지 아니하여 구덩이가 가득 찬 뒤에 전진하여 四海에 이르나니, 학문에 근본이 있는 자가 이와 같다. 이 때문에 취하신 것이다. 만일 근본이 없다면 7, 8월 사이에 빗물이 모여서 도랑이 모두 가득하나, 그 마르는 것은 서서도 기다릴 수 있다. 그러므로 명성이 실제보다 지나침을 君子는 부끄러워한다.[23)

여기에서 孔子는 堯임금의 君德을 하늘에 비유했고, 또 流水를 학문을 하는 데 근본이 있는 이치와 견주었는데 이는 모두 天과 人을 말미암아 天人融會의 理致를 밝히는 것이라고 볼 수 있다. 『中庸』에서 보면,

오직 天下에 지극히 성실한 분이어야 능히 그 性을 다할 수 있으니, 그 性을 다하면 능히 사람의 性을 다 할 것이요, 사람의 性을 다하면 능히 물건의 性을 다할 것이요, 물건의 性을 다하면 天地의 化育을 도울 것이요, ……[24)

라고 하였는데, 위에서 '唯天下至誠, 爲能盡其性'은 修己立己之道를 말하는 것이고, '能盡其性, 則能盡人之性'은 立人達人之道를 말하며, '能盡人之性, 則能盡物之性'은 自然之道를 말하며, 끝으로 '能盡物之性, 則可以贊天地之化育'은 天人合一을 말하는 것이다.[25) 이에서 알

民無能名焉 …….

22) 『論語』, 「子罕」16, 子在川上曰, 逝者如斯夫不舍晝夜.

23) 『孟子』, 「離婁 下」18, …… 孟子曰 源泉混混, 不舍晝夜, 盈科而後進, 放乎四海, 有本者如示, 是之取爾, 苟爲無本, 七八月之間雨集, 溝澮皆盈, 其涸也, 可立而待也. 故聲聞過情, 君子恥之.

24) 『中庸』, 22, 有天下至誠 爲能盡其性 能盡其性則能盡人之性 能盡人之性 則能盡物之性 能盡物之性 則可以贊天地之化育 ……

25) 邱鎭京, 앞의 책, p.67.

수 있는 것은 倫理는 실제로 物理와 상통한다는 것이다. '我'로 말미암아 '人'에 이르고, '人'으로 말미암아 '物'에 이르기까지 眞埋 혹은 道는 공동의 準則을 갖는다. 이 '理'와 이 '道'는 人괴 物이 共有하는 것이고, 天과 人이 같은 바가 되며, 사람이 독실하게 믿는 바이며, 사람이 실제로 행하는 바이다. 그러므로『中庸』에서 말하는, '道를 品節해 놓음을 敎라 한다(修道之謂敎).'26)는 말에서 敎育의 目標가 事物의 眞理 즉 道를 探求하는 데 있음을 알 수 있다.

이상에서, 孔子의 敎育 目標는 道德的 人格 完成에 두었고, 도덕적 인격 완성이란 자기 자신을 닦는 修己를 말하는 것이다. 또한 도덕적 인격 완성을 위해서는 사물의 理致를 탐구하는 것인데, 이는 결국 天道와 人道의 일치함을 알게 되는 天人合一의 사상을 이해하는 것이라 할 수 있다. 다음은 孟子의 性善說과 敎育思想, 敎育 目標를 알아보려 한다.

2. 孟子의 性善說과 明人倫

여기서는 孟子의 性善說을 바탕으로 한 그의 敎育思想에 대해 서술하려 한다. 孟子는 인간이 원래 가지고 태어난 善性을 이해하고 그것을 보존하고 발전시키는 것을 중요시했다. 즉 人間性 속에 內在하고 있는 德性은 그것만으로도 道德的 價値가 있을 뿐만 아니라, 그러한 소질을 개발하고 꽃피우는 일이 없고서는 인간 존재의 당위성은 성립하지 않는다고 하였다.『孟子』의 「盡心」 上에서는, 인간이 단순히 하늘의 命인 '性'을 稟受한 피조물이 아니라, 仁義禮智의 도덕 법칙을 터득하고 실천하여야만 '天下의 理'를 깨달을 수 있고, 人間本

---

26)『中庸』1, 修道之謂敎.

性을 완전히 발현하여 四端의 理想을 구현함으로써 비로소 나는 하늘과 한 몸이 되는 것이니, 그 정성과 즐거움이야말로 참으로 크게 된다고 한다. 이것을 근거로 한 孟子 교육사상에서 孟子가 주장하는 教育 目標는 人倫을 밝히는 것 즉 明人倫이다.27) 孟子의 교육사상이 들어있는 原典의 글을 보면,

> 庠, 序, 學, 校를 설치하여 백성들을 가르쳤으니. 庠은 봉양한다는 뜻이요, 校는 가르친다는 뜻이요, 序는 활쏘기를 익힌다는 뜻입니다. 夏나라에서는 校라 하였고, 殷나라에서는 序라 하였고, 周나라에서는 庠이라 하였으며, 學은 三代가 이름을 함께 하였으니, 이는 모두 人倫을 밝히는 것이었습니다. 人倫이 위에서 밝으면 小民들이 아래에서 친해집니다.28)

여기서 人倫은, 父子간에는 친함이 있고, 君臣간에는 의리가 있고, 夫婦간에는 분별이 있고, 長幼간에는 질서가 있고, 朋友간에는 신의가 있음을 말하며, 이것들은 사람의 큰 倫理인 것이다. 소위 이것은 五倫이라 하는데, 五倫은 인간 사회에서 영원히 변하지 않는 도덕 법칙이라 할 수 있을 것이다. 子張과 孔子와의 대화에서 영원히 변하지 않는 도덕 법칙을 三綱과 五常이라 하고 있는데, 子張이 열 왕조 뒤의 일을 알 수 있느냐는 물음에 공자는,

> "열 왕조 뒤의 일을 미리 알 수 있습니까?" 하고 묻자 공자는 "殷나라는 夏나라의 禮를 因襲하였으니, 損益한 것을 알 수 있으며, 周나라는 殷나라의 禮를 因襲하였으니 損益한 것을 알 수 있다.

---

27) 伍振鷟, 『中國教育思想史(先秦部分)』, 臺北: 淵明印刷有限公司, 民國 76年, p.66.

28) 『孟子』, 「滕文公 上」3, 設爲庠序學校 以教之 庠者養也 校者教也 序者射也 夏曰校 殷曰序 周曰庠 學則三代共之 皆所以明人倫也 人倫明於上 小民親於下.

혹시라도 周나라를 잇는 자가 있다면, 비록 百世 뒤라도 알 수 있
을 것이다."29)

라고 답하였다. 이는 시간이 흘러 왕조가 바뀌더라도 인간으로서 지
켜야 할 人倫은 변하지 않는다는 것을 말하고 있다. 위 글에 대한
주에서는 이 변하지 않는 人倫을 三綱과 五常이라 설명하고 있는데,
三綱은 君爲臣綱, 父爲子綱, 夫爲婦綱이고, 五常은 仁, 義, 禮, 智, 信
이라 할 수 있다.

  孟子의 明人倫의 의미는 儒家敎育의 이념인 '仁'과 연관되는 개념
이다. 孟子에 의하면 '仁'이란 '사람임'이 '사람됨'이 되는 까닭(仁者
也, 人也)임을 『孟子』, 「盡心」 下에서 말하고 있다. 孟子는 孔子의 仁
思想을 義·禮·智의 '四德'으로 확충 해석하였으며, 이를 또 체계화
하였다. 따라서 孟子의 敎育 理念은 仁을 중심으로 하는 '四德'의 구
현에 있음을 알 수 있다. 이 四德의 위계는 다음과 같다. 仁과 義는
'體'가 되고 이러한 仁과 義의 본질을 이해하는 것이 智이고, 이를 실
천하는 길이 禮인 것이다.30) 결국 孟子의 敎育思想의 중심 槪念은
明人倫이라 할 수 있고 이 明人倫은 孔子의 仁과 통하는 개념이라
할 수 있다. 나아가 孟子는 仁과 더불어 義, 禮, 智를 더 언급하였고,
仁義는 어떤 도덕 법칙 내지는 교육 원리라 할 수 있고, 禮智는 仁
義를 이해하고 실천하는 방법론이 되는 것이다. 孟子는 敎育의 有無
에 따라 사람을 禽獸와 구별하고 있는데, 사람에게는 理性과 선한
性이 있는데, 이것을 제거한다면, 禽獸와 다를 것이 없다고 본다.31)

---

29) 『論語』, 「爲政」23, 子張問 十世可知也, 子曰殷因於夏禮 所損益可知也, 周因
    於殷禮 所損益可知也 其或繼周者雖百世 可知也.

30) 이기석 역, 丁淳睦 평설, 『교육세대를 위한 孟子』, 서울: 배영사, 1976,
    p.217.

31) 伍振鷟, 『中國敎育思想史-先秦部份』, 臺北: 師大書苑, 民國 76年, p.59.

孟子는 말하기를,

> 사람이 禽獸와 다른 것이 얼마 안 되니, 庶民은 이것을 버리고,
> 君子는 이것을 보존한다.[32]
> 인간에게는 道理가 있는데, 배불리 먹고 따뜻이 옷을 입어서 편안
> 히 거처하기만 하고 가르침이 없으면, 禽獸와 가까워진다. 이 때
> 문에 聖人이 이를 근심하시어, 契로 하여금 司徒를 삼아 人倫을
> 가르치게 하셨으니, ……[33]

라 하였다. 사람은 동물과는 달리 먹고 입는 데서 만족하지 않고 사
람으로서 지켜야 할 人倫을 깨달아 理性과 선한 性을 보존하는 것이
教育의 궁극 目標가 되어야 한다고 孟子는 주장하였다.

　孟子는 人倫을 밝히기 위한 교육을 修身教育(self-cultivation)으로
설명하고 있는데, 그는 修身教育을 發達과 發見의 차원에서 이해하
고 있다.[34] 道德的으로 行動하기 위해서 사람들은 타고난 道德的인
性向을 認識하고, 또한 이러한 未成熟하고 初期 狀態의 道德的 性向
들은 기회가 주어진다면 成長한다는 것을 믿어야 한다는 것이다. 만
일 타고난 道德的인 性向 다시 말해 道德感이 성숙되고 완전하게 확
장된다면, 그것은 결국 人間의 모든 行動을 안내할 것이다. 그 결과
는 하나의 완전하게 선한 한 개인이 될 것이다.

　孟子께서 말씀하셨다. 사람들은 모두 차마 못하는 마음을 가지고
있으니, 차마 하는 바에까지 도달한다면 仁이요, 사람들은 모두 하

---

32) 『孟子』, 離婁 下 19, 孟子曰 "人之所以異於禽獸者, 幾希. 庶民去之, 君子存
　　之. ……."

33) 『孟子』, 「滕文公 上」4, …… 人之有道也, 飽食煖衣, 逸居而無教, 則近於禽
　　獸. 聖人有憂之, 使契爲司徒, 教以人倫 …….

34) Philip J. Ivanhoe, *Ethics in the Confucian Tradition*, Atlanta: Scholars
　　Press, 1990, p.73-79.

지 않는 바가 있으니, 하는 바에까지 도달한다면 義이다.[35]

라고 하였는데, 이는 타고난 道德的인 性向 즉 孟子의 所謂 善性을 발견하고 이를 발달시켜 나가 궁극적으로 완전하고도 선한 인간이 되는 길은 仁義에 있음을 말하는 것이다. 孟子는 이러한 仁義를 잃지 않기 위해, 다시 말해 道德的인 실패를 극복하기 위해 두 가지의 기본적인 단계를 강조하였다. 하나는, 우리가 어떤 행동을 해야만 한다는 것을 인식하는 것(recognizing)이고, 또 하나는 그 행동을 수행하기 위한 동기(motivation)를 발견하는 것이다.[36] 孟子는 사람들이 본래 道德的으로 行動하려는 성향을 키워나가려 한다고 믿었고, 여기에는 시간과 환경과 어떤 일련의 노력들이 필요하다고 생각했다.

사람들이 道德的으로 행동하려는 성향을 키워나가는 노력 중 핵심이 되는 것은 인간의 도덕적 감정(moral feeling)을 성숙시키고 확장해가는 것이다. 우리가 이러한 과제에 관심을 집중한다면 人間의 道德感은 저절로 성장할 것이고, 결국 하나의 최상의 道德的인 存在가 될 것이다.

> 그러므로 은혜를 미루면 족히 四海를 보호할 수 있고, 은혜를 미루지 못하면 妻子도 보호할 수 없는 것입니다. 옛사람이 일반인보다 크게 뛰어난 까닭은 딴 것이 없으니, 그 하는 바를 잘 미루었을 뿐입니다. 지금에 은혜가 족히 禽獸에게까지 미쳤으되 功效가 백성들에게 이르지 않음은 유독 어째서입니까.[37]

---

35) 『孟子』, 「盡心 下」32, 孟子曰 人皆有所不忍, 達之於其所忍, 認也. 人皆有所不爲, 達之於其所爲, 義也.

36) Philip J. Ivanhoe, 앞의 책, p.74.

37) 『孟子』, 「梁惠王 上」7, 故推恩足以保四海, 不推恩無以保妻子. 古之人所以大過人者, 無他焉, 善推其所爲而已矣. 今恩足以及禽獸, 而功不至於百姓者, 獨何與.

위에서 말하는 은혜는 親親으로부터 확대되어 仁民으로 이어지고 또 이것이 愛物로 이어짐을 말하고 있다.

인간의 타고난 道德性의 반응들에 대해 관심을 갖는 일과 다른 적당한 상황에서 그 반응들을 발견함으로써 이러한 道德 感情들을 확장하려는 노력은 道德的인 修身에 있어서 除草作業을 하는 것이다.

> 孟子께서 말씀하셨다. 풍년에는 子弟들이 의뢰함이 많고, 흉년에는 子弟들이 포악함이 많으니, 하늘이 재주를 내림이 이와 같이 다른 것이 아니라, 그 마음을 빠뜨리는 것이 그렇게 만드는 것이다. 지금 麰麥을 파종하고 씨앗을 덮되, 그 땅이 똑같으며 심는 시기가 똑같으면, 浡然히 싹이 나와서 日至의 때에 이르러 모두 익으니, 비록 똑같지 않음이 있으나, 이것은 땅에 비옥하고 척박함이 있으며, 雨露의 배양과 사람이 가꾸는 일이 똑같지 않기 때문이다.[38]

여기서는 위에서 말한 제초 작업을 '마음을 빠뜨리는 일이 없도록 하는 것'을 말하고 있는데, 이는 누구나 善性을 가지고 있으며 이를 유지하고 발전시키는 것이 修己의 중요 방법임을 말하고 있다.

道德性의 發達은 하나의 自然的인 過程이며, 이는 時間에 따라 한정적인 단계를 가지며, 점차적인 발달의 패턴을 따른다. 이 과정은 다음과 같은 孔子 자신의 精神的인 發達을 생각나게 하는 것이다.

> 孔子께서 말씀하셨다. 나는 열다섯 살에 學問에 뜻을 두었고, 서른 살에 自立하였고, 마흔 살에 事理에 疑惑하지 않았고, 쉰 살에 天命을 알았고, 예순 살에 귀로 들으면 그대로 이해되었고, 일흔

---

38) 『孟子』, 「告子, 上」7, 孟子曰, 富歲子弟多賴, 凶歲子弟多暴, 非天之降才爾殊也, 其所以陷溺其心者然也. 今夫麰麥, 播種而耰之, 其地同, 樹之時又同, 浡然而生, 至於日至之時, 皆熟矣. 雖有不同, 則地有肥磽 雨露之養, 人事之不齊也 …….

살에 마음에 하고지 히는 바를 좇아도 法度에 넘지 않았다.39)

　孟子에게 있어 道德的인 修身은 하나의 길고 漸次的인 發達의 過
程이다. 또한 이러한 발달은 하나의 秩序와 系列을 갖는다. 孟子는
道德性의 發達과 精神的인 發達을 흐르는 물에 비유했다.

　　徐子가 물었다. 仲尼께서 자주 물을 칭찬하시어 '물이여! 물이여!'
　　하셨으니, 어찌하여 물을 취하셨습니까? 孟子께서 대답하셨다. 근
　　원이 좋은 물이 混混히 흘러서 밤낮을 그지지 아니하여 구덩이가
　　가득 찬 뒤에 전진하여 四海에 이르나니, 학문에 근본이 있는 자
　　가 이와 같다. 이 때문에 취하신 것이다.40)
　　흐르는 물의 물건 됨이 웅덩이가 차지 않으면 흘러가지 않는다.
　　君子가 道를 뜻함에도 文章을 이루지 않으면 통달하지 못한다.41)

　위에서는 사람들이 修身의 궁극적인 목표에 갑작스럽게 도달할 수
없음을 말한다. 즉 道를 배우는 것은 漸進的인 發達의 過程임을 의
미하며, 이러한 發達의 過程을 통해 사람들은 더더욱 큰 道德的 강
인함을 얻게 된다고 보는데, 孟子는 이 道德的인 강인함 혹은 道德
的인 勇氣를 浩然之氣라고 말한다.

　浩然之氣는 사람들로 하여금 道德的인 行爲를 하도록 유도하는 힘
이라고 할 수 있다. "(孟子께서 말씀하셨다) 나는 나의 浩然之氣를 잘
기르노라. 감히 묻겠습니다. 무엇을 浩然之氣라 합니까? 孟子께서 말
씀하셨다. 말하기 어렵다. 그 氣됨이 지극히 크고 지극히 강하니, 정직

---

39) 『論語』, 「爲政」4, 子曰 吾十有五而志于學 三十而立 四十而不惑 五十而知天
　　命 六十而耳順 七十而從心所欲不踰矩.
40) 『孟子』, 「離婁 下」18, 徐子曰, 仲尼亟稱於水曰 水哉 水哉 何取於水也 孟子
　　曰 原泉混混 不舍晝夜 盈科而後進 放乎四海 有本者如是 是之取爾 …….
41) 『孟子』, 「盡心 上」24, 流水之爲物也, 不盈科不行, 君子之志於道也, 不成章不達.

함으로써 잘 기르고 해침이 없으면(이 浩然之氣가) 天地의 사이에 꽉 차게 된다. 그 氣됨이 義와 道에 배합되니, 이것이 없으면 굶주리게 된다. 이 浩然之氣는 義理를 많이 축적하여 생겨나는 것이다. 義가 하루 아침에 갑자기 엄습하여 취해지는 것은 아니니, 행하고서 마음에 부족하게 여기는 바가 있으면(浩然之氣가) 굶주리게 된다. 내 그러므로 '告子가 일찍이 義를 알지 못한다'고 말한 것이니, 이는 義를 밖이라고 하기 때문이다."[42)]에서 孟子의 浩然之氣는 道를 실천하는 사람에게서 발달하는 道德的인 勇氣로 보았다. 孟子는 이러한 道德的인 勇氣가 道에 따라서 자유롭게 행동하는 사람들에게서 자연적으로 발달한다고 믿었고, 浩然之氣를 길러주는 수단으로서 義理의 蓄積을 들었다.

孟子 敎育思想의 기초는 그의 人性論에 있다. 오늘날 孟子의 性善說에 대해서 두 가지의 해석이 있다.[43)] 첫째는 사람의 性品은 모두 善하다는 것이고, 둘째는 사람의 성품은 모두 선함을 가지고 있다는 것이다. 두 설 가운데 후자의 해석이 보다 정확한 듯하다. 다시 말해 孟子가 말한 선은 사람 사람마다의 성품에는 모두 善함을 가지고 있다는 것이지, 사람 사람마다의 성품이 모두 純善하다는 것은 아닐 것이다. 사람이 만일 본성 가운데의 善端-仁, 義, 禮, 智-을 擴充할 수 있다면, 모두 선이 될 수 있다는 것이 孟子 性善說의 원리이다.

　　惻隱之心을 사람마다 다 가지고 있으며, 羞惡之心을 사람마다 다 가지고 있으며, 恭敬之心을 사람마다 다 가지고 있으며, 是非之心을 사람마다 다 가지고 있으니, 惻隱之心은 仁이요, 羞惡之心은 義

---

42) 『孟子』, 「公孫丑, 上」2, …… 曰 我知言, 我善養吾浩然之氣, 敢問何謂浩然之氣, 曰 難言也. 其爲氣也, 至大至剛, 以直養而無害, 則塞於天地之間, 其爲氣也. 配義與道, 無是餒也. 是集義所生者, 非義襲而取之也. 行有不慊於心, 則餒矣, 我故曰, 告子未嘗知義, 以其外之也 …….

43) 車錫基 譯, 『中國敎育思想史』, 교육과학사, 1989, p.56.

요, 恭敬誌心은 禮요, 是非之心은 智이니, 仁, 義, 禮, 智가 밖으로부터 나를 녹여서 들어오는 것이 아니요, 나에게 固有한 것이지만 사람들이 생각하지 못할 뿐이다. 그러므로 말하기를 '구하면 얻고, 버리면 잃는다' 하는 것이니, 혹은 善惡의 거리가 서로 培가 되고, 다섯 培가 되어 계산할 수 없는 것은 그 材質을 다하지 못했기 때문이다.44)

詩經에 이르기를, '하늘이 뭇 백성을 내시니, 사물이 있으면, 법이 있도다. 사람들이 마음에 떳떳한 本性을 가지고 있는지라, 이 아름다운 德을 좋아한다.'하였는데, 孔子께서 말씀하시기를 '이 詩를 지은 자는 그 道를 알 것이다. 그러므로 사물이 있으면 반드시 법이 있으니, 사람들이 떳떳한 본성을 가지고 있는지라, 그러므로 이 아름다운 덕을 좋아한다.' 하셨다.45)

孟子는 사람이라면 누구나 선한 본성을 가지고 있으며, 그것을 알 수 있는 것을 四端으로 설명하고 있다. 孟子는 인간의 착한 本性을 惻隱之心으로 설명하고 있다.

사람들이 차마 해치지 못하는 마음을 가지고 있다고 말하는 까닭은, 지금에 사람들이 갑자기 어린 아이가 장차 우물로 들어가려는 것을 보고 모두 깜짝 놀라고 惻隱해 하는 마음을 가지니, 이것은 어린 아이의 父母와 交分을 맺으려고 해서도 아니며, 鄕黨과 朋友들에게 명예를 구해서도 아니며, 잔인하다는 명성을 싫어해서 그런 것도 아니다.46)

---

44) 『孟子』, 「告子 上」6, …… 惻隱之心, 人皆有之. 羞惡之心, 人皆有之. 恭敬之心, 人皆有之. 是非之心, 人皆有之. 惻隱之心, 仁也. 羞惡之心, 義也. 恭敬之心, 禮也. 是非之心, 智也. 仁義禮智, 非由外鑠我也, 我固有之也, 弗思耳矣. 故曰, 求則得之, 舍則失之, 或相倍徙而無計者, 不能盡其才者也 …….

45) 『孟子』, 「告子 上」6, 詩曰天生蒸民 有物有則 民之秉夷 好是懿德 孔子曰 爲此詩者 其知道乎 故有物必有則 民之秉夷 也 故好是懿德.

46) 『孟子』, 「公孫丑 上」6, …… 所以謂人皆有不忍人之心者, 今人乍見孺子將入

이와 같이 孟子는 사람의 本性이 善하고, 누구나 차마 하지 못하는 마음이 있다는 것을 惻隱之心으로 설명하고 있는데, 이러한 惻隱之心이 인간에게 있다는 것을 사람이 가지고 있는 良知와 良能으로 알 수 있다고 설명한다.

> 孟子께서 말씀하셨다. '사람들이 배우지 않고도 능한 것은 良能이요, 생각하지 않고도 아는 것은 良知이다.'[47]

사람의 本性이 善하다는 것은 배우고 생각해서 얻어진 것이 아니라 나면서부터 하늘에서 부여 받은 것이다. 어린아이가 어버이를 사랑하고, 커서는 어른을 공경하는 것을 당연시하는 것이 바로 이 良知와 良能이 있기 때문이다. 그래서 孟子는 "어려서 손을 잡고 가는 아이가 그 어버이를 사랑할 줄 모르는 이가 없으며, 그 장성함에 미쳐서는 그 兄을 공경할 줄 모르는 이가 없다. 어버이를 친애함은 仁이요, 어른을 공경함은 義이니, 이는 다름이 아니라 온 천하에 공통되기 때문이다."[48]라고 하였다.

孟子는 性善을 말하면서 堯舜으로 그 증거를 댔는데, "孟子께서 性의 善함을 말씀하시되, 말씀마다 堯舜을 칭하셨다."[49]에서 性은 사람이 하늘에게서 받고 태어난 理이니, 혼연히 지극히 善하여 일찍이 惡함이 있지 않다. 그리하여, 일반인과 堯舜이 처음에는 조금도 다름

於井, 皆有怵惕惻隱之心, 非所以內交孺子之父母也, 非所以要譽於鄉黨朋友也, 非惡其聲而然也. …….

47) 『孟子』, 「盡心 上」15, 孟子曰, 人之所不學而能者, 其良能也. 所不慮而知者, 其良知也. 孩提之童, 無不知愛其親者. 及其長也, 無不知敬其兄也. 親親仁也, 敬長義也. 無他, 達之天下也.

48) 同上, 孩提之童無不知愛其親也 及其長也 無不知敬其兄也. 親親仁也 敬長義也 無他 達之天下也.

49) 『孟子』, 「滕文公 上」1, …… 孟子道性善, 言必稱堯舜 …….

이 없었으나, 다만, 일반인들은 私欲에 빠져 이것을 잃었고, 堯舜은 私欲에 가리움이 없어 그 본성을 채웠을 뿐이다. 그러므로 孟子께서 世子와 더불어 말씀할 때에 매양 性이 善함을 말씀하면서 반드시 堯舜을 칭하여 실증하신 것이니, 仁義는 밖에서 구함을 기다리지 않고 聖人은 배워서 이를 수 있는 것임을 알아서, 그 大指를 뽑기를 이와 같이 한 것이라고 주에서는 말하고 있다.

孟子의 教育思想은 그의 性善說에 기초하며, 人間의 타고난 道德性을 인식하고 그 道德性을 발달시켜 나가는 것이 修身이며, 이 발달과정은 점진적으로 나타난다고 하였다. 또한 孟子는 이러한 타고난 道德性의 發達過程에서 사람들로 하여금 道德的인 行動을 하도록 하는 道德的인 勇氣가 생겨난다고 했고, 이 道德的인 勇氣 즉 浩然之氣는 義理의 追跡을 통해서 가능하다고 주장했다. 이러한 孟子 教育의 궁극적인 目標는 明人倫이라 하였는데, 이는 다시 仁思想으로 귀결된다고 하겠다.[50]

孟子의 이러한 性善說과 教育思想을 바탕으로 한 그의 교육 방법은 다음과 같이 요약할 수 있다.[51]

첫째, 自發的인 教育을 주장하였다. 孟子는 人性에는 모두 善端이

---

50) 滕春興 著, 『孟子教育哲學思想體系與批判』, 正中書局印行, 民國 73年, pp.57-71. 여기서는 孟子의 教育 目的을 다음과 같이 보고 있다. 첫째는, 사람과 짐승을 구분하는 것인데, 인간은 異性과 善性을 가지며, 사람에게서 이것이 없다면 禽獸와 같다고 본다. 둘째는, 親親之義를 중요시한다. 人倫 가운데 가장 중요한 것은 어버이에 대해 친히함이며, 이것이 확대되어 다른 사람을 사랑할 줄 아는 것이라고 본다. 셋째는, 長幼之序를 강조한다. 이는 사람이 살아가는 데는 先後의 분별이 있어야 함을 의미한다. 먼저 태어난 사람은 나이가 많을 뿐 아니라, 知識經驗이 풍부하며, 반드시 나이 어린 자들을 사랑하고 보호해주어야 한다. 넷째는, 義利之分을 강조한다. 사람은 마땅히 義는 理이고, 利는 欲임을 알아야 한다는 것이다. 다섯째는, 仁義로서 人道를 세우는 것이다. 이의 내용에는, 家庭制度建立, 社會秩序安定, 國歌組織建立, 至善行爲啓導, 良好風氣培養, 大同思想確立 등이다.

51) 車錫基 譯, 위의 책, pp.57-58.

있다고 믿었기 때문에 교육은 自然에 順應하며 인간의 본성활동을 지도하여 점차 感化를 주어 바른 軌道로 나아가도록 해야 한다고 하였다. 방법에 있어서도 강박이나 억압적인 방법을 시행해서는 안 된다고 하였다. 그러므로 "君子는 道로서 학문의 심오한 경지에 이르는 것은 그것을 스스로 얻고자 함이다. 스스로 얻은 즉 居함에 그것을 단단히 지닐 수 있고, 단단히 지닐 수 있은 즉 축적을 깊이 알 수 있으며 깊이 축적할 수 있으면 주변의 左右를 취하여 그 원리를 만난다. 그러므로 군자는 그것을 스스로 얻기를 바란다."[52]라고 하였고, 또한 孟子는 스스로 노력하지 않고 포기하는 자세를 경계했는데, "스스로 해치는 자는 더불어 말할 수 없고, 스스로 버리는 자는 더불어 일할 수 없으니, 말할 때에 禮義를 비방하는 것을 自暴라 이르고, 내 몸은 仁에 居할 수 없고 義를 따를 수 없다 하는 것을 自棄라 이른다."[53]고 하여 자발적인 공부를 소홀히 하지 말 것을 강조했다.

둘째, 養性을 중요시하였다. 孟子에 의하면, 人性은 모두 善端이 있기 때문에 소위 사람이 재물을 좋아하고 色을 좋아하며 樂을 좋아하는 것으로 결코 人性이 선하지 않다는 것은 증명할 수 없다. 때문에 교육의 목적은 오로지 善을 지키고 惡을 除去하는 데 있다. 어떻게 善을 보존하고 惡을 제거하겠는가? 유일한 方法은 그 大體를 따르고 小體를 버리는 것이다. 그리하여 "귀와 눈의 기능은 생각하지 못하여 물건에 가리워지니, 물건(外物)이 물건(耳目)과 사귀면 거기에 끌려갈 뿐이요, 마음의 기능은 생각할 수 있으니, 생각하면 얻고, 생각하지 못하면 얻지 못한다. 이것은 하늘이 인간에게 부여해 주신

---

52) 『孟子』,「離婁 下」14, 孟子曰, 君子深造之以道, 欲其自得之也. 自得之, 則居之安. 居之安, 則資之沈. 資之深, 則取之左右, 逢其原, 故君子欲其自得之也.

53) 『孟子』,「離婁 上」10, 孟子曰, 自暴者, 不可與有言也. 自棄者, 不可與有爲也. 言非禮義, 謂之自暴也. 吾身不能居仁由義, 謂之自棄야. …….

것이니, 먼저 그 큰 것에 선다면 그 작은 것이 능히 빼앗지 못할 것이니, 이것이 大人이 되는 이유일 뿐이다."54)라고 하였다.

셋째는, 討論式 教育 方法을 중시했다. 孟子는 사람과 더불어 변론하기를 좋아했기 때문에 교육 방법이 대부분 辯論式을 위주로 한 것이 많다. 그의 학문 방법은 事物의 理致를 窮究하는 데 있었는데, 어떤 문제가 생기면 언제나 사람들과 함께 여러 차례 토론함으로써 진리를 발견하였다.

孟子는 性善을 주장하고, 仁義禮智가 인간에게 모두 갖추어져 있음을 확인하려 했고, 이 점에서 교육의 目的을 이러한 善根을 보존하고 배양하여 궁극적으로는 至善의 경지에 도달하는 것이라고 했다.55)

3. 道와 德의 意味와 德性涵養

여기서는 儒家의 德性涵養과 孔子와 孟子의 教育論을 논하는 데 있어서 먼저 儒家에서 말하는 道와 德의 의미를 알아보려 한다. 우리가 흔히 道德을 한 단어처럼 사용하고 있는데, 道와 德의 각각의 意味는 儒家 德性涵養의 근본적인 뜻이라고 볼 수 있다. 이 道와 德의 意味는 孟子의 思想에서 한마디로 仁義로 다루어지는데 그 意味를 더 축약하면 道와 德은 결국 仁의 思想이라고 할 수 있다. 道란 무엇이고 德이란 무엇인가.

우리는 흔히 道德이란 두 글자를 묶어서 한 단어로 사용하고 있다.

---

54) 『孟子』, 「告子 上」15, …… 曰 耳目之官, 不思而蔽於物, 物交物, 則引之而已矣. 心之官則思, 思則得之, 不思則不得也. 此天之所與我者. 先立乎其大者, 則其小者弗能奪也. 此爲大人而已矣. ……

55) 滕春興, 위의 책, p.110.

이러한 道德에는 본래 道와 德 각각의 의미가 들어 있는 것으로[56) 그 각각의 意味는 다음과 같다. '道'란 언어학적인 의미로 道는 곧 道路, 길, 規則, 規律, 規範, 道理 등으로 쓰인다.[57) 『論語』에서 언급된 '道' 역시 이러한 의미를 가진다.

첫째는, 道路, 方法의 의미이다. 『論語』의 「雍也」에서 보면,

> 누구인들 밖을 나갈 적에 門을 經由하지 않고 나갈 수 있겠는가. 그런데 어찌하여 이 道를 따르는 자가 없는가.[58)

라고 하였는데, 이 말의 의미는 사람이 밖으로 나갈 때에 반드시 門을 經由해야 할 줄은 알면서도 行動할 때에 반드시 道를 따라야 함은 알지 못하니, 道가 사람을 멀리 하는 것이 아니라 사람이 스스로 道를 멀리 할 뿐임을 말하는 것이다. '어찌하여 이 道를 따르는 자가 없는가'란 의미는 '왜 사람들이 이 길을 통하지 않는가', '왜 사람들은 사람의 道理를 다하지 않는가' 등의 뜻으로, 그 내면의 의미는 사람들이 살아가면서 처세와 대인관계에서 반드시 일정한 道理를 지켜야 한다는 뜻이다. 다시 말해 道란 道路의 의미를 가지지만 그 근본적인 뜻은 사람으로서 따라야 할, 걸어가야 할 사람다운 道理를 말하는 것이다. 둘째는, 規則, 規範의 의미이다. 『論語』의 「學而」에서 보면,

---

56) 葉經柱, 『孔子的道德哲學』, 臺北: 正中書局, 民國 66年, p.2. 여기서는 道의 意味를 道路와 準則 혹은 法則으로 보고 있다. 道路의 의미로 보는 것은 中庸 제1장에서 道也者 不可須臾離也. 可離非道也라고 하였는데, 주자의 해석을 보면, '道는 日用事物에 마땅히 행하여야 할 理이니, 모두 性의 德으로서 마음에 갖추어져 있어서 사물마다 있지 않음이 없고, 때마다 그러하지 않음이 없으니 이 때문에 잠시도 떠날 수 없음을 말한 것이다'라고 하였다. 두 번째로 道의 의미는 孔穎達 禮記正義에 보면, '天道造化自然之理'라 하여, 天地와 人物이 모두 유래한 法則으로 보고 있다.

57) 전병용 역, 『中國古代倫理學』, 서울: 이론과 실천, 1990, p.24.

58) 『論語』, 「雍也」15, 子曰 誰能出不由戶 何莫由斯道也.

3년 동안은 선친의 道를 고치지 않아야 비로소 효자라 할 수 있다.[59]
군자는 근본을 힘쓰니, 근본이 서면, 道가 발생하는 것이다.[60]

라고 하였는데, 위의 인용에서, '선친의 道'란 곧 부친께서 지키신 規範을 말하는데, '아버지가 하신 일이 만일 道理라면 비록 종신토록 고치지 않아도 可하거니와 만일 그 道理가 아니라면 어찌 3년을 기다릴 수 있겠는가. 그렇다면 3년 동안 고치지 말라는 것은 孝子의 마음에 차마 못하는 바가 있기 때문이다'라고 주에서는 말하고 있다. 결국 여기에서 선친의 道가 道理에 맞느냐 아니냐가 문제인 것이다. 그러므로 여기서의 道의 의미는 인간의 道理라고 할 수 있다. 아래 인용에서 '道'는 나무뿌리로부터 나온 나뭇가지와 같은 것으로 사회의 여러 규칙과 규범을 말하는 것으로, '君子가 모든 일을 오로지 근본에 힘을 쓰니, 근본이 확립되면, 그 道가 스스로 생겨난다'고 하는 것이다. 또한 여기서는 '孝悌也者 其爲仁之本與'라고 하여 孝悌를 仁을 하는 근본이라 하여, 배우는 자들이 이것을 힘쓰면 仁의 道가 이로부터 생긴다고 한다. 셋째는, 社會와 政治의 최고 原則과 사람으로서 지켜야 할 최고의 準則이다. 『論語』의 「季氏」와 「公冶長」에서는, "천하에 道가 없으면, 예악과 대권이 천자로부터 발동되고, 천하에 道가 있으면, 예악과 정벌의 대권이 제후로부터 발동된다.",[61] "나라에 道가 있을 때는 버려지지 않을 것이요, 나라에 道가 없을 때는 형벌을 면할 것이다."[62]라고 하였는데, 여기서 '나라에 道가 있다'는

---

59) 『論語』, 「學而」11, 子曰 父在觀其志 父沒觀其行 三年無改於父之道 可謂孝矣.

60) 『論語』, 「學而」2, 君子務本 本立而道生 孝弟也者 其爲人之本與.

61) 『論語』, 「季氏」2, 孔子曰天下有道則禮樂征伐自天子出 天下無道則禮樂征伐 自諸侯出 自諸侯出 蓋十世希不失矣 自大夫出 五世希不失矣 陪臣執國命 三世希不失矣.

62) 『論語』, 「公冶長」1, …… 邦有道 不廢 邦無道 免於刑戮 …….

것은 국가의 정치가 최상의 원칙에 이르렀음을 말하는 것이다. 공자
는 또 "제나라를 일변시키면, 노나라가 될 것이요, 노나라를 일변시
키면, 道에 맞는 나라가 될 것이다."63)라고 하였는데, 여기서의 道
역시 최고의 사회원칙을 말하는 것이다. 한편, 「里仁」에서는,

아침에 道를 들으면, 저녁에 죽어도 좋다.64)

라고 하였는데, 여기서의 道는 윤리학적인 의미로써 인간됨의 최고
준칙을 의미한다. 道는 사물의 당연한 이치이니, 만일 그것을 얻어
듣는다면, 살면 이치에 살고 죽으면 편안해서 다시 여한이 없을 것
임을 말하는 것이다. 道란 사회의 최고 원칙과 준칙 혹은 인간됨의
최고 준칙 즉 사물의 당연한 이치임을 말하는 것이다. 넷째는, 道理,
學說의 의미이다. 『論語』의 「里仁」과 「公冶長」에서는,

우리의 道는 한 가지 理가 만 가지 일을 꿰뚫고 있다. …… 증자
께서 대답하셨다. 夫子의 道는 忠과 恕일 뿐이다.65) 道가 이루어
지지 않으니, 뗏목을 타고 바다에 나갈까 한다.66)

라고 하였는데, 여기서의 道는 모두 공자의 學說이나 공자의 기본
사상을 말한다. 자기 마음을 다하는 것을 忠이라 하며, 자기 마음을
미루는 것을 恕라 이른다. 또 자신으로써 남에게 미침은 仁이요, 자
기 마음을 미루어서 남에게 미침은 恕이니, 『中庸』에 '忠과 恕는 道

---

63) 『論語』, 「雍也」22, 子曰 齊一變至於魯 魯一變至於道.
64) 『論語』, 「里仁」8, 子曰 朝聞道夕死可矣.
65) 『論語』, 「里仁」15, 子曰 參乎 吾道 一以貫之 …… 曾子曰 夫子之道 忠恕而
已矣.
66) 『論語』, 「公冶長」6, 道不行 乘桴 浮于海.

와의 거리가 멀지 않다'는 것이 이것이다. 忠恕는 一以貫之이니, 忠이란 天道요, 恕란 人道이며, 忠이란 無妄이요 恕란 履行하는 것이다. 忠은 體요 恕는 用이니, 大木과 大道라고 주에서는 말하고 있다. 결국 여기서의 道의 의미는 孔子의 기본 사상을 말하는 것이고 그 기본 사상은 忠恕임을 말하는 것이다.

위에 인용했듯이, 논어에서 사용하고 있는 道의 의미는 여러 가지 의미를 가지고 있으나 한 가지 공통된 점은 모두 規範, 法則의 뜻으로 어떤 객관적인 성질과 내용을 가진다.[67] 다시 말해 인간이면 누구나 지향해 나가야 할 不變의 法則 내지는 倫理的인 原則을 말한다. 공자가 말한 道란 그 윤리학적인 의미로 보면, 행위의 規範과 準則을 말한다. 즉 이는 儒家에서 말하는 '人道'인 것이다.

道자는 원래 위에서처럼 여러 의미로 쓰인다. 道의 의미는 사람이 따라야 하는 道理나 理致 등 소위 人道의 의미를 가지는 道路, 길 등의 의미가 있고, 또한 道는 規則, 規範 혹은 사회와 정치의 최고 준칙과 사람으로서 지켜야 할 최고 원칙의 의미가 있다. 여기서는 위에서 말한 道의 의미를 보다 구체적으로 설명하면서 道의 참된 의미를 찾아보려 한다. 먼저, 道路의 의미로서의 道의 개념을 보면, 여기서 道의 중심 개념은 실제로 어떤 도로나 길의 의미보다는 정신적이고 볼 수 있는 형체를 가지지 않는 것으로 볼 수 있다.[68] 다만 道路는 거쳐 가는 곳이고 사람들을 어떤 목적지에 도달하도록 인도하는 것이다. 이것으로부터 의미가 파생되어서 무릇 말과 행동이 어떤 목표에 도달하기 위하여 경유하는 바도 역시 모두 道라고 부를 수 있다. 『論語』의 「雍也」15에서도 '누구인들 밖을 나갈 적에 門을 경유하지 않고 나갈 수 있겠는가. 그런데 어찌하여 이 道를 따르는 이가 없는가.'에서 '어

---

67) 전병용 역, 『中國古代倫理學』, 이론과 실천, 1990, p.26.
68) 陳大齊, 『孔子學說』, 臺北: 正中書局, 民國, p.106.

찌 이 道를 따르는 이가 없는가'에서는 道를 사람이 마땅히 거쳐 가야 하는 道理로 보고 있다. 즉, 여기서는 道를 사람이 마땅히 경유해야 하고, 지켜야 하는 道理로서 人道로 해석할 수 있겠다.

한편, 陳大齊는 道를 事實上의 道와 價値上의 道를 구별하여 道의 중심 개념으로서 가치상의 道를 설명하고 있다.[69] 孔子의 언론 가운데는 자주 천하에 道가 있다 없다와 나라에 道가 있다 없다에 대해서 언급한 것이 있는데, 한 문장을 예로 들면,

> 孔子께서 말씀하셨다. 天下에 道가 있으면 벼슬하고, 道가 없으면 숨을 것이니라. 나라에 道가 있을 때 가난하고 천한 것이 부끄럽고, 나라에 道가 없을 때 부하고 귀한 것이 부끄러운 것이다.[70]

라고 하였는데, 道는 마땅히 경유해야 하는 道가 있고, 경유하지 말아야 하는 道가 있다. 道를 마땅히 경유해야만 하는 道로 이해하는 것이 價値上의 道인 것이다. 위에서 道, 특히 '無道'에서의 道란 반드시 가치상의 道를 가리킨다. 국가를 통치하는데 있어서, 터무니없는 무거운 세금을 징수하는 것으로 경유하는 것은 폭군의 道이고, 세금을 가볍게 징수하는 것으로 경유하는 것은 어진 임금의 道이다. 후자는 마땅히 경유해야 할 道이니, 비로소 道라 할 수 있다. 또한, "孔子께서 말씀하셨다. …… 이른바 대신이라는 자는 道로써 임금을 섬기다 옳지 않으면 그만두는 것이다."[71]라고 하였는데, 여기서 말한 道도 역시 價値上의 道를 말하는 것이다. 임금을 섬기기 위해서 품고 있는 것이 만일에 가치상의 道가 아니라면 숫자나 채우는 신하일

---

69) 陳大齊, 『孔子學說』, 臺北: 正中書局, 民國, p.108.

70) 『論語』, 「泰伯」13, 天下有道則見, 無道則隱. 邦有道, 貧且踐焉, 恥也, 邦無道, 富且貴焉, 恥也.

71) 『論語』, 「先進」23, 子曰, …… 所謂大臣者, 以道事君, 不可則止.

따름이요, 대신이라는 칭호를 감당하기에는 부족하다. 孔子가 추구한 것은 價値의 學問이고 致善의 학문이기 때문에 그가 극진히 숭배하고 '아침에 道를 들으면 저녁에 죽어도 좋다'고 한 것은 당연히 價値上의 道에 한정된 것이고, 道의 중심 개념은 이 價値上의 道를 말한다.72) 價値上의 道는 응당 경유해야 하는 道이다.

그러면 마땅히 경유해야 하는 道의 구체적인 內容은 무엇인가.

> 孔子께서 말씀하셨다. 君子의 道가 네 가지가 있었으니, 몸가짐이 공손하며, 윗사람을 섬김이 공경스러우며, 백성을 기름이 은혜로우며, 백성을 부림에 의로웠다.73)

> 孔子께서 말씀하셨다. 君子의 道가 셋인데, 나는 능한 것이 없다. 仁者는 근심하지 않고, 智者는 의혹하지 않고, 勇者는 두려워하지 않는 것이다.74)

위에서 君子의 道란 孔子가 강조한 道의 내용을 말하는 것이라 볼 수 있는데, 君子의 道란 君子가 마땅히 경유해야 할 道, 마땅히 지켜야 할 道理이다. 혹은 君子가 되기 위해, 수양하기 위해 경유하는 道로 해석할 수 있다. 그 내용은 恭, 敬, 惠, 義의 道와, 智·仁·勇을 갖춘 인격을 말하는 것이다. 君子의 道는 2장에서 다룰 것이다.

한편, 孟子는, 道가 仁과 不仁 두 가지라고 하였다.

> 孔子께서 말씀하셨다. 道는 둘이니, 仁과 不仁일 뿐이다.75)

---

72) 陳大齊, 위의 책, p.108.

73) 『論語』, 「公冶長」15, 子謂子産 有君子之道四焉 其行己也恭 其事上也敬 其養民也惠 其使民也義.

74) 『論語』, 「憲問」30, 子曰君子道者三 我無能焉 仁者不憂 知者不惑 勇者不懼. 子貢曰夫子自道也.

75) 『孟子』, 「離婁 上」2, 孔子曰, 道二, 仁與不仁而已矣.

라고 했다. 孟子의 이 말에 의하면, 孔子는 일찍이 道를 仁道와 仁道
가 아닌 것 두 가지로 크게 나누었다. 이 중에서 君子의 道는 곧 仁
道이다. 왜냐하면 孔子는 '군자는 밥 먹은 사이에도 仁을 어겨서는
안 된다'고 주장하기 때문이다. 여기서 道의 중심 개념으로서 仁道를
말할 수 있다.

즉, 道의 중심 개념은 인간으로서 마땅히 경유해야 하는 것, 인간
으로서 마땅히 지켜야 하는 道理로서 人道를 말하며, 이 人道의 구
체적인 내용은 孔子가 말하는 君子의 道가 될 수 있으며, 孔子가 道
를 仁道와 仁道가 아닌 것으로 나누어 말하고 있는 것에서 道는 仁
道라고 볼 수 있다.76) 이상에서 道의 의미를 알아보았다. 그러면 다
음으로 德의 의미를 알아보려 한다.

德이란 무엇인가. 德자는 心부에서 찾을 수 있는데, 즉 마음의 情
感과 信念을 뜻한다. 道와 비교해 보면, 德은 主觀的인 情操를 의미
한다. 孔子는,

충성스런 사람은 자신의 행위를 義롭게 하여 德을 숭상한다.77)

라고 했는데, 忠, 信, 義는 道德意識에 속하고, 德은 內心의 도덕적인

---

76) 董乃强 主編, 『孔學知識詞典』, 北京: 中國國際广播出版社, 1990, p.144에서
   는, 道의 개념을 1) 일정한 人生觀, 世界觀, 政治主張, 思想체계, 2) 倫理道
   德과 社會 秩序, 3) 世界的 本原, 本體, 4) 사람 혹은 사물이 따라야 하는
   規律이나 法則 등으로 해석하고 있다. 또한 David L. Hall & Roger T.
   Ames, Thinking Through Confucius, Albany: State Univ. of N.Y. Press,
   1987, pp.226-232에서는 道를 辶(to pass over, to go over, to lead
   through)과 首(head, foremost)로 이루어진 글자로 보고 道를 미래 세대에
   어떤 방향과 지도를 제공한다는 의미의 人道로 해석한다. 또한 道를 仁(as
   Person making)과 道(as world making)의 의미를 가지고 있는 것으로 보
   아 道를 仁으로 해석한다.
77) 『論語』, 「顔淵」10, 主忠信 徒義 崇德也.

경지이며, 사람이 내면적으로 갖추어야 할 것을 가리킨다. 공자는 이런 도덕신념을 견지할 수 있으면, 내심의 도덕적인 경지를 높일 수 있다고 생각했다. 그는 또 "군자의 덕은 바람과 같고 소인의 덕은 풀과도 같은 것이라 바람이 불면 풀은 반드시 바람에 쏠리어 따르기 마련이다."[78]라고 했는데, 여기서의 '德'도 品德이나 精神的인 면을 말하는 것이다.

孔子는 德이란 內心의 修養을 통해 발양되는 생각으로 보고,

> 德을 기르지 않음, 學問을 연마하지 않음, 道를 듣고도 실행하지 않음, 善하지 못함이 내가 두려워하는 바이다.[79]

라고 했다. 이상에서, '德'이란 內心의 道德的인 境地의 涵養을 의미한다. 孔子는 사람의 道德行爲를 구성하는 데 필요한 조건으로 道德意識 혹은 情操를 들었는데, 이것으로 德의 意味를 알 수 있다.[80]

孔子는 道德 哲學家이기 때문에 그가 강조한 것은 도덕상 가치가 있고 마땅히 우리가 함양해야 할 德이다. 德이 함양할 필요성이 있는 것이라면 함양할 자질은 도대체 무엇인가? 첫째는, 德은 원래부터 갖추고 있는 것이지만 단지 감추어져 있고 아직 드러나지 않아서 마치 다듬지 않은 옥과 같이 반드시 쪼고 갊을 경과한 다음에 비로소 드러나는 것이다. 둘째로 德은 본래 없고 공예품처럼 본래의 성능을 이용하여 한 번 제작을 거친 후에 창조되는 것이다.[81]

孔子의 學說은 위의 두 가지 중 어느 것인가?

---

78) 『論語』, 「顏淵」19, 季康子問政於孔子曰 如殺無道以就有道何如 孔子對曰子爲政焉用殺 子欲善而民善矣 君子之德風 小人之德草 草上之風必偃.

79) 『論語』, 「述而」3, 子曰 德之不修 學之不講 聞義不能徙 不善不能改 是吾憂也.

80) 董乃强, 위의 책, p.151에서는 德을 美德, 品德으로 해석하고 있다.

81) 陳大齊, 『孔子學說』, 臺北: 正中書局, 民國 53年, p.110.

孔子께서 말씀하셨다. 하늘이 德을 나에게 주셨으니, 桓魋가 나에게 어찌 하겠는가.[82]

여기서는 孔子가 德을 이미 하늘이 낳은 것으로 보았다. 그러나 孔子는,

孔子께서 말씀하셨다. 性稟은 서로 비슷하나 習慣에 의해서 서로 멀어지게 된다. 孔子께서 말씀하셨다. 오직 지극히 지혜로운 자와 어리석은 자는 변화시킬 수 없다.[83]

라고 하였는데, 위에서 孔子는 단지 사람의 본성은 서로 비슷하다고 말했을 뿐 결코 사람의 본성이 같다고 말하지는 않았다. 그러므로 사람에게 있어서 德은 타고난 것인지, 만들어지는 것인지도 사람마다 다를 것이다. 어떤 사람들은 타고난 德을 쪼고 갈아야 하고, 어떤 사람들은 타고난 德이 없기 때문에 만들어야 하는 것이다. 그리고 타고난 德을 가진 사람 중에도 타고난 德의 양이 다르기 때문에 쪼고 가는 데 반드시 해야만 하는 공부도 서로 다를 것이다.

그러나 孔子는 실천 도덕의 철학가라고 볼 수 있고, 그가 주장한 것은 德의 수양이지 德이 타고난 것인지, 만들어지는 것인지의 문제는 부차적인 것이라 할 수 있다. 德은 완전한 인격에는 없어서는 안 되지만 사실상 德을 가진 사람은 매우 적다. 孔子는, "孔子께서 말씀하셨다. 由야! 德을 아는 자가 드문 것이다.", "孔子께서 말씀하셨다. 나는 德을 좋아하기를 女色을 좋아하듯이 하는 자를 보지 못하였다."[84]

---

82) 『論語』, 「述而」22, 子曰, 天生於德予, 桓魋其如予何.

83) 『論語』, 「陽貨」2, 子曰, 性相近也, 習相遠也, 『論語』, 陽貨 3, 子曰, 唯上知與下愚, 不移.

84) 『論語』, 「衛靈公」3, 子曰, 由, 知德者鮮矣. 『論語』, 子罕 17, 子曰, 吾未見好德如好色者也.

에서 孔子는 德을 아는 사람이 적음을 말했다. 또한 德의 좋은 점을
알아야 비로소 德을 좋아할 수 있으므로 德을 좋아하는 사람이 적음
도 말했다. 德의 의미에 대하여 『論語』, 「爲政」에서는,

> 德이란 말은 얻는다의 뜻이니, 道를 행하여 마음에 얻음이 있는
> 것이다.[85]

라고 하여, 德은 얻은 것이라는 의미를 가진다. 이에 도덕적인 의미
를 첨가하면 마땅히 얻어야 하는 것 또는 마땅히 갖추어야 하는 것
이다. 『管子』의 「心術 上」과 『禮記』에 보면, '德者, 得也'라 하였고,
또 『禮記』의 「鄕飮酒義」에서는 '德也者, 得於身也'라고 하였고, 孔穎
達은 '以事得宜故曰德'이라 하였고, 朱子는 '德之爲言得也, 行道有得於
心也'라 하였다.[86] 德은 '얻는다'의 의미가 있으며, 朱子의 경우를 보
면, '道를 행한 후 마음에 얻는 것'이라 하였는데, 이는 德을 道를 행
하는 것, 道를 행하려는 의지, 道를 행하여 마음의 수양을 얻은 것
등으로 볼 수 있는데, 이를 요약해서 말하면, 道를 실천하여 일의 마
땅함을 얻는 것이라 할 수 있는데, 여기서 德은 合理的 行爲 혹은
正直, 善良한 行爲나 그렇게 하려는 마음가짐의 상태라고 볼 수 있
다. 이러한 德의 의미를 파악하기 위해 德의 내용에는 어떤 것이 있
는가를 보려 한다. 孔子의 學說에서 德은 仁德으로 볼 수 있는데,
"孔子께서 말씀하셨다. 中庸의 德됨이 지극한 것인데, 행하는 이가
적은지 오래다.", "孔子께서 말씀하셨다. 忠과 信을 주로 하며 義로
옮겨 가는 것이 德을 높이는 것이다.", "孔子께서 말씀하셨다. ……
일을 먼저 하고 얻는 것을 뒤로 하는 것이 德을 높이는 것이 아니겠

---

85) 『論語』, 「爲政」1, 註, 德之爲言 得也 行道而有得於心也.

86) 葉經柱, 위의 책, p.3.

느냐."87)의 인용에서, 德의 內容을 中庸, 양보함, 충성스러움, 믿음, 의로움, 먼저 일하고 나중에 얻음 등으로 보고 있다.

이상에서 道와 德의 의미에 대해 알아보았다. 道란 인간이 마땅히 경유해야 하는 道理로서 人道를 말하고, 이 人道는 결국 仁道 즉 仁임을 보았다. 德이란 道를 실천하여 일의 마땅함을 얻는 것, 道를 행하는 것, 合理的이고, 正直, 善良한 行爲나 그렇게 하려는 마음가짐의 의미임을 보았다. 道와 德의 의미를 한마디로 정의하면, 결국 道德은 사람의 道理를 알고 그것을 實踐하는 것이라고 설명할 수 있으며, 이는 다른 말로 陳大齊는 做人的 態度라고 말하였는데, 이는 理法을 따르고 理法에 맞는 행위를 하는 것이 道德이 되는 것이다.88) 여기서 道와 德의 이미, 즉 道德의 의미를 좀 더 자세히 알아보려 한다.

道와 德은 서로 같은 점도 있고 다른 점도 있다. 먼저, 같은 점을 보면, 孔子는,

> 孔子께서 말씀하셨다. 道가 있는 이에게 나아가 자기를 바로 잡는다면 배움을 좋아한다고 할 것이다.
> 孔子께서 말씀하셨다. 德이 있는 사람은 반드시 말을 잘 하지만, 말을 잘하는 이라고 해서 반드시 德이 있는 것은 아니다.89)

라고 했다. 孔子는 충분히 인류의 모범이 되는 사람에 대해서 道가 있다고 부르고 또한 德이 있다고 불러서 이미 道와 德이 서로 같음을 말하고 있다. 孔子가 말한 것 가운데 道와 德을 포함한 말을 살펴보면, 道와 德을 거의 같은 의미로 쓰고 있다. "樊遲가 仁에 대해

---

87) 『論語』, 「雍也」27, 子曰 中庸之爲德也 其至矣乎 民鮮 久矣. 『論語』, 顔淵 10, 子曰, 主忠信, 徙義, 崇德也. 『論語』 顔淵 21, 子曰, 先事後得, 非崇德與.

88) 葉經柱, 위의 책, p.4.

89) 『論語』, 「學而」14, 子曰, 就有道而正焉, 可謂好學也已. 『論語』, 憲問 5, 子曰, 有德者必有言, 有言者不必有德.

물었다. 孔子께서 말씀하셨다. 거처할 때 공손히 하며, 일을 집행할 때 경건하게 하며, 남에게 대할 때 진심으로 하는 것이니, 비록 이적의 땅에 가더라도 버릴 수 없는 것이다."90)와, "자장이 孔子께 仁에 대해서 여쭈었다. 孔子께서 말씀하셨다. 다섯 가지를 천하에서 행할 수 있으면 仁이 된다. 청컨대 그 다섯 가지가 무엇입니까? 孔子께서 말씀하셨다. 공손함, 미더움, 민첩함, 은혜로움이니, 공손하면 업신여김을 받지 않고, 너그러우면 뭇사람들의 마음을 얻게 되고, 신뢰가 있으면 남들이 신뢰하게 되고, 민첩하면 공적을 올릴 수 있고, 은혜로우면 사람을 부릴 수 있다."91)에서 공손함, 경건함, 충성스러움, 미더움은 仁에 포함되는 것이고, 仁은 道와 德에 다 같이 포함되는 것이니, 공손함, 경건함, 충성스러움, 미더움이 道와 德에 포함되는 것은 당연한 것이다. 또, 仁은 원래 여러 德의 집합체이다. 집합체가 이미 道와 德에 동일하게 포함되니 그것을 구성하는 요소들인 공손함, 경건함, 충성스러움, 미더움은 당연히 道와 德에 공동으로 포함된다. 그러므로 내용적인 측면으로 말하면, 道와 德은 분별할 수 없는 것이고, 道는 곧 德이고, 德은 곧 道인 것이다.

그러면, 道와 德의 다른 점을 보면, 주로 그것들이 있는 곳을 살펴보려 한다.

　　　孔子께서 말씀하셨다. 道에 뜻을 두며, 德에 근거하며 ……92)

여기서는 道자를 志자와 같이 썼고, 德자는 據자와 같이 썼다. 道는 사람이 마땅히 경유해야 할 경로이니, 道는 마땅히 경유자의 주

---

90) 『論語』, 「子路」19, 樊遲問仁 子曰居處恭 執事敬 與人忠 雖之夷狄 不可棄也.
91) 『論語』, 「陽貨」6, 子張問仁於孔子 孔子曰能行五者於天下爲仁矣 請問之曰恭 寬信敏惠 恭則不侮 寬則得衆 信則人任焉 敏則有功 惠則足以使人.
92) 『論語』, 「述而」6, 子曰, 志於道, 據於德 …….

관 밖에 있는 것이라 할 수 있다. 德은 사람이 마땅히 갖추어야 할
것이고, 마음에 얻어야 하는 것, 혹은 수양을 통해 얻는 것이기 때문
에 德은 수양해서 얻는 사람의 주관 안에 있는 것이라 할 수 있다.
"孔子께서 말씀하셨다. 아침에 道를 들으면 저녁에 죽어도 좋다.",
"孔子께서 말씀하셨다. 더불어 배울 수는 있어도 더불어 道에 나아
갈 수는 없으며, 더불어 道에 나아갈 수는 있어도 더불어 설 수는
없다."[93]에서 道는 듣는 것이고, 道는 사람들과 함께 나아갈 수 있는
것임을 알 수 있다. 그러므로 道란 사람의 내면에 존재하는 것이 아
니라 사람의 외부에 존재하는 것이다. 한편, 德에 대해서는, "孔子께
서 말씀하셨다. 하늘이 나에게 德을 주셨으니, ……"[94]에서 추론하
면, 德은 어떤 한 사람에게 생기는 것이다. 德이 이미 어떤 개인에게
생기니, 당연히 그 사람의 안에 있는 것이다.

이제까지 道와 德의 같은 점과 다른 점을 보았다. 같은 점은 내용
면에 있고, 다른 점은 그것들이 있는 곳에 있다. 道와 德은 비록 밖
에 있다는 것과 안에 있다는 것의 차이가 있지만, 내용상의 같은 점
이 밖에 있느냐 안에 있느냐의 차이점보다는 중요한 요소가 될 것이
다. 왜냐하면, 道가 마땅히 경유해야 하는 까닭은 그 내용이 마땅히
경유해야 할 가치를 가지기 때문이지, 그것이 밖에 있기 때문이 아
니며, 德이 마땅히 갖추어야 하는 까닭도 또한 그 내용이 마땅히 닦
아야 할 가치를 가지기 때문이지 그것이 안에 있기 때문이 아니다.

이 점에서 道와 德은 合一하지 않을 수 없는 것이다. 道와 德이
합일해야 비로소 그것들이 마땅히 경유해야 할 것임을 잃지 않을 것
이고, 德은 마땅히 갖추어야 할 것임을 잃지 않을 것이다. 예를 들어,

---

93) 『論語』, 「里仁」8, 子曰, 朝聞道, 夕死可矣. 『論語』, 子罕 29, 子曰, 可與共學,
　　未可與適道. 可與適道, 未可與立.
94) 『論語』, 「述而」22, 子曰, 天生德於予, …….

겸손은 道에 있어서는 마땅히 경유해야 하고, 德에 있어서는 마땅히 갖추어야 할 것으로 여겨지며, 그와 반대되는 傲慢은 道에 있어서는 마땅히 경유하지 말아야 하고, 德에 있어서는 마땅히 갖추지 말아야 할 것으로 여겨진다. 그래서 양성한 겸손의 德에 의지하여 道와 德이 마땅히 경유하는 것은 용감하게 앞으로 나아가고 주저할 필요가 없으니 道와 德이 마땅히 경유해야 하고 마땅히 갖추어야 함은 道와 德의 완전함을 위한 것이라 할 수 있다. 만일 德에서 겸손을 마땅히 갖추어야 할 것으로 생각하고 道에서 傲慢을 마땅히 경유해야 할 것으로 생각한다면 실제로 언행할 때 德을 따라서 겸손해야 할지, 道를 따라서 傲慢해야 할지 주저하게 될 것이다. 德을 따라서 겸손하면 道는 마땅히 경유해야 함을 잃을 것이고 道를 따라서 傲慢하게 되면 德은 마땅히 갖추어야 함을 잃을 것이다. 그러므로 道와 德은 합치면 모두 완전하게 되고, 道와 德이 일치하지 않으면 혼란이 있는 것이다.[95]

이상에서, 오늘날 우리가 시행하는 道德敎育은 道 敎育이면서, 德 敎育이고, 동시에 道德 敎育이어야 함을 알 수 있다. 道 敎育이란 인간으로서 마땅히 해야 할 道理들을 가르치는 것이고, 德 敎育이란 그러한 道를 體行하여 마음에 얻는 것 즉, 道를 완수하기 위한 마음가짐과 道德的 行爲의 涵養敎育이라 볼 수 있다. 道德 敎育이란, 道와 德이 일치하여 즉 德이 道에 일치하여 가치관의 혼란이나 옳고 그름을 판단하는 분별력의 부재를 없게 하는 교육을 말한다. 儒家의 德性 涵養은 道 敎育과 德 敎育의 통합 즉 道德 敎育이라 볼 수 있는데, 본 연구의 3장과 4장에서는 이를 德性 涵養의 知的인 領域과

---

95) 葉經柱, 위의 책, p.5에서는 道德과 倫理의 의미를 각각 倫理는 사람과 사람의 關係를 위주로 다루는 개념이고, 道德은 사람의 言行 혹은 行爲를 위주로 하는 개념이라고 보고 있다. 본 연구에서는 道德의 의미를 道德과 倫理를 모두 포괄하는 것으로 보려 한다.

行動的인 領域으로 나누어 각 敎育의 要素들을 다루려 한다.

이상에서 道와 德의 意味를 알아보았는데, 孟子에게 있어 道와 德의 의미는 仁과 義로 해석되고 있다. 즉 道와 德 즉 道德은 仁과 義를 그 중요 내용으로 하고 있다고도 볼 수 있는데, 여기서는 仁과 義의 意味와 그것의 德性涵養과의 관계를 알아보려 한다.

孟子는 '仁也者, 人也, 合而言之道也'라고 했는데, '合而言之'는 두 사람이 공생하고 공존하고 함께 진화해가는 것을 말하며, 두 사람이 서로 도우면 道가 있는 것이고, 그렇지 않으면 道가 없는 것이라고 했고, 총괄해서 말하면, 道는 體가 되고, 德은 用이 되며, 仁은 또 德의 體가 되며, 義는 仁의 用이 된다고 하였다. 즉, 이는 道가 완성되기 위해서는 德이 갖추어져야 하고, 德이 갖추어지기 위해서는 仁이 완성되어야 하고, 仁이 완성되기 위해서는 義가 갖추어져야 함을 말한다. 그러므로 孟子의 道德觀은 仁義임을 알 수 있고, 후에 禮智를 더해서 소위 四端을 강조하게 된다.96) 孟子는,

> 仁의 실질은 부모님을 섬기는 것이요, 義의 실질은 형님께 순종하는 것이요, 智의 실질은 이 두 가지를 잘 알아서 잊어버리지 않는 것이요, 禮의 실질은 이 두 가지를 잘 조절하고 형식화하는 것이요, 樂의 실질은 이 두 가지를 실행하는 것을 즐거워하는 것이다. 즐거워하면 자연히 생기게 되니, 생겨나면, 어떻게 그 두 가지 일을 그만둘 수 있겠는가? 그만둘 수 없으면, 자기도 모르는 사이에 저절로 손발이 움직여 춤을 추게 된다.97)

라고 했는데, 이것은 『論語』의,

---

96) 陳立夫 著, 『孟子之道德倫理思想』, 臺北: 正中書局印行, 民國 75年, p.1.
97) 『孟子』, 「離婁 上」, 27, 孟子曰 仁之實事親是也 義之實從兄是也 智之實 知斯二者弗去是也 禮之實節 文斯二者是也 樂之實樂斯二者 樂則 生矣 生則惡可已也 惡可已則不知足之蹈之手之舞之.

부모님께 효도하고 웃어른을 공경하는 것은 仁의 근본이다.98)

라는 말에 의거해 부모님을 사랑하는 마음을 仁의 근본으로 삼고, 형
님을 공경하는 마음을 義의 근본으로 삼은 것이다. 孟子는 또 "堯舜의
道는 부모님께 효도하고 웃어른을 공경하는 것 뿐이다."99)라고 했고,

부모님을 친애함이 仁이요, 웃어른을 공경함이 義이다.100)

라고 했는데, 이는 모두 사랑과 공경을 仁義의 본뜻으로 풀이한 것
이다.

한편, 孟子는 仁義의 개념을 全體 社會의 道德 規範으로 이해했다.

어진 사람은 남을 사랑하고, 예의가 있는 사람은 남을 공경한다.
남을 사랑하는 사람은 남도 항시 그를 사랑하고 남을 공경하는
사람은 남도 항시 그를 공경한다.101)

고 했는데, 여기서 말한 남을 사랑하고 남을 공경한다는 것은 모두
사회윤리에 기초하여 말한 것이다. 소위 敬 혹은 義는 윗사람을 존
경하는 것인데, 여기에는 임금을 존경해야 함도 내포된다. 이는, "어
진 사람으로서 자기의 어버이를 버리는 사람은 아직까지 없었고, 의
로운 자로서 자기 나라 임금을 소홀히 한 사람도 아직까지 없습니
다."102)라고 한 것에서 볼 수 있다. 그러나 孟子가 말한 義로써 임금

98) 『論語』, 「學而」2, 孝弟, 爲仁之本.
99) 『孟子』, 「告子 下」2, …… 堯舜之道, 弟孝而已矣 …….
100) 『孟子』, 「盡心 上」15, …… 親親仁也, 敬長義也 …….
101) 『孟子』,「離婁 下」28, 仁者愛人, 有禮者敬人. 愛人者, 人恒愛之. 敬人者, 人恒敬之
102) 『孟子』,「梁惠王 上」1, …… 未有仁而遺其親者也, 未有義而後 其君者也 ……

을 섬긴다는 것은 결코 임금이 좋아하고 싫어하는 취향에 맞추고 임
금의 명령이라면, 무조건 따르는 것을 의미함이 아니요, 임금에게 善
을 행하고 義를 행하도록 권유하는 것을 뜻한다.

　또한 孟子가 강조한 仁義는 윗사람을 공경하는 것만을 의미하는
것이 아닌 남을 공경하는 의식을 확장해 자신의 본분을 지키면서 다
른 사람의 권리도 존중하는 것을 가리킨다. 그는,

> 사람은 누구나 다 어떤 일에 대하여, 차마 그렇게 하지는 못하겠
> 다는 마음이 있다. 차마 하지 못하는 마음을 가져다가 차마 하는
> 일에까지 이르게 하는 것이 바로 仁이다. 또 사람은 누구나 다 어
> 떤 일에 대하여, 마땅히 해서는 안 된다는 마음이 있다. 마땅히
> 해서는 안 된다는 이 마음을 밀고 나가서 마땅히 해야 할 일에까
> 지 이르는 것이 바로 義이다. 만일 사람을 해치고 싶지 않은 마음
> 을 기를 수 없다면, 仁을 체득할 수가 없고, 남의 집 담장 구멍을
> 뚫거나 뛰어넘어 도적질하고 싶지 않은 마음을 이기지 못하면, 義
> 를 실현할 수가 없다. 또, 만일 남에게 업신여김을 받고 싶지 않
> 은 부끄러운 마음을 널리 확충할 수 있다면, 어디를 가든지 의로
> 운 일을 하지 못할 것이 없다.[103]

라고 하여 仁과 義의 뜻을 좀 더 구체화시켰다. 孟子에 의하면, 사람
은 누구나 남을 동정하는 마음이 있는데, 이를 밀고 나가서 확충시
켜 모든 사람의 불행을 동정하게 되는 것이 바로 仁이며, 또 사람은
누구나 마땅히 하지 말아야겠다는 마음이 있는데, 이를 밀고 나가
확대해 일체 하지 말아야 할 일들을 하지 않게 되는 것이 바로 義이
다. 또 남을 해치려는 사람이 없게 되면, 仁德은 이루 다 쓸 수 없을

---

103) 『孟子』, 「盡心 下」, 31, 孟子曰 人皆有所不忍 達之於其所忍 仁也 人皆有所不
　　爲 達之於其所爲 義也 人能充無欲害人之心 而仁 不可勝用也 人能充無穿
　　踰之心而義 不可勝用也 人能充無受爾汝之實 無所往而不爲義也 士未可以
　　言而言 是以言話之也 可以言而不言 是以不言話之也 是皆穿踰之類也.

만큼 넘치게 되고, 도적질하려는 마음이 없으면, 義德은 이루 다 쓸
수 없을 만큼 넘치게 되어 사람들은 부끄러워하는 마음을 보전하여
그 행위는 어느 것에서도 의롭지 않음이 없게 된다는 것이다.

한편, 孟子는 앞에서 말한 '어버이를 친애한다'는 의식을 확대하여
'어진 사람은 남을 사랑한다'는 주장을 한다. 『論語』에서도 仁은 혈연
관계의 사랑을 넘어 사회적이고 정치적인 의미를 가지며, 여기서 仁
의 뜻은 Humanity의 뜻이 된다.[104] '어진 사람은 남을 사랑한다'는
말 역시 孔子의 仁의 학설을 개괄한 것이다. 孟子는 孔子의 愛人사상
을 본받아 '仁民'설을 내세웠는데, 이는 백성을 사랑하는 것을 통치자
의 가장 큰 도덕으로 간주한 것으로 그가 말한 '仁政'은 바로 이를 가
리키는 것이다. 그가 양혜왕에게 대답한 다음의 말을 보면, "백성들
이 내 집 늙으신 부모님을 존경하는 마음으로 남의 집 늙으신 부모
님을 존경할 줄 알고, 내 집 어린 자녀들을 사랑하는 마음으로 남의
집 자녀들을 사랑할 줄 알면, 천하를 운영하는 것은 손바닥을 뒤집는
것보다 더 쉽습니다. 『詩經』에 '아내 사랑하는 마음 본떠 형제끼리
우애하면 나라도 잘 다스려지리라' 했습니다. 이것은 내 집안 식구들
을 사랑하는 마음으로 백성들을 사랑하라는 말입니다. 그러므로 이런
자애심을 넓혀 나간다면 온 세상도 편안히 보전할 수 있고, 그렇지
못하면 처자라도 보전할 수 없습니다. 옛날 사람이 크게 뛰어난 것은
다른 까닭이 아닙니다. 부모와 자녀를 사랑하는 마음을 넓히어 백성
을 사랑한 것 뿐입니다."[105]에서 임금이 자기 친속을 사랑하는 마음
을 확대하여 천하 사람들을 사랑함에까지 이르는 것이 곧 仁政임을

---

104) 日知 編, 『孔子的政治學－論語』, 동경, 동경사범대학출판사, 1990, p.79.

105) 『孟子』, 「梁惠王 上」7, 老吾老, 以及人之老. 幼吾幼, 以及人之幼, 天下可運
　　於掌. 詩云, '刑于寡妻, 至于兄弟, 以御于家邦.' 言擧斯心, 加諸彼而已矣. 故
　　推恩足以保四海, 不推恩無以保妻子. 古之人所以大過人者, 無他焉, 善推其
　　所爲而已矣.

말하고 있는 것이다. 仁政을 실행하기만 하면, 천하를 보전하고 王天
下할 수 있다는 것이다. 또 위에서 '자애심을 넓혀 나가고', '부모와
자녀를 사랑하는 마음을 넓힌다'고 한 것은 孔子의 자신으로부터 남
에 이르도록 한다는 이른바 '忠恕之道'를 발전시킨 말이다.

　한편, 孟子는,

> 仁은 사람의 편안한 집이요, 義는 사람의 바른 길이다. 편안한 집
> 을 비워 두고 거처하지 않으며, 바른 길을 버려두고 따르지 않으
> 니, 애처롭다.106) 仁은 사람이 간직해야 할 본심이요, 義는 사람이
> 마땅히 걸어가야 할 길이다. 사람들은 이 마땅히 걸어가야 할 길
> 을 버리고 여기에 따르지 아니하며, 간직해야 할 마음을 놓아두고
> 찾을 줄을 모르니 참으로 애석한 일이다.107)

라고 했다. 孟子는 仁義를 사람이 간직해야 할 본심과 사람이 마땅
히 걸어가야 할 길로 해석했는데, 여기서 孟子는 仁義를 道德의 基
礎로 보고 있는 것이다.108) 또,

> 仁이란 사람이란 뜻이니, 합하여 말하면 道이다.109)

라고 했는데, 여기에서는 仁이 사람이 사람 된 所以의 理致임을 말하
고 있는데, 다만 仁은 理致요 사람은 물건이니, 仁의 理致로서 사람의
몸에 합하여 말하면 이것이 이른바 道라는 것이다. 이는 사람이 仁德

---

106) 『孟子』,「離婁 上」10, …… 仁 人之安宅也, 義 人之正路也. 曠安宅而弗居,
　　　舍正路而不由, 哀哉!
107) 『孟子』,「告子 上」11, 孟子曰 仁 人心也 義 人路也. 舍其路而不由 放其心
　　　而不知求 哀哉
108) 陳立夫, 『孟子之道德倫理思想』, 臺北: 正中書局, 民國 75年, p.4.
109) 『孟子』,「盡心 下」16, 仁也者 人也 合而言之 道也.

을 실행하는 것이 바로 道인을 말한 것이다. 앞에서 道는 人道로 해석하였는데, 이 점에서 보면, 仁德을 人道의 본질로 본 것이다.

이상에서 보면, 儒家는 仁을 일종의 綜合的인 德이고, 忠, 恕, 恭, 敬 등의 여러 가지 德들과 나란히 열거될 수는 없다고 본다.110) 여러 德은 仁의 성분으로 상이한 특수한 내용을 가진 것이 아니며 여러 德의 內容을 綜合한 것이 바로 仁의 內容이 된다. 『中庸』에서 말한 '仁이란 것은 人이다'가 바로 이 의미를 충분히 나타내는 것 같다. 사람으로서 이상에 부합하고자 한다면 반드시 많은 德을 구비하여야 하고 仁은 많은 德의 總體이므로 이상적인 사람됨의 종합적인 조건이 된다. 그러니까 '仁이란 것은 사람이다'는 곧 仁은 여러 가지 德을 갖춘 理想的인 人格 즉 君子의 人格을 말한다고 볼 수 있다.

道는 인간이 경유해야 하는 마땅한 道理 혹은 理致이고 德은 道를 實踐하기 위해 마땅히 갖추어야 하는 것이며, 道德의 의미는 사람으로서의 마땅한 道理를 따르고 이를 실천하기 위해 갖추어야 할 마음가짐 혹은 德性이라 할 수 있다. 이러한 道德의 주요 내용은 仁과 義라고 할 수 있는데, 그 중에서도 仁은 모든 德을 포괄하는 종합적인 德으로서 仁德은 결국 道가 되는 것이고, 仁은 결국 道德의 기본적인 의미인 人道의 중심 내용이 되는 것이다. 즉 道德은 仁이라고 할 수 있는 것이다. 儒家에서는 仁을 완성한 사람을 君子라고 보고 있는데, 道德敎育의 目標는 仁을 이해하고 仁을 이루는 일일 것이다.

---

110) 陳大齊, 위의 책, p.118.

Ⅱ. 德性涵養의 原理와 目標

이 장에서는 孔孟思想에 나타난 德性涵養 敎育의 原理와 目標를 다루려 한다. 먼저 교육 원리를 보면, 그것은 知와 行을 통한 敎育이라 할 수 있다. 知는 인간으로서 지켜야 하는 當爲的 理致에 관한 道德的 知識을 습득하는 것 소위 知育이고, 行은 '된 사람'을 만들기 위한 性情 涵養과 省察的 態度의 敎育, 道德 實踐을 모두 포함하는 소위 德育을 말하는 것이다. 知와 行에 관한 敎育을 원전에서 보면, 文과 行, 忠 信을 통한 교육, 博文과 約禮를 통한 교육, 學과 思를 통한 교육, 知와 仁, 勇을 통한 교육이라 할 수 있다. 다시 말해, 文, 博文, 學, 知 등은 知育이라 할 수 있고, 行, 忠, 信, 約禮, 思, 仁, 勇 등은 行에 관련된 것으로 德育 혹은 道德 實踐에 관련된 교육이라 할 수 있다.

앞에서 孔子思想에 나타난 교육의 目標를 도덕적인 인격의 완성이라 보았고, 孟子의 경우는 人倫을 밝히는 것 즉 明人倫으로 보았다. 이러한 孔孟의 敎育 目標를 바탕으로 한 敎育的 人間像은 '君子'(孟子의 경우 大丈夫)라고 볼 수 있다. 군자가 추구하는 최고의 德性은 仁이라 할 수 있고 仁의 주요 개념은 克己復禮와 忠恕로써, 이는 자신의 私欲을 이겨 인류의 도리대로 사는 것이며, 애타적인 마음을 부모로부터 출발하여 모든 사람에게까지 미치게 하는 것 즉 配慮라 할 수 있다.

1. 教育 原理로서의 知와 行을 통한 德性涵養

儒家思想은 무엇보다 知와 行의 合一을 통한 行動 實踐을 강조하였다. 『論語』에서 教育的 人間像으로 제시되는 君子는 行動하는 實踐人이라고 할 수 있다. 君子는 삶의 현장에서 주체적으로 살아가는 實踐人으로서 實踐躬行을 중시 여긴다. 이를테면, 子張의 問政에 "시작했으면 도중에 흐지부지하는 일이 없이 끝까지 밀고 나갈 수 있는 責任 政治를 해야 하며, 그것을 實踐해 나가는 데 있어서는 誠實함을 잃지 말아야 한다"(『論語』, 「顔淵」14)란 대답과, 子路의 君子에 대한 질문에, "修己以敬"(『論語』「憲問」45)이란 대답, 顔淵의 問仁에 "克己復禮"(『論語』, 「顔淵」1)란 대답에서 孔子는 實踐躬行과 力行을 강조하고 있다. 이때 實踐躬行은 자기 스스로 자발적으로 하는 實行이고, 내 자신이 몸소 직접 실행하는 實踐을 말한다.

儒家에서는 그 教育 內容으로 文, 行, 忠, 信을 가르쳤는데, 그 중에서 行教는 人間關係를 중시하였고, 이 중에서도 부모와 형제 사이의 관계를 중시한다. 그러므로 "안에서는 孝道하고 밖에서는 慈愛로우며 근직하고 신의를 지키며, 널리 사람을 사랑하되 仁者를 더욱 가까이 한다"(『論語』, 「學而」6)고 하여, 이 孝悌의 行動을 培養해서 夫婦間, 長幼間에로의 사랑으로 확대될 수 있음을 말하고 있다. 孟子도 모든 道德의 根源으로 仁의 大體를 말하고 있으며, 또한 智禮樂이 모두 孝悌의 産物이라고 하였다(『孟子』, 「離婁 上」27).

言行과 知行의 문제는 儒家教育의 핵심이며, 이에 관해서 知行合一, 知行竝進, 先知後行 등의 理論이 있으며, 이들은 모두 行의 중요성을 강조한다는 점에서 일치된다. 儒家에서 强調하는 德行은 인간의 삶의 관계가 있는 一體의 活動을 教育 內容에 포함하고 있다. 인간은 생활 속에서 行함으로써 사람됨을 배워 나가는 것이다. 따라서 德 敎育에서 行動, 實踐의 중시는 곧 生活의 重視이며, 이는 곧 "下學而上達"의 實踐的 生活敎育이다(下學上達은 4장의 1절에서 다룰 것임).

1) 知識과 行動의 相關性 – 知性과 仁性의 合一

知와 行을 병립시켜 두고 어느 것이 더 앞서는 것인가 또는 어느 것이 더 어려운가에 대한 질문이 유학자들에 의하여 흔히 제기되어 왔다. '앎'이 앞선다는 先知後行說과 '行'이 앞선다는 先行後知說 및 知와 行이 일치한다는 知行合一說의 여러 입장이 있다. 朱子는 "'窮理'를 '앎'으로 보고 '涵養'을 行을 보아, '致知'를 먼저 하고 '涵養'을 위에 둔다."111)라 말하고, '理'를 먼저 밝히지 않는다면 正心, 修身의 實踐도 할 수 없는 것이라 하여 '先知後行說'의 입장을 취하고 있다. 『大學』에서 보면,

> 사물의 이치가 이른 뒤에 지식이 지극해지고, 지식이 지극해진 뒤에 뜻이 성실해지고, 뜻이 성실해진 뒤에 마음이 바루어지고, 마음이 바루어진 뒤에 몸이 닦아지고, 몸이 닦아진 뒤에 집안이 가지런해지고, 집안이 가지런한 뒤에 나라가 다스려지고, 나라가 다스려진 뒤에 천하가 平해진다.112)

라고 하였다. 따라서 朱子는 格物致知와 道問學에 치중하여 '앎'을 앞세우고 '앎'의 근거 위에서만 '行'이 이루어질 수 있는 것으로 주장한다. 『大學』에서는 '앎'의 근본 과제가 先後의 문제라 하였고 根本과

---

111) 『朱子語類』 卷9, 先致知而後涵養.
112) 『大學』1, 物格而后知至　知至而后意誠　意誠而后心正　心正而后身修　身修而后家齊　家齊而后國治　國治而后天下平.

始作이 말단과 종결보다 先行하는 것이요 더욱 중요한 것이라고 하여 다음과 같이 말하고 있다. "물건에는 本과 末이 있고, 일에는 終과 始가 있으니, 먼저 하고 뒤에 할 것을 알면 道에 가까울 것이다."113)라고 하였다.

그러나 知·行의 문제에 있어서는 朱子도 "'知'가 '行'보다 앞서는 것이지만 중요성은 오히려 '行'에 있다."고 하여 '行'을 경시하지 않으며, "'知'와 行은 어느 쪽에도 노력을 치우치게 할 수 없는 것이다."114) 하여 사실상 知行並進의 입장에 서 있는 것이라 볼 수 있다. 『大學』의 "머무를 곳을 알게 된 다음에 방향이 정해지고, …… 사려한 다음에 체득할 수 있다."115)와 소위 八條目의 次序 즉, 위에서 말한 格物, 致知, 誠意, 正心, 修身, 齊家, 治國, 平天下가 '知'를 '行'보다 앞세우는 입장이라면, 『中庸』에서, "지혜로운 자(아는 자)는 過하고, 어리석은 자는 不及한다.",116) "德性을 존중하고 묻고 배움을 따라간다."117)라고 한 것은 '行'을 앞세우는 先行後知의 입장이라 할 수도 있을 것이다. 그러나 『大學』과 『中庸』의 정신은 결코 知와 行의 先後를 구분하는 데 있는 것이 아니라 진리 즉 道를 실현하는 데 있어서 知와 行의 긴밀성을 밝히고 있는 것이다.118)

이러한 知와 行의 불가분의 관계를 강조하여, 知와 行을 별개로 구분하여 先後를 논하는 것을 거부하고, 양자의 근원적인 통일성을 자신의 철학적 기본 입장으로 내세워 知行合一說을 주장한 것이 왕양명이었다. 왕양명은 '知'의 眞切篤實한 것이 곧 '行'이요, '行'의 明

---

113) 同上, 物有本末, 事有終始, 知所先後則近道矣.
114) 『朱子語類』 卷 9, 論先後, 知爲先, 論輕重, 行爲重. 致知力行, 用功不可偏.
115) 『大學』 章句 1, 知止而後有定, …… 慮而後能得.
116) 『中庸』 4, 知者過之, 愚者不及也.
117) 『中庸』 27, 尊德性而道問學.
118) 금장태, 『한국유교의 재조명』, 전망사, 1982, p.88.

覺精察한 것이 곧 '知'이므로, 양자는 분리될 수 없는 하나이니, '行' 하지 못하는 것은 '知'라고 할 수도 없는 것이라 하였다.[119]

　다음은 知識과 行動의 相關性과 관련하여 知性과 仁性의 合一을 다루려 한다. '明'과 '誠'은 知와 行이 실현될 수 있는 근원적인 힘을 말한다.[120] 즉, 成德의 力量에는 知性과 仁性이 있는데, 知性은 明의 動力이 되고, 仁性 즉 行은 誠의 動力이 되는 것이다.[121] 이는 소위 八條目의 格物, 致知는 知性에, 誠意, 正心, 修身은 仁性에 해당한다고 볼 수 있다. 또 『中庸』에서 주장하는 明善은 知性이고, 誠身은 仁性이다. 또한 『中庸』의 博學, 審問은 知性이고, 愼思, 明辨, 篤行은 仁性인 것이다. 『中庸』 25章에서는,

　　자기를 이룸은 仁이요, 物을 이루어 줌은 知이다. 이는 性의 德이 니, 內外를 合한 道이다.[122]

라고 하였는데, 여기서 仁性은 精神的인 측면의 天道에 대한 成德 (成己) 力量을 말하고, 知性은 物質的인 측면의 天道에 대한 潛在的 인 認知(成物) 能力을 말한다.[123] 전자는 行的 혹은 誠的 活動의 근본이 되며 동시에 知 혹은 明의 實踐이 된다. 후자는 知的인 혹은 明的인 활동의 원천이 되며 동시에 行 혹은 誠의 依據가 된다. 그러므로 『中庸』에서는,

---

119) 『傳習錄』, 卷 2, 答顧東橋, 知之眞切篤實處卽是行, 行之明覺精察處卽是知. 知行工夫, 本不可離, 只爲後世學者, 分作兩截用功, 失却知行本體. 故有合一 並進之說. 眞知卽所以爲行, 不行不足謂之知.

120) 금장태, 위의 책, p.91.

121) 陳滿銘, 『學庸粗談』, 文津出版社印行, 民國 71년, pp.62-63.

122) 『中庸』 25, 成己仁也, 成物知也, 性之德也. 合內外之道也.

123) 陳滿銘, 위의 책, pp.144-145.

하늘이 명하신 것을 性이라 이르고, 性을 따름을 道라 하고, 道를 品節해 놓음을 敎라 이른다.124)

라 하였는데, 위에서 性은 天賦的인 역량이고, 道와 敎는 人爲的인 역량이라 할 수 있다. 다시 천부적인 것은 誠즉 仁性이라 할 수 있고, 인위적인 것은 明 즉 知性이라 할 수 있다. 또한,

誠으로 말미암아 밝아짐을 性이라 이르고, 明으로 말미암아 성실해짐을 敎라 이르니, 성실하면 밝아지고, 밝아지면 성실해진다.125)

라고 하였는데, 역시 '自誠明'은 천부적인 것이고, '自明誠'은 인위적인 것이다. 여기서 '誠則明 明則誠'은 徹上徹下, 通內通外, 天人合一을 말하며, 결국 知行爲一을 말하는 것이다.

이상에서 知性은 成物을 위한 것이고, 明이며, 仁性은 成己를 위한 行的 活動이며, 誠的 活動이며, 知의 實踐을 말한다. 결국 知性은 앞에서 말한 知育을 말하는 것이고, 仁性은 德育을 말하는 것이라 할 수 있다.

2) 知識과 行動을 통한 敎育의 意味

가) 文·行·忠·信 四敎를 통한 敎育

공자는 德行科를 만들어 도덕품성의 전문교육과 훈련을 했다. 『論語』에서 보면, 孔子는 제자들을 德行, 言語, 政事, 文學 등 四科로 나

---

124) 『中庸』1, 天命之謂性, 率性之謂道, 修道之謂敎.

125) 『中庸』21, 自誠明謂之性, 自明誠謂之敎, 誠則明, 明則誠矣.

누어 교육시켰다. 그는 이 중에서 특히 德行 敎育을 준시했다. 또 知行외 合 과 言行의 一致를 중시하면서 道德을 행위의 측면에서 보았다.126) 孔子는 이론원칙적 검토 뿐만 아니라 그 실행을 더욱 강조하였다.

　　孔子께서 네 가지로써 가르치시니, 文, 行, 忠, 信이었다.127)

　여기서 文은 多讀詩書와 見聞을 넓히는 일이다.128) 그리고 行, 忠, 信은 모두 德行에 속하는 것으로, 行은 品行을 修養하고, 孝悌順禮 등의 일이며, 忠은 存心忠厚와 自己 內省이 일이며, 信은 每事에 信實함과 言行一致의 敎育을 말한다. 다시 말해 文은 知識을, 行은 行爲를, 忠과 信은 品德을 말하는 것으로, 文은 知的 領域의 德性涵養을 의미하고, 行, 忠, 信은 行動的 領域의 德性涵養을 의미하는 것이다.

　　弟子가 들어가서는 孝하고 나와서는 恭遜하며 행실을 삼가고(謹) 말을 성실하게 하며(信), 널리 사람들을 사랑하되 仁한 이를 친히 해야 하니, 이것을 행하고 餘力이 있으면 글을 배워야 한다(學文).129)

　위의 인용은 孔子의 四敎를 포괄하여 설명하는 것이라 할 수 있다. 謹이란 행실의 떳떳함이 있는 것이고, 信이란 말에 성실함이 있는 것이고, 文은 詩書와 六藝의 文을 이른다.

---

126) 江万秀, 李春秋, 『中國德育思想史』, 湖南敎育出版社, 1992, p.59.
127) 『論語』, 「述而」24, 子以四敎 文行忠信.
128) 鄧茂貴, 「孔子敎育學說與現代中西敎育之比較」, 孔孟月刊, 제29권 제11기, 民國 80年 7月, p.5.
129) 『論語』, 「學而」6 弟子入則孝 出則弟 謹而信 汎愛衆 而親仁 行有餘力 則以學文.

나) 博文約禮와 學思를 通한 敎育

孔子는 博文約禮를 仁에 도달하는 공부라고 하였다. 博文約禮란 학문을 널리 익히고 예의로써 그것을 實踐하는 것이다. 학문만을 널리 익히면 잡학에 빠지고, 禮만 중시하면 虛禮에 흐르게 된다. 孔子는 두 가지가 동시에 행해질 때 仁에 도달할 수 있는 것이라 하여, 博文約禮가 仁에 도달하는 유일한 방법이라고 본다. 孔子는 "君子는 학문을 널리 익히고 예의로써 실천하면 역시 배반하지 않는다"(『論語』, 「雍也」)고 스스로 말하였을 뿐만 아니라, 그의 제자 顔淵도 이 점을 강조하였다. 즉, 『論語』에서 顔淵은 탄식하면서, "우러러 보자니 더욱 높고 꿰뚫고자 하니 더욱 굳세고, 우러러 봄에 앞에 있더니, 문득 뒤에 있도다. 선생님께서 차례차례 사람을 잘 가르쳤으니, 글로써 나를 밝혀주시고 禮로써 나를 실천하게 하시는구나. 그만두려고 해도 그럴 수 없으며, 이미 내 재주를 다하였으니 서 있는 바가 높은 듯 한지라 비록 따르고자 하나 말미암을 수가 없구나"(「子罕」)라고 하였던 것이다.

學과 思를 통한 교육에 관해 보면, 『論語』에 學에 관한 언급은 많이 있다. 학습의 주요 내용은 禮에 관한 것이다. 孔子는, "禮를 배우지 않으면 세상에 설 수 없다."[130]고 했다. 사람들은 나면서부터 도덕적 품성을 지니고 있지만 禮에 관한 지식은 古典을 통해서 배워야 한다고 孔子는 주장했다. 「述而」 편에서는, "나는 나면서부터 저절로 道를 깨달은 것이 아니다. 옛 것을 좋아하여 부지런히 찾아 배워 알게 된 것이다."[131]고 했다. 孔子는 또한 구체적인 지식을 배우는 데 반대하지 않았다. "仁만 좋아하고 배우기를 좋아하지 아니하면 그

---

130) 『論語』, 「季氏」13, 不學禮. 無以立.
131) 『論語』, 「述而」19, 子曰 我非生而知之者 好古敏以求之者也.

폐단은 어리석고 맹목적이요, 지혜만 좋아하고 배우기를 좋아하지
않으면 그 폐단은 무절세요, 믿음만 좋아하고 배우기를 좋아하지 않
으면 그 폐단은 가혹하게 된다. 용맹만 좋아하고 배우기를 좋아하지
않으면 그 폐단은 난폭해질 것이요, 굳셈만 좋아하고 배우기를 좋아
하지 않으면 그 폐단은 경솔하게 된다."132)라고 하였다. 孔子는 예절
조문, 고대성현의 言行과 智, 仁, 勇의 도덕의식을 배우지 않으면 여
러 폐단이 생긴다고 생각했다. 이는 즉 부모를 사랑할 때는 부모를
사랑하는 데 관한 지식을 알아야 하고, 임금을 사랑힐 때는 임금을
사랑하는 데 관한 지식을 알아야 한다는 뜻으로 만약 그렇지 못할
때는 痴孝, 愚忠이 생길 수 있다는 뜻이다. 또한 禮에 관한 지식을
배운 뒤에야 도덕적인 경지를 높일 수 있는 것이라 하였다.

'思'란 思考, 省察을 뜻한다.133) 『論語』에는 '思'에 관한 자료가 적
지 않다. 孔子는 九思를 말하고 있는데,

> 君子는 아홉 가지 생각이 있으니, 봄에는 밝음을 생각하고, 들음에
> 는 귀 밝음을 생각하며, 얼굴빛은 온화함을 생각하며, 모양은 공손
> 함을 생각하며, 말은 충성함을 생각하며, 일은 경건함을 생각하며,
> 의심스러움은 물음을 생각하고, 분함은 어려움을 생각하며, 얻은
> 것을 보면 義를 생각한다.134)

---

132) 『論語』, 「陽貨」8, 好仁不好學 其蔽也愚 好知不好學 其蔽也蕩 好信不好
　　 學 其蔽也賊 好直不好學 其蔽也絞 好勇不好學 其蔽也亂 好剛不好學
　　 其蔽也狂.

133) 朱伯崑 著, 전병용 외 譯, 『中國古代倫理學』, 서울: 이론과 실천, 1990,
　　 p.70. 본 연구에서 學은 지적인 측면의 덕성함양을 말하고, 思는 행동적인
　　 영역의 덕성함양을 말하므로, David E. Soles, Confucius and the Role of
　　 Reason in Journal of Chinese Philosophy 22, Honolulu: Dialogue
　　 Publishing Company, 1995, p.249에서처럼, 思(Thought)를 '논리적인 합
　　 리화의 과정, 지속적인 논의, 'therefores'와 'becauses'로 '가득 찬'의 의미
　　 로 보는 경우도 있으나, 여기서는 본문에서처럼 省察의 의미로서의 '思'를
　　 강조하려 한다.

라고 하였는데, 이에 대한 주를 보면, "봄에 가리운 바가 없으면 밝아서 보지 못함이 없고, 들음에 막히는 바가 없으면 귀 밝아서 듣지 못함이 없을 것이다. …… 물을 것을 생각하면 의심이 쌓이지 않고, 어려움을 생각하면 분함을 반드시 징계할 것이며, 義를 생각하면 얻음에 구차하지 않을 것이다."라고 하였다. 이는 자신의 언행이 도덕에 합당한지 思考를 통해 반성한다는 내용이다.

思考란 하나의 이성적인 활동으로 그 작용은 두 가지가 있다.[135] 하나는 言行이 도덕에 부합되지 않거나 위배됨을 발견하여 개선해야 한다는 것으로, 「子罕」편에서는, "성실과 신의를 지켜라. 나만 못한 자를 벗 삼지 말 것이며, 잘못이 있으면 거리낌 없이 고쳐라."[136]고 했다. 또 다른 하나는 자신의 言行이 도덕적인 표준에 부합하는지를 확인하여 태도를 견지하는 것이다. 따라서 孔子는, "君子는 걱정하지 않으며 두려워하지 않는다. …… 안으로 反省하여 조그마한 하자도 없으니, 어찌 근심하며 어찌 두려워하겠는가?"[137]라고 했다. 反省이란 이성적인 사고활동으로 도덕적인 수준을 높이는 중요한 방법이다.

孔子는 배움(學)과 思考(思)는 어느 한 쪽에 편중되어서는 안 된다고 생각했다. 그는,

> 배우기만 하고 생각하지 않으면 얻음이 없고, 생각하기만 하고 배우지 않으면 위태롭다.[138]

---

134) 『論語』, 「季氏」10, 孔子曰 君子 有九思 視思明 聽思聰 色思溫 貌思恭 言思忠 事思敬 疑思問 忿思難 見得思義.

135) 전명용 외 譯, 같은 책, p.71.

136) 『論語』, 「子罕」24, 子曰 主忠信 無友不如己者 過則勿憚改.

137) 『論語』, 「顏淵」4, 君子 不憂不懼. …… 子曰 內省不疚 夫何憂何懼.

138) 『論語』, 「爲政」15, 學而不思則罔 思而不學則殆.

라고 했는데, 이에 대한 주를 보면, "마음에 구하지 않으므로 어두워서 얻음이 없고, 그 일을 이히지 않으므로 위태로워 불안한 것이다."[139] 라고 하였다. 이 말은 孔子가 學과 思를 모두 깅조하는 말이다. '배우기만 하고 생각하지 않는 것'과 '생각만 하고 배우지 않는 것'은 각기 '어둡고 답답함'과 '위태로움'의 좋지 못한 결과를 가지기 때문에 반드시 學과 思는 서로 보조해야만 비로소 충분히 나쁜 결과를 상쇄시키고 실효를 얻을 수 있다는 것이다. 배우기만 하고 배우지 않는 것이 초래할 수 있는 나쁜 결과를 논하면서 그것을 罔이라고 부르고 殆라 불렀다.

殆자는 危자로 해석할 수 있다. '생각만 하고 배우지 않으면 위태하다'의 의미는 오로지 자기의 사색에만 의지하고 옛날 사람들을 본받을 줄 모르면 위태로운 결과를 초래할 수 있다는 뜻이다. 罔자는 원래 그물을 의미했으며 거기에서 파생된 뜻으로 '가리다', '구속' 등이 있다. '배우기만 하고 생각하지 않으면 답답하다'의 의미는 곧 전적으로 옛날 사람을 본받는 것에 의존하고 스스로 사색하지 않으면 장차 옛날 사람의 사상에 가려지고 구속된다는 뜻이다.

學은 충분히 罔을 가져올 수 있지만 또한 충분히 殆를 격파할 수 있고, 思는 충분히 殆를 초래할 수 있지만 또한 충분히 罔을 격파할 수 있다. 그러므로 반드시 배우고 또 생각한 뒤에야 비로소 편안하고 위험하지 않으며, 밝고 가려지지 않는 것이다.

또한, 子夏가 말하였다. "배우기를 널리 하고 뜻을 독실하게 하며, 절실하게 묻고 가까이 생각하면 仁이 그 가운데 있다."[140] 라고 하였는데, 이는 배움과 생각하는 것 즉 學과 思考가 결합되어야 비로소 道德을 겸비한 사람으로 성장할 수 있다는 것이다.

---

139) 同上, 不求諸心 故 昏而無得 不習其事 故 危而不安.

140) 『論語』, 「子張」6, 子夏曰 博學而篤志 切問而近思 仁在其中.

學과 思를 통한 教育은 見聞의 知와 推悟의 知로도 설명할 수 있다.[141] 『論語』에 쓰인 知자는 모두 118번인데, 孔子의 언론 가운데 나타난 것은 93번이다. 대다수는 동사로 사용되었고, 소수가 형용사 또는 명사로 사용되었다. 知자를 동사로 쓴 것은 見聞의 知이거나 推悟의 知에 해당한다.

> 孔子께서 말씀하셨다. 추운 겨울이 된 뒤에야 소나무와 잣나무가 다른 나무보다 뒤에 시들게 되는 것을 알게 된다.[142]
> 孔子께서 말씀하셨다. …… 어찌 이름도 없는 남녀가 조그만 신의를 지키기 위하여 스스로 개천과 개천 사이에서 목을 매어 죽어 사람이 알지 못함과 같이 하겠느냐.[143]

> 子張이 여쭈었다. 10왕조 후를 알 수 있습니까? 孔子께서 말씀하셨다. 殷나라는 夏나라의 禮를 따랐으니 그 損益을 알 수 있으며, 周나라는 殷나라의 禮를 따랐으니, 그 損益을 알 수 있다. 혹 周나라를 이을 자가 있거든 비록 1백 왕조라도 알 수 있을 것이다.[144]

> 子貢이 여쭈었다. 가난하여도 아첨하지 않으며, 부유하되 교만하지 않으면 어떠합니까? 孔子께서 말씀하셨다. 좋으나, 가난하되 즐기며, 부유하되 禮를 좋아하는 자만 못할 것이다. 子貢이 말하였다. 詩에 이르되, 끊고 가는 듯이 하며, 쪼고 가는 듯이 한다고 하였으니, 이를 두고 한 말입니까? 孔子께서 말씀하셨다. 賜는 비로소 더불어 詩를 말하겠구나, 지나간 일을 말하면 오는 일을 아는구나.[145]

---

141) 안종수 譯, 『孔子의 學說』, 이론과 실천, 1996, p.245.

142) 『論語』, 「子罕」27, 子曰 歲寒然後 知松栢之後彫也.

143) 『論語』, 「憲問」18, 子曰 …… 豈若匹夫匹婦之爲諒也 自經於溝瀆而莫之知也.

144) 『論語』, 「爲政」23, 子張問 十世 可知也. 子曰 殷因於夏禮 所損益 可知也 周因於殷禮 所損益 可知也 其或繼周者 雖百世 可知也.

145) 『論語』, 「學而」15, 子貢曰 貧而無詔 富而無驕 何如 子曰 可也 未若貧而樂 富而好禮者也. 子貢曰 詩云 如切如磋 如琢如磨 其斯之謂

위에서 인용한 앞의 두 문장 가운데서 말한 知는 모두 보고 들이 아는 것이고, 見聞으로 일을 수 있는 것이기 때문에 이 두 知자는 모두 見聞의 知를 가리킨다. '殷나리는 夏나라의 禮를 따랐으니 그 損益을 알 수 있으며, 周나라는 殷나라의 惠를 따랐으니 그 손익을 알 수 있다'에서 그 안 것은 전 시대와 당시의 制度이기 때문에 이른바 知라고 말하는 것도 역시 見聞의 知이다. 반면에 '비록 1백 왕조라도 알 수 있을 것이다'에서 그 아는 것은 미래인 1백 왕조 이후의 制度이니 볼 수도 없고 들을 수도 없기 때문에 그 知자는 당연히 추측하여 아는 知를 가리켜서 말하는 것이어야 한다. '지나간 일을 말하면 오는 일을 아는구나'에서 아는 것이 '오는 일'이니 추측하여 아는 것임은 또한 매우 명백하다. 그러므로 孔子가 말한 知는 두 가지 종류를 포함하고 있으니, 하나는 견문의 知이고, 또 다른 하나는 추측하여 아는 知이다.

한편, 형용사나 명사로 사용한 知자는 智慧 또는 지식을 가리켜서 하는 말이다. 智慧는 知의 능력이며, 이것을 사용해서 見聞하고 推理한다. 知識은 知의 결과이니, 見聞에서 얻거나 또는 추리에서 얻는다.

> 孔子께서 말씀하셨다. 오직 가장 지혜로운 자(上知)와 가장 어리석은 자(下愚)는 옮기지 못한다.[146]

> 孔子께서 말씀하셨다. 많이 들어서 그 착한 것을 가려서 따르며, 많이 보아서 기억하면 아는 것의 다음(知之次也)이다.[147]

위에서 인용한 두 문장 가운데 '上知'의 知는 智慧이고, '知之次也'

　與. 子曰 賜也 始可與言詩已矣 告諸往而知來者.

146) 『論語』, 「陽貨」3, 子曰, 唯上知與下愚不移.

147) 『論語』, 「述而」27, 多聞擇其善者而從之, 多見而識之, 知之次也.

의 知는 知識이다.

推悟는 이미 보고 들었거나 이미 추정한 事理에 의거해서 아직 보고 듣지 못하고 추정하지 못한 事理를 추측하여 아는 것이다. 예를 들어 '혹 周나라를 이을 자가 있다면 비록 1백 왕조라도 알 수 있을 것이다'는 夏나라의 禮와 殷나라의 禮와 비교해서 殷나라와 周나라의 禮가 줄어든 상황에 의거해서 周나라 이후 1백 왕조의 禮를 추측하여 아는 것이니, 의거하는 것은 이미 본 것과 들은 것이고 추측하여 아는 것은 아직 보지 못하고 듣지 못한 것이다. 推悟 작용은 이미 안 것에 의거해서 알지 못하는 것을 추측하여 아는 것이기 때문에 思惟 작용에 속한다. 見聞 작용 가운데에도 사유의 요소가 없는 것은 아니지만 이 요소는 사람에게 의식되지 않기 때문에 통상적으로 見聞은 思惟와 다르다고 간주한다.

推悟는 思에 속하고 見聞은 學과 같다.148) 孔子는 學과 思를 다 같이 중요하다고 여겼다. 그러나 孔子가 推悟의 知를 한층 높게 여긴 말들을 했다. 孔子는 子貢을, '지나간 일을 말하면 오는 일을 알았기' 때문에, 다시 말해 推悟를 할 수 있었기 때문에 '비로소 더불어 시를 말하겠구나'라고 찬미했다.

　　孔子께서 말씀하셨다. 배우는 사람이 발분하지 않으면 깨우쳐주지 않고, 다소 깨달은 이치를 말로 표현하기를 애쓰지 않는다면 입을 틔워 주지 아니하며, 네모난 물건의 한 모퉁이를 가르쳐 주어 세 모퉁이로 돌아와 증명하지 못한다면 다시 가르쳐 주지 않는다.149)

　　孔子께서 말씀하셨다. 너와 顔回는 누가 나으냐? 子貢이 대답하였다. 제가 어찌 감히 回를 바라오리까? 回는 하나를 들으면 열을

---

148) 陣大齊, 『孔子學說』, 台北: 正中書局, 民國 53年, p.175.
149) 『論語』, 「述而」8, 子曰 不憤不啓 不悱不發 擧一隅 不以三隅反 則不復也.

알고, 저는 하나를 들으면 둘을 알 뿐입니다. 孔子께서 말씀하셨
다. 같지 않다. 내가 너와 같지 않다는 것을 인정한다.150)

　'네모난 물건의 한 모퉁이를 가르쳐 주어 세 모퉁이로 돌아와 증
명하지 못한다'란 곧 推悟를 할 수 없거나 推悟에 게으른 것이다. 孔
子는 이와 같은 사람에 대해서 아마 반복해서 교육해도 성취하기가
어렵기 때문에 다시 가르쳐 주지 않은 것 같다. 이를 통해 孔子는
推悟의 知를 매우 중요시하였음을 알 수 있다. '하나를 들으면 둘을
아는 것'은 推悟해서 아는 것이 매우 넓음을 말한다.
　배움(學)과 생각(思)은 어떻게 구별되는가? 배움의 작용 가운데는
이미 얼마간의 생각의 작용이 포함되어 있다. 왜냐하면 易을 배우는
것과 詩를 배우는 것이 다만 그 문구만을 외우고 읽을 뿐 의미의 이
해를 겸하지 않는다면 易을 배우는 것이 어찌 '큰 허물은 없을 수
있을 것이다'의 효과를 획득할 수 있으며, 詩를 배우는 것이 어찌 '비
록 詩를 많이 외운들 무슨 소용이 있겠느냐?'로 끝나지 않을 수 있
는가?
　理解는 생각의 작용에 속하고, 배우는 것은 이미 이해를 포함하기
때문에 생각도 포함한다. 學이 비록 思를 포함한다고는 하지만 學과
思는 여전히 구별된다. 理解는 다만 思의 일부분이지 전부는 아니다.
思는 理解 이외에도 探索, 分別, 더 나아가서 批判 등의 작용을 포함
한다. 그러므로 思와 學을 대치시켜서 제시할 때에는 思의 의미는
제한되지 않을 수 없고, 探索, 分別, 더 나아가서 批判 등의 작용을
범위로 생각하고 또 비판을 주요한 작용으로 생각하지만 理解의 작
용은 學에 귀속시킨다.

---

150) 『論語』, 「公冶長」8, 子謂子貢曰 女與回也 孰愈. 對曰 賜也 何敢望回 回
　　也 聞一以知十 賜也 聞一以知二. 子曰 弗如也 吾與女 弗如也.

다) 知·仁·勇 三達德을 通한 敎育

『大學』에서는 인간으로서 누구나 마땅히 지켜야 할 道理를 五達道라 하고, 이 道를 지키는 것을 三達德이라 했다.

> 天下의 達道가 다섯인데, 이것을 행하는 것은 세 가지이니, 君臣間과 父子間과 夫婦間과 昆弟間과 朋友間의 사귐의 다섯 가지는 天下의 達道요, 智·仁·勇 이 세 가지는 天下의 達德이니, 이것을 행하는 것은 하나입니다.[151]

이에 대한 주를 보면, "達道는 天下와 古今에 함께 행하여야 할 길이니, 『書經』「舜典」에 이른바 '五典(五倫)'이란 것이요, 孟子가 말씀하신 '父子間에는 친함이 있고, 君臣間에는 의리가 있고, 夫婦간에는 분별이 있고, 長幼間에는 차례가 있고, 朋友間에는 信이 있어야 한다'는 것이 이것이다. 智는 이것을 아는 것이요, 仁은 이것을 체행하는 것이요, 勇은 이것을 힘쓰는 것이니, 이것을 達德이라고 이르는 것은 天下와 古今에 함께 얻은 바의 理이기 때문이다. '하나'는 곧 誠일 뿐이다. 達道는 비록 사람이 똑같이 행하는 바이나 이 세 가지 德이 없으면 이것을 행할 수 없고, 達德은 비록 사람이 똑같이 얻은 바이나 한 가지라도 誠實하지 못함이 있으면 人欲이 사이에 끼어서 德다운 德이 아닐 것이다. 程子가 말하였다. '이른바 誠이란 것은, 다만 이 세 가지를 성실히 하는 것이니, 이 세 가지 밖에 다시 다른 誠이 없다.'"[152]라고 하였다.

---

151) 『中庸』 20, 天下之達道五 所以行之者三 曰君臣也 父子也 夫婦也 昆弟也 朋友之交也 五者 天下之達道也 知仁勇三者 天下之達德也 所以行之者 一也.

152) 同上, 天下古今所共由之路 卽書所謂五典 孟子所謂父子有親 君臣有義夫婦有別 長幼有序 朋友有信 是也 知所以知此也 仁所以禮此也 勇所

인간이 마땅히 행해야 할 도리는 五倫이라 할 수 있고, 이것을 잘 행하기 위해서는 智·仁·勇의 세 가지 德이 필수적임을 말하고 있다. 이러한 達德은 또한 모든 사람이 얻을 가능성은 있지만 그 마음가짐이 성실하지 못하면 완전한 德이 될 수 없음도 말하고 있다. 그러면, 智, 仁, 勇은 무엇을 의미하는가.

혹은 태어나서 이것(達道)을 알고(生知), 혹은 배워서 이것을 알고(學知), 혹은 애를 써서 이것을 아는데(困知), 그 앎에 미쳐서는 똑같습니다. 혹은 편안히 이것을 행하고(安行), 혹은 이롭게 여겨 이것을 행하고(利行), 혹은 억지로 힘써 이것을 행하는데(勉行), 그 成功함에 미쳐서는 똑같습니다.[153]

이에 대한 주를 보면, "知之의 알 바와 行之의 행할 바는 達道를 말한다. 그 분별로써 말하면, 아는 것은 智요, 행하는 것은 仁이요, 이것을 알고 성공하여 똑같은데 이르는 것은 勇이며, 그 등급으로써 말하면 生知와 安行은 智요, 學知와 利行은 仁이요, 困知와 勉行은 勇이다. 사람의 本性은 비록 不善함이 없으나 氣稟이 同一하지 않으므로 道를 들음에 이르고 늦음이 있으며, 道를 행함에 어렵고 쉬움이 있는 것이다. 그러나 능히 스스로 힘쓰고 쉬지 않으면 그 이르름은 똑같은 것이다. 呂氏가 말하였다. '들어가는 길은 비록 다르나 이르는 경지는 똑같으니, 이 때문에 中庸이 되는 것이다. 만일 生知와 安行의 資稟을 따라갈 수 없다고 여기고, 困知와 勉行을 가벼이 여

以强此也 謂之達德者 天下古今所同得之理也 一則誠而已矣 達道雖人所共由 然 無是三德 則無以行之 達德 雖人所同得 然 一有不誠 則人欲間之 而德非其德矣 程子曰 所謂誠者 止是誠實此三者 三者之外 更別無誠.

153) 同上, 或生而知之 或學而知之 或困而知之 及其知之 一也 或安而行之 或利而行之 或勉强 而行之 及其成功 一也.

겨, 성공이 있지 못하다고 이른다면, 이것은 道가 밝아지지 못하고 행해지지 못하는 所以이다.'"154)라고 하였다.

우리가 보통 교육이라 말하는 것은 위의 주에서 보면, 學知, 困知, 利行, 勉行이라 할 수 있을 것이고, 교육의 목표로 삼아야 할 것이 生知와 安行이라 할 수 있을 것이다. 사람의 資質은 다르지만, 사람이라면 누구나 道를 배워서 알고 힘써서 알려 하고, 노력하여 행하여야 함은 공통의 과제인 것이다.

> 學問을 좋아함은 智에 가깝고, 힘써 행함은 仁에 가깝고, 부끄러움을 앎은 勇에 가깝다.155)

여기서는, 好學은 智가 되고, 力行은 仁이 되고, 知恥는 勇이 됨을 말하였다. 이에 대한 주에서는 위 글의 三知(生知, 學知, 困知)는 智가 되고, 三行(安行, 利行, 勉行)은 仁이 된다고 하였다. 또한, "呂氏가 말하였다. '어리석은 자는 스스로 옳다' 하고 찾지 않으며, 스스로 사사로이 하는 자는 人欲을 따라 돌아올 줄 모르며, 나약한 자는 남의 아래가 되기를 좋아하고 사양하지 않는다. 그러므로 學問을 좋아함은 智가 아니나 족히 어리석음을 깨뜨릴 수 있고, 힘써 행함은 仁이 아니나 족히 사사로움을 잊을 수 있고, 부끄러움을 앎은 勇이 아니나 족히 나약함을 일으킬 수 있다."156)라고 하였는데, 智는 배우는

---

154) 同上, 知之者之所知 行之者之所行 謂達道也 以其分而言 則所以知者知也 所以行者仁也 所以至於知之成功而一者勇也 以其等而言 則生知安行者知也 學知利行者仁也 困知勉行者勇也 蓋人性雖無不善 而氣稟有不同者 故聞道有蚤莫 行道有難易 然能自强不息 則其至一也 呂氏曰 所入之塗雖異 而所至之域則同 此所以爲中庸 若乃企生知安行之資 爲不可幾及 輕困知勉行 謂不能有成 此道之所以不明不行也.

155) 同上, 好學 近乎知 力行 近乎仁 知恥 近乎勇.

156) 同上, 呂氏曰 愚者自是而不求 自私者 徇人欲而忘返 懦者甘爲人下而不

것을 좋아하여 끊임없이 궁구하는 것이고, 仁은 사사로운 人欲을 없애고 아는 것을 힘써 행하는 것이고, 勇은 아는 것을 행하지 못함에 대한 부끄러움을 알고, 아는 바를 굳게 지켜 행동에 옮기려는 강한 마음가짐이라 할 수 있다.

이 三達德을 알아야 修養하는 바를 알게 되는 것이다. "이 세 가지를 알면, 몸을 닦는 바를 알 것이요, 몸을 닦는 바를 알면 남을 다스리는 바를 알 것이요, 남을 다스리는 바를 알면 天下와 國家를 다스리는 바를 알 것이다."[157]라고 하였는데, 이는 三達德은 修身 혹은 修養의 기본적인 요소가 되며, 修身이 되어야 治人을 할 수 있음을 말하고 있다. 먼저 知에 관해 보면, 知는 어떤 상황의 옳고 그름을 분별하는 능력이라고 볼 수 있고, 對人關係에서 발생하는 여러 상황 속에서 인간의 올바른 道理를 파악하는 知的인 能力이라고 할 수 있다. 知를 人間의 올바른 道理를 파악하는 知的인 능력이라고 보게 되면, 知는 道와 非道를 파악하는 능력이라고도 볼 수 있는데, 道의 實現主體는 인간이므로 知는 결국 사람을 아는 能力이라고도 할 수 있다.[158]

> 樊遲가 仁을 묻자, 孔子께서 '사람을 사랑하는 것이다' 하셨다. 知를 묻자 孔子께서 '사람을 아는 것이다' 하셨다.[159]
> 그러므로 君子는 몸을 닦지 않을 수 없는 것이니, 몸을 닦을 것을 생각할진댄, 어버이를 섬기지 않을 수 없고, 어버이를 섬길 것을 생각할진댄 사람을 알지 않을 수 없고, 사람을 알 것을 생각할진댄 하늘의 이치를 알지 않을 수 없습니다.[160]

辭 故好學非知 然足以破愚 力行非仁 然足以忘私 知恥非勇 然足以起懦.

157) 同上, 知斯三者 則知所以修身 知所以修身 則知所以治人 知所以治人 則知所以 治天下國家矣.

158) 姜世淳, 「儒敎의 中庸 思想 硏究」, 成均館大學校 大學院, 碩士學位論文, 1996, p.95.

159) 『論語』, 「顔淵」22, 樊遲問仁 子曰 愛人 問知 子曰 知人.

孔子가 知를 '사람을 아는 것이다'라고 대답한 것은 道의 實現主體가 사람이므로 사람을 알아야만 道를 완수할 수 있기 때문이다. 또한 知는 옳고 그름을 분별하는 능력이기 때문에 知를 갖추면, 狀況의 미혹함에서 벗어날 수 있기 때문에, "孔子께서 말씀하셨다. 知慧로운 자는 疑惑되지 않고, ……"[161]라고 했으며, "孔子께서 말씀하셨다. '더불어 말할 만한데도 더불어 말하지 않으면 사람을 잃는 것이요, 더불어 말할 만하지 못한데도 더불어 말한다면 말을 잃는 것이니', 知慧로운 자는 사람을 잃지 아니하며 또한 말을 잃지 않는다."[162]라고 하였다.

한편, 孟子는 知를 生來的인 것으로 보고, 사람이 태어나면서부터 知的 能力을 가진다고 말했다. "孟子께서 말씀하셨다. 사람들이 배우지 않고도 능한 것은 良能이요, 생각하지 않고도 아는 것은 良知이다."[163]라고 하였고, 『大學』의 格物致知補亡章에서도 知가 사람에게 갖추어져 있음을 말하고 있는데, "대개 人心의 영특함은 앎이 있지 않음이 없고, 天下의 사물은 理致가 있지 않음이 없건마는, ……"[164]이라 하여, 사람이 본래 知를 소유하고 있다고 하였다.

그런데 生來的으로 주어지는 知가 모든 사람에게 균등하게 주어지는 것이 아니라 사람마다 차이가 있다고 孔子는 말한다. "孔子께서 말씀하셨다. 태어나면서부터 아는 자가 上等이요, 배워서 아는 자가 그 다음이요, 不通하여 배우는 자는 그 다음이나, 不通한데도 배우지

---

160) 『中庸』20, 故君子 不可以不修身 思修身 不可以不事親 思事親 不可以 不知人 思知人 不可以 不知天.

161) 『論語』, 「子罕」28, 子曰 知者不惑 …….

162) 『論語』, 「衛靈公」7, 子曰 可與言而不與之言 失人 不可與言而與之言 失言 知者不失人 亦不失言.

163) 『孟子』, 「盡心 上」15, 孟子曰人之所不學而能者其良能也 所不慮而知者 其良知也.

164) 『大學』5, 蓋人心之靈 莫不有知 而天下之物 莫不有理 …….

않으면 百姓으로서 下等이 된다."165)에서, 이것은 知이 生來的인 수준이 사람마다 다른 것을 말하고 있다. 태어날 때부터 知를 갖춘 사람이거나 성장하면서 知를 상실한 사람166)은 노력하여 그 知를 다시 얻어야 하는데 이 知를 얻는 과정이 學인 것이다.

> 孔子께서 말씀하셨다. 나는 나면서부터 안 자가 아니라, 옛 것을 좋아하여 汲汲히 그것을 구한 자이다.167)

라고 하여 孔子가 스스로 자신을 가리켜 옛 것을 좋아하여 부지런히 그것을 구했다고 한 것은 學問을 통하여 知를 갖추게 되었다고 한 것이다.

> 孔子께서 말씀하셨다. 아마도 알지 못하면서 함부로 행동하는 것이 있는가? 나는 이러한 일이 없노라. 많이 듣고서 그 좋은 것을 가려서 따르며, 많이 보고서 기억해둔다면 이것이 아는 것의 다음이 된다.168)

라고 하여, 聖人의 生而知之와 구별하여 보통 배우는 사람들은 많은 것을 듣고 보고 배워야 함을 강조하였다. 뿐만 아니라 배우는 사람들은 善을 택하여 그것을 지키려고 努力해야 하는데,

> 誠實한 자는 하늘의 道요, 誠實히 하려는 자는 사람의 道이니, 성

---

165) 『論語』, 「季氏」9, 孔子曰 生而知之者 上也 學而知之者 次也 困而學之 又其次也 困而不學 民斯爲下矣.

166) 사람은 본래 지혜를 갖추고 태어나지만, 成長하면서 人慾 때문에 차츰 性을 잃게 되고, 지혜도 따라서 없어진다고 볼 수 있다. 李基東, 『大學·中庸 講說』, p.51.

167) 『論語』, 「述而」19, 子曰 我非生而知之者 好古敏以求之者也.

168) 『論語』, 「述而」27, 子曰 蓋有不知而作之者 我無是也 多聞 擇其善者而從之 多見而識之 知之次也.

실한 자는 힘쓰지 않고도 道에 맞으며, 생각하지 않고도 알아서 從容히 道에 맞으며, 생각하지 않고도 알아서 從容히 道에 맞으니, 聖人이요, 성실히 하려는 자는 善을 택하여 굳게 잡는 자이다.[169]

'善을 택하여 굳게 잡는 자'는 善을 選擇하는 과정에서 善과 不善을 分別하기 위해서는 知를 갖추어야 하고, 知를 갖추기 위해서는 배워야 하는 것이다. 그래서 "배우기를 좋아함(好學)은 知에 가깝고, ……"[170]라고 하였다.

한편, 孔子는 知에 대해 다음과 같이 말한다.

孔子께서 말씀하셨다. 由야! 내 너에게 아는 것을 가르쳐주겠다. 아는 것을 안다고 하고 모르는 것을 모른다고 하는 것이, 이것이 아는 것이다.[171]

이는 자신의 부족한 점을 겸허하게 인정하고 한층 더 노력할 것을 말한 것이다. 또한 어떤 선입견을 배제하고 명철하게 깨우쳐야 참된 知라 할 수 있음을 말한 것이다. 또한 孔子는 中庸과 관련하여 知를 설명하고 있는데, "孔子께서 말씀하셨다. 내가 아는 것이 있는가? 나는 아는 것이 없다. 그러나 어떤 鄙陋한 사람이 나에게 (무엇을) 묻되, 그가 아무리 무식하다 하더라도 나는 그 (묻는 내용의) 兩端을 살펴서 다할 뿐이다."[172]에서는, 知의 최고 단계인 無知를 말하고 있는데, 無知는 知的 水準이 최고조에 달하여 中庸의 道를 실현하는

---

169)『中庸』20, 誠者 天之道也 誠之者 人之道也 誠者 不勉而中 不思而得 從容中道 聖人也 誠之者 擇善而固執之者也.

170) 同上, 好學 近乎知 …….

171)『論語』,「爲政」17, 子曰 由誨女知之乎 知之爲知之 不知爲不知 是知也.

172)『論語』,「子罕」7, 子曰 吾有知乎哉 無知也 有鄙夫問於我 空空如也 我叩其兩端而竭焉.

단계를 의미한다. 知란 事理를 분별하고, 모든 상황에서의 善과 不善
을 판단할 줄 아는 능력이며, 판단에 있어서 善과 不善 사이의 中庸
의 道 뿐만 아니라 善 사이에서의 中庸의 道를 찾아야 진정한 의미
의 知라고 할 수 있는 것이다. 善 사이에서의 中庸의 道란,

> 兩端은 衆論이 같지 않음의 極致를 이른다. 모든 사물에는 다 兩
> 端이 있으니, 小와 大, 厚와 博과 같은 종류이다. 善의 가운데에
> 또 그 두 끝을 잡고서 헤아려 中을 취한 뒤에 쓴다면, 擇함이 분
> 명하고 행함이 지극한 것이다. ……173)

라고 하였는데, 中庸의 道란 항상 양쪽 극단점 사이의 中道 뿐 아니
라 善들 사이에서 가장 善한 것을 찾는 것도 中道인 것이다. 知가
완전하고 진정한 知가 되기 위해서는 中道를 찾아야 하는 것이다.
  다음은 知를 아는 데서 끝날 것이 아니라 어떻게 實踐하느냐의 문
제가 있다. 知를 실천하는 것은 仁이라 할 수 있는데, 여기서는 仁에
대해 살펴보려 한다.

> 知慧가 거기에 미치더라도 仁이 능히 그것을 지켜내지 못하면 비
> 록 얻었더라도 반드시 잃는다.174)

  이는 仁이란 아는 바대로 實踐함을 말한다. 그래서 知와 함께 仁
이 언급되는 것이다. 仁은 孔子의 핵심적인 사상이라고 할 수 있
다.175) 孔子는 "孔子께서는 利와 命과 仁을 드물게 말씀하셨다."176)

---

173) 『中庸』 6, 兩端謂衆論不同之極致 蓋凡物 皆有兩端 如小大厚薄之類 於
    善之中又執其兩端而量度以取中然後用之 則其擇之審而行之至矣.
174) 『論語』, 「衛靈公」 32, 子曰 知及之 仁不能守之 雖得之 必失之.
175) 柳承國 『東洋哲學研究』, p.107.
176) 『論語』, 「子罕」 1, 子罕言利與命與仁.

에서 평소 仁에 대하여 언급하기를 삼간 것처럼 보인다.

仁은 性의 다른 표현으로써 天命과 상통하는 것이기 때문에 學問의 정도가 일정수준 이상에 오르지 않은 사람에겐 天命이나 仁에 대하여 말해주지 않았기 때문일 것이다. 『論語』에 仁과 命에 대한 언급이 많이 나오는 것은 『論語』를 기록할 때 禮 등의 덕목에 대하여는 선별적으로 기록한 대신 仁과 命에 대하여는 언급된 것을 모두 기록했기 때문이라고 여겨진다.177)

仁에 관한 내용을 검토해보면, 仁을 직접 거론한 내용도 있고, 간접적으로 말한 것도 있으며, 매우 극단적으로 언급한 것도 있다. 또한 그 설명하는 내용이 매우 다양한데, 이것을 문답하는 과정에서 質問者의 학문적 수준이나 사회적 위치와 질문자의 당면한 과제 등을 고려한 것으로 보인다.

仁에 관한 설명이 다양한 내용으로 진술되었다고 할지라도 그 꿰뚫은 핵심은 하나로 보인다. 이는 孔子 스스로,

> 孔子께서 말씀하시기를, '參아! 우리 道는 한 가지 理가 만 가지 일을 꿰뚫고 있다' 하시니, ……178)
> 공자께서 말씀하셨다. '아니다. 나는 하나의 理致가 모든 사물을 꿰뚫은 것이다.'179)

고 하였는데, 仁에 관한 모든 설명은, 아래에서 보듯이, "樊遲가 仁을 묻자, 孔子께서, '사람을 사랑하는 것이다'하셨다"180)에서 보여 지듯이, '사람을 사랑하는 것'이 仁이라고 한마디로 할 수 있다.181) 사람

---

177) 李基洞, 앞의 책, p.271.

178) 『論語』, 「里仁」15, 子曰 參乎 吾道 一以貫之 …….

179) 『論語』, 「衛靈公」2, 曰非也 予一以貫之.

180) 『論語』, 「顔淵」22, 樊遲問仁 子曰 愛人.

을 사랑해야만 사람의 모든 行爲는 가치를 지닐 수 있기 때문이다. 孝와 弟 또한 사람을 사랑하는 것이므로 사랑의 근본이고 仁을 행하는 근본이 된다고 할 수 있을 것이다.

> 孝와 弟라는 것은 그 仁을 행하는 根本일 것이다.[182]
> 孔子께서 말씀하셨다. 말을 좋게 하고, 얼굴빛을 곱게 하는 사람이 仁한 이가 적다.[183]

라고 하였는데, 이는, 그 말을 아름답게 하고 그 얼굴 빛을 좋게 하여 외면에 꾸미기를 지극히 해서 남을 기쁘게 하기를 힘쓴다면, 人欲이 함부로 부려져서 本心의 德이 없어짐을 注에서 말하고 있다. 말을 아름답게 하고 얼굴빛을 좋게 하는 것은 결국 자신의 이익을 위하여 남을 거짓으로 대함을 말한다. 이는 남을 사랑하지 않는 것이기 때문에 仁이라고 말할 수 없다. 참으로 남을 사랑할 수 있을 때에만 자신의 사사로운 욕심에 얽매이지 않고 남을 좋아할 수 있고 남을 미워할 수 있는 것이다.

> 孔子께서 말씀하셨다. 오직 仁者라야 사람을 좋아하며, 사람을 미워할 수 있는 것이다.[184]
> …… 오직 仁人이어야 능히 남을 사랑하며, 능히 남을 미워한다.[185]

이는 오직 仁人이어야 至公無私하기 때문에 능히 좋아하고 미워함을 올바로 행사할 수 있음을 말한 것이다. 사람을 사랑하는 마음을

---

181) 陳立夫, 鄭仁在 譯, 앞의 책, p.77.
182) 『論語』, 「學而」2, 孝弟也者 其爲仁之本與.
183) 『論語』, 「學而」3, 子曰 巧言令色 鮮矣仁.
184) 『論語』, 「里仁」3, 子曰 惟仁者 能好人 能惡人.
185) 『大學』 10, …… 仁人 爲能愛人 能惡人.

확충시키면 만물을 사랑할 수 있게 되고, 만물을 사랑하게 되면 天命을 알게 되는 것이다. 그러므로 仁을 첫째, 自와 他가 구별되지 않는 萬物一體의 상태이며, 둘째, 萬物一體를 사랑하는 마음의 상태, 즉 남을 나처럼 아끼고 사랑하는 마음의 상태라고 말할 수 있다.186) 따라서 仁은 아무런 사사로운 욕심이 없이 天命대로 살고자 하는 것이기 때문에 孔子는 다음과 같이 말했다.

　　君子가 仁을 떠나면 어찌 이름을 이룰 수 있겠는가. 君子는 밥을 먹는 동안이라도 仁을 떠남이 없으니, 경황 중에도 이 仁에 반드시 하며, 위급한 상황에도 이 仁에 반드시 하는 것이다.187)

　여기서는 孔子의 사상에서 敎育的인 人間像이라고 할 수 있는 君子는 한시라도 仁에서 떠날 수 없음을 강조하고 있다.
　孔子는 배우는 사람들이 仁에 뜻을 두지 않음을 개탄하여 말하기를,

　　사람으로서 仁하지 못하면 禮를 어떻게 사용하며, 사람으로서 仁하지 못하면 樂을 어떻게 사용할 수 있겠는가.188)
　　孔子께서 말씀하셨다. 사람이 仁에 대하여 (필요함은) 물과 불보다도 심하니, 물과 불은 내 밟다가 죽는 이를 보았거니와 仁을 밟다가 죽는 자는 내 보지 못하였노라.189)

　孔子는 이에서 仁의 중요성을 강조하고 배우는 사람은 한시라도 仁에서 떠나서는 안 됨을 말하고 있다. 또한 孔子는,

---

186) 李基東, 『論語講說』, p.49.
187) 『論語』, 「里仁」5, 君子 去仁 惡乎成名. 言君子 無終食之間 違仁 造次 必於是 顚沛 必於是.
188) 『論語』, 「八佾」3, 子曰 人而不仁 如禮何 人而不仁 如樂何.
189) 『論語』, 「衛靈公」34, 子曰 民之於仁也 甚於水火 水火 吾見蹈而死者矣 未見蹈仁而死者也.

仁者는 자신이 서고자 함에 남도 서게 하며, 자신이 통달하고자
함에 남도 통달하게 하는 것이다.[190]

라고 하였는데, 이는 仁의 本體를 말한 것으로 자기의 마음으로 미
루어 남에게 미침을 말한 것으로 仁이란 남과 하나로 여기고 사랑하
는 것임을 말하고 있다. 또한 仁을 행함은 가까운 데서부터 취하여
행할 수 있다고 했는데,

가까운 데서 취해 비유할 수 있다면, 仁을 하는 방법이라고 말할
만하다.[191]

라고 했는데, 이에 대한 주를 보면, "가까이 자신에게서 취하여 자기
가 所願하는 것을 가지고 타인에게 비유하여 그의 所願도 나와 같음
을 안 다음, 자기의 所願하는 바를 미루어 남에게 미쳐야 하니, 이는
恕의 일로써 仁을 행하는 방법이다."[192]라고 하였는데, 여기서는 仁
이란 자기의 所願하는 바를 미루어 남의 소원하는 마음을 깨닫고 남
도 나처럼 배려하고 사랑함을 말한다.

　孔子는 仁을 이루고자 하면 먼저 仁을 하는 데 자기의 노력과 힘
을 다해야 한다고 주장한다.

孔子께서 말씀하셨다. 나는 仁을 좋아하는 자와 不仁을 미워하는
자를 보지 못하였다. 仁을 좋아하는 자는 그보다 더할 수 없고,
不仁을 싫어하는 자는 그가 仁을 행할 때에 不仁한 것으로 하여
금 그 몸에 가해지지 못하게 하는 것이다. 하루라도 그 힘을 仁에

---

190) 『論語』, 「雍也」 28, 夫仁者 己欲立而立人 己欲達而達人.
191) 同上, 能近取譬 可謂仁之方也已.
192) 同上, 近取諸身 以己所欲 譬之他人　知其所欲亦猶是也　然後推其所欲
　　以及於人 則恕之事而仁之術也.

쓴 자가 있는가? 나는 힘이 부족한 자를 보지 못하였노라.[193]

이는 仁을 하는 것은 자기에게 달려 있음을 말하고 있는데, 仁을
좋아하여 행하고, 不仁을 미워하는 자는 드물지만, 배우는 사람이 힘
써 仁을 행한다면 이루지 못함이 없음을 말하고 있는데, 이는 비록
仁을 행하기는 어려우나 자신이 하고자 한다면 또한 쉬운 일일 수도
있음을 의미한다.

孔子는 또한 仁을 이루는 방법을 말하였는데,

> 子張이 孔子에게 仁을 여쭙자, 孔子께서 말씀하셨다. '능히 다섯
> 가지를 天下에 행할 수 있으면 仁이 된다' 하셨다. 子張이 가르쳐
> 주기를 청하자, 말씀하시기를, '공손함(恭), 너그러움(寬), 믿음(信),
> 민첩함(敏), 은혜로움(惠)이니, 공손하면 업신여김을 받지 않고, 너
> 그러우면 뭇사람들을 얻게 되고, 믿음이 있으면 남들이 의지하게
> 되고, 민첩하면 功이 있게 되고, 은혜로우면 충분히 남들을 부릴
> 수 있게 된다.'[194]

라고 하여, 孔子는 恭, 寬, 信, 敏, 惠를 천하에 행하면 그것이 仁이
된다고 하였다. 아울러 子夏는 仁을 이루는 방법으로 배우기를 절실
한 마음으로 할 것을 강조하는데, "배우기를 널리 하고, 뜻을 篤實히
하며, 절실하게 묻고 가까이 (현실에 필요한 것) 생각하면 仁이 그
가운데 있다."[195]라고 하였다. 이에 대한 주를 보면, "程子가 말씀하
셨다. 배우기를 널리 하고 뜻을 독실하게 하며, 절실하게 묻고, 가까

---

193) 『論語』,「里仁」6, 子曰 我未見好仁者 惡不仁者 好仁者 無以尙之 惡不
仁者 其爲仁矣 不使不仁者 加乎其身.有能一日 用其力於仁矣乎 我未見
力不足者.

194) 『論語』,「陽貨」6, 子張問仁於孔子 孔子曰 能行五子於天下 爲仁矣 請問之
曰恭寬信敏惠 恭則不侮寬則得衆 信則人任焉 敏則有功 惠則足以使人.

195) 『論語』,「子張」6, 子夏曰 博學而篤志 切問而近思 仁在其中.

이 생각히는 것을 이찌히여 仁이 그 가운데 있다고 말씀하였는가? 배우는 자들은 이것을 잘 생각하여 알아야 할 것이니, 이것을 마치면 바로 위와 아래를 꿰뚫는 방법이다. …… 배우기를 널리 하지 않으면 요약하지 못하고, 뜻이 독실하지 못하면 힘써 행할 수 없으며, 자기에게 있는 것을 절실히 묻고 가까이 생각하면 仁이 그 가운데 있는 것이다."[196]라고 하였다. 여기서는, 仁을 하는 데는 배우는 일이 중요한데, 그 배우는 방법은 널리 광범위하게 배우는 博學, 뜻과 마음가짐을 돈독히 하는 篤志, 절실히 묻는 切問, 가까운 데서 부터 미루어 생각하는 類推 등에 있음을 말하는 것이다.

또한, 孔子는 仁을 私欲을 이기는 것이라 하며, 이를 克己復禮와 敬과 恕로서 설명하고 있다.

> 顏淵이 仁을 묻자, 공자께서 말씀하셨다. 자기의 私欲을 이겨 禮에 돌아감이 仁을 하는 것이니, 하루 동안이라도 私欲을 이겨 禮에 돌아가면 天下가 仁을 許與하는 것이다.[197]

라고 하였다. 소위 '克己復禮'의 '己'는 一身의 私欲을 말하는데, 하루 동안이라도 私欲을 제거하고 禮로 돌아가면, 天下의 사람들이 모두 그 仁을 許與함을 말한 것이다. "仲弓이 仁을 묻자, 孔子께서 말씀하셨다. 문을 나갔을 때에는 큰 손님을 뵈온 듯이 하며, 백성에게 일을 시킬 때에는 큰 祭祀를 받들 듯이 하고, 자신이 하고자 하지 않는 것을 남에게 베풀지 말아야 하니, 이렇게 하면 나라에 있어서도 원망함이 없으며, 집안에 있어서도 원망함이 없을 것이다."[198]라고 하

---

196) 同上, 程子曰 博學而篤志 切問而近思 何以言仁在其中矣 學者要思得之 了此 便是徹上徹下之道 …… 博學而志不篤 則大而無成 泛問遠思 則 勞而無功.

197) 『論語』,「顏淵」1, 顏淵問仁 子曰 克己復禮爲仁 一日克己復禮 天下歸仁 焉 爲仁由己而由人乎哉.

였는데, 이는 敬으로서 자기 몸을 갖고, 恕로서 남에게 미친다면 私意가 없어 마음의 德이 온전해지고, 이렇게 되면, 안에서나 밖에서나 원망함이 없음을 주에서 말하고 있다.

한편, 仁을 이루기 위해서는 어떠한 推進力이 필요한데, 仁을 이루기 위한 굳세고 강한 마음의 능력을 勇이라 한다. 여기서는 勇에 대해 알아보려 한다. 知가 없으면 人間의 道理를 알 수 없고, 仁이 없으면 道理를 實薦할 수 있는 基盤이 없어지며, 勇이 없으면, 知와 仁이 있어도 人間의 道理를 구체화시키지 못하므로 어느 하나도 빠뜨릴 수 없는 것이다.[199] 孔子는 知, 仁, 勇에 대해 다음과 같이 말한다.

> 君子의 道가 세 가지인데, 나는 능한 것이 없다. 仁者는 근심하지 않고, 知者는 의혹하지 않고, 勇者는 두려워하지 않는 것이다.[200]

라고 하였고, 『中庸』에서는, "學問을 좋아함은 知에 가깝고, 힘써 행함은 仁에 가깝고, 부끄러움을 앎은 勇에 가깝다"[201]라고 하였는데, 여기서 勇은 어떠한 어려움이 있더라도 인간의 도리상 어떻게 대처해야 함을 알고 자신의 私欲을 버리고 恕의 마음가짐을 잃지 않고 꿋꿋이 행동에 옮기는 것을 말하며, 이와 반대되는 마음가짐의 나약함을 부끄러워하는 것임을 알 수 있다.

이제까지에서 知는 人間關係에서 여러 상황에서의 人間의 道理를 파악할 수 있는 知的 能力이고, 仁은 아무런 私心이 없이 남을 나처럼 아끼고 사랑하는 人間 본연의 순수한 상태로서 道理를 실현하는

198) 『論語』, 「顏淵」 2, 仲弓問仁 子曰 出門如見大賓 使民如承大祭 己所不欲 勿施於人 在邦無怨 在家無怨.
199) 李基東, 『大學·中庸講說』, p.164.
200) 『論語』, 「憲問」 30, 君子道者三 我無能焉 仁者不憂 知者不惑 勇者不懼.
201) 『中庸』 20, 好學 近乎知 力行 近乎仁 知恥 近乎勇.

기반이 되며, 勇은 知的 能力에 의해 알게 된 人間이 道理를 仁의
精神으로 모든 상황에 구체적으로 실현할 수 있게 하는 能力이라 할
수 있다.

2. 目標－教育的 人間像으로서의 君子

1) 君子가 가지는 最高의 德性으로서의 仁

위에서 孔子의 教育 目標는 道德的 人格 完成으로 설명하였고, 孟
子의 教育 目標는 明人倫에 두고 설명하였다. 孔子와 孟子는 각각
이러한 그들의 교육 목표를 완수한 인격을 각각 君子와 大丈夫로 보
고 있는데, 이는 그들이 주장하는 教育的 人間像이라 할 수 있다. 『
論語』에 나타난 君子像은 調和로운 인격의 소유자이다. 君子는 예술
가이자 학자이고, 사물의 이치와 사람으로서의 道理를 알고 이를 실
천하는 사람이다. 그는 또 이상적이면서 현실적이고 자연적이면서1
인위적인 사람이다. 제 몸을 닦은 후에 남을 다스리려는 겸손한 사
람이며, 忠恕의 사람이다. 君子는 또한 智・仁・勇을 갖춘 사람이다.
요컨대 君子는 교육 받은 教養的 知性人이다. 孟子가 말하는 大丈夫
란 바로 孔子가 말한 君子를 말하는 것이다. 大丈夫의 포부는 한마
디로 仁義禮智를 쌓아서 개인적인 수양을 완수하고 결국은 人間社會
를 보다 福祉社會로 만들려는 데 있다. 여기서는 孔子와 孟子의 教
育的 人間像인 君子 혹은 大丈夫가 가지는 최고의 德性을 다룸으로
써 儒家教育의 目標를 德性涵養論과 연관해 논의를 전개하려 한다.
　君子가 가지는 最高의 德性은 克己復禮와 忠恕라고 할 수 있는데,

이는 한마디로 '仁'이라 할 수 있다. 仁이란 孔子 敎學 思想의 극치이며, 一貫之道의 내용이다. 글자의 뜻을 풀이하면, 仁은 '사람 인(人)'과 '두 이(二)'가 나란히 있어, 두 사람이 서로 만난다는 뜻이다. 『六書正僞』에는, "원(元)은 이(二)와 인(人)이 나란히 있고, 인(仁)은 인(人)과 이(二)가 나란히 있다. 하늘에는 원이 되며, 사람에는 인이 된다. 원은 일원의 氣이며, 인은 모든 덕을 통솔하는 것이다", "사람이 만물의 영장이 되는 까닭은 仁에 있다."[202]라고 하였는데, 이는 仁이라는 것은 사람이 사회생활을 영위하는 데 필요한 德과 義를 가리키는 것이다.[203] 『詩經』의 鄭風에는 大叔段을 '진실로 아름답고 어질다(洵美且仁)'고 하였다. 여기서 仁은 행위의 아름다움을 일컫는 것으로 해석한 것이다. 주례에서는 仁을 포함한 知, 聖, 義, 忠, 和와 함께 六德으로 불렀다. 이는 仁은 하나의 德을 부르는 명칭으로 해석한 것이다.

한편, 蟹江 박사는 仁의 의미를 廣義와 狹義 두 가지로 생각하였다. 즉, 좁은 의미로는 慈愛를 뜻하고, 넓은 의미로는 慈愛, 利澤(安民長人), 重厚, 忠恕, 克己(制慾) 등 다섯 가지의 뜻이 있다는 것이다.[204]

慈愛는 연민이다. 『論語』의 「顔淵」에서, 樊遲의 질문에 답하면서 孔子는 仁은 '사람을 사랑하는 것(愛人)'이라고 말했다. 또 『論語』, 「陽貨」에서는, 子張의 질문에 답하면서, '다섯 가지를 천하에 행할 수 있으면 어짊을 행하는 것'이다. '그것이 무엇입니까?'라고 청하여 물으니, 답하여, '공손(恭), 관대(寬), 믿음(信), 민첩(敏), 은혜(惠) 등이니, 공손하면 경멸하지 않고, 관대하면 무리를 얻고, 믿음이 있으면 사람이 맡기고, 민첩하면 공이 있고, 은혜로우면 사람을 부릴 수 있

---

202) 元, 竝二竝人, 仁, 竝人竝二. 在天爲元, 在人爲仁. 元, 一元之氣, 仁, 衆德之總. 人所以爲萬物之靈, 仁也.

203) 박재주 외 共譯, 『중국윤리사상사』, 원미사, 1997, p.80.

204) 박재주 외 共譯, 위의 책, pp.82-84.

을 것이다'고 했다. 이것은 仁을 利益과 恩澤, 즉, 백성을 편안하게 하고, 사람을 기른다는 공리적 의미로 해석하는 것이다.

또, 『論語』, 「泰伯」에서는, '君子가 진한 사람에 敦篤하게 대하면 백성이 어질게 되고, 오래 사귄 사람을 버리지 않으면 백성의 인정이 경박하지 않을 것이다'라고 하였고, 「里仁」에서는, '마을의 인심이 인후한 것이 아름다우니, 인심이 좋은 마을을 선택하되 仁에 처하지 않으면 어찌 지혜롭다 하겠는가'라고 하였다. 여기서는 仁을 重厚하다는 의미로 해석하는 것이다.

孔子가 살았을 때, 曾子는 이미 忠恕가 一貫之道라고 해석하였고, 『論語』의 「雍也」에서는, '인자는 자신이 서고자 하면 남을 세우고, 자신이 통달하고자 하면 남을 통달시킨다'고 하였다. 이런 점에서 仁은 또한 克己로 해석될 수 있다. 『論語』, 「顔淵」에서는, '克己復禮가 仁이다. 단 하루라도 克己復禮하면 천하가 仁으로 돌아올 것이다. 仁을 행하는 것은 자기에게 달려있는 것이지 다른 사람에게 달려 있는 것이냐?'라고 하였고, 『論語』, 「雍也」에서는, '인자는 어려움을 먼저 하고 뒤에 얻는다'고 말한 것이 그것이다. 여기서 자기(己)란 私欲이며, 克己란 자기의 욕심을 억제하는 것이다.

이상은 仁의 여러 의미를 알아보았다. 여기서 서로 밀접한 관계가 있는 내용들을 하나로 종합하는 개념이 바로 '仁' 자체이거니와, 그 중에서도 핵심적인 뜻은 慈愛, 愛他心, 타인을 위한 配慮 등이라고 볼 수 있다. 慈愛, 愛他心, 配慮는 仁의 본뜻이며, 仁한 사람은 스스로 重厚하고 忠恕하게 된다. 위의 인용을 보충하면, 慈愛, 愛他心, 配慮의 효과가 利益과 恩澤이며, 그것에 통달하고자 할 때 그 수단은 克己하지 않으면 안 되는 것이라고 설명할 수 있겠다.

孔子思想의 핵심은 위에서 仁이라 보았고, 仁의 참뜻을 慈愛, 愛他心, 配慮 등으로 보았다. 이러한 仁의 여러 의미는 君子가 가지는 최고의 德性이라고 할 수 있는 忠恕와 克己復禮로도 설명될 수 있다. 그러면 여기서 忠恕와 克己復禮에 대해 알아보려 한다.

忠恕에 대해서는, 우선 孔子와 曾子와의 대화에서 볼 수 있다.

> 孔子께서 말씀하시기를, 參아! 우리 道는 한 가지 理가 만 가지 일을 꿰뚫고 있다 하시니, …… 曾子께서 대답하셨다 선생님의 道 는 忠恕일 뿐입니다.[205]

여기서는 孔子의 道는 한마디로 忠恕라는 것을 말하고 있다. 『中庸』에서도, '忠恕違道不遠'이라 하여, 忠恕는 道와의 거리가 멀지 않음을 말하고 있다. 위 글에 대한 주를 보면, "자기 마음을 다하는 것은 忠이라 이르고, 자기 마음을 미루는 것을 恕라 이른다. …… 夫子의 한 理가 渾然하여 널리 응하고 곡진히 마땅함은, 비유하면 천지가 至誠無息하여 만물이 제 곳을 얻음과 같은 것이다. …… 혹자는 말하기를, 中心이 忠이 되고, 如心이 恕가 된다 하니, 뜻에 또한 통한다. 程子가 말씀하셨다. 자신으로써 남에게 미침은 仁이요, 자기 마음을 미루어서 남에게 미침은 恕이니, 『中庸』에 '忠과 恕는 道와 거리가 멀지 않다'는 것이 이것이다. 忠恕는 一以貫之이니, 忠이란 天道요 恕란 人道이며, 忠이란 無妄이요, 恕란 忠을 履行하는 것이다. 忠은 體요 恕는 用이니, 大本과 大道이다.[206]라고 하였는데, 위에서는 忠과 恕의 관계를 말하고 있고, 忠은 자기의 마음을 다하는 것이고, 恕는 자기 마음을 미루어 남을 배려하는 것임을 알 수 있다.

---

205) 『論語』, 「里仁」15, 子曰, 參乎, 吾道, 一以貫之, …… 曾子曰, 夫子之道, 忠恕而已 矣.

206) 同上, 程子曰 以己及物 仁也 推己及物 恕也 違道不遠 是也 忠恕一以貫之 忠者 天道 恕者 人道 忠者 無妄 恕者 所以行乎忠也 忠者體 恕者用 大本達道也.

남을 배려한다는 의미의 仁을 설명하는 구절은 『論語』의 「顏淵」에
서는, "仲弓이 仁을 묻자, 孔子께서 말씀하셨다. 문을 나갔을 때에는
큰 손님을 뵈온 듯하며, …… 자신이 하고자 하지 않은 것을 남에게
베풀지 말아야 하니 ……"라고 했다. 이에 대한 주를 보면, 敬으로써
자기 몸을 갖고, 恕로써 남에게 미친다면 私意가 용납할 곳이 없어
서, 마음의 德이 온전해진다고 했다. 또한 「公冶長」에서는, "子貢이
말하기를, 저는 남이 나에게 加하기를 원하지 않는 일을 저도 남에
게 加하지 않으려고 합니다."[207]라고 하였다. 또 「雍也」에서는,

> 仁者는 자신이 서고자 함에 남도 서게 하며, 자신이 통달하고자
> 함에 남도 통달하게 하는 것이다.[208]

라고 하였다. 이상은 자신이 하고자 하는 것은 남도 하고 싶어 하는
것이니, 남을 배려하여 행동하고, 자신이 하기 싫은 것은 남도 하기
싫어하는 것이니, 남을 배려하여 행동할 것을 말하고 있다. 이는 자
신의 私欲만을 주장하는 것이 아니라 타인도 배려할 줄 아는 것이
仁이며, 恕임을 말하고 있다.

한편, 孟子도 仁과 忠恕의 의미를 타인에 대한 배려 혹은 사랑이
라고 말하고 있는데,

> 恕를 힘써서 행하면 仁을 구함이 이보다 가까울 수 없다.[209]

라고 하여, 恕를 힘써 행하는 것이 仁을 완성하는 것이라고 했다. 또

---

207) 『論語』, 「顏淵」2, 仲弓問仁, 子曰, 出門如見大賓 …… 己所不欲, 勿施於人
……. 『論語』, 「公冶長」11, 子貢曰, 我不欲人之加諸我也, 吾亦欲無加諸人.
208) 『論語』, 「雍也」28, 夫仁者, 己欲立而立人, 己欲達而達人.
209) 『孟子』, 「盡心 上」4, 强恕而行, 求仁, 莫近焉.

한 「梁惠王章句上」에서는, "…… 내 노인을 노인으로 섬겨서 남의 노인에게까지 미치며, 내 어린이를 어린이로 사랑해서 남의 어린이에게까지 미친다면 ……."[210]라고 했는데, 이는 사랑과 은혜를 자신으로부터 남에게 미치는 것(推恩)을 말하고 있다.[211] 이는 所謂 '仁者愛人'을 말하고 있고, 이는 또한 他人에 대한 同情心 혹은 他人의 감정, 마음 상태에 대한 關心이라고도 표현할 수 있다.[212] 타인에 대한 관심과 사랑은 위에서도 말했듯이, 자신의 私欲만을 주장하는 것이 아니라 자기의 私欲을 이겨 인간의 道理대로 살아가야 함을 말하는 것이다.

다음으로 克己復禮에 대해서 보면, 顔淵이 仁에 대해 묻자, 孔子는,

> 자기의 私欲을 이겨 禮에 돌아감이 仁을 하는 것(爲仁)이니, 하루 동안이라도 私欲을 이겨 禮에 돌아가면 천하가 仁을 허여하는 것이다. 仁을 하는 것은 자기 몸에 달려 있으니, 남에게 달려있는 것이겠는가?[213]

라고 하였다. 이에 대한 주를 보면, "仁이란 本心의 온전한 德이다. 克은 이김이다. 己는 一身의 私欲을 이른다. 復은 돌아감이다. 禮는 天理의 節文이다. 爲仁이란 그 마음의 德을 온전히 하는 것이다. 마음의 온전한 德은 天理아님이 없으나 또한 人欲에 파괴되지 않을 수 없다. 그러므로 仁을 하는 자는 반드시 私欲을 이김이 있어서 禮에 돌아가면 일마다 모두 天理여서 本心의 德이 다시 내 몸에 온전하게 된다. …… 또 말씀하시기를 하루 동안이라도 克己復禮하면 天下의

---

210) 『孟子』, 「梁惠王 上」7, …… 老吾老以及人之老, 幼吾幼以及人之幼 …….

211) 鍾肇鵬, 『孔子研究』, 中國社會科學出版社, 1990, p.105.

212) 同上.

213) 『論語』, 「顔淵」1, 顔淵問仁 子曰 克己復禮爲仁 一日克己復禮 天下歸仁焉 爲仁由己 而由人乎哉.

사람들이 모두 그 仁을 허여한다고 하신 것은, 그 효과가 심히 빠르고 지극히 큼을 極言한 것이나, 또 仁을 하는 것은 자신에게 달려 있으니, 타인이 간여할 바가 아님을 말씀하셨으니, 이것은 또 그 기틀(機)이 나에게 있어서 어려움이 없음을 나타낸 것이다. 날마다 私欲을 이겨서 어렵게 여기지 않는다면 私欲이 깨끗이 다하고 天理가 流行하여 仁을 이루 다 쓸 수 없을 것이다. 程子가 말씀하셨다. 禮가 아닌 곳(非禮)이 바로 私意이니, 이미 私意라면 어떻게 仁일 수 있겠는가. 모름지기 자기의 私欲을 이겨 다해서 모두 禮에 돌아가게 하여야 비로소 仁이 될 수 있는 것이다. …… 謝氏가 말하였다. 克己는 모름지기 자기의 성질이 편벽되어 극복하기 어려운 것으로부터 이겨나가야 한다."214)라고 하였다.

한편, 禮를 仁의 具體化된 外的 표현으로, 仁은 禮의 에쎈스의 內面化 혹은 "true manhood 혹은 perfect virtue"라고도 보는데,215) 위에서도 仁을 本心의 온전한 德이라고 보고 있다. 여기서 克己는 自己를 克制하고 約束하는 것이고, 復禮는 禮와 符合하는 것을 말하며, 여기서 禮와 仁의 관계는 形式과 內容의 關係로 볼 수 있는데, 禮는 仁의 形式이며 仁은 禮의 內容이라 볼 수 있고, 孔子는 仁을 행하여 禮를 충실히 할 것을 아울러 말하고 있다.216) 그래서 孔子는,

214) 『論語』, 「顏淵」1, 仁者 本心之全德 克 勝也 己 謂身之私欲也 復 反也 禮者 天理之節文也 爲仁者 所以全其心之德也 蓋心之全德 莫非天理 而亦不能不壞於人欲 故 爲仁者必有以勝私欲而復於禮 則事皆天理 而 本心之德 復全於我矣 歸 猶與也 又言一日克己復禮則天下之人 皆與其 仁 極言其效之甚速而至大也 又言爲仁由己 而非他人所能預 又見其機 之在我而無難也 日日克己之 不以爲難 則私欲淨盡 天理流行 而仁不可 勝用矣. 程子曰 非禮處便是私意 旣是私意 如何得仁 須是克盡己私 皆 歸於禮 方始是仁 …… 謝氏曰 克己 須從性偏難克處 克將去.

215) Schwartz B. I. *The world of in Ancient China*, Cambridge, The Belknap Press of Harvadd Univ. Press, 1985, p.75, 83.

216) 鍾肇鵬, 위의 책, p.105. 한편, Vincent Shen & Tran van Doan,

사람으로서 仁하지 못하면 禮를 어떻게 사용하며, 사람으로서 仁하지 못하면 어떻게 樂을 사용할 수 있겠는가.217)

라고 말했다. 孔子는 사람으로서 仁한 것의 모습을 다음과 같이 말하고 있다. "樊遲가 仁을 묻자, 孔子께서 말씀하셨다. 居處할 적에 공손히 하며, 일을 집행할 적에 공경하며, 사람을 대적할 적에 충성되게 하여야 한다."218)라고 하였고, "孔子께서 말씀하셨다. 강하고 굳세고, 질박하고 어눌함이 仁에 가깝다."219)고 하였으며,

程子가 말씀하셨다. 孔子께서 仁을 말씀하실 적에 문을 나갔을 때에는 큰 손님을 뵈온 듯이 하고, 백성을 부릴 때에는 큰 제사를 받들 듯이 하라고 말씀하셨으니, 그 氣象을 보면 모름지기 마음이 넓고 몸이 확 퍼져서 動容하고 周旋함에 禮에 맞아야 하니, 오직 謹獨이 바로 이것을 지켜내는 법이다.220)

라고 하였고, "司馬牛가 仁을 묻자, 孔子께서 말씀하셨다. 仁者는 그 말함이 참아서 하는 것이다."221)고 하였다. 위에 인용한 구절은 자기

Morality, Metaphysics and Chinese Culture, Washington, D.C.: Library of Congress Cataloging-in-Publication, 1992, pp.42-53에서는, 儒家的 君子는 항상 친족과 타인에 대한 同情心의 責任感을 지고 있으며, 이는 仁의 생활을 기초로 한 人道主義(Humanity)를 말한다고 하였다. 이는 仁을 人道主義의 출발점으로 보는 것이다.

217) 『論語』, 「八佾」3, 人而不仁如禮何, 人而不仁如樂何.
218) 『論語』, 「顔淵」19, 樊遲問仁, 子曰 居處恭執事敬與人忠.
219) 『論語』, 「子路」27, 子曰 剛毅本訥近仁.
220) 『論語』, 「顔淵」2, 註, 程子曰 孔子言仁 只說出門如見大賓, 使民如承大祭, 看其氣象便須心廣體胖 動容周施中禮 唯謹獨 便是守之之法 或問 出門使民之時 如此可也 未出門使民之時 如之何 曰此儼若思時也 有諸中而後見於外 觀其出門使民之時 其敬如此 則前乎此者敬可知矣 非因出門使民然後有此敬也 ……
221) 『論語』, 「顔淵」3, 司馬牛問仁, 子曰 仁者其言也訒.

의 私欲을 이기고 인간이 마땅히 지켜야 할 道理대로 살아가는 데
필요한 자세와 마음가심을 말하고 있는데, 恭, 敬, 忠, 剛, 訒, 木, 訥,
謹獨 등이 그것이라 할 수 있다.

한편, 孟子는 仁한 마음을 다음과 같이 말하고 있다. "仁人의 마음
은 너그럽고 크며, 惻怛(慈愛)해서 大小와 强弱을 計較하는 사사로
움이 없다."[222]라고 하여, 仁한 마음을 寬, 洪, 慈愛와 私欲이 없는
것으로 보고 있다. 孔子는 仁한 마음을 가지기 위한 구체적인 행동
양식을 제시하고 있다. 그것은 禮가 아니면 보지도 듣지도 말하지도
행동하지도 말라는 것이다. 이는 私欲에 관련되어 있으면 보지도 듣
지도 말하지도 행동하지도 말라는 뜻으로 볼 수 있다. 그 보는 것에
관하여는,

> 마음이여! 본래 虛하니, 사물을 응함에 자취가 없다. 마음을 잡는
> 데는 요점이 있으니, 보는 것이 그 법이 된다. 사물이 눈앞에 가
> 리워 사귀면 그 마음은 그리로 옮겨가니, 이것을 밖에서 제재하여
> 그 안을 편안히 해야 한다. 克己復禮하면 오래할 경우 誠(자연스
> 럽게)하게 될 것이다.[223]

라고 하여, 마음을 잡는 전제조건으로서 우선 보는 것으로부터 私欲

---

222) 『孟子』, 「梁惠王 下」, 3, 仁人之心寬洪惻怛而無較計大小强弱之私.

223) 『論語』, 「顏淵」, 1, …… 其視箴 曰 心兮本虛 膺勿無迹 操之有要 是爲之
則 蔽交於前 其中則遷 制之於外 以安其內 克己復禮 久而誠矣 其聽箴
曰 人有秉彝 本乎天性 知誘物化 遂亡其正 卓彼先覺 知止有定 閑邪存
誠 非禮勿聽 其言箴 曰 人心之動 因言以宣 發禁躁妄 內邪靜專 是樞
機 興戎出好 吉凶榮辱 惟其所召 傷易則誕 傷煩則支 己肆勿 出悖來違
非法不道 欽哉訓辭 其動箴 曰 哲人知幾 誠之於思 志士勵行 守之於爲
順理則裕 從欲惟危 造次克念 戰兢自持 習與性成 聖賢同歸 愚按 此章
問答 乃傳授心法切要之言 非至明 不能察其幾 非至健 不能致其決 故
惟顏子得聞之 而凡學者亦不可以不勉也 程子之箴 發明親切 學者尤宜
深玩.

을 제거해야 함을 말하고 있다. 듣는 것에 대하여는,

> 사람이 秉彝의 良心을 가지고 있음은 天性에 근본하였으나, 知(욕
> 심의 知覺)가 (물건에게) 유혹되고 동화하여 마침내 그 바름을 잃
> 게 된다. 드높으신 저 선각자들은 그칠 데를 알아 定함이 있었다.
> 邪를 막고 誠을 보존해서 禮가 아니면 듣지 않으셨다.[224]

라고 했는데, 이는 사람이 태어날 때 가지고 있던 良心이 자신 밖의
사물에 욕심을 내게 되면 이 良心을 잃게 됨을 경고하여, 언제나 禮
가 아닌 것 즉 私欲이 개입된 것은 보지 말 것을 말하고 있다. 말함
에 대해서는,

> 人心의 動함은 말로 인하여 베풀어지니, 말을 발할 때에 조급함과
> 경망함을 금하여야 안이 고요하고 專一해지는 것이다. 하물며 이
> 말은 몸의 樞機이니, 전쟁을 일으키기도 하고 友好를 내기도 한다.
> 吉과 凶, 榮華와 辱이 오직 그 (입이) 부르는 바이다. 너무 말을
> 쉽게 함에 상하면 虛誕해지고, 너무 번거로움에 상하면 支離해지
> 며, 자신이 (말을) 함부로 하면 남도 거슬리고, 나가는 말이 道理
> 에 어그러지면 오는 말도 이치에 어그러지는 것이다. 法이 아니면
> 말하지 말아서 훈계 말씀을 공경할지어다.[225]

라고 하여, 道理에 따라 말을 할 것을 강조하고 있다. 말이라는 것은
吉凶禍福을 부르는 몸의 지도리와 기틀 역할을 하는 것이니, 인간의
道理에 어긋나는 말을 하지 말 것을 강조한 말이다. 行動에 관해서는,

---

224) 同上, 人有秉彝 本乎天性 知誘物化 遂亡其正 卓彼先學 知止有定 閑邪
存誠 非禮勿聽.

225) 同上, 人心之動 因言以宣 發禁躁妄 內邪靜專 是樞機 興戎出好 吉凶榮
辱 惟其所召 傷易則誕 傷煩則支 己肆勿 出悖來違 非法不道 欽哉訓辭.

哲人은 幾微를 알아 생각할 때에 성실히 하고, 志士는 行實을 힘써 행위에 지킨다. 天理를 순종하면 여유기 있고, 人欲을 따르면 위험하니, 造次라도 능히 생각해서 戰戰兢兢하여 스스로 잡아라. 習慣이 천성과 더불어 이루어지면 聖賢과 함께 돌아갈 것이다.226)

라고 하여, 여기서는 사사로운 人欲을 떨쳐버리려는 굳은 의지와 결단을 갖고 행동할 것을 강조하고 있다.

이상에서 보면, 보고 듣는 것은 처한 상황에 私欲이 있는가 없는가를 철저히 살펴 私欲이 없는 쪽을 결정하는 것이고, 말함에는 私欲이 없는 생각이 道理에 맞음을 알고, 道理에 맞는 행동을 할 마음의 준비를 하는 것이다. 끝으로 行動은 판단하고 마음으로 준비한 것을 결단력 있게 행동에 옮기는 것을 말한다.227)

2) 全人으로서의 君子

君子의 의미를 『論語』에서 보면, 격언의 인용이나 후기 편집 등에 나오는 약간의 예외를 제외하고는 거의 한결같이 道德的 人格者라는

---

226) 同上, 哲人知幾 誠之於思 志士勵行 守之於爲 順理則裕 從欲惟危 造次 克念 戰兢自持 習與性成 聖賢同歸.

227) Brian Carr ed. *Morals and Society in Asian Philosophy*, Richmond: Curzon Press, 1996, p.148-149에서는 儒家思想의 특징 중 하나로 '內向性 (introspection)'을 들고 있는데, 이를 仁으로 설명하고 있다. 여기서는 '道德性은 한 개인의 내면적인 마음을 향한 노력을 함으로써 추구되어야 한다. 孔子 思想의 핵심은 仁이라고 할 수 있다. 仁은 하늘의 法則과 人間의 法則을 연결해주는 채널이다. 우리는 도덕성을 自我와 內的인 마음으로부터 추구하는 데 儒家에 있어서 自我의 에센스는 introspection과 self-criticism으로 이해된다.'고 하였는데, 仁을 본문에서 克己復禮로 보아 자신의 私欲을 이겨 남을 배려하고 사람의 道理에 맞도록 행동하는 것이라고 했을 때, 克己復禮로서의 仁을 '內向性'으로 보는 것은 타당하다고 본다.

의미를 가진다.228) 孔子는 사람을 가르침에 항상 君子229)를 만들려 했고, 이 점에서 君子는 孔子의 敎育的 人間像이었다고 볼 수 있다.230)

孔子는 子路가 '君子'란 어떠한 사람이어야 하는가에 대하여 물었을 때, '修己以敬'이라 하였고, 다음으로 '修己安人'이라 하였으며, 그 다음으로 '修己安百姓'이라 하였다.231) 孔子와 孟子가 말하는 君子는 다음의 성격을 가진 자를 말한다.

첫째, 君子는 仁義의 구현자이다. 이 점에서 孔子는, "君子가 仁을 버리면 어찌 君子라는 이름을 이루겠는가."라고 하였고, 또한 "君子는 義로써 바탕을 삼고, 禮로써 行한다."232)고 했으며,

---

228) 김승혜, 『원시유교』, 민음사, 1991. p.98. 君子라는 용어는 논어에서는 전부 107번 나오는데, 君子를 영어로 번역한 이들은 다양한 용어를 택했다. 예를 들어, Legge는 'the superior man'을, Waley와 Lau는 'the gentleman'을, Tu Wei-ming은 'the profound person'을, 혹자는 'the noble man'을 택하고 있다. 또한 四書에서 君子를 언급한 것을 보면, 『論語』에서는 86章에서 107回, 『孟子』에서는 14編 중에서 13編 54章에서 82回가 인용되었고, 『大學』에서는 傳 10章 중 5章에서 15回, 『中庸』에서는 33章 중 14章에서 34回가 인용되고 있다. 四書에서 모두 238回 동안 君子를 말하였는데, 여기서 君子의 意味는 君子의 身分 측면과 君子가 지녀야 할 德性 측면으로 나누어 설명되고 있다. 四書를 통하여 君子를 身分 즉 在位者의 의미로 쓰인 것은 5回, 德性과 身分을 겸하여 사용하고 있는 것이 12回, 特定人(孔子, 子産 등)을 지칭하는 것이 5回이며, 나머지 216回는 君子가 지녀야 할 德性의 의미로 쓰인 것이다.

229) 林月盛, 「孔子論君子給現代敎師的啓思」, 孔孟月刊 제33권 제5기, 民國 84년 2월, pp.8-11에서는 君子의 특징을 다음과 같이 보고 있다. 1) 謹言愼行, 2) 博雅的 修養 중시, 3) 品德修養 중시, 4) 能力本位 강조, 5) 成人之美 추구, 6) 文質兼重, 表裏如一, 7) 理性的 思考, 省察 중시, 8) 人間關係 중시(以文會友), 9) 安貧樂道的 態度 등 본문에서도 이를 바탕으로 君子의 特徵을 서술하려 한다.

230) 張其, 華岡校友會 譯, 『孔子學說의 現代的 意義』, 형설출판사, 1981, p.440.

231) 『論語』, 「憲問」45.

232) 『論語』, 「里仁」5, 君子去仁, 惡乎成名. 『論語』, 「衛靈公」17, 君子義以爲質, 禮以行之 …….

君子는 천하에 주로 쫓는 것도 없고, 꼭 하지 않아야겠다는 것도
없으니 오직 義를 쫓아 행할 뿐이다.233)

라고 하였다. 孟子도 "君子란 역시 仁이어야 할 따름이다."234)라 했
고, 또,

君子가 보통 사람들과 다른 점은 仁과 禮를 마음에 지니기 때문
이다.235)

라고 하여, 仁과 禮를 마음에 지니고 이를 實踐하는 것이 君子라고
보았으며, 君子란 항상 窮行하고 反省하여 仁義가 떠나지 않게 하는
사람인 것이다. 孟子는 '仁人心也, 義人路也. 舍其路而弗由, 放其心而
不知求, 哀哉'236)라고 하였는데, 仁이란 인간이 본래부터 지닌 善性의
바탕이라고 보았기 때문에 그 마음을 버리지 말 것이며, 義는 사람이
가야 할 바른 길이니 그 길을 따라 가는 것이 마땅하거늘 사람이 그
렇지 못함을 孟子는 한탄하고 있다. 그래서 孟子는, "義는 길이요, 禮
는 門이다. 오직 君子만이 그 길로 해서 그 門을 出入할 수 있다."라
고 하였다. 孔子와 孟子는 또한 君子를 忠恕와 五常과 관련하여, 때
와 장소를 不問하고 仁에 처하며, 어진 사람을 尊敬하고 대중을 포용
하며 恭敬하여 잃음이 없고 恭遜하여 禮가 있으며237)라고 하였다.

---

233) 『論語』, 「里仁」10, 君子之於天下也, 無適也, 無莫也, 義之與此
234) 『孟子』, 「告子 下」6, 君子亦仁而已矣.
235) 『孟子』, 「離婁 下」28, 君子所以異於人者, 以其存心也, 以禮存心.
236) 『孟子』, 「告子 上」11.
237) 『孟子』, 「萬章 下」7, 夫義, 路也. 禮, 門也. 惟君子能由是路, 出入是門也. 『
論語』, 「里仁」5, …… 君子無終食之間違仁, 造次必於是, 顚沛必於是. 『論語
』, 「子張」3, 君子尊賢而容衆. 『論語』, 「顏淵」, 君子敬而無失, 如人恭而有禮
…….

둘째로, 君子는 항상 反省하고 修身하며 신념을 가지고 君子之道를 窮行하는 實踐者이다. 『論語』에서는 君子의 省察하는 태도를 九思와 三戒로 말하고 있는데, "君子라 함은 보는 것은 밝게 볼 것을 생각하고, 듣는 것은 제대로 똑똑히 들을 것을 생각하며, 얼굴빛은 溫和하게 維持할 것을 생각하고, 몸가짐은 恭遜하게 할 것을 생각하며, 말하는 것은 忠誠스럽게 할 것을 생각하고, 일을 함에는 敬虔함을 생각하며, 의심스러우면 물을 것을 생각하고, 분할 때는 어려움을 생각하고, 이로운 것을 보거든 義를 생각하여야 한다."[238]라고 하였고, "君子는 젊어서는 血氣가 未定한 狀態이므로, 女色을 警戒해야 하고, 장성해서는 血氣가 旺盛하므로 싸움을 警戒해야 하고, 늙어서는 血氣가 衰微하니 慾心을 境界해야 한다."[239]라고 하였다. 또한 君子는

　　어떤 일에 失敗하면 그 原因을 자신에게서 찾는다.[240]

라고 하였다. 孟子에게서 君子란 사회적 지위나 부귀로 얻어지는 것이 아니고, 高尙한 품성을 말하므로 항상 自己反省을 통하여 人格을 陶冶하고, 仁, 義, 禮, 智 등 여러 德을 갖춰 思, 言, 行이 일치하는 인격자를 말한다. 그러므로 反省과 修養이 바로 君子의 길이며, 修身을 위해서는 '存心', '養性', '求放心', '寡欲' 등이 강조되었고, 그 實踐을 위해서는 '養勇'과 '浩然之氣'가 강조되었고, 실행의 進退, 序次 등 방법론으로서 '禮'가 강조되었다.[241]

---

238) 『論語』, 「季氏」10, 君子有九思, 視思明, 聽思聰, 色思溫, 貌思恭, 言思忠, 事思敬, 疑思問, 忿思難, 見得思義.

239) 『論語』, 「季氏」7, 君子有三戒, 少之時, 血氣未定, 戒之在色, 及其壯也, 血氣方剛, 戒之在鬪, 及其老也, 血氣旣衰, 戒之在得.

240) 『中庸』14, 子曰, 射有似乎君子, 失諸正鵠, 反求諸其身.

241) 吳善均, 「孟子의 敎育思想 硏究」, 한양대 대학원, 박사학위논문, 1989,

孟子는, "君子는 仁과 禮를 마음에 지니고 있기 때문에 남을 사랑하고 恭敬하는 고로 남들도 그를 사랑하고 공경한다. 남이 나에게 橫暴하게 굴면 君子는 自己의 不仁이나 無禮가 없는지 自省한다. 不仁과 無禮가 없는데도 橫逆하면 스스로 不誠實하지 않았는지 反省한다."242)고 한 것도 君子의 反省하는 태도를 말한 것이다. 反省은 改過하여 다시 行하는 것이니, 反省과 修身은 實踐의 전제가 되는 것이다. 孟子는,

> 사람을 사랑하는데도 친근해지지 않으면 仁이 부족한가 반성하고, 남을 다스리는데도 다스려지지 않으면 智慧가 부족하지 않은가 反省하고, 남을 禮로써 대했는데도 반응이 없으면 공경스럽지 못했는지 반성하라. 行하여 얻지 못하면, 모두 돌이켜 자신에게 原因을 찾아라. 自己 몸이 올바르면 天下가 돌아온다.243)

라고 하였는데, 이는 자신의 過失을 반성하고 是正하며, 일이 뜻대로 이루어지지 않았더라도 남을 원망하기보다는 스스로 바로 잡아 가는 實踐者가 되어야 함을 말한 것이다.

셋째로 君子는 人格的으로 조화된 全人이다. 孟子는 말하기를, "伯夷는 사람이 偏狹하고 柳下惠는 不恭스럽다. 君子는 偏狹하거나 不恭스러운 것을 取하지 않는다."244)고 하였다. 여기서 孟子가 지향하는 인물 즉 君子는 도량이 있고, 偏狹하거나 偏向되지 않은 過不及

---

p.87.

242) 『孟子』, 「離婁 下」28, 君子以仁存心 以禮存心. 仁者愛人 有禮者敬人. 愛人者人恒愛之 敬人者人恒敬之. 有人於此 其待我以橫逆 則君子必自反也 我必不仁也 必無禮也 …… 其自反而仁矣 自反而有禮矣 其橫逆由是也 君子必自反也 我必不忠.

243) 『孟子』, 「離婁 上」4, 愛人不親 反其仁 治人不治 反其智 禮人不答 反其敬. 行有不得者 皆反求諸己 其身正而天下歸之.

244) 『孟子』, 「公孫丑 上」9, 伯夷隘, 柳下惠不恭, 隘與不恭, 君子不由也.

이 없는 인물을 말하고 있다. 이것은 곧 '中庸'의 人이요, 調和的인 人間이라고 할 수 있다. 孔子는 中庸을 강조하여 '中庸之爲德也, 其至矣乎'[245]라고 하였고, 『中庸』에서는 '中和'를 '大本達道'로서 강조하고, '致中和, 天地位焉, 萬物育彦'[246]이라 하여, 天地의 秩序를 바로 잡고 萬物의 生成을 왕성하게 하는 경지까지 그 偽德의 功效가 미치게 될 수 있다고 말하였다. 中庸이란 過, 不及이 없는 調和的인 人格을 말한다.

넷째로 君子는 '修己'와 함께 '治人'을 중요시하는 인간이다. '治人'이란 남을 教育的으로 教化하는 일과 政治的으로 治化하는 일을 통틀어서 이르는 말이며, 다시 말해 自己修身에서 얻은 德을 社會的으로 실현하여 對人 혹은 對民奉仕를 하는 君子를 말하는 것이다. 孟子는 "道에 맞는 자가 道에 맞지 않은 자를 길러주며, 재주 있는 자가 재주 없는 자를 길러준다. 그러므로 사람들은 어진 父兄이 있는 것을 좋아하는 것이다. 만일 道에 맞는 자가 道에 맞지 않는 자를 버리며, 재주 있는 자가 재주 없는 자를 버린다면, 賢者와 不肖한 자의 거리는 그 사이가 한 치도 못되는 것이다."[247]라고 하였는데, 이는 君子의 적극적인 教育 姿勢와 教化의 역할을 강조한 것이다. 孟子는 '與民同樂', '與人同樂'을 자주 말하였는데, "君子에게는 남과 함께 善을 行하는 것보다 더 중대한 일이 없다."[248]라고 했는데, '與人同學'이 또한 '與人同樂'이 되니, 教育은 君子의 중요한 일이 되어, 孔子는 '學而不厭, 誨人不倦[249]'이라 하였고, 孟子 또한 '學不厭而教不

---

245) 『論語』,「雍也」27.

246) 『中庸』 1.

247) 『孟子』,「離婁 下」7, 中也養不中 才也養不才 故人樂有賢父兄也 如中也 棄不中 才也棄不才 則賢不肖之相去其間 不能以寸.

248) 『孟子』,「公孫丑 上」8, 君子, 莫大乎與人爲善.

249) 『論語』,「述而」2.

倦也'250)라 하여 敎育의 樂을 말하고 있다.

君子가 修身하고 學文에 精進하는 것은 반드시 公職에 나가고자 하는 것만은 아니다. 仁義를 崇尙하여 先王之道를 계승하고 百姓을 敎化하는 일이 모두 君子의 일이 되니, 어떤 직위가 없더라도 君子는 衆人의 모범이 되어 사회를 醇化하는 것이 君子의 德化인 것이다. 子張은 學問과 政治를 修己와 治人의 相關關係로 보며, "벼슬하다가 餘力이 있으면 學問을 하고 學問을 하다가 餘力이 있으면 벼슬을 한다"251)라고 하였는데, 이는 소위 明體達用이며, 全體人用인 것이다. 그러나 '治人'에 너무 집착하는 것을 警戒하고 있는데, "옛사람들은 뜻을 얻으면 恩澤이 백성에게 가해지고, 뜻을 얻지 못하면 몸을 닦아 세상에 드러내니, 窮하면 그 몸을 善하게 하고, 榮達하면 천하를 겸하여 善하게 하는 것이다."252)라고 하여, 君子의 進退節度를 말하고 있다. 이는 즉, 적당한 때를 만나면 '兼善天下'를 할 수 있고, 그렇지 않으면, 스스로의 道德的 人格을 維持해 나가는 것이 君子의 참모습임을 말하고 있는 것이다.

이상에서, 君子는 品性을 기준으로 지칭되는 人間像으로서 儒家의 標準的 人間像이다. 君子는 모든 德을 고루 갖춘 人格者이며, 偏狹하지 않고 偏向됨이 없이 調和된 인간이다. 또한 君子는 항상 反省하고 窮行하는 道德 實踐者이다. 이렇게 함으로써 君子의 최종적 目標는 聖人이 되는 것이다. 이 점에서 四書를 통하여, 君子가 추구하는 목표를 추구하여 유형화해보면, 道와 德의 추구, 仁義禮智의 추구, 忠과 恕의 추구, 修己安人의 추구 등으로 요약할 수 있다.

---

250) 『孟子』, 「公孫丑 上」.

251) 『論語』, 「子張」13, 任而優則學, 學而優則任.

252) 『孟子』, 「盡心 上」9, 古之人 得志澤加於民 不得志修身見於世 窮則獨善其身 達則兼善天下.

道와 德의 추구에서 보면, 君子는 德과 德을 마음속에 간직하고, 德을 숭상하여 위로 通達하고자 하며, 道를 도모하여 밥을 도모하지 않고 가난함을 걱정하지 않으며, 작은 道는 원대함에 이르는 데 障礙가 될까봐 두려워하지 않으며, 따라서 正道를 따르고 작은 信義에 얽매이지 않고, 깊이 나아가기를 道로써 하는 것은 오직 스스로 體得하기 위해서 이고, 떳떳한 道를 回復하여 바르게 함으로써 庶民을 興起시키고 邪慝함이 없도록 하며, 그의 德性을 높인다.253)

仁義禮智의 추구에 있어서, 君子는 남의 아름다움을 이루어주고 남의 惡은 이루어주지 않고, 仁과 禮를 마음에 두며, 義에서 깨달아 모든 것을 禮에서 찾고, 義를 으뜸으로 삼으며, 남들이 疏忽히 대한다고 불평하여도 拘碍받지 않고 오로지 禮에 따라 행하며, 항상 禮를 높이고 모든 것을 學問에 依支하여 배움으로써 그 道를 지극히 하며, 寬待함을 지극히 하고, 精微함을 다하며, 高明함을 다하고, 中庸을 따르며, 옛 것을 잊지 않고 새로운 것을 알며, 厚함을 敦篤히 한다.254)

忠과 恕의 추구에 있어서, 君子는 本性을 잘 보존하고,255) 하늘을 우러러 한 점 부끄러움이 없고 땅을 굽어 한 점 뉘우침이 없으며,256) 자식에게 바라는 바로 父母를 섬김이 能하며, 臣下에게 바라

---

253) 『論語』, 「里仁」11, 君子懷德 …… 君子懷刑. 『論語』「憲問」24, 君子上達. 『論語』, 「衛靈公」31, 君子謀道不謀食, 君子憂道不憂貧. 『論語』, 「子張」4, 雖小道, 必有可觀者焉, 致遠恐泥, 是以君子不爲也. 『論語』, 「衛靈公」36, 君子貞而不諒. 『孟子』, 「離婁 下」14, 君子深造之以道, 欲其自得之也. 『孟子』, 「盡心 下」37, 君子反經而已矣, 經正, 則庶民興, 庶民興, 斯無邪慝矣.

254) 『論語』, 「顏淵」6, 君子成人之美, 不成人之惡. 『孟子』, 「離婁 下」28, 君子以仁存心, 以禮存心. 『論語』「里仁」16, 君子喩於義. 『論語』, 「陽貨」23, 君子義以爲上. 『孟子』, 「離婁 下」27, …… 我欲行禮, 子敖以我爲簡, 不亦異乎. 『中庸』26, 君子 尊德性而道問學 致廣大而盡精微 極高明而道中庸 溫故而知新 敦厚以崇禮.

255) 『孟子』, 「離婁 下」19, …… 庶民去之, 君子存之.

는 바로 君主를 섬김이 能하고, 아우에게 바라는 바로 兄을 섬김이
能하며, 벗에게 바라는 것을 내가 먼저 베풂에 能하다.

修己安人의 추구에 있어서 君子는 일차적으로 人格을 修養하여 道
德的으로 完全한 인간이 되기를 원하지만, 그러한 完全한 인격을 自
身만 具備하는 排他的인 人格이 아니고, 다른 모든 사람의 인격도
완성하도록 할 뿐만 아니라 다른 사람들의 생활이 便安하도록 하는
것이 궁극적인 목표이다. 君子의 지킴은 그 몸을 닦음에 天下가 太
平해지며,257) 스스로 행실을 닦아 盛德과 至善을 백성들에게 베풀
며,258) 그의 道는 자기 몸에 根本하므로 항상 변함이 없어서 動하면
道가 되고, 行하면 法이 되며, 말하면 準則이 된다.259)

이상에서 孔子와 孟子가 말하는 君子의 성격을 알아보았다. 君子
는 孔孟의 궁극적인 교육적 목표인 仁을 행하는 도덕적인 인격자이
며, 君子는 항상 반성하고 修身하며, 인격적으로 調和된 全人이다. 君
子는 仁義禮智를 추구하고, 道와 德을 추구하며, 忠과 恕를 추구한다.
儒家의 敎育的 人間像이라 할 수 있는 이러한 君子는 어떠한 과정을
거쳐 덕성함양을 이루는가는 3장과 4장에서 덕성함양의 지적 영역과
행동적 영역을 살펴봄으로써 알 수 있다.

---

256) 『孟子』, 「盡心 上」20, 君子有三樂. …… 仰不愧於天, 附不作於人, 二樂也.

257) 『孟子』, 「盡心 下」32, 君子之守, 修其身而天下平.

258) 『大學』 3, 有斐君子 終不可諠兮 如切如磋者 道學也 如琢如磨者 自
修也 瑟兮僩兮者 恂慄也 赫兮喧兮者 威儀也 有斐君子 終不可諠兮
者 道盛德至善 民之不能忘也.

259) 『中庸』 29, 君子 動而世爲天下道 行而世爲天下法 言而世爲天下則.

III. 德性涵養의 知的 領域으로서의
格物致知論

이 장에서는 德性涵養의 知的인 領域으로서 格物致知의 意味를 통한 道德的 知識教育의 意味와 도덕적 지식교육의 方法을 서술하려 한다. 먼저, 格物의 의미는 事物과 일의 理致에 대한 窮究를 말하며 이는 窮理와 盡性으로 표현할 수 있다. 致知는 이러한 窮理를 통한 知識을 더욱더 擴充한다는 의미이다. 여기서 사물과 일에 대한 이치는 德性涵養과 관련하여 인간으로서 지켜야 하는 當爲的 理致를 말하며, 知育으로서의 德性涵養을 말할 때는 이러한 當爲的 理致에 관한 道德的 知識의 習得을 통한 人間의 道理를 아는 것을 말한다. 이 점에서 格致論에 있어서 知의 의미는 道德的 知慧, 理智, 知識 등이다.

格致를 위한 具體的 方法은 好學하는 자세와 讀書論, 博學과 審問을 통한 학습, 講習과 討論을 통한 습득이 있고, 이를 통해 얻어지는 知的 技能은 觀察, 記憶, 注意, 想像, 思惟 등이다.

1. 格物과 致知의 構造와 意味

1) 窮理와 盡性으로서의 格物의 意味

여기서는 儒家 德性涵養論의 知的인 측면으로서의 格物致知論을 다루려 한다. 이를 위해 格物致知의 근본적인 의미를 朱子의 해석을 중심으로 알아보고, 이를 德性涵養論을 논하는 데 응용하여, 格致를 道德的 原則이나 인간으로서 지켜야 하는 當爲的 理致에 관한 道德的 知識에 대한 이해라는 측면으로 해석하여 格致에 있어서 知의 意味를 知慧, 理智, 知識 등으로 보려 한다.

먼저 格物의 의미는 무엇인가. '格物'은 대체로 '사물의 탐구'(혹은 '사물을 탐구한다')로, 그리고 '致知'는 '앎의 확충'(혹은 '앎을 확충하다')으로 번역된다.[260] 朱熹의 대학『大學』經一章에 나오는 "致知는 格物에 달려 있다"는 구절에 대한 註釋을 보면 格物의 의미를 알 수 있다.[261]

格은 이르는 것이며, 物은 일과 같다. 格物은 窮究하여 事物의 理에 이름으로써 그 極處에 이르지 않음이 없게 하고자 함이다.[262]

朱熹는 여기서 二程의 견해를 받아들여 '格'자를 '이르다(至)'로 풀이하고, '物'자에 대해서는 '일(事)과 같다'고 한다. 먼저, '格'자의 의미인 '이르다'는 무슨 뜻인가. "格物의 格은 '이르다(至)'는 것과 같

---

260) 陳榮捷은 格物은 investigation of things(혹은 investigate things)로, 그리고 致知는 the extension of knowledge(또는 extend things)로 영역하였을 때, A. C. Graham, Thomas A. Metsger, Donald J. Munro 등의 저술들을 비롯한 대개의 영어로 된 논문들은 동일한 번역어를 사용하고 있다.

261) J. Legge는 格物을 'things being investigated'로, 致知(혹은 知至)를 'knowledge became complete'로 번역하고 있는데, 格物은 'exhausting by examination the principles of things and affairs' 즉 사물과 인간의 일의 원칙에 대한 窮究라고 할 수 있고, 致知는 'carrying our knowledge to its utmost extent'로 格物에서의 지식을 극대화하는 것이라 할 수 있다. 馮友蘭은 格物을 '事物研究(探究): investigation of things'로, 致知를 '知識擴張: extention of knowledge'로 보고 있는데, 格物의 목적은 '영원한 理에 관한 우리의 지식을 넓히는 데 있다'고 했다. 정인재 역, 『中國哲學史』, 서울: 형설출판사, 1977, p.385.

262) 『大學』, 經一章 註.

다. 예를 들면, '舜이 文朝에 格했다'에서의 格과 같은 의미인데, 이는 文朝가 있는 곳에 이르렀다는 것이다."[263]에서 '文朝가 있는 곳에 이르렀다'는 말에서 드러나듯이, 주희가 二程을 쫓아 '格'자를 이르다의 해석으로서 제시한 '이르다'라는 어휘는 일단 '어떤 곳에 도달하다'는 의미를 가지고 있다. 또한, "格은 이르다의 의미이다. 말하자면, 실제로 어떤 곳까지 가는 것이다. 그것은 南劍사람이 建寧으로 간다고 할 때, 그가 반드시 그 郡廳까지 도달해야 이르렀다고 하고, 建陽의 境界까지만 도달했다면, 그것을 이르렀다고 하지 않는 경우와 같다."[264]에서 '그 郡廳까지 도달해야 한다'는 朱熹의 말이 비유하는 바는 '이르다'는 것이 '어떤 것의 핵심에 도달하는 것'을 의미한다는 것이다. 따라서 주희는 格物의 '格'자를 '物의 핵심에 이르다'로 보는 것이다.

그리고 朱熹가 '格'을 '이르다'로 해석함으로써 格物에 부여하고자 하는 또 하나의 의미는 '완전하게 함(盡)'이다.

> 格物에서 格은 완전하게 하는 것(盡)이니, 반드시 사물의 원리를 철저하게 궁구해야 한다. 만약 2-3할 정도 궁구한다면 그것은 아직 격물이 아니다. 반드시 10할까지 다 궁구해야 格物이다.[265]

여기서 10할을 다하는 것이 '盡'자와 관련되어 있음을 볼 수 있는데, 朱熹에게서 그것은 기본적으로 量的인 차원에서 100%의 완성을 의미한다. 그래서 그것은 모든 것을 빠뜨림 없이 포괄하거나 어떤 것의 모든 측면을 포괄한다는 의미로 이해할 수 있다. 따라서 그것

---

263) 『語類』 15-9, 格物 格 猶至也 如舜格于文祖之格 是至于文祖處. 舜格于文祖라는 말은 『書經』, 「舜典」 제14절에 나온다.

264) 『語類』 15-33, 格 謂至也 所謂實行到那地頭. 如南劍人往建寧 須到得郡廳上 方是知 若只到建陽境上 卽不謂至也.

265) 『語類』 15-7, 格物者 格 盡也. 須是窮盡事物之理. 若窮得三兩分 便未是格物.須是窮盡十分 方是格物.

은 동사적으로는 '철저하게 혹은 완전하게 발휘한다'는 의미를 가지
며, 부사적으로는 '철저하게 혹은 완전하게'라는 의미가 있는 것으로
볼 수 있을 것이다. 그리고 그것은 종종 그 글자만으로 혹은 '盡處'나
'盡頭'와 같은 형태로 명사적으로도 사용되는데, 그럴 경우 문맥에 따
라 '盡'자의 기본적인 의미를 적용하여 해석하면 될 것이다.

그렇다면, '盡'자에 들어 있는 '모든 것을 포괄한다'는 것과 '어떤
것의 모든 측면을 포괄한다'는 것은 朱熹에게서 구체적으로 어떤 것
을 의미하는가.

> 대개 학문을 할 때는 반드시 사방팔면으로 모두 확연하게 이해하
> 고, 다시 안으로도 이해해야 한다. 비유하자면, 그것은 과일을 먹
> 는 것과 같다. 먼저 그 껍질을 제거한 다음에 과육을 먹고, 다시
> 그 가운데의 씨까지 깨물어야 좋다. 만약 그것을 깨물지 않으면,
> 안에 있었을 수도 있는 특별히 풍부한 맛을 놓칠 것이다. 만약 껍
> 질을 제거하지 않는다면, 그것은 물론 옳지 않다. 만약 껍질만 제
> 거하고 안의 씨는 내버려두는 것도 옳지 않다. 그렇게 하면, 지극
> 함을 다하는 경지에 이를 방도가 없을 것이다 ……. 格物은 사물
> 의 理에 대해 각기 그 지극함을 다하여 완전한 곳(盡頭)까지 궁구
> 하는 것을 이른다.[266]

껍질, 과육 그리고 씨는 과일의 모든 측면을 일컫는데, 이는 物의
외면으로부터 핵심에 이르는 모든 측면을 비유한다. 또 씨까지 깨물
어야 한다는 말은 物의 핵심(極處 혹은 至處)에까지 이르러야 한다
는 것을 나타낸다. 그리고 과일을 먹는 순서로서 먼저 껍질을 제거

---

266) 『語類』 18-94. 大凡爲學 須是四方八面都理會敎通曜 仍更理會向裏來.譬如
喫菓子一般: 先去其皮殼 然後食其肉 又更和那中間核子都咬破 始得. 若不
咬破 又恐裏頭別有多滋味在. 若是不去其皮殼 固不可: 若只去其皮殼了 不
管裏面核子 亦不可 恁地則無緣到得極至處 …… 格物 謂於事物之理各極其
至 窮到盡頭.

하고, 다음으로는 과육을 먹고, 마지막으로 씨를 깨물어야 한다는 것은 物의 외면으로부터 핵심에까지 순차적으로 나아가야 한다는 것을 말한다.

朱熹는 格物의 '格'자를 '이르다(至)'로 이해하고, 建寧으로 가는 사람의 예화를 통해, 그것이 의미하는 바가 '어떤 것의 핵심에 도달하다'는 뜻으로 해석한다. 그러면, 그 핵심이란 무엇인가? 『大學章句集註』 經一章의 格物 정의에서 이미 드러났듯이, 그것은 理이다. 그러므로 格物의 '格'자의 의미는 '理에 이르다'로 되며, 따라서 格物은 '物의 理에 이른다'로 해석된다.

程頤는 "格은 궁구하다(窮)와 같고, 物은 理와 같다"[267]고 하여 格物을 窮理(理를 窮究하다)로 해석했다. 朱熹는 '格'자를 '이르다'로만 주석한 다음, 格物을 '사물의 理를 궁구하여 그에 이른다'라고 해석함으로써 '格'자에 '궁구하다'라는 정이의 새로운 해석을 부가했다. 여기서 우리는 '궁구하다(窮)'라는 동사가 '物의 理에 이르는' 방법을 보다 분명하게 드러내 주기 위해 부가된 것임을 알 수 있다. 따라서 朱熹에게서 格物의 '格'은 '어떤 것의 핵심(理)에 이르다'를 중심적인 의미로 하고, 그 이르는 과정이 철저해야 한다는 요구를 담고 있는 '완전하게 하다(盡)'와 이르는 방법을 가리키는 '궁구하다(窮)'가 보완적인 의미로 들어가 있는 용어라고 할 수 있다.

'物'의 의미는 무엇인가. 『大學』 經一章에서 朱熹는 物을 "일과 같다(猶事)"고 풀이하고, 뒤이어 '궁구하여 사물의 理에 이르다'라는 格物의 해석에서 '物'자에 해당하는 곳에 '事物'이라는 용어로 대체해 쓰고 있다. 말하자면, 朱熹는 "物은 일과 같다"고 주석함으로써 '物'자에 일(事)의 의미까지 포괄하고 있다.

엄밀히 말하면, 주희에게서 物이란 形體를 가진 존재를 일컫는다.

---

267) 『遺書』 25-1, 格猶窮也, 物猶理也.

"무릇 物이라고 하는 것은 정해진 모습을 가지고 있는 形器를 일컫는다"[268)]라고 하였고,

> 天道가 流行하면서 발육하여 소리, 색깔, 모습을 가지고 천지 사이에 가득 차 있게 된 것이 모두 物이다.[269)]

라고 하였는데, 여기서 보듯이, 朱熹는 기본적으로 구체적인 형체를 가지고 있는 존재들을 物이라고 한다. 이러한 그의 物의 개념은 理의 형이상학적인 성격과 대비할 필요가 있을 때 말해지는 것이다. "하늘과 땅 사이에 있는 눈앞에서 접하는 일들이 모두 物이다."[270)]와 "옷 입고, 먹고, 움직이고, 짓고, 쉬는 것과 보고 듣고 손발을 놀리는 것이 모두 物이다."[271)]의 인용에서, 옷 입고, 먹고, 움직이는 것 등은 인간이라는 物의 作用이며, 따라서 일이다. 여기서 朱熹는 그러한 일들도 物이라고 한다.

이상에서 朱熹가 말하는 格物의 뜻은 모든 事物의 모든 측면을 철저하게 궁구함으로써 그 사물의 핵심인 理에 이르는 것이라고 할 수 있겠다. 또 物은 사물과 일을 모두 말하는 것이다. 그런데 주희의 설명 속에는 '物'에 해당하는 것이 무엇인지를 한 눈에 식별하기 어려운 경우가 많다.

> 예를 들어 經書를 읽고, 史書를 보며, 사물에 應接하면서 옳은 것을 이해하는 것이 모두 格物이다.[272)]

---

268) 『語類』 94-185, 凡言物者, 指形器有定體而言.
269) 『大學或問』 30-b, 天道流行, 造化發育, 凡有聲色貌象, 而盈天地間者, 皆物也.
270) 『語類』 57, 凡天地之間, 眼全所接之事, 皆是物.
271) 『中庸或問』 p.4, 蓋衣食作息, 視聽擧覆, 皆物也.
272) 『語類』 15-12, 如讀經看史, 應接事物, 理會箇是處, 皆是格物.

朱熹에게서 經書나 史書를 읽는 것은 格物의 주요한 方法이다. 그러면, 格物의 방법으로서 經書나 史書를 읽을 경우, '物'에 해당되는 것은 무엇인가? 經書에는 수많은 聖賢들의 말과 행적이 기록되어 있다. 그리고 史書에는 歷史的 事件과 人物들의 행적이 기록되어 있다. 格物로서의 經書나 史書 읽기에서 '物'이란 책에 기록되어 있는 聖賢이나 歷史的 人物들의 말과 행적이다. 이를 儒家의 德性涵養과 관련해 보면, 聖賢들의 도덕적인 생각과 삶 등일 것이다. 또한 그들이 평생토록 窮究하고 고민하는 眞理 혹은 어떤 도덕적 원칙 또한 格物에서의 '物'이 될 것이다. 다시 말해 '格物'의 '物'의 내용은 이 세상을 있게 한 天道로부터 사람으로서 지켜야 하고 따라야 하는 人道에 이르는 모든 道德的 原則이나 道理를 말하는 것이다. 따라서 格物이란 이러한 道德的 原則과 道理를 철저히 궁구하는 일이 될 것이다. 이는 儒家의 德性涵養의 知的인 側面의 要素가 된다. 德性涵養의 知的인 요소는 다시 말해 道德的 原則과 道理에 대한 知識 즉 道德的 知識을 획득하는 것이다. 이를 바꾸어 말하면, 사람으로서 지켜야 하는 當爲的 理致에 관한 道德的 知識을 획득함으로써 道德的 原則과 道理를 알게 된다는 말이 된다.

2) 앎의 擴充으로서의 致知의 意味

다음은 致知의 意味에 관해 알아보려 한다. 『大學』의 "致知在格物"을 주석하면서 朱熹는 우선 '致'자를 "極處까지 미루어 나간다(推極)"는 뜻으로 새기고 있다. 그렇다면, 우선 "極處까지 미루어나간다"는 것은 무슨 뜻인가? "致의 의미는 손으로 밀어낸다는 의미와 같다"[273]에서 여기서 朱熹는 손으로 밀고 나가는 행위의 비유를 통

해 '致'자의 기본적 이미지를 보여주고 있다. 또한,

> 지금까지 반드시 그 단서에 근거해서 그것을 미루어나가 사방팔
> 면의 온갖 갈래들에 대해 조금도 알지 못하는 것이 없게 하고, 터
> 럭만큼의 막힘도 없게 해야 한다. 孟子가 말한 나에게 四端이 있
> 음을 알고 모두 넓히고 채워나가기만 하면, 불이 붙기 시작하고
> 샘이 흘러나오기 시작하는 것과 같다.274)

는 구절에서 '넓히고 채워나간다(擴而充之)'가 바로 '致'자의 의미이
다.275)

朱熹가 인용하고 있는 孟子의 말은 四端의 擴充을 비유적으로 설
명한 것인데, 그는 종종 致知를 孟子의 四端擴充說과 관련시켜 四端
은 '知'의 내용에 그리고 '擴充'은 '致'의 字意에 대응시키곤 했다. 朱
熹의 다른 언급들을 종합해보면, 四端은 그가 말하는 '知'의 의미를
다 포괄하지는 못한다. 그러나 확충이라는 어휘는 朱熹에게 '致'자의
의미를 완전히 표현하는 것으로 쓰이는 것 같다. 여기에 인용된 朱
熹의 말에 따르면, 致知는 더 이상 알아나갈 여지가 없을 정도로, 즉
모든 측면들에 대해 철저하고 완전한 정도로까지 알아나가는 것이며,
그렇게 하는 것이 곧 앎의 端緒를 擴充하는 것이다. 그러므로 그가
사용하는 확충이라는 용어에는 '모든 측면들을 다한다'는 의미가 이
미 함축되어 있다고 할 수 있다.

致知의 '知'는 무엇을 의미하는가. 『大學章句集註』에서 朱熹는 '知'
에 대해 "知는 識과 같다"고 주장하고 있다. 그리고 '致知'를 "나의

---

273) 『語類』 15-45, 致知爲義, 如以手推逕去之義.

274) 『孟子』, 「公孫丑 上」6, 凡有四端於我者 知皆擴而充之矣 若火之始然 泉之始達.

275) 『語類』 16-53, 只是如今須著因其端而推之 使四方八面 千頭萬緒 無有些不
　　知 無有毫髮窒礙. 『孟子』 所謂: 知皆擴而充之 若火之始然 泉之始達 擴而
　　充之 便是致字意思.

지식을 極處까지 미루어나가 아는 바가 다하지 않음이 없도록 하는 것이다"[276]라고 해석하고 있다. 따라서 '知는 識과 같다'는 주석은 '知'자를 知識, 곧 앎이라는 의미로 보는 듯하다.

내가 아는 바를 극진한 곳까지 유추해 나가려면, 반드시 저 사물의 理에 나아가 이해해야 한다. 致知는 나로부터 말하는 것이고, 格物은 사물에 나아가서 말하는 것이다. 만약 格物하지 않는다면, 무엇을 통해서 知를 얻겠는가? 오늘날 사람들 중에는 또한 그의 知를 極處에까지 미루어나가는 사람도 있는데, 그들은 단지 범범하게 생각만 다할 뿐 전혀 사물 상에 나아가 궁구하지 않는다.[277]

朱熹에게서 格物은 致知의 방법으로서 致知와 하나의 공부과정이다. 그래서 格物하는 것이 곧 致知하는 과정이게 된다. 다만 致知가 앎이 '나(혹은 내 마음, 主)' 안에서 확충되어가는 측면을 기술하는 것이라면, 格物은 점점 더 많이 앎으로 전화되어가는 '사물'의 理의 측면을 기술하는 것이라고 할 수 있다. 그러면 致知를 하는 방법은 무엇인가.

…… 다만 類로써 미루어나가야 하는 것이다. 理는 물론 하나의 理이지만, 그 속에는 세세한 측면들이 매우 많다. 반드시 이것을 모형으로 삼아서 여기로부터 미루어나가야 옳다. 예를 들면, 어버이를 섬길 경우에는 마땅히 섬기는 도리를 다해야 한다. 그럼으로써 만약 어버이의 만족을 얻어냈을 때는 어떻게 할 때인지, 어버이의 만족을 얻어내지 못했을 때는 다시 어떻게 해야 하는지를 얻어서 이를 가지고 임금을 섬기는 경우에 미루어나가면, 임금의

---

276) 『大學章句集註』 經一章.

277) 『語類』 15-50, 只是推極我所知 須要就那無所不知. 致知 是自我而言; 格物 是就物而言. 若不格物 何緣得知. 今人也有推極其知者 却只泛泛然竭其心思 都不就事物上窮究.

만족을 얻어내는 경우는 어떻게 할 때인지, 임금의 만족을 얻어내지 못할 경우는 다시 어떻게 해야 하는지를 알게 된다.278)

이 대화는 주희에게서 致知의 주요한 방법이 類推라는 사실의 실례를 보여주고 있는데, 그것은 어버이를 섬김으로써 검증된 앎, 곧 '이미 알고 있는 理(已知之理)'를 모형으로 하여 임금을 섬기는 마땅함을 알아낸다는 것이다. 朱熹는 窮究의 주요 방법으로 類推를 제시한다. 類推는 '이미 알고 있는 理'를 가지고 아직 모르는 사물의 理를 유추한다는 의미이다. 그러므로 知는 아는 능력이라기보다는 '이미 알고 있는 理' 곧 '앎(知識)'일 것이다.

朱熹의 致知공부의 성립 근거와 전체 구도를 잘 보여주고 있는 구절은 다음이다.

앎은 앞서 자체적으로 갖추어져 있다. 이해하려고만 하면, 이 앎의 싹이 드러난다. 만약 흐리멍덩하게 전혀 지향하지 않으면, 앎의 단서를 환히 알 수 없다 ……. 지금처럼 반드시 그 단서에 근거해서 그것을 미루어나가 사방팔면의 온갖 갈래들에 대해 조금도 알지 못하는 것이 없게 하고, 터럭만큼의 막힘도 없게 해야 한다.279)

요컨대 致知공부란 '앎의 싹' 혹은 '앎의 단서'에 근거해서 미루어나감으로써 모든 측면들을 철저하게 다 알아나가는 것이며, 미루어나갈 앎의 단서는 본유적이라는 것이다. 따라서 致知의 知는 '앎의

---

278) 『語類』, 18-27, ······ 只要以類而推. 理固是一理 然其間曲折甚多 須是把這箇做樣子 却從這裏推去 始得. 且如事親 固當盡其事之之道 若得於親時是如何 不得於親時又當如何 以此而推之於事君 則知得於君時是如何 不得於君時又當如何.

279) 『語類』 16-53, 知先自有. 才要去理會 便是這些知萌露. 若懵然全不向著 便是知之端未曾通 ······ 只是如今須著因其端而推之 使四方八面 千頭萬緒 無有些不知 無有毫髮窒礙.

단서'를 의미한다고 할 수 있다. 그러면, '앎의 단서'란 무엇인가?

朱熹에 따르면, 大學의 공부는 한마디로 '밝은 덕을 밝히는 것(明明德)'이라고 한다.

> 밝은 德이란 사람이 하늘로부터 얻은 바로써 虛靈不昧하며, 뭇 理를 갖추고서 온갖 일에 대응하는 것이다. 氣稟에 의해 한계 지워지고, 人欲에 의해 가리워지면, 때때로 어두워지게 된다. 그러나 그 본래적인 모습의 밝음은 쉰 적이 없다. 그렇기 때문에 배우는 자는 마땅히 그 드리닌 마에 근거하여 차근자는 밝혀서 그 처음의 원형을 회복해야 한다.280)

'밝은 덕'이란 온갖 理를 갖추고 있으면서 온갖 일에 대응하는 천부적이고 본유적인 능력으로서 왕수인의 良知 개념과 비슷하다. 앎이 본유적이라는 朱熹의 말은 바로 이러한 밝은 덕을 가지고 있다는 것을 뜻한다. 그러나 밝은 덕은 氣稟에 의해 한계지워지고, 人欲에 의해 가리워져서 그 본래의 모습을 드러내지 못하기 때문에 본유적인 앎은 잠재적인 성격을 가지고 있다고 할 수 있다. 그러나 그 본래적인 모습의 작용은 쉼이 없고, 그 일부의 측면이 사람의 감정과 행동을 통해 수시로 드러난다. 다만 사람들이 그것을 스스로 의식하지 못할 뿐이다. '앎의 단서'란 그러한 본유적인 앎의 발현으로서 스스로에게 의식된 것이라고 할 수 있다.

朱熹가 말하는 '앎의 단서'란 구체적으로 무엇인가?

> 張仁叟가 格物致知에 대해 물었다. (朱熹가) 대답했다. '事物에는 理가 있지 않음이 없고, 사람에게는 앎이 있지 않음이 없다. 예를

---

280) 『大學章句集註』經一章, 明德者 人之所得乎天而虛靈不昧 以具衆理而應萬事者也. 但爲氣稟所拘人欲所蔽 則有時而昏 然其本體之明 則有未嘗息者. 故學者當因其所發而遂明之 以復其初也.

들면 어린아이가 그의 어버이를 사랑할 줄 알고, 자라서는 그의 형을 공경할 줄 아는 것과 배고프면 밥을 구할 줄 알고, 목마르면 마실 것을 구할 줄 아는 것 등의 앎이 있지 않음이 없다는 것이다. 다만 그 경우는 아는 바가 대략적인 것에 그치고, 그 앎을 미루어나가 極處에까지 이르지는 못할 뿐이다.281)

여기서 朱熹가 종종 말한 "사람에게는 앎이 있지 않음이 없다(人莫不有知)"는 말에서 '앎'이 무엇인지가 드러난다. 즉, 그것은 자식으로서 효도할 줄 알고, 어버이로서 자애할 줄 알며, 목마르면 마실 줄 알고, 배고프면 먹을 줄 아는 것과 같은 類이다. 그것은 사람이 배우지 않아도 아는 것이다. 즉 '良知'이다.

요컨대 주희에게서 致知의 '知'는 '밝은 德(明德)' 중에서 자각된 측면으로서 良知의 성격을 가진 '앎의 단서'라고 할 수 있다. 그러나 朱熹가 이러한 良知로서의 '앎(의 단서)'를 致知의 '知'라고 한 것은 致知공부가 원리적으로 어떻게 성립되는가에 초점을 둔 설명이라고 할 수 있다. 그리고 良知로서의 앎의 단서를 致知의 '知'라고 규정한 것은 '致'의 출발점이 그것임을 나타내는 데 중점이 있다고 할 수 있다. 말하자면, 致知공부의 과정 전체를 고려할 경우에는, 그가 말하는 致知의 '知'가 良知로서의 앎의 단서일 뿐 아니라 그로부터 확충된 것이면서 동시에 앞으로 확충해나가는 데 근거가 되는 앎도 포괄하는 것이 된다.

朱熹는 致知의 '致'자를 '極處에까지 미루어나가다' 혹은 '확충하다'는 의미로 보고 있다. 그리고 '知'자는 良知와 그로부터 확충된 것으로서 새로운 확충의 근거가 되는 앎을 포괄하는 의미의 '이미 알고

---

281) 『語類』15-45, 張仁叟問致知格物 曰: 物莫不有理 人莫不有知. 如孩提之童 知愛其親 及其長也知敬其兄 以至于飢則知求食 渴則知求飮 是莫不有知也. 但所知者之于大略 而不能推致其知以至于極耳.

있는 理'를 가리킨다. 즉, 朱熹에게서 致知는 '이미 알고 있는 理에 근거하여 極處에까지 미루어나가는 혹은 확충하는 것'이라고 정의할 수 있다.

이상에서 格物과 致知의 朱子的 解釋을 알아보았다. 格物이란 모든 사물의 모든 측면을 철저하게 궁구함으로써 그 사물의 핵심인 理에 이르는 것으로 '事物의 理致를 窮究한다'는 의미이며, 여기서의 '物'은 위에서 道德的 原則과 道理라고 하였다. 致知의 '知'는 知識 곧 앎이라는 뜻으로 이미 알고 있는 理에 대한 지식을 확충해나가는 것이라 하였다. 또한 致知의 중요 방법은 類推라고 하였는데, 類推란 이미 알고 있는 理를 가지고 아직 모르는 사물의 理를 유추한다는 의미이다. 그리고 이미 알고 있는 理 즉 위에서는 이를 앎의 단서라고 하였는데, 앎의 단서란 『大學』에서 말하는 '明明德'인데, 이는 즉 모든 사물에 들어 있는 理에 대해 이미 알고 있는 良知로서의 知를 말한다.

『大學』의 經一章에서는 '致知는 格物에 있다(致知在格物)'고 하였는데, 이는 致知의 방법이 곧 格物임을 말하는 것이며, 格物을 통해 궁구한 사물의 理를 바탕으로 한 이미 알고 있는 知를 확충해 아직 알지 못하는 사물의 理를 유추하는 것이 格物과 致知의 관계를 말하는데, 즉 格物과 致知는 별개의 과정이 아니라 道德的 原則과 道理를 알게 되는 하나의 工夫過程이라 할 수 있고, 그 주요 방법은 讀書와 類推임을 알았다.

3) 當爲的 理致에 대한 道德的 知識 習得

格物致知論은 道德的 知識을 얻는 德性涵養의 知的 領域의 根據가

될 수 있다. 格物과 致知를 통해 天道와 人道에 관한 道德 原則들을 이해하여 그를 바탕으로 人間의 道理를 理解하는 것이 德性涵養의 知的 領域 敎育의 意義라고 할 수 있다. 德性涵養의 知的 領域은 다른 말로 道德 認識의 段階라고 할 수 있다. 도덕인식이란 사회현상의 是非, 善惡, 美醜에 대한 의식을 말한다. 도덕품성을 형성하고 배양하기 위해서는 우선 理致를 깨닫는 것이 중요하다. 도덕적 개념을 이해하고 도덕적 인식을 형성하게 하는 것이 德性涵養의 출발점이라 할 수 있다. 孔子는 德을 알고(知德), 仁을 알고(知仁), 禮를 알고(知禮), 道를 배우기(學道)를 강조했다. 孔子는, "德이 있는 사람은 반드시 말이 있지만 말이 있는 자라고 반드시 德이 있는 것은 아니다."[282] 라고 하여 말을 할 수 있는 사람은 반드시 알 수 있어야 하고 반드시 먼저 도덕규범에 대해 인식하는 바가 있어야 한다고 했다.

4) 格物과 致知에 있어서 知의 의미

孔子의 思想에서 格致의 '知'의 의미는 다음과 같이 정리할 수 있다. 知의 의미는 智慧, 理知 그리고 知識의 의미가 있다.[283]

우선 知가 智慧의 의미를 갖는 것을 살펴보자. "孔子께서 말씀하셨다. 오직 지극히 지혜로운 자(上知)와 어리석은 자(下愚)는 변화시킬 수 없다."[284]에서, 여기서의 知는 智慧의 의미가 있으며, 上知는 上等의 智慧를 말하며, 下愚는 소위 低能을 가리킨다.

---

282) 『論語』, 「憲問」5, 有德者 必有言 有言者 不必有德.

283) 錢穆 外, 『論孟論文集』, 臺北: 黎明文化事業服份有限公司, 民國 70年, pp.301-307.

284) 『論語』, 「陽貨」3, 子曰 唯上知與下愚 不移.

孔子께서 말씀하셨다. 태어나면서부터 아는 자는 上等이요, 배워서 아는 자가 그 다음이요, 통하지 못하는 바가 있으면서 배우는 자가 또 그 다음이니, 통하지 않는데도 배우지 않으면 백성으로서 下等이 된다.285)

라고 하였는데, 태어나면서부터 아는 자는 소위 天才를 말하며, 배워서 아는 자는 下學上達하는 자이고, 통하지 못하는 데가 있으면서 배우는 자는 擇善固執하는 자요, 통하지 못하는 데가 있는데도 배우지 않는 자는 自暴自棄하는 자이다. 이는 사람이 품부 받은 기질이 서로 다름을 말하고 있는데, 여기서의 知도 마찬가지로 지혜를 말하는 것이다.

孔子께서 子貢에게 말씀하시기를 너는 顔回와 누가 나으냐? 하셨다. 대답하기를, 제가 어떻게 감히 顔回를 바라보겠습니까? 顔回는 하나를 들으면 열을 알고, 저는 하나를 들으면 둘을 압니다 하였다. 공자께서 말씀하셨다. 네가 顔回만 못하다. 나는 네가 그만 못함을 인정한다.286)

여기서 하나를 들으면 열을 아는 것도 上等 智慧의 자질을 가짐을 말하고 있다. 또한 "孔子께서 말씀하셨다. 中人 이상은 높은 것을 말해줄 수 있으나, 中人 이하는 높은 것을 말해줄 수 없다."287)라고 하였는데, 孔子는 사람들의 지혜에 차등이 있음을 강조하고, 教育은 이 차등에 따라 이루어져야 하는데, 다시 말해 사람들의 각각의 타고난 재질에 따라 교육시켜야 함을 강조하고 있다.

---

285) 『論語』, 「季氏」9, 孔子曰 生而知之者 上也 學而知之者 次也 困而學之 又其次也 困而不學 民斯爲下矣.

286) 『論語』, 「公冶長」8, 子謂子貢曰 女與回也 孰愈. 對曰 賜也 何敢望回 回也 聞一以知十 賜也 聞一以知二. 子曰 弗如也 吾與女 弗如也.

287) 『論語』, 「雍也」19, 子曰 中人以上 可以語上也 中人以下 不可以語上也.

知의 두 번째의 의미는 理知이다.

> 孔子께서 말씀하셨다. 마을의 인심이 仁厚한 것이 아름다우니, 인심이 좋은 마을을 선택하되 仁에 처하지 않는다면 어찌 지혜롭다 하겠는가.[288]

여기서는 사람이 만일 인심이 좋은 마을을 택하여 居하는 것을 잘하지 못한다면, 理知가 있다고 할 수 없는 것이다. 孟母는 세 번 이사를 하였는데, 이것이 인심이 좋고 환경이 좋은 마을을 택한 것이다. "樊遲가 仁을 묻자 孔子께서 '사람을 사랑하는 것이다' 하셨다. 知를 묻자 '사람을 아는 것이다' 하셨다. 樊遲가 그 내용을 통달하지 못하자, 孔子께서 말씀하셨다. '정직한 사람을 들어 쓰고 모든 부정한 사람을 버리면 부정한 자로 하여금 곧게 할 수 있는 것이다.'"[289]에서, 이는 理知가 있으면 정직한 사람을 들어 쓰고 부정한 자를 버릴 수 있음을 말하는 것으로, 理知가 있으면, 능히 사람을 평가할 수가 있고 훌륭한 이를 인재로 등용시킬 수 있음을 말한다.

> 孔子께서 말씀하셨다. 더불어 말할 만한데도 더불어 말하지 않으면 사람을 잃는 것이요, 더불어 말할 만하지 못한데도 더불어 말한다면 말을 잃는 것이니, 지혜로운 자는 사람을 잃지 아니하며 또한 말을 잃지 않는다.[290]

여기서는 理知가 있는 사람은 능히 사람을 택하여 말을 할 수 있

288) 『論語』, 「里仁」1, 子曰 里仁 爲未 擇不處仁 焉得知.

289) 『論語』, 「顔淵」22, 樊遲問仁 子曰 愛人 問知 子曰 知人. 樊遲未達. 子曰 擧 直錯諸枉 能使枉者直.

290) 『論語』, 「衛靈公」7, 子曰 可與言而不與之言 失人 不可與言而與之言 失言 知者不失人 亦不失言.

으며, 그리하여 사람도 말도 잃지 않게 됨을 말한 것이다.

이제까지 知의 의미를 理知로 보는 구설들을 보았는데, 여기서 理知의 뜻은 事理에 통달하는 능력, 是非를 판별하는 능력 그리고 善惡을 구별하는 능력으로 이해할 수 있다.291) 理知가 있으면 처세하고 모든 사물들을 대하고 움직일 때나 고요할 때나 그 마땅함을 얻을 수 있는 것이다.

知의 마지막 의미는 知識으로 볼 수 있다. 孔子에 있어 知識으로서의 知는 첫째, 지식은 배움으로부터 얻을 수 있다는 것, 둘째, 지식을 구하는 방법은 學과 思가 모두 중요하다는 것, 셋째는, 多見多聞해야 많은 사실 경험을 얻을 수 있다는 것이다.

> 孔子께서 말씀하셨다. 나는 나면서부터 안 자가 아니라, 옛 것을 좋아하여 급급히 그것을 구한 자이다.292)

孔子는 자신을 나면서부터 안자가 아니라 學而知之한 자라고 하였다. '옛 것을 좋아하고 급급히 구한다'의 뜻은 博學於文의 의미이다. "孔子께서 말씀하셨다. 옛 것을 잊지 않고 새 것을 알면 스승이 될 수 있다."293)에서, 이는 知識을 구하는 방법을 말한 것으로, 예전에 들은 것을 때때로 익히고 항상 새로 터득함이 있으면 배운 것이 나에게 있어서 그 응용이 끝이 없음을 말한 것이다.

> 孔子께서 말씀하셨다. 나는 열다섯 살에 學問에 뜻을 두었고, 서른 살에 자립하였고, 마흔 살에 事理에 疑惑되지 않았고, 쉰 살에 天命을 알았고, 예순 살에 귀로 들으면 그대로 이해되었고, 일흔

---

291) 錢穆 外, 위의 책, p.303.

292) 『論語』, 「述而」19, 子曰 我非生而知之者 好古敏以求之者也.

293) 『論語』, 「爲政」11, 子曰 溫故而知新 可以爲師矣.

살에 마음에 하고자 하는 바를 좇아도 法度에 넘지 않았다.[294]

이는 孔子가 평생 동안 학문을 하는 진보적 과정을 말한 것으로, 사람은 일생동안 배워서 지식을 넓히는 데 노력을 해야 함을 강조하고 있다. 학문에 뜻을 두고, 자립하고, 의혹되지 않고, 천명을 아는 것 이 모두는 學而知之의 일 즉 배워서 아는 것이다. "孔子께서 말씀하셨다. 너는 어찌 그의 사람됨이 분발하면 먹는 것도 잊고, (이치를 깨달으면) 즐거워 근심을 잊어 늙음이 장차 닥쳐오는 줄도 모른다고 말하지 않았는가?"[295]라고 하였는데, 이는 학문을 함에 꾸준하고 열심히 노력하여 늙어도 그 노력이 쇠해지지 않음을 말한 것이다. 이상에서 인용한 구절은 知識을 획득하려면 힘써서 배우고 익혀야 함을 지적하고 있다.

知識을 구하는 방법은 힘써서 배우고 익혀야 함과 동시에, 知識을 구하는 또 다른 방법은 學과 思의 병행에 있다. 여기서 '思'의 의미는 省察보다는 사고력 혹은 思惟하는 능력으로서의 '思'라고 볼 수 있다.

　　孔子께서 말씀하셨다. 배우기만 하고 생각하지 않으면 얻음이 없고, 생각하기만 하고 배우지 않으면 위태롭다.[296]

라고 하였는데, 이는 知識을 구하는 방법은 學과 思를 동시에 병행해야 한다는 의미를 말하고 있다. 學은 事實 經驗을 구해서 얻는 것 즉 博學을 말하고, 思는 思惟를 말한다. 思惟와 博學은 서로 竝行되

---

294) 『論語』, 「爲政」4, 子曰 吾十有五而志于學, 三十而立, 四十而不惑, 五十而知天命, 六十而耳順, 七十而從心所慾不踰矩.

295) 『論語』, 「述而」18, 子曰 女奚不曰 其爲人也 發憤忘食 樂以忘憂 不知老之將至云爾.

296) 『論語』, 「爲政」15, 子曰 學而不思則罔 思而不學則殆.

어야 知識을 얻을 수 있는 것이다. 배움으로써 事實經驗을 할 수 있고, 이에 대한 思惟를 함으로써 궁구할 수 있게 되고, 이것이 융합되어 知識이 얻어지는 것이다.

　　孔子께서 말씀하셨다. 내 일찍이 종일토록 밥을 먹지 않으며 밤새도록 잠을 자지 않고서 생각하니, 유익함이 없었다. 배우는 것만 같지 못하였다.[297]

　이는 생각만 하고 배우지 않으면 無益함을 말한 것이다.

　　지혜만 좋아하고 배우기를 좋아하지 않으면 그 폐단이 호탕하게 되고, ……[298]

　이 또한 知識만을 좋아하고 배우지 않으면, 그 결과는 空想만을 하게 되고, 방탕하게 됨을 말하는 것이다. 孔子가 말한 바, 『論語』 顔淵의 博學於文, 約之以禮에서, 博學於文은 學에 속하는 것이고, 約之以禮는 思에 속하는 것이다. 또 말하기를, 汝以予爲多學而識之者與 …… 予一以貫之라 하였는데, 多學而識은 學이고, 一以貫之는 思이다. 이상에서는 學과 思는 병행되어야 하며, 어느 한 쪽만을 강조해서는 안 됨을 강조하고 있다.

　끝으로, 知의 知識으로서의 의미에는 多見多聞의 의미가 있다.

　　孔子께서 말씀하셨다. 알지 못하면서 함부로 행동하는 것이 있는가? 나는 이러한 일이 없노라. 많이 듣고서 그 좋은 것을 가려서 따르며, 많이 보고서 기억해 둔다면 이것이 아는 것의 다음이 된다.[299]

---

297) 『論語』, 「衛靈公」30, 子曰 吾嘗終日不食 終夜不寢以思 無益 不如學也.
298) 『論語』, 「陽貨」8, 好仁不好學 其蔽也愚 …….

孔子께서 말씀하셨다. 많이 듣고서 의심나는 것을 빼버리고 그 나머지를 삼가서 말하면 허물이 적어지며, 많이 보고서 위태로운 것을 빼버리고 그 나머지를 삼가서 행하면 후회하는 일이 적어질 것이니. ……300)

이는 知識을 형성하는 데에는, 많이 듣고 많이 보는 것이 중요함을 말한 것이다. 많이 보고 많이 듣는 데서 광범위한 사실 경험을 얻을 수 있고, 이러한 광범위한 경험으로부터 善을 택하고 그것을 따를 수 있는 것이다.

이상에서 知의 의미를 보았다. 德性涵養의 知的인 領域에 관한 教育은 인간으로서 지켜야만 하는 當爲的 理致에 대한 道德的 知識을 얻게 하는 것이다. 이러한 지식(知)의 의미는 智慧, 理智, 知識 등으로 나타낼 수 있는데, 따라서 德性涵養을 위한 지적 영역의 교육은 우선, 지혜의 측면에서 학생들의 개인차에 입각한 교수 방법을 개발함과 동시에 많은 독서를 통해 성현들 혹은 도덕적인 인격을 소유한 사람들의 지혜를 배우는 것을 의미한다. 또한 事理에 통달하는 능력, 是非를 판별하는 능력, 善惡을 구별하는 능력 등에 관한 교육이며, 끝으로, 多見多聞하여 지식을 구하게 하는 교육이며 이를 통해 사유하는 능력을 키우는 교육이라 할 수 있다.

---

299) 『論語』, 「述而」27, 子曰 蓋有不知而作之者 我無是也 多聞 擇其善者而從之 多見而識之 知之次也.

300) 『論語』, 「爲政」18, 子曰 多問闕疑 愼言其餘則寡尤 多見闕殆 愼行其餘則寡悔 言寡尤 行寡悔 …….

2. 格致를 위한 具體的 方法

1) 好學하는 姿勢와 讀書論

孔子가 말하는 배움(學)이란 뜻에는 人格的 修養과 學問的 鍊磨의
두 가지 뜻이 결합되어 있다.301) 『論語』의 「學而」에는, "君子는 먹음
에 배부름을 구하지 않으며, 거처할 때에 편안함을 구하지 않으며,
일을 민첩히 하고 말을 삼가며, 道가 있는 이에게 찾아가서 質正한
다면 學問을 좋아한다고 이를 만하다"라고 하여 '好學'이란 孔子가
가장 중시하던 자세였으며, 好學은 노력하는 君子의 특성을 지칭했
기 때문에 그가 가장 높이 평가했던 제자 顔淵과 자신에게만 好學者
라는 칭호를 허용하였다. "哀公께서 제자들 중에 누가 배우기를 좋
아하는(好學)가를 물으셨다. 孔子께서 대답하시기를, 顔回라는 사람
이 있어 배우기를 좋아하여 분노를 남에게 옮기지 않고, 과실을 거
듭하지 않았는데, 불행히도 단명하여 죽었습니다. 지금은 없습니다.
아직까지 배우기를 좋아한다는 사람을 들어보지 못했습니다."에서
소개되는 好學의 내용은 학문적이라기보다는 실천적인 측면이 강하
다. 즉, 노여움을 간직하지 않았다는 것과 과실을 되풀이하지 않는다
는 것은 好學을 실천하려는 의지로 해석하고 있는 것이다. 이러한
의지가 부족하기 때문에 孔子로부터 질책을 받은 대표적 제자로서
冉求를 들 수 있을 것이다. 그는 재능(藝)이 많은 사람으로 정치에
종사할 수 있다고 孔子의 추천을 받기까지 하였지만 孔子가 제시하

---

301) 『論語』에서 學이란 굴자는 64번 쓰이고 있는데, 전승된 文化를 배운다는
뜻과 (「雍也」26, 「顔淵」15 등) 德을 닦는 뜻(「學而」7 등) 으로 분리해서
쓰일 때도 있으나 대부분의 경우에는 이 양면성을 포괄하고 있다. 김승
혜, 『원시유교』, 서울: 민음사, 1994, p.108-109 재인용.

는 인격적 배움에까지 나아가려고는 하지 않았던 것 같다. 『論語』의
「雍也」10에서는 "冉求가 여쭙기를, 선생님의 道를 좋아하지 않는
것은 아닙니다만 힘이 부족합니다 하니, 선생님께서 말씀하셨다. 힘
이 부족한 사람은 중간에서 그만두는 것이지만 지금 너는 한계를 긋
고 있는 것이다."라고 하였다.

　자신을 君子라고 부르기를 주저한 孔子였지만(「述而」33), 그는
자신을 배우기를 좋아하는 사람이라는 데서 찾았다.(「公冶長」28)
따라서 그는 남들이 자기를 好學者로 알아주기를 바랐다.

　　葉公이 子路에게 孔子가 어떤 분인가를 물었는데, 子路는 대답하
　　지 않았다. 선생님께서 말씀하시기를, 너는 왜 이렇게 대답하지
　　않았느냐? 그의 사람됨은 배우는 데 發憤하면 밥먹기를 잊어버리
　　고 그러한 즐거움(樂)에 근심을 잊으며 늙음이 닥쳐오는 것도 알
　　지 못한다.302)

　밥먹기를 잊을 정도로 몰두했던 그의 배움의 내용이 무엇이었는지
는 자세히 밝혀지지 않으나, 그가 '文'에 있어서는 다른 사람에 못지
않다고(「述而」33) 자신을 가졌던 것으로 보아, 孔子 당시의 문화적
유산이었던 詩, 書, 禮, 樂에 대한 학문적 조예가 어느 누구보다도 깊
었으리라는 것을 알 수 있다.

　　먹는데 배부르기를 구하지 않고 거처하는데 평안하기를 구하지
　　않는다.303)

에서 그의 好學의 자세를 말하고 있는데, 이는 그가 修己의 배움에
최대의 노력을 기울인 것을 알 수 있다. 그래서 그는 이러한 배움이

---

302) 『論語』, 「述而」19.
303) 『論語』, 「學而」14.

근심이나 늙음조차를 잊게 하는 즐거움을 준다고 하였다. 好學의 즐거움에 대해 孔子는,

> 아는 것(知)은 좋아하는 것(好)만 같지 않고, 좋아하는 것은 즐기는 것(樂)만 같지 않다.[304]

고 하였다. 곧, 즐거움이란 全人的 반응으로서 체득했을 때의 기쁨을 표현한다. 孔子는 '樂'에 대해 자주 말하였는데, 『論語』의 첫머리부터가 배움의 기쁨(說)과 멀리서 찾아 온 친구와 함께 나누는 즐거움으로 시작되고 있다. 가난하면서도 즐거울 수 있는 것(「里仁」 2), 거친 밥에 물을 마시고 팔베개를 하고 살아도 그 속에서 즐거움을 가지는 것(「述而」 16), 이 모든 것은 君子와 仁者 즉 孔子가 삶 속에서 누리는 즐거움이었다.

학문을 하여 事物의 理致를 아는 것은 讀書를 통해서 가능할 것이다. 그러면, 무엇을 공부하고, 무엇을 읽는 것이 학문을 하는 것인가. 『격몽요결』의 第4 「讀書章」에서는 讀書하는 순서와 의미를 다음과 같이 말하고 있다.

> 배우는 자는 항상 이 마음을 보존하여 事物에게 이김을 당하지 않게 하고, 반드시 모름지기 이치를 궁구하여 善을 밝힌 뒤에야 마땅히 행할 길이 분명히 앞에 있어서 진보할 수 있는 것이다. 그러므로 道에 들어감은 이치를 窮究하는 것보다 먼저 할 것이 없고, 이치를 궁구함은 책을 읽는 것보다 먼저 할 것이 없으니, 聖賢의 마음을 쓴 자취와 善과 惡의 본받고 경계해야 할 것이 모두 책에 쓰여 있기 때문이다.[305]

---

304) 『論語』, 「雍也」 20.

305) 成百曉 譯註, 『童蒙先習·擊蒙要訣』, 서울: 전통문화연구회, 1997, p.90. 이하 독서에 관한 원전의 내용도 같은 곳에서 인용함.

라고 하여 사물의 이치 혹은 인간의 도리를 궁구하기 위해서는 독서가 중요함을 말한다. 독서의 방법에 대해 보면, 독서하는 사람은 반드시 단정히 손을 모으고 무릎을 꿇고 앉아서 공경히 책을 대하여 마음을 오로지 하고 뜻을 다하며 자세히 생각하고 涵泳(익숙히 읽고 깊이 생각함)하여, 깊이 義趣를 이해하고, 구절마다 반드시 실천할 방법을 구해야 하며, 만일 입으로만 읽어서 마음에 體得하지 않고 몸으로 실행하지 않는다면 책은 책대로 나는 나대로(書自書 我自我)일 것이니, 무슨 유익함이 있느냐고 하였다.

독서를 하는 순서에 관하여 보면, 먼저 『小學』을 읽어, 어버이를 섬기고 형을 공경하며, 임금에게 충성하고 어른을 높이고 벗을 친히 하는 도리에 대해 일일이 자세히 익혀서 힘써 실행해야 함을 말한다. 다음은 『大學』과 『或問』을 읽어, 理致를 窮究하고 마음을 바르게 하며, 자기 몸을 닦고 남을 다스리는 도리에 대해 일일이 참으로 알아서 성실히 실천해야 함을 말한다.

다음은 『論語』를 읽어, 仁을 구하고 자신을 위한 학문을 하며, 本源을 涵養하는 공부에 일일이 자세히 생각하고 깊이 체득해야 할 것을 강조한다. 다음은 『孟子』를 읽어, 의리와 이익을 밝게 분별함과, 人欲을 막고 天理를 보존하는 말에 대해 일일이 밝게 살펴서 확충해야 할 것이라고 강조한다. 다음은 『中庸』을 읽어, 性情의 德과 미루어 지극히 하는 공부와 천지가 제 자리를 얻고 만물이 生育하는 미묘한 이치에 대해 일일이 그 뜻을 깊이 탐색하여 터득함이 있게 함을 강조한다.

다음은 『詩經』을 읽어 性情의 간사하고 바름과 선악의 칭찬하고 징계함에 대해 일일이 깊이 생각하여 선한 마음을 感發하고 악한 마음을 징계해야 함을 강조한다. 다음은 『禮經』을 읽어, 天理의 節文과 사람이 행해야 할 儀則의 度數에 대해 일일이 강구해서 섬이 있도록 해야 함을 강조한다. 다음은 『書經』을 읽어, 二帝(堯, 舜)와 三王(禹, 湯, 文, 武)이 천하를 다스린 大經大法에 대해 일일이 요령을 알아 근본을 거슬러 올라가야 할 것을 강조한다. 다음은 『易經』을 읽어, 吉凶과 存亡, 進退와 消長의 幾微에 대해 일일이 관찰하여 깊이 연구해야 할 것을 강조한다. 다음은 『春秋』를 읽어, 성인이 善을 기리고 惡을 벌주며, 抑揚하고 操縱한 음미한 말씀과 오묘한 뜻에 대해 일일이 자세히 연구하여 깨닫도록 해야 함을 강조한다.306)

이상에서 인간으로서 지켜야만 하는 당위적 이치에 관한 도덕적 지식을 얻기 위해서는 공부하는 즐거움이 있어야 하고 무엇보다도 공부하는 것을 좋아하고 즐겨해야 함을 강조하는 구절들을 인용하였다. 여기서 공부를 한다는 의미는 여러 가지 전문적인 지식을 얻는 의미보다는 인간이 어떻게 하면 도덕적으로 살 수 있는가, 어떻게 사는 것이 도덕적으로 사는 것인가, 인간답게 사는 것은 어떤 것인가에 대한 답을 찾기 위한 공부임을 말하는 것이다. 오늘날과 같이

---

306) 진교훈, 「독서범주의 구상: 무엇을 독서할 것인가?」, 서울대학교 사범대학 부설 국어연구소, 『청소년 독서체계 연구』, 1994, pp.52-55에서는, 교양 독서란 교양인, 즉 문화인이 되기 위해서, 다시 말해서 인간의 자기 형성과 자기반성과 비판정신을 함양할 수 있는 인간다운 인간이 되기 위해서 오랜 세월 동안을 거치면서 그 가치가 검증된 古典과 인간의 創意性과 未來志向性을 북돋을 수 있고, 원만한 사회생활을 할 수 있게 해주는 책을 읽는 것이라고 하면서, 여기에는 생활 교육과 고전교양의 독서의 범주가 있다고 한다. 먼저, 생활교육을 위한 독서에는, 1) 옷과 음식과 거주에 관한 책, 2) 무용, 음악, 회화, 조각, 연극, 사진, 영화 등 예술에 관한 책, 3) 건강과 위생에 관한 책, 4) 건전한 놀이에 관한 책, 5) 자연보전과 생명존중에 관한 책, 6) 알기 쉽고 응용하기 쉬운 생활 과학에 관한 책이 있으며, 고전교양서적에는 1) 철학에 관한 책, 2) 종교에 관한 책, 3) 위인전기, 4) 과학사에 관한 책, 5) 역사에 관한 책, 6) 지리에 관한 책, 7) 기상에 관한 책, 8) 여러 다른 나라의 풍속에 관한 책, 9) 동식물의 생태에 관한 책, 10) 청소년의 심리 상태를 알기 쉽게 소개한 책, 11) 사회생활을 하는데 알아 두어야 할 法과 경제 등의 이론을 알기 쉽게 소개한 책 등이 있다고 보았다.

입시 위주의 교육 현실에서 성적을 올리기 위한 암기식 공부는 자신
이 수양을 쌓고 도덕적인 인간이 되기 위해 필요한 덕성을 쌓게 하
는 데는 한계가 있는 것이다. 여기에는 위에서 말한 배움의 즐거움
이 있을 수 없다. 오로지 의무감이나 타율적인 억압에 의해 지식만
을 축적할 따름인 것이다. 孔子는 공부하기를 좋아하고 공부하는 즐
거움을 쌓아 가며 궁극적으로는 군자 혹은 도덕적 인격체로서의 성
장을 주장하였다.

2) 博學과 審問을 通한 知識의 學習

그러면 구체적으로 도덕적 지식을 얻는 구체적 방법은 무엇인가. 여
기서는 우선 博學과 審問에 대해 알아보려 한다. 博學이란 무엇인가?
博學이란 지식에 관한 자료의 수집이므로 골고루 빠짐이 없도록 힘써
야 한다. 우주의 범위가 무궁하면 지식의 범위도 역시 무궁하며, 사물
의 증거가 끝이 없으면 지식의 증가도 역시 끝이 없다. 이리하여 무궁
무진한 지식을 널리 배우고 익혀 견문이 많아야 한다. 達巷黨人은 '위
대하도다, 孔子여! 博學하지만 이름을 드러내지 못하였구나'307)라고
하였다. 또, 大宰가 子貢에게 물어보기를, '우리 선생님은 聖人이신가?
어쩌면 그리도 능한 것이 많으신가?'라고 하니, 자공이 말하기를 '본래
하늘이 낸 大聖人은 다 능한 법입니다.'라고 하였다.308) 孔子는 또한
배우기를 게을리 하지 말며, 배운 것을 때때로 익히라고 말하고 있다.

孔子께서 말씀하셨다. 배움은 마치 아직 부족한 듯이 하며, 오히

---

307) 『論語』, 「子罕」2, 達巷黨人曰 大哉 孔子 博學而無所成名.
308) 『論語』, 「子罕」6, 大宰問於子貢曰 夫子聖者與 何其多能也. 子貢曰 固天
縱之將聖 又多能也.

려 때를 잃을까 걱정하라.309)
孔子께서 말씀하셨다. 배우고 때때로 익히면 또한 즐겁지 아니한가.310)

라고 말하고 있다. 한편, 子夏는,

매일 내가 모르는 것을 알고 매월 내가 배웠던 것을 익혀 잊어버
리지 않으면, 배우기를 좋아한다고 할 만하다.311)

하였고, 孔子는

옛 것을 익히고 새 것을 알면, 스승이 될 수 있다.312)

고 하였다.

이제까지 博學의 중요성을 보았는데, 博學의 내용으로는 아래의
세 가지가 있다.313)

첫째는, 우주간의 현상을 관찰하여 자연계의 법칙을 이해하는 것
이다. 인간은 이미 자연계의 일원이므로 자신이 처한 주위환경에 대
하여 자세히 관찰하고 정확한 이해를 하여야 한다. 한 걸음 나아가
자연계의 법칙을 人事에 응용하여 人間의 法則으로 삼아야 한다. 예
를 들면, 하늘의 맑고 아름답고 높고 넓어 무궁함과 땅의 두텁고 무
겁고 넓고 멀리 많이 실을 수 있음과, 하늘은 사사로이 덮음이 없고
땅은 사사로이 실음이 없으며, 해와 달은 사사로이 비추임이 없고
山岳은 위엄 있게 우뚝 솟아 있으며, 流水는 쉬지 않고 콸콸 흘러간

---

309) 『論語』, 「泰伯」17, 子曰 學如不及 猶恐失之.
310) 『論語』, 「學而」1, 子曰 學而時習之 不亦說乎.
311) 『論語』, 「子張」5, 子夏曰 日知其所亡 月無忘其所能 可謂好學也已矣.
312) 『論語』, 「爲政」11, 子曰 溫故而知新 可以爲師矣.
313) 鄭仁在 譯, 『中國哲學의 人間學的 理解』, 서울: 民知社, 1992, pp.196-197.

다. 이는 自然界의 현상이며, 四時와 그 순서를 合一하고 귀신과 그 길흉을 합일한다고 하였다. 만일 자연의 법칙을 깊이 통찰한 자가 아니라면 그 누가 이러한 경지에까지 이를 수 있을까?

둘째는, 書籍을 널리 읽어 古今의 知識을 알게 하는 것이다. 書籍 이란 인류 문화의 寶藏이요, 지혜와 경험의 결정체이다. 우리가 독서 를 하면 옛 사람들이 실패한 전철을 다시 똑같이 밟지 않게 되어, 정력을 절약하고 그 成果를 누릴 수 있다. 또 讀書를 基礎로 삼아 더욱더 정신을 추구하여 더욱 위대한 발명을 해내고 더욱 많은 효과 를 낼 수 있다. 그러므로 讀書는 博學 중 가장 중요한 부분이다. 이 를 설명하는 구절은 다음과 같다.

孔子께서 말씀하셨다. 나는 단지 舊聞을 傳述할 뿐 창작을 하지 않는다. 또 고대의 문물제도를 확실히 믿고 좋아할 뿐이며, 私的 으로는 우리 商朝의 老彭을 본받는다.[314]
孔子는 '나는 타고 나면서부터 모든 도리를 아는 사람이 아니라, 옛날의 문물제도를 좋아하여 재빠르게 추구해 얻은 것이다.'[315]

셋째는, 日常 접촉하는 사물에 주의를 기울여, 行動 중에서 새로운 지 식을 추구하고 실증을 구하는 것이다. 우리는 한편으로 만물을 관찰하여 우주의 이치를 탐색하고 자연의 법칙을 이해하며 또 한편으로는 깊이 思索하고 전적을 연구하여 古人의 지식경험을 자기의 지식경험으로 연 결시켜야 한다. 그러나 이것은 아직 학문의 전 범위는 아닌 것이다. 이것 이외에 인간과 사물에 대한 접촉 역시 학문을 넓히기에 충분한 것이다.

이상에서 博學의 의미를 알아보았다. 博學은 道德的 知識에 관한 자료의 수집을 말하는 것으로 이를 위해서는 서적을 널리 읽어 古今

---

314) 『論語』, 「述而」1, 子曰 述而不作 信而好古 竊比於我老彭.
315) 『論語』, 「述而」19, 子曰 我非生而知之者 好古敏以求之者也.

의 道德的 知識을 아는 것이다.316) 이러한 古今의 道德的 知識을 아
는 방법은 讀書에 있다고 보았다.

한편, 審問이란 무엇인가? 審問이란 知識에 대한 資料의 檢討이니,
그것이 완비되도록 힘써야 한다. 질문하는 동기에는 세 가지가 있다.
첫째는, 알지 못하면 물어보는 것이다. 둘째는, 알기는 하나 의심이
생기면 물어본다. 셋째는, 대략 알지만 그 자세한 것을 알려고 할 때
물어본다. 물어봄과 배움은 서로 관련이 된다. 배우기만 하고 물어보
지 않으면 명철한 이해와 정확한 지식을 얻을 수 없다. 孔子의 제자
들이 仁, 孝, 政, 士 등의 뜻을 물으니, 孔子는 각 제자의 성격과 환
경에 비추어 분별하여, 마땅히 알아야 할 도리를 알려 주었다. 그들
은 서로 인하여 지식이 증가되고 그 사상 및 행동이 개정되었다.

> 孔子께서 말씀하셨다. 舜은 정말로 큰 지혜의 인물이로구나! 그는
> 묻기를 좋아하고 비근한 말을 살피기를 좋아하며, 남의 나쁜 점은
> 숨겨주고 남의 좋은 점을 추켜올려 주며, 중론이 다른 過, 不及의
> 양단을 잡고 中道에 합치되는 점을 취하여 백성에게 베푼다. 이것
> 이 바로 舜이 舜이된 까닭이다.317)
> 孔子가 대묘에 들어가 每事를 물으시니, 혹자가 말하기를, 누가 鄹
> 땅 사람의 아들(공자)을 일러 禮를 안다고 하는가. 대묘에 들어가
> 매사를 묻는구나 하였다. 孔子께서 이 말을 들으시고 이것이 바로
> 禮이다 라고 하셨다.318)

---

316) Chung Ying Cheng, 「Confucian Methodology and Understanding the
Human Person」 in A-T. Tymieniecka ed. Analecta Husserliana, Vol.
XVII, Dordrecht: D. Reidel Publishing Company, 1984, p.38에서는, 孔子
가 '學'을 'self-cultivation' 즉 修養 혹은 德性涵養의 가장 기초적인 단계
로 주장하고 있으며, 이 '學'의 내용은 歷史, 文化, 경험들의 유형들임을
지적한다.

317) 「中庸」 6, 子曰 舜其大知也與 舜好問而好察邇言 隱惡而揚善 執其兩端
用其中於民 其斯以 爲舜乎.

318) 『論語』, 「八佾」15, 子入大廟 每事問 或曰 孰謂鄹人之子 知禮乎 入大

曾子는 才能이 있으면서 재능이 자기보다 못한 이에게 물어보았으며 많이 알고 있으면서 자기보다 적게 아는 이에게 물어보았다. 그는 있으면서 없는 듯이 하며, 내실이 있으면서 빈 것같이 하였다. 남이 그를 범해도 대꾸하지 않았다. 옛날 나의 벗은 이러한 일에 종사한 적이 있다.[319]

위의 인용에서 審問이란 道德的 知識에 대한 資料의 檢討로서, 博學에 의해 획득한 道德的 知識을 보다 정확히 이해하기 위해 끝까지 道德的 知識에 대해 의문을 갖고 물어서 그 知識을 자신의 것으로 만드는 것이다. 오늘날 우리 교육의 현실은 창의적인 사고의 계발과 열린 학습을 강조하고는 있으나 대부분의 교실 환경은 지식을 주입식으로 전달하면 이를 외워서 종이에 옮기면 교육이 끝난다. 스스로 자료를 찾고 이에 대해 끊임없이 묻고 자료를 검증하는 과정은 흔히 생략된다. 특히 교과서의 내용들은 학생들로 하여금 의문을 제시하도록 하기보다는 단정적이고 규정적인 내용들을 싣고 있어 학생들은 이에 대해 의문을 품을 수 없게 되어 있다. 오늘날과 같은 교실 환경에서 창의적이고 도전적인 의문을 제기할 수 있는 충분한 자료의 제시와 개방적인 수업 분위기가 요구된다고 볼 수 있다.

3) 切磋와 講習과 討論을 통한 知的 技能 訓練

格物과 致知를 통한 道德的 知識의 習得은 그 구체적 방법으로 切磋와 講習 그리고 討論을 들 수 있다. "『詩經』에 이르기를, '저 淇水 모퉁이를 보니, 푸른 대나무가 무성하구나! 문채 나는 군자여, 잘라

廟 每事問 子聞之曰 是禮也.

[319] 『論語』, 「泰伯」5, 曾子曰 以能問於不能 以多問於寡 有若無 實若虛 犯而不校 昔者吾友 嘗從事於斯矣.

놓은 듯하고, 간 듯하며, 쪼아놓은 듯하고, 간 듯하다. 엄밀하고 군세
며, 빛나고 점잖으니, 문채 나는 군자여, 끝내 잊을 수 없다.'하였으
니, 如切如磋는 학문을 말한 것이요, 如琢如磨는 스스로 행실을 닦음
이요, ……"320)라고 하였는데, 그 주를 보면 다음과 같다. "切은 칼
과 톱으로써 하고, 琢은 망치와 끌로써 하니, 모두 물건을 재단하여
形質을 이루게 하는 것이다. 磋는 줄과 대패로써 하고, 磨는 모래와
돌로써 하니, 모두 물건을 다스려서 매끄럽고 윤택하게 하는 것이다.
뼈와 뿔을 다스리는 자는 이미 잘라놓고 다시 이것을 갈며, 玉과 돌
을 다스리는 자는 이미 쪼아놓고 다시 가니, 모두 그 다스림에 실마
리가 있어 더욱 그 精함을 지극히 함을 말한 것이다. …… 學은 講
習하고 討論하는 일을 이르고, 自修는 省察하고 이겨 다스리는 공부
이다."321)라고 하여, 道德的 知識의 습득은 뼈와 뿔, 玉과 돌을 잘라
다시 이것을 갈아서 매끄럽고 윤택하게 하는 것과 같이 얻고자 하는
지식의 정교함을 위해 끊임없이 노력하고 반복함을 강조하고 있다.
또한 道德的 知識의 습득은 講習과 討論을 통한 즉 '學'을 통한 방법
이 있음을 지적하는데, '學'이란, '알게 된다(to become aware)'의 뜻
으로, 한 개인의 歷史的, 文化的 文獻(document)에 대한 이해,322)
즉, 소위 옛날의 성현들을 기록해 놓은 경전에 대한 이해라고 할 수
있고, 이 경전은 '文'을 말하며, '學'이란 '文'에 대한 이해와 공부라고
할 수 있다.

---

320) 『大學』 3, 詩云 瞻彼淇澳 菉竹猗猗 有斐君子 如切如磋 如琢如磨 瑟
兮僩兮 赫兮喧兮 有斐君子 終不可諠兮 如切如磋者 道學也 如琢如
磨者 自修也 …….

321) 同上, 切以刀鉅 琢以椎鑿 皆裁物使成形質也 磋以鑢錫 磨以沙石 皆
治物使其滑澤也 治骨角者既切而復磋之 治玉石者既琢而復磨之 皆
言其治之有緒而益致其精也 …… 學謂講習討論之事 自修者省察克
治之功.

322) David L. Hall & Roger T. Ames, 위의 책, p.44-45.

이상의 切磋(琢磨), 講習, 討論은 道德的 知識을 얻기 위해 끊임없이 노력하고 반복함을 강조하는 방법들이라 할 수 있다. 이는 '文'에 대한 '學'을 하는 방법이라 할 수 있다. 교육적인 차원에서 '文'을 제공해 주는 것은 교사들의 의무라고 할 수 있다. 현행 도덕·윤리과의 경우는 교과서의 내용과 관련된 여러 가지 읽기 자료들을 엄선하여 만들고 제공하는 것은 중요한 일이라 생각한다. 물론 옛날 성현들의 도덕적 삶을 읽을 수 있는 古典의 활용 역시 바람직한 교수 방법이라 생각한다.

이상의 도덕적 지식을 얻는 구체적 방법을 얻어지는 지적 기능들은 觀察, 記憶, 注意, 想像, 思惟 등이라 볼 수 있다. 儷佐才는 孔子의 교육을 德育, 智育, 體育, 美育으로 보고 있는데,[323] 여기서는 智育의 내용 가운데서 知的 技能에 대해 알아본다. 知的 技能에는 觀察, 記憶, 注意, 想像, 思惟가 있다.[324]

孔子의 敎育 目標 혹은 敎育的 人間像은 君子였다. 智育은 君子의 智的인 品質을 배양하는 데 그 목적이 있다. 智育은 먼저 피교육자의 觀察能力을 길러준다. "孔子께서 말씀하셨다. 그 하는 것을 보며, 그 이유를 살피며, 그 편안히 여김은 살펴본다면, 사람들이 어떻게 자신을 숨길 수 있겠는가! 사람들이 어떻게 자신을 숨길 수 있겠는가!"[325]에서, 이는 자신에게 있는 것(眞理)을 知言하고, 窮理한다면 이것으로 사람을 관찰하기를 성인과 같이 할 수 있음을 말한 것이며, 事物을 觀察하는 능력의 배양을 말하고 있다.

두 번째는 注意能力이다. 智育은 高度의 集中力과 注意力을 길러준다.

---

323) 儷佐才, 『孔子敎育思想體系硏究』, 湖南敎育出版社, 1989, pp.52-78.

324) 위의 책, pp.63-67.

325) 『論語』, 「爲政」10, 子曰 視其所以, 觀其所由, 察其所安, 人焉廋哉 人焉廋哉.

孔子께서 齊나라에 계실 적에 韶樂을 들으시고, (배우는) 3개월 동안 고기 맛을 모르시며, '음악을 민든 깃이 이러한 경시에 이를 줄은 생각하지 못했다' 하셨다.326)

이는 智育하는 동안의 注意集中을 잘 나타내는 예이다. '고기 맛을 모르시며'의 뜻은 정성이 지극하고 감동함이 깊어 그 음악에 고취되어 다른 것에 주의를 하지 못함을 말하는 것이다.

세 번째는 記憶能力인데, 이는 사회현상과 자연현상에 대해 많은 것을 듣고 알고 기억하는 것이다. "많이 듣고서 그 좋은 것을 가려서 따르며, 많이 듣고서 기억해둔다면, ……"327)와, "새와 짐승, 풀과 나무의 이름을 알게 한다."328)에서, '듣는 것'은 間接的인 知識을 얻는 것이고, '보는 것'은 直接的인 지식을 얻는 것이다. 배우는 사람들에게 있어서 記憶能力은 好學의 기본 조건이 된다.329)

넷째는, 想象能力이다. "詩에서 興起시키며, ……"330)와, "詩는 일으킬 수 있으며, ……331)에서, '일으킨다(興)'는 志意를 感發시키는 것으로, 이는 詩를 통해 일련의 聯想過程이 이루어지고 있음을 말한다.332) 즉 智育을 통해 배우는 자들은 聯想能力이 길러지는 것이다.

子夏가 물었다. '예쁜 웃음에 보조개가 예쁘며 아름다운 눈에 눈동자가 선명함이여! 흰 비단으로 채색을 한다.' 하였으니, 무엇을 말한 것입니까? 孔子께서 말씀하셨다. 그림 그리는 일은 흰 비단을

---

326) 『論語』, 「述而」13, 子在齊聞韶 三月 不知肉味 曰不圖爲樂之至於斯也.

327) 『論語』, 「述而」27, 多聞 擇其善者而從之 多見而識之 …….

328) 『論語』, 「陽貨」9, 多識於鳥獸草木之名.

329) 儍佐才, 위의 책, p.65.

330) 『論語』, 「泰伯」8, 興於詩 …….

331) 『論語』, 「陽貨」9, 詩可以興 …….

332) 儍佐才 위의 책, p.65.

마련하는 것보다 뒤에 하는 것이다. 子夏가 말했다. 禮가(忠信보다) 뒤이겠군요? 하고 말하자 孔子께서 말씀하셨다. 나를 興起시키는 자는 商(子夏)이로구나! 비로소 함께 『詩』를 말할 만하다.[333]

여기서, '그림 그리는 일은 흰 비단을 마련한 뒤의 일이다'의 의미는 마치 사람이 먼저 아름다운 자질이 있은 뒤에야 文飾을 加할 수 있음을 말한다. 孔子는 제자들을 가르칠 때에 질문을 하고 그 답을 바로 준 것이 아니라 배우는 자들로 하여금 그 답을 생각해보도록 유도를 하여 그들의 想象能力을 길러 주었다.

다섯째는 思惟能力이다. 이는 먼저 '一以貫之'로 설명할 수 있다.

孔子께서 말씀하시기를, '賜야! 너는 내가 많이 배우고 그것을 기억하는 자라고 여기느냐?' 하시자, 子貢이 대답하였다. '그렇습니다. 아닙니까?' 孔子께서 말씀하셨다. '아니다. 나는 하나의 이치가 모든 사물을 꿰뚫은 것이다.'[334]

孔子께서 말씀하셨다. 『詩經』 3백 편의 뜻을 한마디의 말로 대표할 수 있으니, '생각에 간사함이 없다'는 말이다.[335]
孔子께서 말씀하셨다.(『詩經』, 「關雎」 篇은) 즐거우면서도 지나치지 않고, 슬프면서도 和를 해치지 않는다.[336]

위의 구절은 제자들과의 問答에서 孔子는 배우는 자들로 하여금 分析的이고 綜合的인, 抽象的이고 槪括的인, 思惟의 能力을 길러주고,

---

333) 『論語』, 「八佾」8, 子夏問 巧笑倩兮 美目盼兮 素以爲絢兮 何謂也. 子曰 繪事後素. 曰 禮後乎 子曰 起予者 商也 始可與言詩已矣.

334) 『論語』, 「衛靈公」2, 子曰 賜也 女以予 爲多學而識之者與. 對曰 然 非與. 曰非也 予一以貫之.

335) 『論語』, 「爲政」2, 子曰 詩三百 一言以蔽之 曰思無邪.

336) 『論語』, 「八佾」20, 子曰 關雎 樂而不淫 哀而不傷.

궁극적으로 判斷力과 推理力을 길러주고 있음을 보여 주고 있다. 또한 思惟能力에는 創意力이 있다. '溫故而知新'적 能力이나, '一以貫之'적 능력을 말할 수 있다. "孔子께서 말씀하셨다. 예전에 늘은 것을 익히고 새 것을 알면, 스승이 될 수 있다"[337]와, "子張이 '열 王朝 뒤의 일을 미리 알 수 있습니까?' 하고 묻자, 孔子께서 말씀하셨다. '殷나라는 夏나라의 禮를 因襲하였으니 損益한 것을 알 수 있으니, 周나라는 殷나라의 禮를 因襲하였으니, 損益한 것을 알 수 있다. 혹시라도 周나라를 잇는 자가 있다면 비록 百世 뒤라도 알 수 있을 것이다.'"[338]와, "顔回는 하나를 들으면 열을 알고, 子貢을 하나를 들으면 둘을 압니다."[339]와, "공자께서 말씀하셨다. 子貢은 비로소 더불어 詩를 말할 만하구나! 지나간 것을 말해주자 올 것을 아는구나."[340]의 인용들은 모두 배우는 사람들의 創意的인 思惟能力을 길러주는 예이다.

이상에서 知的 技能들로서 觀察, 記憶, 注意, 想像, 創意的인 思惟 등을 보았다. 이것들은 모두 사물의 理 즉 道德的 原則과 道理 등에 대한 道德的 知識을 얻기 위한 好學, 讀書, 博學, 審問, 切磋, 講習, 討論 등의 방법을 통해 얻을 수 있는 知的인 技能들이라 할 수 있겠다. 현행 道德·倫理科에서도 위에서 제시한 방법들을 활용해 학생들로 하여금 여러 가지 지적 능력들을 기르게 하여 궁극적으로는 道德的 原則 즉 인간으로서 지켜야 하는 道理를 이해시켜야겠다.

---

337) 『論語』, 「爲政」11, 子曰 溫故而知新 可以爲師矣.
338) 『論語』, 「爲政」23, 子張問 十世 可知也. 子曰 殷因於夏禮 所損益 可知也 周因於殷禮 所損益 可知也 其或繼周者 雖百世 可知也.
339) 『論語』, 「公冶長」8, 回也 聞一以知十 賜也 聞一以知二.
340) 『論語』, 「學而」15, 子曰 賜也 始可與言詩已矣 告諸往而知來者.

Ⅳ. 德性涵養의 行動的 領域으로서의
德目論과 存養省察

이 장에서는 德性涵養의 행동적 영역으로서의 道德 習慣 培養을
위한 德目論과, 道德感情培養을 위한 性情의 純化와, 道德行爲訓練을
위한 內省을 통한 存養省察을 다루려 한다. 도덕습관배양을 위한 교
육은 소학교육으로 설명할 수 있다. 소학교육에서는 인간으로서 지켜
야 할 기본적인 덕목들을 직접적으로 몸으로 익히게 하고 있다. 이러
한 기본덕목들은 '所當然'으로서 인륜과 관련된 덕목들을 말하는 것
이다. 三綱五常과 孝悌忠信 등은 중요한 기본 덕목이라 할 수 있다.

德性涵養의 행동적인 차원의 두 번째 요소는 性情純化이다. 여기
서는 먼저 性과 情의 의미를 알아보고, 또한 中和狀態의 유지를 위
한 誠意와 正心의 의미를 알아보고, 끝으로 儒家에서 六藝와 六經
그 중에서도 詩敎, 樂敎, 禮敎를 통한 性情 純化를 다룬다.

德性涵養의 행동적인 차원의 마지막 요소는 存養省察이다. 여기서
는 自己省察에 초점을 둔 愼獨을 근거로 한 도덕행위훈련과 內省을
통한 성찰적 교육을 다룬다. 省察의 의미는 두 가지가 있는데, 하나
는 성찰이 직접적인 행위라기보다는 알고 있는 도덕적 지식을 행동
으로 옮기기 위한 전제조전으로서의 성찰이고, 두 번째는 실행한 어
떤 행위가 옳은지 그른지를 반성하여 이의 결과를 새로운 도덕적인
지식을 얻는 데 활용한다는 의미가 있다.

1. 道德 習慣 培養을 위한 基本 德目

1) 小學敎育의 原理와 內容 – 下學上達과 三節四道

小學敎育의 敎育 原理는 下學而上達이라 할 수 있다. 下學而上達은 形而下의 具體的이고 卑近한 사실로부터 출발하여 形而上의 높은 진리에까지 도달한다는 孔子의 학문방법이다.[341] 이 말은 孔子가 『論語』의 「憲問」에서, "공자께서 말씀하셨다. '나를 알아주는 이가 없구나!' 子貢이 말하였다. '어찌하여 선생님을 알아주는 이가 없는 것입니까' 하자 공자께서 말씀하셨다. '하늘을 원망하지 않으며 사람을 탓하지 않고, 아래로 배우면서 위로 통달하노니 나를 알아주는 것은 하늘일 것이다.'"[342]라고 말한 데서 비롯된 것이다. 下學의 下는 形而下者謂之器[343]의 下라서 구체적 사물과 기술적 방면의 學, 다시 말해 인간의 일을 말하는 것이며, '자신이 가까운 곳에서 취하여 그것을 기반으로 지식을 확대하여 나가는 것'[344]이라 하여, "가까운 데에서 취해 비유할 수 있으면 仁을 하는 방법이라고 말할 만하다."[345]고 하였다.

---

341) 陳滿銘, 『學庸粗談』, 永和: 文津出版社, 民國 71년, pp.56-61에서는, 下學的 方面의 일을 인간적인 道理 혹은 人道 차원에서의 德들, 예를 들어, 仁, 孝, 弟, 慈, 忠, 恕, 敬, 信 등을 알고 몸에 익히는 것과, 私慾除去, 性情之正 유지, 中和的 心境 유지 등의 일을 말하고, 上達的 方面의 일은 下學的인 人道의 根據와 根源을 아는 일로 설명하고 있다.

342) 『論語』, 「憲問」, 37, 子曰 莫我知也夫 子貢曰 何爲其莫知子也 子曰 不怨天 不尤人 下學而上達 知我者 其天乎.

343) 『周易』, 繫辭: 形而下者謂之器.

344) 儒敎辭典編纂委員會, 『儒敎大辭典』, 서울: 博英社, 1990.

345) 『論語』, 「雍也」, 28, …… 能近取譬 可謂仁之方也已 …….

下達의 上은 形而上者謂之道346)의 上으로 만사만물의 변화하는 법칙의 총체, 즉 天理를 말하는 것이다. 『中庸』에서 보면, "孔子께서 말씀하셨다. '道가 사람에게서 멀리 있지 않으니, 사람이 道를 하면서 사람을 멀리 한다면 道라 할 수 없다.'"347)라고 하였는데, 이는 道를 행하는 자가 그 卑近함을 싫어해서는 안 되고, 도리어 高遠하여 행하기 어려운 일에 힘쓴다면 이는 道를 하는 것이 아니라는 뜻이다.348)

성리학자들의 下學而上達의 의미는 다음과 같다. 達은 人과 天道의 관계 속에서 이루어지는 일이다.349) 즉, 下學은 人事로 구성되는 것이며, 上達은 天人合一의 경지를 나타내는 것이라 할 수 있다. 性理學에서는 이러한 下學을 통하면 자연히 上達될 수 있는 가능성을 보여주고 있고, 그 下學의 시작은 자신에게서 시작되는 이른바 修身에서부터 존재한다는 것이며 반드시 순서가 있음에 그 순서를 지켜 나가야 한다는 것이다. 또 下學은 日常 속에서의 일을 함에 있어 그 일상 속에 있는 천리가 담겨있음을 알고 깨달아야 함을 의미하고 있다. 그렇지 않고 일만 하여 그러한 일상의 삶 속에 담긴 이치를 찾지 않거나 또는 일상의 삶 속에 담긴 이치만을 궁구하기에 이르고 자신의 일상을 살려고 하지 않는다면 上達은 불가능한 일이 되는 것이다. 왜냐하면 天理는 모든 일상 속에 포함되어 있는 하나의 원리로 일상을 통한다면 천리도 통하게 되는 것이다.

결국 성리학은 일상의 삶의 過程을 통하여 그 上達을 이룸을 강조하고 있다. 性理學者들의 下學而上達의 특징은 철저히 일상성에서 일상 안에 있는 天理를 窮究하는 것이다. 그 天理를 窮究하기 위해

---

346) 『周易』, 繫辭:形而上者謂之道.

347) 『中庸』 13, …… 子曰 道不遠人 人之爲道而遠人 不可以爲道…….

348) 『中庸』 13, …… 若爲道者厭其卑近 以爲不足爲 而反務爲高遠難行之事 則 非所以爲道矣…….

349) 『性理大全』, 總論爲學之方 學1: 下學而上達者 兩得之 人謀又得 天道又盡.

서 일상을 벗어나거나, 또는 일상사에만 급급하고 그 天理를 窮究하
지 않는 것은 上達하기 위해서는 용납될 수 없는 것이다. 성리학은
일상에 대한 계속적인 窮究를 통하여 어느 순간 豁然貫通으로 上達
의 경지에 도달할 수 있다는 신념체계를 가지고 있었다.

또 하나의 小學敎育의 原理는 學不躐等이다. 學不躐等이란 배움에
공부의 차례를 뛰어넘지 않는다는 것이다. 여기서는 小學과 大學의
관계를 통하여 고찰하려 한다.

小學과 大學은 어떤 關係를 가지는가? 小學과 大學은 학문의 과정
으로서 본래 같지 않은 것이나 그 목표 즉 道를 위한다는 점에서는
일치한다는 것이다.[350] 단지 다른 점이 있다면 그 敎育 內容이 다르
다는 것이다. 小學은 事(예를 들어 禮, 樂, 射, 御, 書, 數와 孝悌와
忠信의 일)를 그 교육 내용으로 하고, 大學은 그 理(예를 들어 致知
와 格物 및 孝悌와 忠信의 理致)로써 교육 내용을 한다는 것이다.
또한 소학에서 일로써 교육하여 스스로 좋아져 점점 자라 다시 통달
하게 되니 사물에 통달하지 못함이 없다고 한다. 그러나 그러한 순
서를 밟지 않고 오직 허다한 것을 이해하려고 백방으로 사색을 하여
노력하나 이는 도리어 마음을 해한다는 것이다. 그러므로 소학과 大
學은 학습자의 연령에 따라 익히는 바가 다르고, 수준의 高下淺深과
시간적 先後緩急에 있어서는 차이가 있지만, 古와 今, 義와 理가 판
연히 구분되어 서로 공존할 수 없는 것과는 다르다는 것이다.

性理學에서는 敎育 課程의 내용이 事로써 시작하여, 理와 연결되
는 특성을 보인다. 性理學에서는 어린아이를 가르치되 말할 수 있을
때부터, 밥 먹을 수 있을 때부터 灑掃應對의 일을 가르치고 있다.[351]
즉, 밥 먹을 때면 밥 먹는 법을 가르치며, 말할 수 있을 때에는 말하

---

350) 『大學或問』, 曰學之大小 固有不同 然 其爲道 則一而已.
351) 『性理大全』, 小學.

는 법을 기르친 것이다.352)

8세가 되면 오늘날의 초등학교와 같은 기능을 하는 소학에 들어가며, 16-17세에 이르면 高等敎育 이상의 기능을 하는 大學에 들어간다. 小學에 들어간 아이를 가르침에 있어, 일로써 가르침은 그 일을 배우다 보면, 그 마음을 얻어서 알지 못하는 사이에 저절로 좋아져, 점차 두루두루 사물에 통달하게 된다는 것이다. 또한 천명과 같은 것은 어린이에게 가르칠 것이 아니고, 그들에게 가르칠 것은 다만 의리를 말할 것이고, 대개는 눈앞의 일이라는 것이다. 小學에서 그러한 일을 통하여 大學에서는 그러한 일의 이치만 찾기만 하면 되는 기본 교육을 배우는 것이다. 그러나 소학에서 그 일속에서 그 위에서 허다한 도리를 찾게 한 것이고, 대학에 이르러서도 같은 도리라는 것이다. 즉 小學에서는 存養과 같은 것을 배워 그 根基가 깊어지고 大學에 가서는 그 깊어진 根基를 윤색하는 것이다. 下學을 하지 않고 즉 일 속에 있는 법을 찾으려 하지 않고 단계를 뛰어넘으려 하면 분수를 침범하고 절도를 넘어서 마침내 능히 이루지 못한다는 것을 말하고 있다.

小學과 大學의 공부는 上達을 위한 사다리와 같은 역할을 함을 알 수 있다. 이는 학문을 함에 있어 일정한 순서 또는 위계가 있음을 상정하고 있는 것이다. 성리학자들은 왜 그토록 이러한 學不躐等원칙을 고수하고 있는가 의문시된다. 그들은 下學上達法을 일상을 통한 초일상의 법을 당시 풍미하던 선종의 修養方法을 극복할 수 있는 儒家的 方法이라고 믿었기 때문에 특히 후진을 교육할 때 이 원칙을 철저하게 고수했다. 빨리 목적지에 도달하지도 못하려니와 또한 老佛과 같은 공허한 이단사설에 빠지기 쉽다고 믿었기 때문이었다. 그러므로 배움에는 반드시 순서를 차례대로 밟아 나가야 하며, 그 배

---

352) 『性理大全』, 小學.

움의 시작은 曲禮, 少儀, 儀禮 등을 이해하여 洗掃하고 應對하고 進退하는 일을 배우고 먼저 爾雅와 訓詁 등의 문자를 이해한 연후에 가히 上을 말할 것이며, 下學에서 上達하여 이로부터 탈연히 얻음이 있어 자연에 諸子의 책을 넘을 찌니 이같이 하지 않으면 이는 躐等이라 보는 것이다.

본래 孔子는 『論語』에서 '下學하여 上達한다'고 하여 下學은 아들로써 효도하고 신하로써 충성할 것이요, 모두 이에 따라서 행하여 간다면, 모든 사물들이 일용에서 당연한 이치가 아닌 것이 없다. 『小學』의 灑掃, 應對, 進退하는 절차로부터 평소 생활에서 당연한 이치에 따르는 言行의 모두가 下學이다. 그것을 기초로 해서 上達한다고 했고, 또 孔子는,

> 君子가 文에 대하여 널리 배우고 禮로써 要約한다면 또한 道에
> 어긋나지 않을 것이다.[353]

라고 했으니 博學하면 그것을 要約하여 체계화해야 한다는 것이다. 이 모두 다 歸納法이다.

孟子 역시 이러한 귀납법을 계승하여 그 사상을 논리화하였다. 가령 "惻隱한 마음은 仁의 실마리요, 羞惡한 마음은 義의 실마리요, 辭讓하는 마음은 禮의 실마리요, 是非하는 마음은 智의 실마리이다. 사람에게 이 네 가지 실마리가 있으니 마치 그 네 가지 본체가 있는 것과 같다"고 하듯, 惻隱, 羞惡, 辭讓, 是非하는 四端은 仁, 義, 禮, 智의 四體에서 나타난 것이며, "孟子가 말하였다. 그 情과 같다면 善할수 있다"[354]고 하였으니 발현한 마음의 현상으로서 情을 통하여 그

---

353) 『論語』, 「雍也」25, 子曰 君子博學於文 約之以禮 亦可以弗畔矣夫.
354) 『孟子』, 「告子」6, …… 乃若其情, 則可以爲善矣 …….

본성을 추리한다면 性善이 증명된다고 한 것도 端緒로부터 귀납해서 本體를 추리해 나아가는 論理 方法으로 一貫하였다. 따라서 孔子의 下學而上達의 歸納法을 계승한 것이다. "孟子께서 말씀하셨다. 다스리는 일은 어렵지 않으니, 大臣에게 죄를 짓지 말아야 한다. 大臣의 사모하는 바를 一國이 사모하고, 一國의 사모하는 바를 天下가 사모한다. 그러므로 물이 沛然한 德敎가 四海에 넘치는 것이다."[355]고 하였는데, 政治도 집, 나라, 天下, 四海로 上達 확대된다고 하는 귀납법적 방법이다.

> 孟子께서 말씀하셨다. 道가 가까운 곳에 있는데도 먼 곳에서 구하며, 일이 쉬운 데 있는데도 어려운 데서 찾는다. 사람마다 각기 그 어버이를 친히 하고 그 어른을 어른으로 섬기면 천하가 太平해질 것이다.[356]

라고 하였는데, 가까운 곳에서 먼 곳을, 쉬운 곳에서 어려운 것, 孝悌로부터 天下가 태평하게 된다고 하는 귀납법이다.[357]

일반적으로 아동이 8세 전후가 되면 小學敎育을 받게 되는데, 여기서는 아침에 일어나 주변을 정리하는 것에서부터 父母를 사랑하고 어른을 섬기는 인간으로서 지켜야 하는 가장 기초적인 道理들을 배우게 된다. 『小學』의 小學書題에 보면,

> 옛날 小學校에서 사람을 가르치되, 물 뿌리고 쓸며 應하고 대답하며 나아가고 물러나는 禮節과 어버이를 사랑하고 어른을 恭敬하

---

355) 『孟子』, 「離婁 上」6, 孟子曰 爲政不難 不得罪於巨室 巨室之所慕 一國慕之 一國所慕 天下慕之 故沛然德敎 溢乎四海.

356) 『孟子』, 「離婁 上」11, 孟子曰 道在爾 而求諸遠 事在易 而求諸難 人人親其親 長 其長 而天下平.

357) 劉明鍾, 「寒暄堂 金宏弼의 道學」, 未發表論文.

며 스승을 높이고 벗을 친히 하는 方道로써 하였으니, 이는 모두
몸을 닦고 집안을 가지런히 하고 나라를 다스리고 천하를 평안히
하는 근본이 되는 것이다. 반드시 어릴 때에 講하여 익히게 한 것
은 그 익힘이 智慧와 함께 자라며 敎化가 마음과 함께 이루어져
서 거슬러 감당하지 못하는 근심을 없게 하고자 해서이다.358)

라고 하여 이는 사람들이 學文을 하기 전 인간으로서 지켜야 할 가
장 基本的인 行動習慣을 익히도록 함을 강조한 글이다. 이러한 基本
的인 行動 習慣을 몸에 익히도록 하는 小學의 敎育 方法은 다음에서
잘 보여주고 있다.

小學의 敎育方法은 물 뿌리고 쓸며, 應하고 대답하며, 집에 들어와
서는 孝道하고, 나아가서는 恭遜하여, 동작이 혹시라도 이에서 어
긋남이 없게 하는 것이니, 이것을 행하고 餘力이 있거든 詩經을
외우고 書經을 읽으며, 읊고 노래하며 춤추고 뛰어, 생각이 혹시라
도 이에서 넘음이 없게 하는 것이다.359)

또 『小學集註』 總論에서 보면,

朱子가 말씀하셨다. '後生의 初學子는 우선 『小學』을 보아야 한다.
이것은 사람을 만드는 樣子(틀)이기 때문이다.'360)

라고 말하고 있는데, 이는 人間敎育의 初期段階에서 기본적으로 人
間이 行해야 하는 基本的인 道理들의 習慣을 강조하고 있는 것이다.
소학교육의 기본 원리는 下學上達임을 보았다. 이 下學上達은 일
상생활 속에서의 일을 실천함으로써 보다 높은 차원의 理를 이해하

---

358) 『小學』, 小學書題.
359) 『小學』, 「小學題辭」.
360) 同上.

게 된다는 것이다. 이를 귀납적인 방법이라고도 보았으며, '下學' 즉
인간의 일은 小學에서 그 내용을 볼 수 있다.『小學』의 내용은 立教,
明倫, 敬身, 稽古의 內篇과 嘉言, 善行의 外篇으로 구성되었는데, 대
략의 내용은 다음과 같다.

먼저, 立教에서는 胎教에서 시작하여, 성장하면 五倫을 가르쳐야
하고, 또 周禮의 鄕三物로 사람들을 가르쳐 어진 선비를 나라에 천
거하라고 했다.

> 여덟 살이 되거든 門戸를 출입함과 자리에 나아가고 음식을 먹음
> 에 반드시 長子보다 뒤에 하여 비로소 謙讓을 가르친다.361)

라고 하였고, 또한 "열 살이 되거든 바깥 스승에게 나아가 바깥에서
거처하고 잠자며, 六書와 계산을 배우며, 옷은 저고리와 바지를 비단
으로 하지 않으며, 예절은 처음(기초)을 따르며, 아침저녁에 어린이
의 예의를 배우되 간략하고 진실한 것을 청하여 익힌다."362)라고 하
였는데, 이에 대한 集說註를 보면, '비단으로 저고리와 바지를 만들지
않음은 너무 따뜻하기 때문이다. 禮師初는 禮를 행하고 동작함을 모
두 처음 가르치는 방법을 따라 익힘을 이른다.'라고 하였다.

위의 구절에서는 사람이 나서 여덟 살이 되면 문을 드나듦을 배우
고, 음식 먹는 법을 배우고 어른을 섬기는 예절 중 기초적인 예절을
익혀야 함을 말하고 있다. 한편 人倫에 관하여 보면,

> 孟子께서 말씀하셨다. 사람에게 道理가 있음에 배불리 먹고 따뜻
> 이 입어 편안히 살기만 하고 가르침이 없으면 금수에 가깝게 된
> 다. 그러므로 성인이 이를 근심하여 契로 司徒를 삼아 人倫을 가

---

361)『小學』,「立教」2.
362) 同上.

르치게 하셨으니, 父子間에는 친함이 있으며, 君臣間에는 의리가 있으며, 夫婦間에는 분별이 있으며, 長幼간에는 차례가 있으며, 朋友間에는 신의가 있는 것이다.363)

라고 하였는데, 人倫을 설명함에는 六德과 六行 그리고 六藝로 하고 있다. 먼저 六德에 관하여 보면, "첫째는 여섯 가지 德이니, 智와 仁과 聖과 義와 忠과 和이다."364)라고 하였고, 이에 대한 集說註에 보면, "朱氏가 말하였다. 여섯 가지는 마음에서 나오므로 德이라 하였다. 智는 옳고 그름을 구별함이요, 仁은 私欲이 없음이요, 聖은 통하지 않음이 없음이요, 義는 결단과 제재함이 있음이다. 자신의 마음을 다함을 忠이라 하고, 어긋나는 바가 없음을 和라 한다."고 풀이하고 있다. 이는 마음에서 나오는 여섯 가지 기본적인 德 즉, 智, 仁, 聖, 義, 忠, 和를 배우는 사람들에게 갖추게 함을 말한 것이다.

또한 六行에 관하여 보면, "둘째는 여섯 가지 행실이니, 孝와 友愛와 親族과의 和睦과 外戚과의 和睦과 믿음과 구휼함이다."365)라고 하였는데, 이에 대한 集說註와 集解註를 보면 다음과 같다. "朱氏가 말하였다. '여섯 가지는 몸에 體行하므로 行'이라 말하였다.", "孝는 부모를 잘 섬기는 것이요, 友는 형제간에 잘 하는 것이요, 睦은 九族에게 친함이요, 嫺은 外親에게 친함이요, 任은 朋友間에 미덥게 함이요, 恤은 우환과 가난을 구제함이다."라고 하였다. 이는 몸으로 體行해야 하는 여섯 가지 기본 덕목 즉, 孝, 友愛, 친족, 외척 간의 和睦, 믿음, 救恤을 배우는 사람들에게 갖추게 함을 말한 것이다.

끝으로 德性涵養의 구체적인 教育 內容이라 할 수 있는 六藝에 관해 보면, "셋째는 六藝이니, 禮와 樂과 射(활쏘기)와 御(말 몰기)와

書와 數이다."366)라고 하였는데, 이에 대한 集解註를 보면, "藝는 일에 나타나는 것이다."라고 하였으며, 禮는 吉禮, 凶禮, 賓禮, 軍禮, 嘉禮에 관한 것이고, 樂은 雲門, 咸池, 大韶, 大夏, 大濩, 大武에 관한 것이다. 그리고 이 밖에 射(활쏘기)는 다섯 가지, 御(말 몰기)는 다섯 가지, 書(文字)는 여섯 가지, 數(셈)는 아홉 가지가 있음을 설명하고 있다.

이상에서 사람이 나서 여덟 살이 되면 갖추어야 하는 기본적인 도덕, 덕목들을 습관화하기 위한 교육으로, 먼저 문을 드나듦과 음식을 먹는 법, 어른을 공경하는 기본적인 예절과 인륜을 통해 배우는 세 가지 즉 六德, 六行, 六藝를 알아보았다. 六德, 六行, 六藝는 鄕三物이라고도 하는데, 德性涵養에서 基本的인 道德 習慣 培養을 위한 德目들을 가르칠 때 중요한 人倫의 내용이 되고 있다. 오늘날 도덕교육에서 六藝의 경우 즉, 말 타기, 활쏘기 등은 체육 교육에 해당한다고 볼 수 있고, 書와 數도 타 교과와 관련되지만, 六德과 六行은 초등교육에 시사하는 바가 크다. 초등학생들이 갖추어야 할 기본덕목들을 선정할 때, 또 기본적인 예절들을 몸에 익힐 때 六德과 六行은 좋은 교육 내용이 될 수 있다. 六藝의 경우에서 禮의 경우, 吉禮, 凶禮, 賓禮, 軍禮, 嘉禮 중에서 기본적인 내용들을 가르치고 실천하게 할 수 있다. 樂의 경우도 음악과의 내용이 될 수 있지만, 도덕·윤리과에서 情緖를 순화하여 인격을 형성하는 데 좋은 방법이 될 수 있다.

『小學』의 「明倫」에서는 먼저 부모에게 대하는 태도와 마음, 모습에 대하여 자세하게 說明하고 있고, 孝와 婚禮 등에 대해서도 설명하고 있다. 父子間의 親을 밝히는 것이 1장에서 39장까지이고, 君臣間의 義理를 밝히는 것이 20장, 夫婦의 別을 밝힌 것이 9장이고, 長幼의 차례를 밝힌 것이 20장이며, 벗 사귐을 밝힌 것이 11장이다.

---

366) 同上.

「敬身」은 心術을 밝히는 요령이 1장에서 12장까지이다. 여기서는 '공자가 말하였다. 군자는 恭敬하지 않는 것이 없다'고 한 敬으로부터 시작했다. 또한 丹書의 敬義, 曲禮의 공경하지 않는 것이 없다(無不敬), 四勿, 九思 등을 설명했으며, 위의 법을 밝힌 것이 21장이며, 의복제도를 밝힌 것이 7장, 음식의 절도를 밝힌 것이 6장 등이다. 그 내용을 보면 다음과 같다. "丹書에 말하였다. 공경이 태만함을 이기는 자는 길하고, 태만함이 공경을 이기는 자는 멸하며, 의리가 욕심을 이기는 자는 순하고, 욕심이 의리를 이기는 자는 흉하다."367)와, "曲禮에 말하였다. 敬하지 않음이 없어 엄숙히 생각하는 듯이 하며 말을 안정되게 하면, 백성을 편안하게 할 것이다. 오만함을 키워서는 안 되며, 욕심을 방종하게 해서는 안 되며, 뜻을 자만하게 해서는 안 되며, 즐거움을 극도로 해서는 안 된다."368)와, "孔子께서 말씀하셨다. 禮가 아니면 보지 말며, 禮가 아니면 듣지 말며, 禮가 아니면 말하지 말며, 禮가 아니면 動하지 말라"369)와, "君子가 아홉 가지 생각함이 있으니, 봄에는 밝음을 생각하며, 들음에는 귀 밝음을 생각하며, 얼굴빛은 온화함을 생각하며, 용모는 공손함을 생각하며, 말은 성실함을 생각하며, 일은 공경함을 생각하며, 의심스러울 때에는 물음을 생각하며, 분할 때에는 후환을 생각하며, 이익을 보면 義를 생각하는 것이다."370) 등이다.

「稽古」는 周 文王의 어머니 太任이 문왕을 임신했을 때의 胎教와 孟母三遷과 태교의 실천을 설명하였다. 그 내용은 다음과 같다. "孟子께서 性이 善함을 말씀하시되, 말씀마다 반드시 堯·舜을 일컬으

---

367) 『小學』, 「敬身」1.
368) 『小學』, 「敬身」2.
369) 『小學』, 「敬身」3.
370) 『小學』, 「敬身」7.

셨다. 그 말씀에 '舜은 천하에 법이 되시어 後世에 전해질 수 있으셨
는데, 어찌해야 하는가? 舜과 같이 할 뿐이다.'라고 하셨다. 지나간
행적을 뽑고 옛날 분들의 말씀을 실증하여 이 편을 지어 읽는 자들
로 하여금 興起하는 바가 있게 하노라"371)와, "孟軻의 어머니는 그
집이 무덤과 가까웠는데, 孟子가 어려서 놀 때에, 무덤 사이의 일을
하여, 뛰며 무덤을 봉축하고 매장하는 것을 흉내 내었다. 孟子의 어
머니는 말씀하시길 '이곳은 자식을 살게 할 곳이 아니다.' 하고 곧 떠
나 시장에 거처하였는데, 그가 놀 때에 장사꾼이 물건을 파는 시늉
을 하자, 孟子의 어머니는 말씀하기를, '이곳은 자식을 살게 할 곳이
아니다' 하고 마침내 이사하여 學宮(학교)의 옆에 거처하니, 그가 놀
때에 곧 祭器를 늘어놓고, 읍하고 사양하며 나아가고 물러가는 모습
을 흉내 내었다. 孟子의 어머니는 말씀하시길, '이곳은 참으로 자식을
살게 할 만한 곳이다' 하고 마침내 이곳에 居處하였다."372)와, "孔子
께서 말씀하셨다. 해진 솜옷을 입고서, 여우나 담비 가죽옷을 입은 자
와 함께 서 있으면서도 부끄러워하지 않는 자는 仲由일 것이다."373)
와, "孔子께서 말씀하셨다. 어질도다, 顔回여! 한 대그릇의 밥과 한
표주박의 음료로 누추한 골목에서 삶을 남들은 그 근심을 견뎌내지
못하는데, 顔回는 그 樂을 변치 않으니, 어질도다, 顔回여!"374)와,
"石碏이 다음과 같이 諫하였다. 臣은 듣자오니, 자식을 사랑하되 의
로운 방법으로 가르쳐 邪惡한 데 들어가지 않게 해야 한다고 하였습
니다. 驕慢과 奢侈와 貪慾과 放蕩은 말미암아 邪惡하게 되는 것이니,
네 가지가 옴은 총애와 복록이 지나치기 때문입니다. 총애를 받으면

---

371) 『小學』, 「稽古」首章.
372) 『小學』, 「稽古」2.
373) 『小學』, 「稽古」41.
374) 『小學』, 「稽古」44.

서도 교만하지 않으며, 교만하면서도 능히 낮추며, 낮추면서도 한하
지 않으며, 한하면서도 자중하는 자는 적습니다."[375]와, "미천한 자
가 존귀한 자를 해치며, 젊은 자가 長子를 능멸하며, 소원한 자가 친
근한 자를 이간질하며, 새로운 사람이 옛사람을 이간질하며, 작은 자
가 큰 자에게 가하며, 음탕함이 義를 파괴함은 이른바 여섯 가지 패
역이요, 임금은 의롭고 신하는 행하며, 아버지는 사랑하고 자식은 효
도하며 형은 사랑하고, 아우는 공경함은 이른바 여섯 가지 순함입니
다."[376]와, "그러므로 君子는 지위에 있으면 두려울 만하며, 쓰이거
나 버려짐에 사랑할 만하며, 나아가고 물러남이 법도가 될 만하며,
두루 돎에 법칙이 될 만하며, 용모와 행동거지가 볼 만하며, 일을 함
에 법이 될 만하며, 德行이 본받을 만하며, 말소리가 즐거워할 만하
며, 동작에 文(예의)이 있으며, 언어에 법이 있어 이로써 그 아랫사
람에게 임합니다. 이것을 일러 威儀가 있다고 하는 것입니다."[377] 등
이다.

또 「嘉言」은 착한 말이다. 모두 91장인데, 한나라 이래의 어진 이
가 말한 것을 기술하여 「立敎」, 「明倫」, 「敬身」을 보충했다.

伊川程 先生이 말씀하셨다. 사람을 가르치되 意趣를 보게 하지 못
하면 반드시 배움을 좋아하지 않으니, 우선 노래와 춤을 가르쳐야
한다. 古詩 3백 편 같은 것은 모두 옛 사람이 지은 것이니, 『關雎』
와 같은 따위는 집안을 바로 잡는 시초이다. 그러므로 이것을 지
방 사람들에게 사용하고 국가에도 사용하여 날마다 사람들로 하
여금 듣게 하였으니, 이들 詩는 그 말이 간략하면서도 심오하여
지금 사람들이 쉽게 깨닫지 못한다. 나는 따로 詩를 지어 동자들

375) 『小學』, 「稽古」45.
376) 同上.
377) 『小學』, 「稽古」47.

로 하여금 灑掃應對하며 어른을 섬기는 예절을 간략히 말하여, 이 침저녁으로 노래하게 하고자 하니, 이렇게 하면 마땅히 도움이 있을 듯하다.[378]

배움은 모름지기 안정하여야 하고, 재주는 모름지기 배워야 한다. 배움이 아니면 재주를 넓힐 수 없고, 안정이 아니면 배움을 이룰 수 없으니, 게으르면 정밀한 것을 연구할 수 없고, 거칠고 조급하면 성품을 다스릴 수 없다. 나이는 때와 함께 달리며 뜻은 해와 함께 가버려서 마침내 枯落을 이루거든 궁색한 오두막에서 슬피 힌탄한들 장차 다시 어찌 미칠 수 있겠는가.[379]

그 대략에 말하였다. 너에게 몸 세움(立身)을 배우는 것을 경계하노니, 孝悌를 먼저함만 같음이 없다. 화열하게 父母와 長子를 받들어 감히 교만하거나 함부로 하는 마음을 내지 말아야 한다. 두려워하고 다시 조심하여 造次에도 반드시 이에 하라.[380]

온 세상이 淸素(淸白)함을 천하게 여겨 몸을 봉양함에 화려함과 사치함을 좋아한다. 살찐 말에 가벼운 갖옷을 입고서 의기양양하여 마을을 지나가니, 비록 시장 아이들에게 좋아함을 받으나 도리어 식자들에게는 천하게 여겨진다.[381]

길한 자는 눈으로는 禮 아닌 色을 보지 않으며, 귀로는 禮 아닌 소리를 듣지 않으며, 입으로는 禮 아닌 말을 말하지 않으며, 발로는 禮 아닌 곳을 밟지 아니하여, 사람이 선한 사람이 아니면, 사귀지 않으며, 물건이 의로운 것이 아니면 취하지 않으며, 어진 사람 가까이 하기를 지초와 난초에 나아가듯이 하며 악한 사람을 피하기를 뱀과 전갈을 두려워하듯이 하니, 이와 같다면 혹자가 그

---

378) 『小學』, 「嘉言」4.

379) 『小學』, 「嘉言」8.

380) 『小學』, 「嘉言」10.

381) 同上.

를 길한 사람이라고 이르지 않더라도 나는 믿지 않겠다. 흉한 자는 말이 어긋나고 속이며, 행동거지가 음험하며, 이익을 좋아하고 잘못을 꾸미며, 음란함을 탐하고 화를 좋아하여, 선량한 사람 미워하기를 원수같이 하고, 형벌과 법을 범하기를 물마시거나 밥 먹듯이 하여, 작게는 몸을 죽이고 생명을 멸하며, 크게는 宗族을 전복시키고 후사를 끊어지게 한다. 이와 같다면 혹자가 그를 흉한 사람이라고 이르지 않더라도 나는 믿지 않겠다.382)

마음을 세움은 忠信과 속이지 않음으로써 주장과 근본을 삼으며, 몸을 행함은 단정하고 장엄하고 청렴하고 근신함으로써 操執을 보이며, 일에 임해서는 明敏하고 果斷함으로써 옳고 그름을 분별하며, ……383)

그 視箴에 말하였다. 마음은 본래 虛하니, 사물에 응함에 자취가 없다. 그것을 잡는데, 요점이 있으니, 보는 것을 법칙으로 삼는다. 가리움이 앞에서 교차하면 마음이 옮겨지니, 밖에서 제재하여 그 마음을 편안하게 해야 한다. 私慾을 이겨 禮로 돌아가면 오래되면 저절로 될 것이다. 그 聽箴에 말하였다. 사람이 秉彛가 있음은 천성에 근본하였건만 지각이 외물에 유인되어 변화해서 마침내 그 바름을 잃는다. 높은 저 선각자는 그칠 곳을 알아 정함이 있다. 사악함을 막고 진실을 보존하여 禮가 아니면 듣지 않는다. 그 言箴에 말하였다. 사람 마음의 동함은 말로 인하여 펴지게 되니, 발언함에 조급하고 망녕됨을 금해야 하고 우호를 내기도 하니, 길흉과 영욕은 오직 말이 부르는 것이다. 말을 쉽게 함에 손상되면 허탄해지고, 번다함에 손상되면 지리해지며, 자신이 함부로 하면, 남이 거스르고, 나가는 것이 어그러지면 돌아오는 것이 어긋나니, 법도가 아니면 말하지 말아 훈계하신 말씀을 공경할지어다. 그 動箴에 말하였다. 哲人은 기미를 알아 생각에 성실하게 하고, 志士는 행실에 힘써 행위에 지킨다. 이치를 따르면 넉넉하고 욕심을 따르

---

382) 『小學』, 「嘉言」11.
383) 『小學』, 「嘉言」13.

면 위태로우니, 造次에도 능히 생각하여 두려워하고 조심하여 스스로 지켜라. 습관이 천성과 더불어 이루어지면 聖賢과 똑같이 돌아갈 것이다.[384]

范忠宣公이 子弟를 경계하여 말하였다. 사람이 비록 지극히 어리석더라도 남을 꾸짖는 데에는 밝고, 비록 총명함이 있더라도 자기를 용서하는 데에는 어둡다. 너희들은 다만 항상 남을 꾸짖는 마음으로 자신을 꾸짖고 자기를 용서하는 마음으로 남을 용서한다면, 聖賢의 경지에 이르지 못함을 근심하지 않을 것이다.[385]

明道 先生이 말씀하셨다. 군자는 사람을 가르침에 차례가 있다. 그리하여 먼저 작은 것과 가까운 것을 전해준 뒤에 큰 것과 먼 것을 가르치니, 이는 먼저 가까운 것과 작은 것을 전해주고 뒤에 먼 것과 큰 것을 가르치지 않는 것은 아니다.[386]

끝으로, 「善行」은 모두 81장으로 한나라 이후 선행을 기록한 것으로 「立敎」,「明倫」,「敬身」을 實證한 것이다. 그 內容을 보면 다음과 같다.

세상의 배우는 자들이 가까운 것을 버리고 멂에 나아가며, 아래에 있으면서 높음을 엿보아 이 때문에 가벼이 스스로 큰 체하여 끝내 얻음이 없음을 걱정하였다.[387]

집을 다스리되 네 가지 가르침으로 하였으니, 勤勉, 儉素, 恭遜, 寬容이요, 집을 바루되 네 가지 禮節로 하였으니, 冠禮, 婚禮, 喪禮, 祭禮였다.[388]

---

384) 『小學』, 「嘉言」68.
385) 『小學』, 「嘉言」71.
386) 『小學』, 「嘉言」90.
387) 『小學』, 「善行」8.
388) 『小學』, 「善行」48.

이상에서, 德性涵養의 行動的인 次元의 첫 번째 요소인 道德 習慣 培養을 위한 基本 德目들과 그들의 교육을 위한 교육 원리로서 下學 上達에 대해 서술하였다. 道德 習慣 培養을 위한 기본적인 德目들을 어려서부터 몸으로 익히는 것은 下學에 해당하는 것으로 下學의 '下' 는 구체적 사물과 기술적 방면의 學으로서, 인간의 일을 의미한다. 즉, 이는 자신에게서 가까운 곳에서 취하여 그것을 기반으로 上達의 '上'에 해당하는 '道'나 '理'를 알게 되는 것이다. 下學上達을 인간의 일로써 하늘의 道와 사람의 道 즉 天道와 人道를 알게 되는 것이다. 그러므로 德性涵養을 위한 기본적인 道德 習慣 培養을 위해 기초적 인 德目들을 어려서부터 몸에 익히게 하는 것은 인간으로서의 기본 적인 道理를 알게 함으로써 궁극적으로는 배우는 사람들로 하여금 모든 행동이 인륜에 어긋나지 않도록 하게 함이며, 이러한 人倫과 일치하는 행동을 하는 과정을 통해 하늘과 사람의 '理'를 알게 하는 것이다.

2) 人倫으로서의 五常과 孝悌忠信

기본적인 道德 習慣 培養을 위한 基本 德目으로 人倫389)을 들 수 있다. 人倫의 내용으로 三綱五常과 孝悌忠信 등을 들 수 있는데, 먼

---

389) 여기서 人倫의 의미는 道德的 絶對主義에서 말하는 보편적인 道德 法則 으로 이해하였다. Nicholas Rescher, *Moral Absolutes, An Essay on the Nature and Rationale of Morality*, N.Y.: Peter Lang, 1989, pp.41-47에 서는, 道德的 相對主義를 慣習(Moes)과 道德性(Morality)을 혼돈한다고 비판하며, 道德性이 보편적인 원칙의 지역적 조건들을 내포하며, 도덕적 법칙의 다양성은 근본적인 것들(fundamentals)에 도달할 수 없다는 道德 的 絶對主義 입장을 위한다. 儒家에서의 人倫 즉 三綱五常, 孝悌忠信 등 은 보편적이고 불변의 道德 法則이 될 수 있다.

저, 三綱五常은 인간으로서 지켜야만 하는 기본적이면서도 근본적인
道理이다. 또한 三綱五常은 인간으로서 지켜야만 하는 변하지 않는
道理이다. 孔子와 그의 제자인 子張과의 대화를 보면,

> 子張이 '열 王朝 뒤의 일을 미리 알 수 있습니까?' 하고 묻자, 孔
> 子께서 말씀하셨다. '殷나라는 夏나라의 禮를 因襲하였으니, 損益
> 한 것을 알 수 있으며, 周나라는 殷나라의 禮를 因襲하였으니, 損
> 益한 것을 알 수 있다. 혹시라도 주나라를 잇는 자가 있다면 비록
> 百世 뒤라도 알 수 있을 것이다.'390)

라고 하였는데, 이에 대한 註를 보면, "馬氏가 말하였다. 因襲한 것은
三綱과 五常을 이름이요, 損益한 것은 文·質과 三統을 이른다. 내가
생각건대, 三綱은, 임금은 신하의 벼리가 되고, 아비는 자식의 벼리가
되고, 남편은 아내의 벼리가 됨을 이른다. 五常은 仁·義·禮·智·
信을 이른다. …… 三綱과 五常은 禮의 大體이니, 三代가 서로 계승
하여 모두 그대로 인습하고 변경하지 않았으며, 損益한 것은 文章과
制度上에 약간 지나치거나 미치지 못한 것에 불과할 따름이었는데,
이미 그러한 자취를 이제 다 볼 수 있으니, 지금 이후 혹 周나라를
이어 왕 노릇 하는 자가 있다면, 비록 百世 뒤의 먼 것이라도 因襲
하고 變革시키는 것은 이에 불과할 뿐이니, 어찌 十世뿐이겠는가
?"391)라고 하였다. 三綱과 五常은 시공을 초월하여 변하지 않는, 인

---

390) 『論語』, 「爲政」23, 子張問 十世 可知也. 子曰 殷因於夏禮 所損益 可知也
周因於殷禮 所損益 可知也 其或繼周者 雖百世 可知也.

391) 同上, 馬氏曰 所因 謂三綱五常 所損益 謂文質三通 愚按 三綱 謂郡爲臣綱
父爲子綱 夫爲妻綱 五常 謂仁義禮智信 文質 謂夏尙忠 商尙質 周尙文 三
通 謂何正建寅 爲人通 商正建丑 爲地通 周正建子 爲天通 三綱五常 禮之
大體 三代相繼 蓋因之而不能變 其所損益 不過文章制度 小過不及之間 而
其已然之迹 今皆可見 則自今以往 或有繼周而王者 雖百世之遠 所因所革
亦不過此 豈但十世而已乎.

160

간으로서 당연히 지키고 행해야 할 인간의 道理라고 할 수 있다. 三綱五常은 인간과 인간 간의 道德 規範이며, 한 사회의 통치 질서적인 윤리법칙을 유지해 주는 것이다.[392] 三綱은 사회에 존재하는 주요하고 지배적인 세 가지의 道德的인 관계를 말한다. 즉, 그것은 君爲臣綱, 父爲子綱, 夫爲婦綱이 그것이며, 그 뜻은 임금은 신하의 벼리가 되어야 하고, 아버지는 아들의 벼리가 되어야 하고, 남편은 아내의 벼리가 되어야 함이다. 五常은 소위 仁, 義, 禮, 智, 信을 말하는데, 仁은 보통 忠恕, 孝悌 등으로 이해되며, 五常은 보통 五倫-君臣, 父子, 夫婦, 兄弟, 朋友-과 五典-父義, 母慈, 兄友, 弟恭, 子孝-과 五行 혹은 五品 등으로도 설명되고 있다.

三綱五常은 인간이 지켜야 할 기본적인 道理이며, 시간과 공간적으로 변하지 않는 불변의 倫理 規範이라 볼 수 있는데, 朱子는 이를 所以然과 所當然으로 설명하고 있다.[393] 朱子는 늘 존재의 근거를 생각하였다. 존재의 근거, 즉 존재로 하여금 존재하게 하는 것은 하나의 理이지만, 朱子는 그것을 所以然과 所當然으로 나누었다.

天下의 사물에 이르면 반드시 각각 所以然의 理由(所以然之故)와

---

392) 董乃强, 『孔學知識詞典』, 北京: 中國國際广播出版社, 1990, p.153.
393) Nicholas Rescher, *Moral Absolutes - an Essay on the Nature and Rationale of Morality*, N.Y.: PETER LANG, 1989, pp.41-47에서는 道德的 絶對主義에 대해 논하고 있다. 오늘날 道德的 相對主義는 피할 수 없다. 그러나 인간세계에는 변하지 않는 불변의 道德 法則-인간의 존엄성, 자유, 인간의 복지에 대한 권리 등-이 있다. 상대주의자들은 '우리는 우리의 도덕 법칙을 가지고, 그들은 그들의 도덕 법칙을 갖는다'라고 주장한다. 그러나 Mores와 Morality는 다른 것이다. Mores는 관습적인 차원이고, Morality는 보편적인 원칙의 지역적인 조건들을 모두 포함하는 것으로, 道德的 法則의 多樣性은 어떤 근본적인 차원에 도달할 수 없는 단순히 피상적인 것이다. 본문에서 말하는 人倫 혹은 所當然으로서의 人倫 등은 이와 같이 道德的 絶對主義에서 말하는 普遍的인 道德原則을 의미한다.

所當然의 法則(所當然之則)이 있으니, 이것이 이른바 理이다.394)

이는 모든 사물에는 각각 '所以然의 理由'와 '所當然의 法則'이 있
는데, 이 양자의 통일이 이른바 理라는 것이다.

所以然의 理由와 所當然의 法則이란 무엇인가? 所當然의 法則은
임금의 어짐, 어버이의 자애로움, 자식의 효도 등 人倫의 法則을 말
한다. 所以然의 理由란 임금은 어질어야 하고 어버이는 자애로워야
하며 자식은 효도해야 하는 그 근본 이유를 뜻한다. 所以然의 理由
에서 '理由'는 근원성, 필연성, 법칙성 등의 의미를 함축한다.

임금이 어진 것은 임금이기 때문에 '어쩔 수 없이' 어짊을 행하는
것이 아니라 자연적으로 행하는 것이다. 어버이와 자식 사이에서
도 마찬가지이다. 그것은 '그러하기를 기약하지 않고 그러한 것'이
요, 따라서 作爲와 努力이 필요하지 않은 것이다. 所當然의 法則
과 所以然의 理由는 자연적이며 필연적인 것이다.395)

라고 하여 임금의 어짊과 父子之間의 道理를 所以然의 理由와 所當
然의 法則으로 설명하고 있는데, 그것은 인위적인 作爲에 의한 도리
가 아니라 인간으로서 당연히 해야 할 당위적인 것이라고 보는 것이
다. 또, "天道가 流行하여 조화로써 모든 만물을 발육하는데, 무릇,
소리, 냄새, 모양, 형상을 갖고 천지 사이에 가득 차 있는 것은 모두
사물(物)이다. 이미 사물이 존재하면 그 사물이 만들어지는 所以가
각각 當然의 法則이 있지 않음이 없기에 만물 스스로가 그만둘 수

---

394) 『大學或問』, 8쪽, 至於天下之物, 則必各有所以然之故, 與所當然之則, 所謂
理也.
395) 『大學或問』 上, 300쪽, 如君之所以仁 …… 非是說爲君了, 不得已用仁愛,
自是李合如此 …… 又如父之所以慈, 蓋父子本同一 …… 自有不期然而然
者, 其穴大倫皆然, 皆天理使之如此, 豈用强爲哉.

없다. 이 모두 하늘이 부여한 것에서 얻은 것이므로 사람이 할 수 있는 것이 아니다."[396)]에서는, 天道가 流行하여 모든 사물이 만들어지는데, 이 모든 사물은 하늘이 부여한 所當然의 法則이 주어진다는 것임을 말한다. 여기서 사물(物)이란 天地 사이의 모든 존재를 가리킨다. 사물이 존재한다면 사물을 사물로서 존재하게 하는 근거가 있게 마련이고, 각 사물에는 당연한 법칙이 있게 마련이다. 하나의 사물에는 所以然과 所當然이 존재한다. 하나의 사물에 所以然과 所當然이 존재함은 '스스로 그칠 수가 없는(自不容已)' 것이다. 곧 이는 自然性이요 必然性이다. 그러기 때문에 하늘이 부여한 것이요, 인위에 의한 것이 아니라고 한다. '이미 사물이 존재하면 그 사물이 만들어지는 所以가 각각 당연한 법칙이 있지 않음이 없기에 만물 스스로가 그만둘 수 없다'고 하는 말에서 '만물 스스로가 그만둘 수 없다'는 것은 所以然과 所當然 모두에 해당한다. 다만,

> 한 사물 가운데서도 그 所當然으로서 그만둘 수 없는 것과 그 所以然으로서 바뀔 수 없는 것을 보지 않음이 없다.[397)]

는 말에서만 본다면, 그것은 所當然과 관계된다고 말할 수 있을 것이다. 그러나 의미적으로 所以然이란 결국 그 사물로써 그 사물이 되게 하는 근거인 만큼 그것 역시 자연적이고 필연적인 것이다. 또한,

> 身, 心, 性, 情의 德과 人倫, 日用의 常道에서 天地, 鬼神의 변화와

---

396) 『大學惑問』, 17쪽, 天道流行, 造化發育, 凡有聲色貌象, 而盈於天地之間者, 皆物也. 旣有是物, 則其所以爲是物者, 莫不各有當然之則, 而自不容已, 是皆得於天之所賦, 而非人之所能爲也.

397) 同上, 18쪽, 一物之中, 莫不有以見其所當然, 而不用已, 與其所以然, 而不可易者.

鳥獸, 草木의 마땅함에 이르기까지, 어느 한 사물 가운데서도 그 所當然으로서 그만둘 수 없는 것과 그 所以然으로서 바뀔 수 없는 것을 보지 않음이 없다.398)

라고 하였는데, 이는 所當然으로서 그만둘 수 없는 것과 所以然으로서 바뀔 수 없는 것이 인간을 포함한 모든 사물에 존재함을 말한다. 여기서 그만둘 수 없다함은 自然性, 必然性을 말하고, 바뀔 수 없다함은 永遠不變性을 말한다. 『論語』의 '오십 세에 天命을 안다'는 말을 朱子는 『논어집주』에서,

天命은 곧 天道가 流行하여 사물에 부여되는 것이니, 바로 사물이 당연히 그러하게 되는 까닭(所以當然之故)이다. 이것을 안다면 앎이 지극히 정밀하여져서 의혹되지 않는 것은 또 말로 다할 수가 없다.399)

고 하였다. '所以當然之故'라 함은 所以然과 所當然을 하나로 매듭지은 표현이라 할 수 있다.

朱子는 '所以當然之故'의 의미를,

어버이에게는 효도하고 어른에게는 공경하는 것은 '당연히 그러해야 할 일', 곧 當然之事이다. 그러한 所以가 왜 그러한가 하는 근거를 추구하여 그것을 아는 것은 배우는 사람에게는 아직 어려운 일이다. 聖人은 학력의 능력이 거기까지 도달해 있기에 그 근거인 理를 분명히 알지만, 보통 사람은 계속 노력해야만 비로소 알 수 있다.400)

---

398) 同上, 18쪽, 身心性情之德, 人倫日用之常, 以至天地鬼神之變, 鳥獸草木之宜, 自不有以見所當然, 而其所以然, 而不可易者.

399) 『論語』, 「爲政」4, 天命 卽天道之流行而賦於物者 乃事物所以當然之故也 知此則知極其精 而不惑 又不足言矣.

'當然之事'에 관해서 그것이 왜 當然之事인지 그 所以然, 곧 근거를 아는 것이 天命을 아는 것이다. 앎이 지극히 정밀하여져서 의혹됨이 없는 것이 바로 앎의 궁극점이다. 이는 하나의 사물에 所以然과 所當然이 자연히 내재하여 동시에 존재함을 보여 준다.

어버이를 섬기는 데 효도하지 않으면 안 되고, 형을 섬기는 데 공손하지 않으면 안 된다고 하는 것들은 곧 당연한 법칙이다. 그러나 어버이를 섬기는 데 왜 효도하지 않으면 안 되는가, 형을 섬기는 데 왜 공손하지 않으면 안 되는가 하는 그것이 바로 所以然의 근거이다. "백성에게 理의 당연함을 따르게 할 수는 있어도 그 所以然을 알게 할 수는 없다."[401]고 하는 것에 대해 朱子는 다음과 같이 말한다. "理의 所當然이라고 하는 것은 이른바 '백성이 본래 타고난 도리(民之秉彝)'이면서 날마다 사용하는 것이다. 聖人이 禮, 樂, 刑, 政을 만든 것은 모두 백성으로 하여금 이것을 따르게 하려는 것이다. 그런데 그 所以然은 '天命之性'에 근원하지 않음이 없으니, 배우는 자라해도 쉽게 들어 알 수 없다. 하물며 서민에 있어서랴! '알게 할 수없다(不可使知之)'고 하는 것은 대체로 (일반인은 그 所以然까지는) 알게 할 수가 없다는 것이지 (일부러) 알지 못하게 한다는 것은 아니다."[402]라고 하였다.

理의 所當然이란 『孟子』의 「告子 上」에서 인용한 『詩經』의 '백성이 본래 타고난 道理'라는 것으로서 모든 百姓이 늘 사용하는 것이

---

400) 『朱子語類』 上 권23, 論語5, 爲政上, 369쪽, …… 曰, 孝親悌長, 此當然之事. 推其所以然處, 因心如此? 學者未便會知此理. 聖人, 學力到此, 此理洞然, 穴人用力久, 亦須會到.

401) 『論語』, 「泰伯」9, 子曰 民可使由之 不可使知之.

402) 『論語』, 「泰伯」(同上), 理之所當然者, 所謂民之秉彝, 百姓所日用者也, 聖人之爲禮樂刑政, 皆所以使民由之也, 其所以然, 則莫不原於天命之性, 雖學者有易得聞者, 而況於庶民乎? 其曰: 不可使知之, 蓋不能使之知, 非不使之知也.

다. 성인이 禮, 樂, 刑, 政을 만들어 만민으로 하여금 의존하게 한 理
이다. 所以然이란 '天命之性'에 근원한 것이어서 배우는 사람 또한 알
기 어려운 심원한 理인 만큼 더욱이나 서민은 알 수가 없다. 그런
까닭에 만민에게 심원한 理를 알게 하는 것이 불가능하다는 것이지,
일부러 모르게 한다는 것은 아니다. 所當然을 일상 행동 가운데 자
명하게 얻어지는 理이고, 所以然은 이론적이고 지적인 규명에 의해
얻어지는 것이다.

> 어린 아이가 우물로 들어가는 것을 보면 모두 두려워 편안하지
> 않으며(怵惕), 가엽게 여기는(惻隱) 마음(心)이 생긴다. 이는 所當
> 然한 바로서(내 자신에 대해서도) 그만둘 수 없는 것이다. 그러나
> 이와 같이 되는 까닭은 무엇인가? 반드시 바뀔 수 없는 道理가
> 있기 때문이다.403)

여기에서, '그만둘 수 없는' 所當然은 일(事)에 관계하고, '바뀔 수
없는' 所以然은 理에 관계한다. 이는 "앎이란 그 일의 所當然을 인식
하는 것을 말하고, 깨달음이란 그 理의 所以然을 깨닫는 것이다."404)
에서도 이를 알 수 있다. 어린 아이가 우물 속에 빠지는 것을 본다
면 사람은 예외 없이 그 아이를 불쌍히 여기며 고통스러운 심정에
빠지게 마련이다. 그것은 所當然으로서 그만둘 수 없는 경우에 해당
한다. 그러나 왜 그와 같은 심정이 되는가? 그 근거와 이유는 반드
시 있다. 그것이 바뀔 수 없는 所以然의 理인 것이다.

所當然과 所以然은 상즉하여 존재한다. 그러나 세상에서 배우는

---

403) 『朱子語類』 上, 권 18, 大學5·或問下, 313쪽, 如人見赤字入井, 皆有怵惕惻
隱之心, 此其事所當然而不容已者也, 然其所以如此者何故, 必有箇道理之不
可易者.

404) 『孟子』, 「萬章 上」7, 知, 謂其事之所當然, 覺, 謂悟其理之所以然.

사람은 그것을 알지 못한다. 朱子는 계속해서 말한다.

> 오늘날 배우는 사람은 다만 '一邊(表面)'만을 볼 뿐이다. 예를 들면
> 사람을 보면서도 冠冕이나 衣裳과 같은 겉모습만 볼 뿐 그 사람
> 의 내면은 잘 알지 못한다. 忠, 孝, 仁, 義에 대해서도 피상적인 이
> 해에 그치고, 마음과 골수를 파고드는(徹心徹髓) 듯한 본질적인
> 이해는 하지 못한다. 天地 사이의 조화에 대해서도 '陽이 성장하
> 면 살고, 陰이 사라지면 죽는다'는 형이하의 사실을 알 뿐이고, '그
> 러한 所以'인 형식상의 理는 알지 못한다.405)

라고 하였는데, 거기에서는 사실의 인식이 있을 뿐 근거의 인식은
없다. 효도를 함에는 효도하는 所以로서의 道를 알지 않으면 안 된
다. 그러므로 어떠한 이유 때문에 효도를 하는 것인지 알지 않으면
안 된다. 즉 효도의 理를 알지 않으면 안 된다. 구체적으로 말하면,
어떠한 이유에서 봉양하는가, 어떠한 이유에서 따뜻이 해 드리고 서
늘하게 해 드리는가, 곧 어떠한 이유에서 겨울에는 따뜻이 해 드리
고 여름에는 서늘하게 해 드리는 데 마음을 쓰는 것일까? 그 이유를
궁구하지 않는 한 효도를 충분히 할 수 없다. 이유를 알지 못하므로
오로지 효도라는 글자만 지킬 뿐이다. 이런 것은 참된 효도, 완전한
효도라고 말할 수 없다.

이와 같은 소위 窮理의 일은 앎의 문제와 행동의 문제를 다 포괄
하는데, "窮理란 사물의 所以然과 所當然을 알고자 하는 것일 뿐이
다. 그 所以然을 알기 때문에 뜻이 의혹되지 않는다. 그 所當然을 알
기 때문에 행동이 어긋나지 않는다."406)에서 의미하는 것은, 窮理는

---

405) 『朱子語類』上, 권 18, 大學5·或問下, 313쪽, 今之學者, 但止見一邊, 如去
  見人, 只見得他冠冕衣裳, 却元不會識得那人, 且如爲忠, 爲孝, 爲仁, 爲義,
  但只據眼前理會得箇皮膚便休, 都不會理會得那徹心徹髓處, 以至於天地間造
  化, 固是陽長則生, 陰消則死, 然其所以然者是如何.

단순한 앎의 문제일 뿐 아니라 行動의 문제이기도 하다는 것이다. 所當然과 所以然이 相對하여 앎(知)과 행동(行)이 완전하게 된다. 그때 窮理가 완성된다. 窮理에서 所當然과 所以然은 모두 소홀히 할 수가 없다. 所當然은 所以然이 떠받쳐 줌으로써 깊이 있게 되고 확고부동한 것이 되며, 보편적인 것이 되고 자각적인 것이 된다.

이제까지의 所以然과 所當然의 의미를 살펴보면서, 所當然, 즉 일상 행동 가운데 자명하게 얻어지는 理로서 三綱五常의 뜻을 이해하였다. 三綱五常은 인간으로서 마땅히 지켜야만 하는 가장 기본적인 道理라고 할 수 있으며, '마땅히 그래야만 하는 것'으로서 자명한 '所當然'의 理이다. 그러므로 사람으로서 이것을 지키지 않으면 사람이라 할 수 없는 것이며, 또한 인간의 道理를 다하지 않는 것이며, 결국 하나의 인간으로서 대우될 수 없는 것이다. 所當然으로서의 三綱五常은 사람이 사람답기 위해 지키지 않아서는 안 되는 가장 기본적인 道理인 것이다.

所當然으로서의 三綱五常은 교육의 초기 단계에서 학생들이 기본적인 도덕 습관 배양을 하기 위해 중요한 덕목이다. 앞에서 다룬 『小學』의 기본 덕목과 더불어 三綱五常은 학생들로 하여금 기본적인 인간관계에서의 도리를 지키게 하고, 개인적인 수양을 위한 기초적인 德을 쌓게 하는 德目이다. 다만 오늘날 한국의 교육에서 어떤 德目을 수용할 것이며, 상황에 맞는 덕목들을 어떤 근거에서 선정할 것인가가 과제이다. 또한 학년에 따른 덕목의 선정도 중요한 문제이다.

다음은 道德 習慣 培養을 위한 基本 德目으로서 孝悌忠信에 대해 논의한다. 孔子의 敎育은 네 가지를 가르쳤는데, 그것은 文, 行, 忠, 信이었다.[407]

---

406) 『朱子大全』 中 권64, 答或人 544쪽, 窮理者, 欲知事物之所以然與所當然之而已. 知其所以然, 故志不惑, 知其所當然, 故行不謬.

407) 邱鎭京, 『論語思想體系』, 文津出版社, 民國 81년, p.69.

168

孔子께서는 네 가지로 가르치셨으니, 文, 行, 忠, 信이었다.408)

　이에 대한 주를 보면, "사람을 가르치되 글을 배우고, 행실을 닦으
며 忠信을 마음에 간직하게 한 것이니, 이 중에 忠信이 근본이다."409)
라고 하였다. 文은 六藝의 文을 말하며, 行은 孝悌의 行을 말하며, 忠
과 信은 나라 일을 도모하는 데 있어서의 말과 일의 실제를 가리킨
다. 文은 보통 詩, 書, 禮, 樂, 易, 春秋 등을 말하나 이에 대해서는
다음 절에서 다루기로 하고, 이 절에서는 行, 忠, 信에 관해 살펴보려
한다.

　孝悌의 行에 대해 보면, 모든 인간관계는 君臣, 父子, 夫婦, 昆弟,
朋友 간의 관계 안에 있다. 이 다섯 가지 중에서 가장 기본이 되는
관계는 父子와 昆弟 간의 관계일 것이다. 孔子가 人倫에 대해 가르
칠 때 제일 먼저 孝悌를 가지고 가르쳤다. 『論語』「學而」에서는, "공
자께서 말씀하셨다. 弟子가 들어가서는 孝하고 나와서는 恭遜하며
(행실을) 삼가고(말을) 성실하게 하며, 널리 사람들을 사랑하되 仁
한 이를 친히 해야 하니, 이것을 행하고 餘力이 있으면 글을 배워야
한다."라고 하였는데, 이런 뜻을 받아들여 孔子의 제자인 子夏는 다
음과 같이 말하였다. "어진 이를 어질게 여기되 色을 좋아하는 마음
과 바꿔하며, 父母를 섬기되 능히 그 힘을 다하며, 人君을 섬기되 능
히 그 몸을 바치며, 朋友와 더불어 사귀되 말함에 성실함이 있으면
비록 배우지 않았다고 말하더라도 나는 반드시 그를 배웠다고 이르
겠다."410)라고 하였는데, 제일 먼저 孝弟之心을 배양해야 하고, 이것
을 확장하여 나가 夫婦간의 和順과 朋友간의 信義, 사회의 親善 등

---

408) 『論語』, 「述而」24, 子以四敎 文行忠信.
409) 同上, 敎人以學文修行而存忠信也 忠信 本也.
410) 『論語』, 「學而」7, 賢賢易色 事父母 能竭其力 事君 能致其身 與朋友
　　　交 言而有信 雖曰未學 吾必謂之學矣.

으로 넓혀가야 하는 것이다.

孔子의 제자인 有子는 다음과 같이 말했다.

> 그 사람됨이 孝하고, 恭敬스럽고서 윗사람을 범하기를 좋아하는
> 자는 드무니, 윗사람을 범하기를 좋아하지 않고서 亂을 일으키기
> 를 좋아하는 자는 있지 않다. 君子는 根本을 힘쓰니, 根本이 확립
> 되면 道가 발생하는 것이다. 孝와 弟라는 것은 그 仁을 행하는 근
> 본일 것이다.411)

라고 하였는데, 이에 대한 주를 보면, "程子가 말하였다. 孝弟는 순한
德이다. 그러므로 윗사람을 범하기를 좋아하지 않는 것이니, 어찌 다
시 이치를 거스르고 常道를 어지럽히는 일이 있겠는가? 德은 根本이
있으니, 根本이 확립되면 그 道가 충만하고 커진다. 孝와 弟를 집안
에 행한 뒤에 仁과 사람이 남에게 미치는 것이니, 이것이 이른바 친
한 이를 친히 하고서 백성을 사랑한다는 것이다. 그러므로 仁을 하
는 데는 孝弟를 根本으로 삼으며, 本性을 논한다면 仁이 孝弟의 근
본이 되는 것이다. 혹자가 묻기를 '孝弟가 仁의 근본이 된다 하였으
니, 이것은 孝弟로 말미암아 仁에 이를 수 있다는 말씀입니까?'라고
하자, 나는 대답하였다. '이것은 아니다. 仁을 행하는 것이 孝弟로부
터 시작됨을 말했을 뿐이다. 孝弟는 이 仁의 한 가지 일이니, 仁을
행하는 근본이라고 이른다면 可하거니와 이것이 仁의 根本이라고 한
다면 不可하다. 仁은 本性이요, 孝弟는 用이다. 性 가운데에는 다만
仁, 義, 禮, 智 네 가지가 있을 뿐이니, 어찌 일찍이 孝弟가 있겠는가.
그러나 仁은 사랑을 주장하고, 사랑은 어버이를 사랑하는 것보다 더
큰 것이 없다.' 그러므로 '孝弟란 그 仁을 행하는 根本일 것이다'라고

---

411) 『論語』, 「學而」2, 有子曰 其爲人也 孝弟 而好犯上者 鮮矣 不好犯上 而好
作亂者 未之有也. 君子務本 本立而道生 孝弟也者 其爲仁之本與.

170

말한 것이다."412)라고 하였는데, 여기서는 仁에 이르는 가장 근본 되는 행동으로서의 孝弟를 말하고 있다. 仁의 의미를 사랑이라고 말했을 때 그 사랑 중에서 가장 근본이 되는 것은 부모와 형제에 대한 사랑임을 또한 강조하고 있다. 孝弟가 집안에서 완수된다면 이것이 밖으로 확대되어 남과의 관계에서 사랑이 실천될 수 있는 것이다.

여기서 孝悌의 行 가운데서 孝에 관한 孔子의 사상을 보면 다음과 같다. "孟懿子가 孝를 묻자, 孔子께서 '어김이 없어야 한다'고 대답하셨다. 樊遲가 '무엇을 이르신 것입니까?' 하고 묻자, 孔子께서 말씀하셨다. '살아계시면 禮로 섬기고, 돌아가시면 禮로 장사지내고, 禮로 제사지내는 것이다.'"413)라고 하였고, "孟武伯이 孝를 묻자, 孔子께서 말씀하셨다. 부모는 오직 자식이 병들까 근심하신다."414)라고 하였고, "子遊가 孝를 묻자, 孔子께서 말씀하셨다. 지금의 孝라는 것은 (물질적으로) 잘 봉양한다고 이를 수 있다. 그러나 犬馬에게도 모두 길러줌이 있으니, 공경하지 않으면 무엇으로 구별하겠는가?"415)라고 하였고, "子夏가 孝를 묻자, 孔子께서 말씀하셨다. 얼굴빛을 온화하게 하는 것이 어려우니, 父兄에게 일이 있으면 弟子가 그 수고로움을 대신하고, 술과 밥이 있으면 父兄을 잡숫게 하는 것을 일찍이 孝라

412) 同上. 程子曰 孝弟 順德也 故 不好犯上 豈復有逆理亂常之事 德有本 本立 則其道充大 孝弟行於家而後 仁愛及於物 所謂親親而仁民也 故爲仁 以孝弟爲本 論性則以仁爲孝弟之本 或問 孝弟爲仁之本 此是由孝弟可以至仁否 曰 非也 謂行仁自孝弟始 孝弟 是仁之一事 謂之行仁之本則可 謂是仁之本則不可 蓋仁 是性也 孝弟 是用也 性中 只有箇仁義禮智四者而已 曷嘗有孝弟來 然 仁主於愛 愛莫大於愛親 故 曰 孝弟也者 其爲仁之本與.
413) 『論語』, 「爲政」5, 孟懿子 問孝 子曰 無違. 樊遲曰 何謂也 子曰 生事之以 禮 死葬之以禮 祭之以禮 孟無伯 問孝 子曰 父母 唯其疾之憂.
414) 『論語』, 「爲政」6, 孟無伯 問孝 子曰 父母 唯其疾之憂.
415) 『論語』, 「爲政」7, 子游 問孝 子曰 今之孝者 是謂能養 至於犬馬 皆能有養 不敬 何以別乎.

고 할 수 있다."[416]라고 하였다.

孝란 우선 道理에 어긋나지 않게 하는 것인데, 이것이 어기지 않는 것의 의미이다. 사람이 부모를 섬김에 처음부터 끝까지 禮대로 한결같이 한다면 즉, 살아계실 적에 섬기고, 돌아가셨을 때 장사지내고, 또 제사지내는 것을 禮에 따라 한다면 부모를 지극히 섬기는 것이 될 것이다. 사람이 부모에게 孝道하고자 하는 마음은 끝이 없지만 分數는 한계가 있다. 분수에 할 수 있는데도 하지 않거나, 분수에 할 수 없는데도 하는 것은 孝가 아닌 것이다. 이른바 孝란 자기 분수에 할 수 있는 것을 하는 것일 뿐이라고 주에서는 설명하고 있다.

또한 부모가 자식을 사랑하는 마음은 이르지 않는 데가 없는데, 오직 자식에게 질병이 있을까 염려하여 항상 근심하신다. 자식이 이것을 본받아 부모의 마음으로 마음을 삼는다면 모든 그 몸을 지키는 것이 스스로 삼가지 않음이 없을 것이니 이것이 孝인 것이다. 또한 부모를 오직 物質的인 奉養만으로 섬긴다면 동물을 키우는 것과 무엇이 다르겠는가? 만약 그 부모를 봉양만 하고 恭敬함이 지극하지 않다면 이는 孝라 할 수 없는 것이다. 또한 孝子로서 깊은 사랑이 있는 자는 반드시 和氣가 있고, 화기가 있는 자는 반드시 柔順한 빛이 있고, 柔順한 빛이 있는 자는 반드시 恭順한 容貌가 있다. 그러므로 부모를 섬길 때에 오직 얼굴빛을 온화하게 하는 것이 어려움이 될 뿐이요, 수고로운 일을 대신하고 음식을 봉양하는 것은 孝가 될 수 없는 것이라고 주에서는 말하고 있다. 孝란 인간으로서의 가장 기본적으로 인간의 도리를 행하는 것이 되며, 이는 분수에 맞추어 恭敬하는 마음가짐으로 할 수 있는 바를 하는 것일 뿐이라고 孔子는 말한다.

---

416) 『論語』, 「述而」8, 子夏問孝 子曰 色難 有事 弟子 服其勞 有酒食 先生饌 曾 是以爲孝乎.

儒家敎育思想의 核心이라고 할 수 있는 仁을 행하는 가장 기본적인 행동을 위에서는 孝悌로 보았다. 인간이 마땅히 지키고 따라야 하는 道理로서 孝悌는 가장 기본적인 요소라 할 수 있다. 孝悌 가운데서도 인간관계에서의 윤리 규범의 가장 기본적인 관계는 부모와 자식 간의 관계로 이 관계에서의 사랑과 道理는 다른 인간관계로 확장될 수 있는 것이므로 '孝'의 사상은 人倫 중에서도 가장 중요하고 기본적인 것이라 할 수 있다.

孔子가 가르친 교육 내용 중 行의 교육은 仁을 행하는 기본적인 행동인 孝悌에 대한 교육이다. 孝悌는 또한 모든 인간관계에서 사람이 지켜야 하는 道理 중의 가장 근본이 된다. 오늘날의 교육에서 孝悌의 德目을 중시해야 함은 재론의 여지가 없는 반면, 孝悌의 현대적 의미를 찾아야 하는 과제가 있다. 오늘날과 같이 수평적인 인간관계를 주장하는 젊은 세대에게 어려서부터 수직적인 인간관계를 강조할 수는 없다. 그러나 위에서 보듯이, 孝悌의 근본에는 공경심이라는 의미가 들어 있다. 孝悌의 현대적 의미를 모색할 때 공경심을 근본으로 한 孝悌를 강조하는 것이 필요하다. 孝悌란 무조건 윗사람이기 때문에 예의를 갖추어 도리를 다하는 것이 아니라 진실에서 우러나는 공경심과 사랑에서 받드는 것이다. 이러한 공경심을 근거로 한 孝悌에 대한 강조가 현대의 교육에서 필요하다.

다음은 忠과 信에 관해 보면, 마음 가운데 자기 자신을 다하는 것을 忠이라 하고, 사람에게 誠實한 것을 信이라 한다. 忠은 政事에 중점을 두고 언급되고, 信은 言語에 관련되어 언급된다. 忠信은 모두 나라 일을 도모하는 데 있어서 친분관계를 맺는 데 가장 중요한 요소가 된다. 그래서 항상 『論語』에서는 忠과 信이 같이 거론되었다.

忠信을 주장하며, 자기만 못한 자를 벗 삼으려 하지 말고, 허물이

있으면 고치기를 꺼려하지 말아야 한다.417)

이는 사람이 忠信하지 못하면 일이 모두 실상이 없어서 惡을 하기
는 쉽고, 善을 하기는 어렵다는 의미를 담고 있다. "程子가 말하였다.
사람의 道는 오직 忠信에 있는 것이니, 誠實하지 못하면 아무런 사
물이 없다. 또 나가고 들어오는 것이 일정한 때가 없어서 그 방향을
알 수 없는 것은 사람의 마음이니, 만일 忠信이 없다면 어찌 다시
딴 사물이 있을 수 있겠는가?"418)라고 하였는데, 여기서는 사람의
마음이 誠實하지 않으면 어떤 일도 할 수 없음을 말하고 있다. 마음
을 확고히 잡는 것은 忠과 信인 것이다.

"子張이 德을 높이며, 의혹을 분별함을 묻자, 孔子께서 말씀하셨다.
忠信을 주장하며 義에 옮김이 德을 높이는 것이다."419)라고 하였는
데, 이는 忠信을 주장하면 根本이 서게 됨을 말한 것이고, "子張이 行
해짐을 묻자, 孔子께서 말씀하셨다. 말이 忠信하고 행실이 篤敬(篤厚
하고 공경함)하면 비록 오랑캐의 나라라 하더라도 행해질 수 있거니
와 말이 忠信하지 못하고 행실이 篤敬하지 못하면 州里라 하더라도
행해질 수 있겠는가?"420)에서는, 말을 함에 있어서 忠信하며, 篤厚하
고 공경하는 행동을 하면 비로소 行이라고 할 만함을 말한 것이다.

孔子의 제자인 曾子도 忠과 信을 말하였다. "나는 날마다 세 가지
로 내 몸을 살피노니, 남을 위하여 일을 도모해줌에 충성스럽지 못
한가? 朋友와 더불어 사귐에 성실하지 못한가? 傳受받은 것을 복습

---

417) 『論語』, 「學而」8, 主忠信, 無友不如己者 過則勿憚改.

418) 同上, 程子曰 人道惟在忠信 不誠則無物 且出入無時 莫知其鄕者 人
心也 若無忠信 豈復有物乎.

419) 『論語』, 「顔淵」10, 子張問 崇德辨惑 子曰 主忠信 徙矣 崇德也.

420) 『論語』, 「衛靈公」5, 子張問行, 子曰 言忠信 行篤敬 雖蠻貊之邦 行矣 言
不忠信 行不篤敬 雖州里 行乎哉.

하지 않는가?이다."421)라고 하였는데, 이는 자기 마음을 다하는 것을 忠이라 이르고, 誠實히 하는 것을 信이라 함은 말하고 있는데, 이는 말과 행동에 있어서 자신의 정성을 다하고, 충실히 할 것을 강조하고 있는 것이다.

孔子의 敎育은 그 敎育 內容을 文(文學科), 行(德行科), 忠(政事科), 信(言語科)으로 하고 있다. 이 중에서 行은 孝와 弟를 그 중심 내용으로 하고 있다. 忠은 사람들과의 관계에서 일을 도모함에 자기 마음을 다하는 것을 말하며, 信은 朋友간의 관계에 있어서 성실성을 말하는 것인데, 忠信은 인간관계에 있어서 자기의 마음을 다하며, 그 뜻을 誠實히 하여 일을 도모하고 교제를 하며, 성실한 관계를 유지함을 말하는 것이다.422) 孝悌忠信은 오늘날 교육에서도 중요한 基本 德目이다. 孝悌는 공경심을 기초로 한 부모와 형에 대한 사랑이며, 忠, 信은 개인적인 충실성과 성실성을 말한다. 개인주의적이고 수평적인 인간관계 속에서 인간 간의 사랑을 실천하게 하는 덕목은 孝悌가 되며, 매사에 성실성을 강조하는 德目은 忠信이다. 이러한 기본적인 덕목은 德性涵養, 즉 修身의 가장 기초가 된다.

---

421) 『論語』, 「學而」4, 曾子曰 吾日三省吾身 爲人謀而不忠乎 與朋友交而 不信乎 傳不習乎.

422) 강미숙, 「교육학적 인간학에서의 인격형성에 관한 연구」, 서울대 대학원 국민윤리교육과 석사논문, 1990, pp.72-75에서는, 敎育學的 人間學에서의 言語敎育을 통한 人格形成을 다루고 있다. 볼노프는 言語가 갖는 윤리적 의미를 約束의 현상으로서 설명한다. 그는 約束을 現象學的으로 해석하고, 사람이 약속에서 보여주는 '믿음성'과 '나의 同一性'의 관계를 살피고자 한다. 오늘의 나는 내인의 나를 위해서 約束을 하고 그 약속을 모든 내적인 상태와 외적인 조건의 변화와는 상관없이 믿음성 있게 지킨다. 이러한 약속의 현상에서 보여주는 믿음성은 바로 自我創造의 행위인 것인데, 사람은 그의 말에서 대해서 충실하고 믿음성을 지킴으로써 순간적인 흐름과는 대립된 나의 存在를 창조한다는 것이다. 이상에서, 교육학적 인간학에서의 언어교육을 통한 人格形成 즉 約束 現象에서의 충실성과 믿음성의 교육은 儒家 德性涵養에서의 忠信하는 태도와 관련이 되는 것이라고 본다.

2. 道德感情培養을 위한 性情純化

여기서는 德性涵養의 行動的인 次元의 두 번째 요소인 性情純化 즉 情緖純化를 위한 敎育을 논한다. 이를 위하여 먼저 性과 情의 의미를 알아보고, 또한 中和狀態의 유지를 위한 誠意와 正心의 의미를 알아본다. 끝으로, 儒家의 敎育 內容 중의 詩敎, 禮敎, 樂敎를 통한 性情純化를 다룬다.

1) 心論에 있어서 性과 情의 意味

中國哲學史에서 사용되는 性情이란 말의 의미는 단순하지가 않다. 莊子와 같은 경우는 性情을 순박한 본성으로 파악하는데, 이러한 性情의 說은 孟子에서부터 시작된 것으로 본다.[423] 孟子는 性과 情을 연속하여 말하지는 않았지만 그렇다고 두 가지를 대립적으로 본 것은 아니다. 송대의 유학자는 心統性情說을 말한다. 이러한 性情을 미학적인 입장에서 간단하게 보면 대략 感情, 情感의 純化, 欲求의 調節, 昇華 등의 의미가 있다. 이는 藝術의 倫理道德的인 입장을 말해 주는 말이며, 儒家思想에서 藝術은 實踐的, 修養的인 측면을 가진다고 볼 수 있다. 『中庸』에서는 中節문제와 관련하여 "喜怒哀樂之未發, 謂之中. 發而皆中節, 謂之和"라 하여, '未發之性'을 中이라 하고, 發하여 中節된 것을 和라고 본다. 즉, 發한 情이 中節되어 和하게 되면 性과 같은 경지에 설 수 있다고 보는 것이다. 따라서 儒家에서는 情이라는 감정적 측면이나 性이라는 이성적 측면의 어느 한 쪽만은 강

---

423) 韋政通, 『中國哲學辭典』, 大林出版社印行, 1978, p.456.

조하지 않고 양자가 무리 없이 조화될 수 있는 방법으로 中和論을
제시하고 있는 것이다.[424]

　孟子는, "그 情으로 말하면 善하다고 할 수 있으니, ……"[425]이라
하여, 욕구 내지는 감정적 차원의 情이 善이 될 수 있는 가능성을
제시한다. 孟子는 性 자체에서 우러나오는 情은 善한 것이며 合理的
인 것으로 본 것이다. 『禮記』에서는, "음식과 남녀관계에 사람의 큰
욕심이 존재한다. 사망과 貧苦에 사람의 큰 미워함은 존재한다. 그러
므로 人間이 하고자 하는 것과 미워하는 두 가지는 마음의 큰 端緖
이다."[426]라고 하여 欲求와 感情을 人心의 大端으로 보고, 그것을 근
본적으로 긍정하는 입장을 취한다. 그러나 뒤이어, "사람이 그 좋아
하고 미워하는 마음을 속에 감추고 있어서 억측이나 촌탁으로는 알
수 없다. 아름다운 것도 악한 것도 다 그 마음속에 있고 그 얼굴에
나타나는 것이 아니니 만약 그것을 하나하나 궁구하려면 禮를 버리
고 무엇으로 하겠는가."[427]라고 하여 인간 마음의 상태를 禮를 통하
여 파악하라는 것을 말하고 있다.

　이에 性과 情의 의미를 알아보기 위하여 『樂記』에서 樂과 禮를 어
떻게 보고 있는지를 살펴본다. 『樂記』에서는,

　　樂은 德을 본뜨는 것이며, 禮라는 것은 넘치는 것을 멈추게 하는 것
　　이다. …… 슬픔과 즐거움의 정도는 모두 禮를 가지고 미쳤다.[428]

---

424) 李相殷, 「儒家의 禮樂思想에 관한 硏究」, 成大博士論文, 1990, p.134.

425) 『孟子』, 「告子 上」6, 孟子曰 乃若其情則可以爲善矣.

426) 『禮記』 禮運, 飮食男女, 人之大欲存焉, 死亡貧苦, 人之大惡存焉, 人心之大
　　端也.

427) 同上, 人藏其心, 不可測度也, 美惡皆在其心, 不見其色也. 欲一以窮之, 舍禮
　　何以哉.

428) 『樂記』 樂施, 樂者, 所以象德也, 禮者, 所以쌍綴洼也 …… 哀樂支分, 皆以
　　禮終.

라고 하여, 인간의 기본적인 嗜欲을 긍정적으로 받아들이고 있다. 儒家의 기본입장은 이처럼 인간을 性과 情의 조화체로 파악하고 인간의 근본적인 욕구를 긍정하는 가운데 그것을 조절해 나가려고 한다. 이에 中節과 순환의 기능을 담당하는 것으로 禮와 樂을 들고 있다. 이처럼 『樂記』에서는 감정의 순화와 욕구의 조절이라는 음악의 정화적 기능이 매우 강조되고 있는 것이다.

『樂記』에서는 音樂成立의 근원을 '樂由中出'이라 하여 인간의 마음에 두거나, 또는 인간의 마음이 外物에 감동하는 作用(心之動) 즉, 감정이 음악의 근원임을 말하고 있다. 이것은 기본적으로 음악은 人間의 心情의 발로이며, 外的 형식이 어떻든 간에 근본적으로 人間의 감정에서 기인한다는 것을 말해주는 것이다. 이러한 상호관계 속에서 음악이 人間의 감정을 순화하고 정화할 수 있는 근거가 마련된다고 본다.

『樂記』에서는 마음속 깊은 곳에 있는 情이 어떻게 순화되고 정화되어 아름답게 될 수 있는가를 다음과 같이 설명하고 있다.

> 德은 性의 단서이며, 樂은 德의 꽃(피어남)이다. 金, 石, 絲, 竹은 樂의 도구이다. 詩는 그 뜻을 말로 표현한 것이고, 노래는 그 뜻의 소리를 길게 읊은 것이고, 춤은 그 뜻이 자태로 표현된 것이다. 이 세 가지가 마음에 근본 한 연후에 악기가 뒤따른다. 그러므로 情이 깊은 곳에서 감동되면 밖으로 드러난 작품의 세계가 밝고 신선하며, 氣가 내면에서 盛하면 조화가 밖으로 드러나는 것이다. 그러므로 樂은 거짓으로 지을 수 없는 것이다.429)

이는 詩와 노래와 춤은 인간의 性情을 순화하는 것에 관련이 있음을 말하고 있는 것이다. 『樂記』에서는 인간의 감정을 樂과 밀접한

---

429) 『樂記』 樂象, 德者, 性之端也. 樂者, 德之華也. 金石絲竹, 樂之器也. 詩言基志也. 歌詠基聲也. 舞動基容也. 三者本於心, 然後樂器從之. 是故情心而文明, 氣盛而化神. 和順積中而英華發外. 惟樂不可以爲僞.

상관관계 속에서 파악하는데, 이러한 면이 '情이 깊은 곳에서 감동되면 밖으로 드러난 작품의 세계가 밝고 신선하며(情深而文明)'의 의미에서 음악의 정화적 기능과 인간의 好樂의 마음을 고르게 하여 人道의 올바름으로 돌아가게 하는 욕구조절의 기능이 매우 강조된다. 이는 궁극적으로 樂의 修養的 機能과도 관련된다고 볼 수 있다.

樂의 작용은 크게 세 가지로 나누어 말할 수 있다. 첫째는, 사람의 마음을 즐겁고 편안하게 하는 작용, 둘째는 사람의 마음을 感化시키는 작용, 셋째는 생활의 반영 내지는 인격의 자연적인 드러냄, 나아가서는 神의 표현 또는 영적인 것을 표현하는 것으로 볼 수 있다.430) 그런데 儒家의 입장에서 보면 이 세 가지는 서로 별개의 것으로 존재하기보다는 서로 밀접한 관련을 갖는 것으로 본다. 여기서는 음악을 통한 마음의 修養을 보려 한다.

李澤厚는 道家의 미학과 다른 儒家의 미학을 다음과 같이 보고 있다.431) 첫째, 儒家美學은 審美와 예술, 사회·정치, 윤리·도덕과의 관계를 강조하며 그 속에 내재된 교육 작용과 인식 작용을 매우 중시하는데, 이 점에 유가미학의 우수성이 있다. 그것은 審美와 예술이 비록 정치, 윤리, 도덕과는 다른 특징을 지니고 있다 하더라도 그것 역시 일종의 사회현상으로 사회를 이탈하거나 초월할 수 없으며, 그 사회의 정치, 윤리, 도덕에 의해 제한받지 않을 수 없기 때문이다.

둘째, 儒家는 審美와 예술 활동 속에서 情感의 和諧와 節制를 강조하고, 사회의 윤리·도덕규범을 사용하여 감정의 활동을 규제하였다. 왜냐하면 審美와 예술 활동에서 情感은 일종의 사회성을 띄고 있으며 理性의 제약을 받아야 한다고 보기 때문이다.

셋째, 사회의 윤리·도덕의 여러 규제 작용을 강조하고 理性으로

---

430) 田邊尙雄, 陳淸泉 譯, 『中國音樂史』, 商務仁書館, 1970, p.81.
431) 李澤厚, 『中國美學史』, pp.338-339.

感性을 절제할 것을 요구하는 儒家는 사회생활에서 게으름 없이 자기 수련을 견지해가는 인간들의 인위적 노력과 진취적인 정신을 강조하였다. 그리고 일체의 행동은 사회의 규범, 요구, 규약에 합당해야 한다고 역설하였다.

이처럼 儒家에서 음악의 윤리, 도덕적 성격 내지는 인생 수양적 기능을 강조하는 것은 중국 고대의 음악이 갖는 특성 중의 하나라고 할 수 있고, 이러한 면을 가장 극단적으로 보여주고 있는 것은 『樂記』의 '樂者, 通倫理者也'이다. 그러면, 樂을 통한 마음의 修養은 무엇을 의미하는가.

孔子는 禮와 樂을 仁과 관련 지워 종래의 禮樂에 새로운 개념을 부여하였고, 그러한 樂을 통하여 인격의 완성이 이루어진다고 하였는데, 孔子의 이러한 禮樂論은 『樂記』의 음악론에 그대로 계승되고 있다고 볼 수 있다. 『樂記』에서는 樂을 德과 관련지어 외면적 형식이 아니라 내면적 인격의 표현(德之華)이며 그것은 밖으로 드러난다(章德)고 하였다. 『樂記』에서는 이러한 樂은 그 본질로서 天과 人이 합일할 수 있는 가능성을 가지고 있다고 본다. 즉 이러한 음악을 통해 인간이 자기 자신을 수양하여 마음을 다스리면 궁극적으로는 天이나 神의 경지에까지 도달할 수 있는 것이다.

> 君子가 말하였다. 禮와 음악은 잠시도 몸에서 뗄 수 없는 것이다. 음악의 본질을 궁구하여 마음을 다스리면 平易하고, 순수하며, 자애롭고 성실한 마음이 油然히 생겨난다. 그러한 마음이 생겨나면 즐겁고, 즐거우면 안정되고, 그렇게 되면 오래 지속되며, 오래 지속되면 하늘과 존재방식을 함께 하고, 그렇게 되면, 神 즉 조화세계의 영묘한 작용과 하나가 된다. 하나가 되면 화내지 않아도 위엄이 서게 된다. 이것이 이른바 음악의 본질을 궁구하여 마음을 다스린다는 것이다.432)

180

禮樂은 君子라면 잠시라도 몸에서 떼어서는 아니 되는 매우 중요한 것이라고 한다. 왜냐하면, 음악은 인간의 마음을 다스리는 기능을 가지고 있기 때문이다. 여기서 樂의 특유한 작용은 바로 마음을 다스리는(治心) 데 있다. 즉 사람들의 정감에 영향을 주어 사람들을 善한 정감으로 이끈다는 것이다. 『樂記』에서는 음악이 사람들의 정감에 대해 여러 가지 영향을 끼친다고 본다.

인간이 음악을 통하여 인간의 心性을 도야했을 때 도달하는 경지는 인격의 차원을 넘어 天·神과 합일되는 경지에 이를 수 있다는 것이다. 이러한 天人合一의 경지는 天과 합일을 이루는 데 德을 강조한다는 의미에서 天人合德이라고 할 수 있다. 이처럼 『樂記』에서는 음악을 인간의 德性을 실현시킬 뿐만 아니라 궁극적으로는 天人合一의 경지에 이르게 하는 修養的 기능을 가지고 있다고 보는 것이다. 이것은 孟子가 말하는 '上下與天地同流'[433)의 이른바 天地境界가 바로 이런 것이라 할 수 있다.

이상에서, 음악은 인간의 감정을 순화시키고 욕구를 조절하게 하는 정화적 기능 내지는 中節의 기능을 가지며, 나아가 음악을 통하여 德性을 실현하고 인격의 완성을 이룰 수 있다고 하는 修養的 기능을 가진다는 것을 알 수 있다. 樂은 사람들로 하여금 治心하게 하여 사람들의 善을 향하는 情感을 육성하고 도야하는 작용을 하는데, 이는 외부로부터 인간들의 행위를 규범 짓는 禮만으로는 도달하기 어렵다고 보는 데서 나온 것이라 할 수 있다.

그러면, 樂은 어떻게 성립되는가. 이 점에 대해 알아보기 위해 聲·音·樂의 개념을 보려 한다. 『樂記』의 중요한 가치는 그것이 예

432) 『樂記』 樂化. 君子曰, 禮樂不可斯須去身, 致樂以治心, 則易直子諒之心, 油然生矣. 易直子諒之心生則樂, 樂則安, 安則久, 久則天, 天則神. 天則不言而信, 神則不怒而感. 致樂以治心者也.

433) 『孟子』 「盡心 上」13.

술이 일반적인 본질에 대해 깊은 이해를 하소 있다는 점에 있다. 『樂記』에서는 예술이 인간 마음의 감정의 표현임을 명확하게 서술하고 있다. 『樂記』에서는 음악의 성립근원에 대하여 다음과 같이 말하고 있다.

> 무릇 音의 발생은 사람의 마음으로부터 나오는 것이다. 사람의 마음이 움직이는 것은 사물이 그렇게 만드는 것이다. 사물에 느끼어 움직이기 때문에 소리(聲)로 나타난다. 소리가 서로 응하기 때문에 변화가 일어나고, 변화가 일정한 격조를 이루므로 音이라 한다. 이 音을 조합하여 樂器에 실어 연주하고 간척과 우모의 춤을 곁들이게 되니 樂이라 한다.434)

여기서는 樂의 근원을 인간의 마음에 두고, 樂의 성립을 心-心之動(感情)-聲-音-樂의 단계로 설명하고 있다. 이러한 이론은 『樂記』 전편을 통하여 요약되거나 표현을 바꾸어 자주 반복되는 것으로 『樂記』 樂論의 근간을 이루는 이론이다.435) 즉, 이는, 예술은 인간을 떠나 존재할 수 없고 참다운 예술은 인간의 마음의 순수한 감동을 표현하는 정신적 예술이어야 함을 말한다. 이러한 면은 儒家思想이 治國平天下를 말하지만 그 전제조건으로서 修身齊家를 말하고, 또 成己를 이룬 뒤에 成物한다는 철학적인 내용이 하나의 예술론적인 의미에서는 작품의 외적 형식보다는 그것의 근간을 이루는 정신세계 즉, 마음의 상태를 중요시하는 사상으로 나타난 것으로 보인다.

『樂記』에서는 聲, 音, 樂을 어떻게 보고 있는가. 우선, 『樂記』에서는 聲과 音은 전적으로 동일한 것이 아니라고 한다. 音은 마음속에

---

434) 『樂記』, 凡音之起, 由人心生也, 人心之動, 物使之然也, 感於物而動, 故形於聲. 聲相應, 故生變. 變成方, 謂之音. 比音而樂之, 及干戚羽旄, 謂之樂.

435) 福永光司, 『藝術論集』, p.9.

서 감정이 움직여 소리로 표현된 결과물이지만, 聲이 문채를 이루어
야 비로소 音이라 말할 수 있고, 문채와 절주가 없으면 聲은 단지
聲일 뿐 音이 될 수 없다는 것이다. 이것은 聲으로 정감을 표현함에
있어서 반드시 미적인 형식을 갖추어야지 그렇지 않으면 音이 될 수
없고 예술도 아니라는 것을 의미한다. 실제로 우리가 살아가는 일상
생활에서 나타나는 소리를 전부 예술적인 소리라고는 할 수 없다는
점에서 이러한 이론은 매우 타당하며, 이것이 『樂記』에서 보는 情感
의 예술표현에 대한 본질적인 규정인 것이다.

　『樂記』에서는 설령 聲이 音이 될 수 있다 하더라도 音이 무조건
樂이 되는 것은 아니라고 보았다. 이 점은 『樂記』의 다음과 같은 말
과 관련지어 보면 樂의 의미를 더욱 정확히 이해할 수 있다.

> 무릇 音은 사람의 마음에서 생기는 것이다. 樂은 倫理와 통하는
> 것이다. 이런 까닭으로 소리만 알고 音의 文理를 알지 못하는 것
> 은 禽獸이다. 音만 알고 樂의 效用을 알지 못하면 서민들이다. 오
> 직 君子만이 樂을 알 수 있다.[436]

　여기서는 禽獸가 聲만을 알고 音을 알지 못한다고 하였다. 이 경
우, 禽獸는 그것이 문채와 節奏를 지닌 音의 美를 감상할 줄 모르고
단지 聲만을 들을 수 있기 때문이다. 또 일반 백성이 音을 안다는
것은 그저 문채와 節奏를 지니고 있는 音의 美를 감상할 수 있지만
樂을 안다고 할 수 없다. 그 이유는 樂이 倫理와 통하는 理致를 파
악하지 못하기 때문이라는 것이다. 특히 '樂은 倫理와 통한다'는 사고
방식에 입각해 『樂記』를 지은 입장에서 보면, 일반 백성은 政治, 倫
理의 道理를 이해하지 못했기 때문에 音만을 알지 樂을 알 수 없는

---

436) 『樂記』, 凡音者, 生於人心者也. 樂者, 通倫理者也. 是故, 知聲而不知音者,
　　禽獸是也. 知音而不知樂者, 衆庶是也. 唯君子爲能知樂.

것이다. 이것은 말하자면 樂은 단지 사람에게 미적인 감동을 주는 音으로서만이 아니라 倫理, 道德의 感情까지도 표현해야 한다는 뜻으로서, 樂은 일반적인 音이 아니라 그것으로 말미암아 보종의 社會, 政治, 倫理, 道德을 표현해 낼 수 있는 音이라는 것인데, 이런 사상은 보다 구체적으로 聲과 音은 政治 특히 倫理와 禮 및 禮治와 통한다는 것으로 나타난다.

> 무릇 음이란 사람의 마음에서 생기는 것이다. 감정이 마음에서 느낌이 있으면 소리로 표현된다. 소리가 문채를 이루면 音이라고 한다. 이런 이유로 治世의 音은 편안하여 즐기게 되어 그 정치가 화평하게 된다. 亂世의 音은 원망하면서도 분노에 차 있어 그 政治가 道理에 어긋나게 된다. 亡國의 音은 슬퍼서 시름에 차 있어 그 백성이 곤궁하게 된다. 聲音의 道理는 政治와 통하는 것이다.437)

이는 情은 心의 작용에 의한 것이고, 이러한 情이 발해 나와서 聲을 이루며, 이 聲은 서로 섞이어 문채와 節奏를 갖게 되어 音이 된다는 것이다. 여기서 聲音과 感情이 밀접한 관계에 있고, 聲音의 道는 政治와 상통한다는 것을 말하고 있다. 音이 만일 사회의 政治, 倫理, 道德의 감정을 표현해내지 못하면 그것은 樂이 될 수 없다고 하는데, 이는 樂이 결코 耳目口鼻의 욕망만을 위하고 사람에게 감각적인 쾌감을 주기 위한 것이 아니라는 것을 시사한다. 이것은 『樂記』의 效用性을 禮樂을 통해 백성들에게 좋고 싫음을 분별하도록 가르쳐 人道의 올바름으로 되돌아오게 하고, 이로 인하여 사람들의 情感과 욕망을 天理 즉 理의 요구에 부합되도록 하는 이론과 일맥상통하는 것으로 볼 수 있다.

---

437) 『樂記』, 凡音者, 生人心者也. 情動於中, 故成文, 謂之音. 是故治世之音, 安以樂, 其情和. 亂世之音, 怨以怒, 其情乖. 亡國之音, 哀以思, 其民困. 聲音之道與政通矣.

결국 『樂記』에서는 聲, 音, 樂의 세 가지에 대한 구별과 연계된 분석에 근거하여 다음과 같이 말하고 있다. "소리를 살펴서 音을 알고, 音을 살펴서 樂을 알며, 樂을 살펴서 政治를 알아야 나라를 다스리는 道가 갖추어진다. 소리를 알지 못하면 더불어 音을 말할 수 없고, 音을 알지 못하면 더불어 樂을 말할 수 없으니, 樂을 알면 거의 禮에 접근할 것이다."438)라고 하였다.

音樂藝術은 聲, 音, 樂 세 가지의 통일이고 그 근본점은 樂에 있으며, 樂은 마지막으로 禮와 政治가 서로 관련이 있다고 간주되고 있다. 그런데 여기서 주의해야 하는 것은 비록 政治와 상통하는 樂을 강조하고 있지만 樂의 성립의 전제조건으로서의 音을 소홀히 하고 있지 않는다는 점에 대한 인식이다. 즉, 오로지 美의 형식을 갖춘 音을 통해서만 비로소 政治, 倫理와 직접 관계있는 정감을 표현할 수 있다는 점을 알아야 한다는 뜻이다. 이러한 면은 儒家를 修己治人의 學이라고 하지만 修己 없는 治人은 아무 의미가 없다는 기본 구조가 聲, 音, 樂의 관계에 적용된 것으로 보인다. 또한 治人 없는 修己만 강조하는 것도 문제가 있다는 판단에서 內聖과 外王을 함께 이루었을 때를 가장 이상적인 것으로 보는 儒家思想이 『樂記』의 音樂理論에 적용된 것으로 보인다.

이상에서 性과 情의 의미를 『樂記』의 樂論에서 보면, 樂論을 전개함에 있어 가장 기본적이고 중요시했던 理論은 樂의 成立根源에 대한 설명이라고 볼 수 있다. 『樂記』에서는 樂의 根源을 人間의 마음에 두고 樂의 성립을 心—心之動—聲—音—樂의 단계로 설명하고 있는데, 여기서 가장 중요한 것은 心動에 관한 문제라고 보여진다. 왜냐하면 樂의 기본요소라 할 수 있는 音은 사물에 감동되는 人心의 작용에서 나오는 것으로 보기 때문이다. 이렇게 人心에서 樂의 근원

---

438) 『樂記』, 審聲以知音, 審音以知樂, 審樂以知政, 而治道備矣. 不知聲者不可與言音, 不知音者不可與言樂, 知樂則幾於禮矣.

을 찾는 사고형태는 儒家의 人性論에서 천명에 근본한 본성으로서의 性은 구체적인 心의 作用을 통하여 情으로 드러난다고 보는 인식과 같은 맥락이라고 볼 수 있다.

다음은 性과 情의 意味를 알아보기 위하여 心과 情의 意味를 보려한다. 먼저 心에 대해 보면, 性은 사람의 마음속에 存在하면서 그 근원을 이루고 있고, 마음은 肉體에 붙어 있으면서 육체를 조정하는 기능을 가지고 있다.439) 性이 마음속에 존재하기 때문에 孟子는,

> 그 마음을 다하는 자는 그 性을 아니, 그 性을 알면 하늘을 알게 된다. 그 마음을 보존하여 그 性을 기름은 하늘을 섬기는 것이요, ……440)

라고 했다. 朱熹는 말하기를, "마음이란 것은 사람의 神明으로서 모든 理致를 갖추고 있고, 萬事를 응하는 것이다. 性은 心에 갖추어져 있는 理요, 天은 理가 따라서 나오는 것이다. 사람이 가지고 있는 이 마음은 全體아님이 없으나 理를 궁구하지 않으면 가리워진 바가 있어 이 心의 量을 다하지 못하는 것이다. 그러므로 心의 전체를 지극히 하여 다하지 않음이 없는 자는 반드시 理를 궁구하여 알지 못함이 없는 자이니, 이미 그 理를 알면 따라서 나오는 것(天)도 여기에서 벗어나지 않을 것이다."441)라고 하여, 마음이란 모든 이치를 갖추고 있어 萬事에 대응하는 주체라고 말하고 있다. 이러한 마음 속에 갖추어져 있는 것이 理인데, 마음을 다하여 이 理를 궁구하지 않으

---

439) 李基東, 『孟子講說』, p.520.

440) 『孟子』, 「盡心 上」1, 盡其心者 知其性也 知其性則知天矣, ……

441) 同上, 心者人之神明 所以具衆理而應萬事者也 性則心之所具之理 而天 又理之所從以出者也 人有是心 莫非全體 然 不窮理 則有所蔽而無以盡乎此心之量 故 能極其心之全體而無不盡者 必其能窮大理而無不知者也 既知其理 則其所從出 亦不外是矣.

면 마음은 제 기능을 다하지 못하여 性을 잃게 됨을 또한 말하고 있다. 이는,

> 性은 바로 마음이 가지고 있는 理致이며, 마음은 바로 理致가 깃들어 있는 땅이다.[442]

를 의미하며, 또한 朱熹는, "영특한 것은 오직 마음일 뿐이지 性은 아니다. 性은 단지 理致일 뿐이다."[443]라고 하여, 사람의 마음은 빼어나고 가장 영특하여 理致를 깨달을 수 있는 능력이 있다고 하였으며, "마음에는 善惡이 있지만 性은 善하지 않음이 없다."[444]라고 하여, 心과 性을 구별하여 설명하였다.

한편, 心과 性은 다른 것이지만 性이 마음속에 存在함을 위에서 보았는데, 마음에는 性 以外에 性이 구체적으로 나타난 것으로서의 情이 있고, 또 性에서 情으로 변하는 과정을 조절하는 기능—생각하는 기능(思慮), 분별하는 기능(分別), 계산하고 비교하는 기능(計較), 헤아리는 기능(商量), 외물을 인지하고 깨닫는 기능(知覺) 등—이 있는데, 사람의 마음은 性과 情, 思慮分別知覺運動 등을 다 가지고 있으며, 이 마음은 몸에 붙어 있으면서 天命에 뿌리를 두고 있다.[445]

性, 情, 및 思慮分別知覺運動의 작용을 마음으로 보는 것은 天命으로 품부된 性이 마음속에 존재하며 구체적으로 드러날 경우, 情으로 구체화되며 바로 이때 思慮分別知覺運動의 기능이 작용하여 情의 발현 상태가 다르게 되는 것이다.[446] 『中庸』에서는,

---

442) 『朱子語類』卷 5, 性便是心之所有之理, 心便是理之所舍之地.
443) 同上, 靈處只是心, 不是性. 性只是理.
444) 同上, 心有善惡, 性無不善.
445) 李基東, 『大學·中庸 講說』, p.94.
446) 性을 本然之性과 氣質之性으로 나누어 보게 되면, 本然之性은 人間의 本

기뻐하고 노하고 슬퍼하고 즐거워하는 情이 발하지 않은 것을 中이라 이르고, 發하여 모두 節度에 맞는 것을 和라 이르니, ……447)

라고 하여 性이 情으로 발현하는 마음의 과정을 설명하고 있다. 朱熹도,

性이란 마음의 理致이며 情이란 마음의 움직임이다.448)

라고 하여 性과 情을 양면으로 삼고 있음을 밝혔고, 또 張載의 心統性情을 인용하여 마음이 性과 情을 거느리는 주체라고 보았다.449) 이는 곧 性과 情은 마음의 요소인데, 그 발현과정은 마음의 통제를 받는다는 것이고, 이 마음의 통제 기능은 思慮分別知覺運動이라고 하는 마음의 기능으로 볼 수 있다.

그런데 性은 天命이기 때문에 모두 동일한 것이지만 思慮分別知覺運動이라고 하는 마음의 기능은 사람마다 다르게 작용하기 때문에 性에서 구체화된 情은 사람마다 다르게 나타난다. 최종적으로 사람의 몸을 움직이는 과정에서도 역시 思慮分別知覺運動이라고 하는 마음의 기능이 작용하기 때문에 같은 情을 가지고 있는 사람이라 하더라도 그 구체적인 행동은 다른 양상으로 나타날 수 있는 것이다.450)

來性으로서 純粹, 至善하여 모든 사람에게 공통적이며 동등한 것이고, 氣質之性은 氣質을 구성하는 氣의 상태에 따라 달라지게 되므로 개인차가 나타나게 된다. 이 기질이 本然之性을 가리게 되면 惡으로 흐를 수 있게 된다. 따라서 기질은 情慾으로 볼 수 있는데, 이 情慾이 바로 人慾이므로 人慾이 작용하게 되면 本然之性이 情으로 나타날 때 사람에 따라서 善과 惡의 차이가 발생하게 되는 것이다. 金容治 外, 『中國思想槪論』, 조성을 옮김, 이론과 실천사, 1990, pp.187-190.

447) 『中庸』 1, 喜怒哀樂之未發 謂之中 發而皆中節 謂之和 …….
448) 『朱子語類』 卷 5, 性者心之理, 情者心之動.
449) 同上, 橫渠說得最好. 心統性情者也.

朱熹는 이것을 人心, 道心으로 표현하였다.

> 心의 虛靈知覺은 하나일 뿐인데, 人心과 道心의 다름이 있다고 한
> 것은, 혹은 形氣의 私에서 나오고, 혹은 性命의 올바른 것에서 근
> 원하여, 知覺을 한 것이 똑같지 않기 때문이다. 이러므로 혹은 위
> 태로워 편안치 못하고, 혹은 微妙하여 보기가 어렵다. 그러나 이
> 형체를 가지고 있지 않은 이가 없으므로 비록 上智라도 人心이
> 없지 못하고 또한 이 性을 가지고 있지 않은 이가 없으므로 비록
> 下愚라도 道心이 없지 않으니, …… 반드시 道心으로 하여금 一身
> 의 주장을 삼고, 人心이 매양 命令을 듣게 하면, 위태로운 것이
> 편안하게 되고, 은미한 것이 드러나게 되어, 動·靜과 말하고 행하
> 는 것이 저절로 過·不及의 잘못이 없게 될 것이다.451)

라고 하였는데, 이는 人心이 道心의 명령을 받게 되면 性이 情으로
발현될 때 순수하게 드러나서 過, 不及의 차이가 없게 된다는 것이
다. 이렇게 보면 性이 情으로 잘 발현되기 위해서는 마음의 기능을
잘 다스려야 하고, 이 마음의 기능을 잘 다스리는 과정이 修養 즉
德性涵養이고, 德性涵養의 요점은 바로 이 마음의 기능을 다스리는
데에 있는 것이다.

  다음은 情의 발현과정을 살펴보려 한다. 性은 마음속에 존재하는
데, 발현되면 情이 되므로 性과 情은 모두 心의 요소가 된다. 孟子는,

---

450) 李基東, 앞의 책, p.520.

451) 『中庸』序, 心之虛靈知覺 一而已矣 而以爲有人心道心之異者 則以其或生於
形氣之私 或原於性命之正 而所以爲知覺者不同 是以或危殆而不安 或微妙
而難見耳 然人莫不有是形 故雖上智不能無人心 亦莫不有是性 故雖下愚不
能無道心 二者雜於方寸之間 而不知所以治之 則危者愈危 微者愈微 而天理
之公 卒無以勝夫人欲之私矣 精則察夫二者之間而不雜也 一則守其本心之正
而不離也 從事於斯 無少間斷 必使道心 常爲一身之主 而人心 每聽命焉 則
危者安 微者著 而動靜云爲 自無過不及之差矣.

> 惻隱之心은 仁의 端緒요, 羞惡之心은 義의 端緒요, 辭讓之心은 禮
> 의 端緒요, 是非之心은 知의 端緒니라.452)

라고 하여 四端을 말하였는데, 이 四端은 사람에게 공통적으로 존재
하는 情으로 볼 수 있다. 또한 이에 대한 주를 보면, "惻隱, 羞惡, 辭
讓, 是非는 情이요, 仁, 義, 禮, 智는 性이요, 心은 性과 情을 통합한
것이다. 情이 발함으로 인하여 性의 本然함을 볼 수 있으니, 마치 물
건이 가운데에 있으면 실마리가 밖에 나타남과 같은 것이다."453)라
고 하였는데, 仁, 義, 禮, 智는 性이요, 이것이 밖으로 나타난 惻隱,
羞惡, 辭讓, 是非는 情임을 말하고 있다. 孟子는 四端이 곧 性을 간접
적으로 파악할 수 있는 단서가 되므로 性의 내용을 仁義禮智로 파악
할 수 있게 된다고 보는 것이다. 孟子는 惻隱하게 여기는 마음이 나
오는 곳을 仁, 부끄러워하고 미워하는 마음이 나오는 곳을 義, 사양
하는 마음이 나오는 곳을 禮, 시비를 가리는 마음이 나오는 곳을 智
로 파악하여, 四端을 仁義禮智를 파악하는 端緒로 보았는데, 바로 이
네 가지 마음이 情을 의미한다는 것을 알 수 있다. 『中庸』에서도,

> 喜怒哀樂이 아직 나타나지 아니한 상태를 中이라 하고, 나타나서
> 모두 節度에 알맞게 된 상태를 和라 이르니, 中이란 것은 天下의
> 큰 근본이요, 和란 것은 天下의 공통된 道이다.454)

이라 하여, 喜怒哀樂은 情을 나타내고 있고, 이 情의 未發을 中, 已發

---

452) 『孟子』, 「公孫丑 上」6, 惻隱之心 仁之端也 羞惡之心 義之端也 辭讓之心
禮之端也 是非之心 智之端也.

453) 同上, 惻隱羞惡辭讓是非情也 仁義禮知性也 心統性情者也 端緒也 因其情之
發 而性之本然 可得而見 猶有物在中而緒見於外也.

454) 『中庸』1, 喜怒哀樂之未發 謂之中 發而皆中節 謂之和 中也者 天下之大本
也 和也者 天下之達 道也.

을 和라고 보고 있다. 여기서 中은 곧 性인데, 中이라고 한 것은 性이 心의 깊은 곳에 존재하기 때문에 中으로 표현한 것이다. 그러므로 中은 性의 다른 표현이고,[455] 和는 情이 발하여 中節된 상태를 말하므로 여기서 情의 존재가 분명하게 드러난다고 볼 수 있다. 喜怒哀樂은 情인데, 그 情이 드러나지 않은 상태는 性이므로, 情은 性이 발현된 것임을 알 수 있다. 따라서 性에서 발현된 情이 中節하면 和가 되고, 그렇지 않으면 不和가 되기 때문에 中節이 매우 중요한 문제가 되는 것이다.[456]

이상을 요약하면, 性과 情은 모두 마음의 요소들이라 할 수 있는데, 性이란 마음의 理致이며, 情이란 마음의 움직임이다.[457] 또한 기뻐하고 노하고 슬퍼하고 즐거워하는 情이 발하지 않은 것을 中이라 하였고, 소위 喜怒哀樂 등의 마음의 표현은 情이라 하였다. 여기서 '中'이란 다른 말로 '性'이라 할 수 있고, 情이 發하여 모두 그것이 節度에 맞는 것을 '和'라 한다. 孟子의 四端 즉 仁, 義, 禮, 智 등은 性이며, 이로부터 나오는 惻隱, 羞惡, 辭讓, 是非는 情이라 한다. 儒家의 德性涵養과 관련하여 볼 때, 性情의 純化란 마음속의 性 혹은 中을 이해하고 보존하는 일과 性으로부터 발하는 情이 性 혹은 中에 어긋나지 않고 '和'한 상태를 유지할 수 있도록 노력하는 일로 나누어 볼

---

455) 趙明彙, 「中庸思想研究」, 東國大, 博士論文, 1991, p.135.

456) 陳立夫, 『中國哲學의 人間學的 理解』, 鄭仁在 譯, 民知社, 1988, p.234.

457) Shun, Kwong, loi, 「Mencius on jen-hsing」 in Philosophy East & West, Univ. of Hawaii Press, v47 n1, 1997년 1월에서는, 性을 生(life, growth)에서 온 것으로 보고, 性과 情을 'the relation between the senses and their ideal objects'로 보고 있는데, 다시 말해 性은 'essence'의 의미를 가진 것으로 보고, 情을 'activation of hsing'의 의미와, 'feeling'의 의미, 그리고 '어떤 것의 性으로 말해질 수 있는 경향성(tendencies)'의 의미를 가진 것으로 보고 있다. 이는 본문에서 서술하고 있는 性과 情의 의미와 상통한다고 볼 수 있다.

수 있다.

미음속의 性과 中을 이해하고 보존하는 일이란 마음이 가지고 있는 理致, 즉 善한 性을 깨닫고 보존하려는 것을 말하고, 性으로부터 발하는 情이 性 혹은 中에 어긋나지 않고 '和'한 상태를 유지하는 일이란 마음속의 善性을 유지하여 마음의 흔들림이 없이 情을 발하려 하는 것을 말한다. 본문에서는 性이 情으로 발현되는 과정에서 생각하고, 헤아리고, 분별하고, 지각하고, 움직이는 등의 마음의 기능이 작용한다고 하였는데, 이는 정서적인 면보다는 理智的인 면을 강조하고 있는 것으로 보인다. 여기서는 情緒的인 면을 강조하는 誠意와 正心을 性情의 내용 혹은 '中'과 '和'의 상태를 유지하기 위한 마음의 상태로서의 誠意와 正心을 다루려 한다.

2) 誠意와 正心을 通한 中和 維持

여기서는 性情의 內容으로서, 혹은 '中'과 '和'의 상태를 유지하기 위한 마음의 기능으로서의 誠意와 正心을 다루려 한다. 먼저 誠意의 의미를 살펴보려 한다.

『大學』에서 誠意의 의미를 설명하는 구절은 다음과 같다.

이른바 그 뜻을 성실히 한다는 것은 스스로 속이지 마는 것이니, 惡을 미워하기를 惡臭를 미워하는 것과 같이 하며, 善을 좋아하기를 好色을 좋아하는 것과 같이 하여야 하니, 이것을 自謙이라 이른다. 그러므로 君子는 반드시 그 홀로를 삼가는 것이다.458)

458)『大學』6, 所謂誠其意者 毋自欺也 如惡惡臭 如好好色 此之謂自謙 故君 子必愼其獨也.

192

이에 대한 朱子의 註를 보면, "그 뜻을 성실히 하는 것은 自修의 첫머리이다. …… 自欺는 善을 하고 惡을 제거해야 함을 알되, 마음의 발하는 바가 성실하지 못함이 있는 것이다. 謙은 快함이며, 만족함이다. 獨은 남은 알지 못하고, 자기만이 홀로 아는 바의 곳이다. 스스로 닦고자 하는 자는 善을 하고 惡을 제거해야 함을 알았으면, 마땅히 실제로 그 힘을 써서 自欺함을 금지하여, …… 그러나 그 성실하고 성실하지 못함은 남은 미처 알지 못하고 자기만이 홀로 아는 데 있다. 그러므로 반드시 이것(홀로)을 삼가 그 幾微를 살펴야 함을 말씀한 것이다."459)라고 하였는데, 이는 誠意는 그 뜻을 성실히 하는 것으로 스스로를 기만하지 않고, 善을 행하려 하고 惡을 피하려 하는 마음가짐이며, 그것을 완수하기 위한 方法은 그 홀로됨을 삼가는 것이다. 또한 홀로를 삼가는 것에 대하여 다음과 같이 설명하고 있다.

　　小人이 한가로이 居할 때에 不善한 짓을 이르지 못하는 바가 없다가, 君子를 본 뒤에 겸연쩍게 그 不善함을 가리우고 善함을 드러내나니, 남들이 자기를 보기를 자신의 肺腑를 보듯이 할 것이니, 그렇다면 무슨 유익함이 있겠는가. 이것을 일러, '中心에 성실하면 外面에 나타난다'고 하는 것이다. 그러므로 君子는 반드시 그 홀로 있을 때를 삼가 하는 것이다.460)

여기에서는, 사람이 아무리 아무도 보지 않는 곳에 혼자 있더라도

---

459) 同上, 誠其意者自修之首也 …… 自欺云者知爲善以去惡 而心之所發 有未實也 謙快也 足也 獨者人所不知而己所獨知之地也 言欲自修者知爲善以去其惡 則當實用其力 而禁止其自欺 …… 然 其實與不實 蓋有他人所不及知而己獨知之者 故 必謹之於此 以審其幾焉.

460) 同上, 小人閒居 爲不善 無所不至 見君子而后 厭然揜其不善 而著其善 人之視己 如見其肺肝 然則何益矣 此謂 誠於中 形於外 故 君子必愼其獨也.

그가 하는 생각과 행동이 선한 것이든 악한 것이든, 다른 사람은 속일지 모를지언정 자신의 선행과 악행은 자기 자신뿐 아니라 타인에게끼지도 모두 드러닌다는 것을 경계하고 있다. 또한 善이 내면의 마음가짐에 성실하여 외면에 나타나는 효과를 다음과 같이 설명하고 있다. "富는 집을 윤택하게 하고, 德은 몸을 윤택하게 하니, (德이 있으면) 마음이 넓어지고 몸이 펴진다. 그러므로 君子는 반드시 그 뜻을 성실히 하는 것이다."461)라고 하여, 사람이 그 뜻을 誠實히 하면, 마음이 넓어지고 몸이 펴지는 德이 갖추어짐을 말하고 있다.

『大學』에서는 誠意에 대한 해석을 다음의 經文의 글을 註로 달면서 맺고 있다.

> 經文에 이르기를, '그 뜻을 성실히 한다면 먼저 그 지식을 지극히 하라'고 하였고, 또 말하기를, '지식이 지극한 뒤에 뜻이 성실해진다.' 하였으니, 心體의 밝음이 未盡한 바가 있으면 그 發하는 바가 반드시 실제로 그 힘을 쓰지 못하여 구차하게 스스로 속임이 있는 것이다. 그러나 혹 이미 밝게 알았다 하더라도 이것을 삼가지 않으면 그 밝힌 것이 또 자기의 소유가 아니어서 德에 나아가는 기초로 삼을 수 없다.462)

誠意의 뜻을 이해하기 위해 誠의 의미를 알아보려 한다. 誠의 참된 의미는 무엇인가. 첫째로 誠은 우주의 動力이다.463) 해와 달이 바뀌어 비추며, 4계절이 번갈아 운행하고, 샘물이 때맞춰 흘러나오고, 냇물이 굽이쳐 흐르며 솔개가 하늘에서 날아오르며, 물고기는 물에서 약동하

---

461) 同上, 富潤屋 德潤身 心廣體胖 故君子必誠其意.

462) 同上, 經曰 欲誠其意 先致其知 又曰知至而后意誠 蓋心體之明 有所未盡 則其所發 必有不能實用其力 而苟焉以自欺者 然或已明而不謹乎此 則其所明 又非己有 而無以爲進德之基.

463) 鄭仁在 譯, 『中國哲學의 人間學的 理解』, 民知社, 1992, pp.217-221.

는데, 우러러 보고 굽이 살피어 보니 우리가 살고 있는 우주는 실로 살아 움직이는 大有機體이며, 그 움직이는 능력은 『中庸』에서 말하는 '誠'임을 깊이 느낄 수 있다. "誠이란 天의 道이다."464)와, "그러므로 至誠은 쉼이 없으니, 쉬지 않으면 오래가고, 오래가면 徵驗으로 나타나고, 徵驗으로 나타나면 悠遠하고, 유원하면 博厚하고, 박후하면 高明하다."465)라고 하였다. 이 위대한 힘이 자기의 몸에서 나오면, 格物, 致知할 수 있는 능력을 갖추게 되어 저절로 道가 명백해진다.

　　至誠으로부터 저절로(善道가) 밝아지는 것을 性이라 한다.466)

라고 하여, 先天의 誠으로부터 天下의 지극한 이치와 만물의 본원을 명백히 할 수 있는 것은 오직 성인이라야 그것을 할 수 있다. 일반 인에 대해서는, "이른바 지식을 지극히 함이 사물의 이치를 궁구함에 있다는 것은, 나의 지식을 지극히 하고자 한다면 사물에 나아가 그 이치를 궁구함에 있음을 말한 것이다. 人心의 영특함은 앎이 있지 않음이 없고, 천하의 사물은 이치가 있지 않음이 없건마는, 다만 이치에 대하여 궁구하지 않음이 있기 때문에 그 앎이 다하지 못함이 있기 때문이다. 이 때문에 대학에서 처음 가르칠 때에 반드시 배우는 자들로 하여금 모든 천하의 사물에 나아가서 그 이미 알고 있는 이치를 인하여 더욱 궁구해서 그 極에 이름을 구하지 않음이 없게 하는 것이다. 그리하여 힘쓰기를 오래 해서 하루아침에 豁然히 貫通함에 이르면, 모든 사물의 表裏와 精粗가 이르지 않음이 없을 것이요, 내 마음의 全體와 大用이 밝지 않음이 없을 것이니, ……"467)라

---

464) 『中庸』 20, 誠者 天之道也.
465) 『中庸』 26, 故至誠 無息, 不息則久, 久則徵, 徵則悠遠 悠遠則博厚 博厚則高明.
466) 『中庸』 21, 自誠明 謂之性

고 하였는데, 이 말은 교육의 공로 즉 教育을 통해 사물에 나아가 사물의 理致를 알게 하고, 이 과정은 점진적이고 꾸준한 노력을 통해야 함을 가리킨다. 그래서

善道를 밝힘으로써 誠에 이르는 것을 教라 한다.468)

라고 하였다. 이른바 '그 극단에까지 이르도록 탐구하는 것'이 盡性이다. 盡性은 반드시 至誠으로부터 말미암아 생긴 것이다. 그러므로 "오직 天下의 至誠만이 그 性을 극진히 할 수 있다."469)라고 하여, 지극히 참된 다음에 '어느 하루아침에 툭 터져서 모든 理致를 꿰뚫는다'라고 하여 이것이 明이며 또한 眞知라고 설명하고 있다. 성실하면 할수록 더욱 밝아지며, 밝아지면 질수록 더욱 성실해진다는 것이다. 그러므로

한 쪽으로 지극히 하면, 능히 성실할 수 있다. 성실하면 드러나고, 드러나면 더욱 드러나고, 더욱 드러나면, 밝아지고, 밝아지면 감동시키고, 감동시키면 變하고, 變하면 化할 수 있으니, 오직 天下에 지극히 성실한 분이어야 능히 化할 수 있다.470)

라고 하여, 至誠으로부터 자기의 생존에 대한 道를 밝히고, 나아가

---

467) 『大學』 5, 所謂致知在格物者 言欲致吾之知 在卽物而窮其理也 蓋人心之靈 莫不有知 而天下之物 莫不有理 惟於理有未窮 故其知有不盡也 是以大學始教 必使學者 卽凡天下之物 莫不因其已知之理而益窮之 以求至乎其極 至於用力之久而一旦豁然貫通焉 則衆物之表裏精粗 無不到 而吾心之全體大用 無不明矣 …….

468) 『中庸』 21, 自明誠 謂之教.

469) 『中庸』 22, 惟天下至誠 爲能盡其性.

470) 『中庸』 23, 其次 致曲 曲能有誠 誠則形 形則著 著則明 明則動 動則變 變則化 唯天下至誠 爲能化.

자기를 미루어 남에게까지 미루어 인류의 共生共存의 道를 밝히고, 또 만물의 생존의 道를 밝힌 다음에 天을 體認하여 道를 행하며 天地의 化育에 참여할 수 있다고 하는 것이다. 그리하여, "오직 天下의 至誠만이 자기의 本性을 극진히 할 수 있고, 자기의 본성을 극진히 할 수 있으면 사물의 본성을 극진히 할 수 있고, 남의 본성도 극진히 할 수 있고, 남의 본성을 극진히 할 수 있으면 사물의 본성을 극진히 하면 天地의 化育을 도와줄 수 있고, 天地의 化育을 도와줄 수 있으면, 天地와 더불어 나란히 참여할 수 있다."471)라고 하였다.

둘째로 誠은 道德의 源泉이다. 학문과 도덕은 서로 原因이 되어 이루어진다. 그러나 때로는 그 반대의 예가 되는 수도 있다. 학문은 分科의 지식이 되면서 하나의 근본으로부터 여러 분야로 나누어 자세히 설명하여 각 분야로 유추하면 할수록 더욱 복잡해진다. 道德은 共生共存의 실천이요, 여러 가지 특수한 경우에서 한 가지의 근본으로 돌아간다. 이는 곧 하면 할수록 더욱 간단해진다는 것이다. 이것이 바로 老子의 '學問은 할수록 더욱 늘어가고, 道를 행하면 날로 일이 줄어진다.'라는 뜻이다. 예를 들면, 인간의 피차간의 관계는 극히 엉클어져 복잡하지만 그 관계에 있어 마땅히 실천해야 하는 것은 五倫에 모두 속해 있다. 父子간에는 親함이 있어야 하고, 君臣간에는 의로움이 있어야 하는데, 이 모두가 誠에 달려 있다. 그러므로 『中庸』에 이르기를, "天下의 達道(공통된 道)가 다섯인데, 이것을 행하는 것은 세 가지이니, 君臣間과 父子間과 夫婦間과 昆弟간과 朋友間의 사귐의 다섯 가지는 天下의 達道요, 智, 仁, 勇 이 세 가지는 天下의 達德(공통된 德)이니, 이것을 행하는 것은 하나입니다."472)라고

---

471) 『中庸』 22, 惟天下至誠 爲能盡其性 能盡其性則能盡人之性 能盡人之性則能盡物之性 能盡物之 性則可以贊天地之化育 可以贊天地之化育則可以與天地參矣.

472) 『中庸』 20, 天下之達道五 所以行者三 曰君臣也 父子也 夫婦也 昆弟

하였는데, 이에 대한 朱子의 註에서 '하나란 誠일 뿐이다.'라고 했는데, 誠이란 모든 學問, 道德의 源泉이라고 볼 수 있다.

셋째로, 誠은 道德的인 行動의 원동력이다. 道德的인 行為의 原動力을 나누어 말하면 智, 仁, 勇 세 글자요, 합하여 말하면 바로 하나의 '誠'이다. 그러므로 슬기로운 이는 근심이 없고, 용감한 이는 두려움이 없다. 본래 '誠'자는 여러 가지 뜻을 포함하고 있다. 이른바 참(誠)이면 밝아(明)진다는 말은 참(誠)되지 못하면 지혜롭지 못해진다는 말이다. 이른바 '成己成物'은 바로 誠이 仁에 통해 있음을 말한 것이며, 또, 『中庸』에서는, "至誠은 쉼이 없으니, ……"라고 한 것은 誠이 곧 勇이라는 말과도 같다. 誠자의 전체적 의미는 '善을 택하여 굳게 잡고 처음과 끝을 꿰뚫는다'는 뜻이다. 왜냐하면 오직 誠이 있는 자만이 자기의 본성을 극진히 할 수 있고 또 남의 본성을 극진히 할 수 있다. 또한 誠이 있는 자만이 사물의 본성을 극진히 할 수 있고 그래서 사물의 처음과 끝은 관통함에 철저함을 기할 수 있다.

넷째로, 誠은 治平의 근본이다. 誠은 도덕 학문의 근원이며 적게는 개인의 修養에 이르며 크게는 天下 國家의 평화와 안정에 이르는데, 이는 모두 誠을 근본으로 삼고 있다. 그러므로 『中庸』에 말하기를,

대체로 천하의 국가를 다스리는데, 아홉 가지 변함없는 법칙이 있다. 이것은 자신을 수양함, 賢人을 존경함, 어버이를 친애함, 大臣을 공경함, 郡臣을 자기 몸같이 아낌, 백성을 아들같이 사랑함, 여러 기술자들을 불러들임, 요컨대 천하의 국가를 다스리는 데는 아홉 가지의 법칙이 있으니, 이 또한 실행할 수 있는 방법은 誠일 따름이다.[473]

也 朋友之交也 五者 天下之達道也 知仁勇三者 天下之達德也 所以行之者 一也.

473) 『中庸』 20, 凡爲天下國家 有九經曰 修身也 尊賢也 親親也 敬大臣也 體群臣也 子庶民也 來百 工也 柔遠人也 懷諸候也. 凡爲天下國家 有九經 所以行之者 一也.

라고 하였는데, 誠은 우주의 힘이며 인간이 이 힘을 붙잡아 스스로 움직이며 생존하는 데 있어 이것은 생명의 원동력을 가지고 있다고 한다. 이로부터 출발하면, 道를 밝히고 본성을 극진히 할 수 있고, 修己, 立人할 수 있고, 또 齊家, 治國할 수 있고, 平天下할 수 있으며, '天人合一'의 경계에 도달할 수 있다. 이것이 바로 소위 '內聖外王'의 극치이기도 하다.

이상에서 誠意의 의미를 알아보았다. 먼저, 誠意는 그 뜻을 성실히 하는 것으로 스스로를 기만하지 않고, 善을 행하려 하고, 惡을 피하려는 마음가짐 즉 自謙의 마음가짐이며, 이를 하기 위한 誠意의 방법은 홀로 있을 때를 삼가는 謹獨임을 보았다(謹獨은 다음 절에서 자세히 다루려 한다). 다음으로 誠意의 의미를 알아보기 위해 '誠'의 의미를 알아보았는데, 誠意는 致知의 결과로 생기고, 사물의 이치를 그 극단에까지 이르도록 탐구하는 것 즉 盡性은 至誠에서 가능하다. 다시 말해 致知의 결과로 誠意가 가능하고, 이 致知 혹은 格物은 '誠'에서 가능한 것이다.

誠意의 의미를 알기 위해 誠의 의미를 보았다. 誠은 우주의 동력이며, 道德의 원천이며, 道德的인 行動의 原動力으로, 天下의 五達道를 수행하는 데 필요한 三達德은 오직 '誠'이 있어야 행해질 수 있음을 보았다. 나아가 誠은 학문의 근원이며, 작게는 개인의 修養에 이르고, 크게는 天下의 평화와 안정에 이르는데, 이는 모두 誠을 근본으로 삼고 있다. 다시 말해 誠으로부터 출발하여야 道를 밝힐 수 있고, 本性을 지극히 할 수 있고 修身, 齊家, 治國, 平天下를 할 수 있다는 의미이다.

다음은 正心에 대해 논하려 한다. 『大學』에서 正心을 설명하는 구절은 다음과 같다.

이른바 몸을 닦음이 그 마음을 바룸에 있다는 것은 마음에 忿懥하는 바가 있으면 그 바름을 얻지 못하며, 恐懼하는 바가 있으면

ㄱ 바름을 얻지 못하며, 好樂하는 바가 있으면 그 바름을 얻지 못하며, 憂患하는 바가 있으면 그 바름을 얻지 못한다.474)

라고 하였는데, 이에 대한 朱子의 註를 보면, "忿懥는 怒함이다. 이네 가지는 모두 마음의 用이니, 사람이 없을 수 없는 것이다. 그러나 한 번 이것을 두고 살피지 못하면, 욕심이 動하고 情이 치우쳐서, 그 用의 행하는 바가 혹 올바름을 잃지 않을 수 없을 것이다."475)라고 하였고, 또한, "마음이 있지 않으면 보아도 보이지 않으며, 들어도 들리지 않으며, 먹어도 그 맛을 알지 못한다."476)라고 하였는데, 이에 대한 朱子의 註를 보면, "마음이 보존되지 못함이 있으면 그 몸을 檢束할 수가 없다. 이 때문에 君子는 반드시 이를 살펴서 敬하여 마음을 곧게 하니, 그러한 뒤에야 이 마음이 항상 보존되어서 몸이 닦아지지 않음이 없는 것이다."477)라고 하여, 몸을 바루는 일은 '敬'으로써 마음을 보존하는 일이라고 하였다. 이는 修養의 前提條件으로 마음을 바루게 하는 것 즉 正心의 의미를 말하고 있는데, 正心은 修身의 전제조건임을 다음과 같이 말하고 있다.

이것을 일러 '몸을 닦음이 그 마음을 바룸에 있다'고 하는 것이다.478)

뜻이 성실해지면, 참으로 惡이 없고 진실로 善이 있을 것이니, 이

---

474) 『大學』 7, 所謂修身在正其心者 身有所忿懥 則不得其正 有所恐懼 則不得其正 有所好樂 則不得其正 有所憂患 則不得其正.

475) 同上, 忿懥怒也 蓋是四者 皆心之用而人所不能無者 然一有之而不能察 則欲動情勝 而其用之所行 或不能不失其正矣.

476) 同上, 心不在焉 視而不見 聽而不聞 食而不知其味.

477) 同上, 心有不存則無以檢其身 是以君子必察乎此 而敬以直之 然後此心常存 而身無不修也.

478) 同上, 此謂修身 在正其心.

때문에 능히 마음을 보존하여 그 몸을 檢束하는 것이다. 그러나 혹 다만 誠意만을 알고, 이 마음의 보존되고 보존되지 않음을 치밀히 살피지 못한다면, 또 안을 곧게 하여 몸을 닦을 수가 없다.[479]

고 하였는데, 正心은 誠意에서 말미암으며, 뜻이 성실해지면, 자연적으로 마음을 보존하고 자신의 내면과 외면을 검속할 수 있는 것인데 이것이 正心인 것이다.

또한 마음속에 忿懥, 恐懼, 好樂, 憂患의 情이 있으면 그 마음 상태를 바로 할 수 없는 것이어서 이 네 가지의 마음 상태를 제거하도록 노력해야 올바른 마음을 가질 수 있는 것이다. 분노, 두려움, 즐거움, 근심, 걱정 등의 心理는 대개 사람의 일상생활에서 피하기 어려운 것이기에 그 영향도 크다. 분노는 인간의 마음을 미치게 만들고, 두려움은 비겁하게 만들고, 즐거움은 미혹하게 만들고, 근심, 걱정은 초조하게 만든다. 狂憤과 迷或은 심리의 극단적인 팽창작용이요, 痺怯과 焦燥는 심리의 극단적인 축소작용인데, 축소 또는 팽창을 막론하고 다 심리적인 상태에 속하며 인간으로 하여금 그 자주적인 능력과 中正한 心境을 잃게 만드는 것이다. 『大學』에서 말하기를,

이른바 그 가정을 다스리는 것은 그 자신을 수양하는 데 있다는 말은, 인간이 사랑하는 것에 편벽되고 싫어하는 것에도 편벽되며, 존경하는 것에도 편벽되고, 불쌍히 여기는 것에도 편벽되며, 교만하고 태만한 것에도 편벽된다. 그러므로 좋아하면서 그 싫은 점을 알고, 싫어하면서도 그 훌륭한 점을 아는 자는 이 세상에서 드물다. 그러므로 속담에 말하기를, '인간은 자기 자식의 잘못(惡)을 알지 못하고 자기 苗의 가라지도 알지 못한다'고 하였다. 이것이

---

479) 同上, 蓋意誠 則眞無惡而實有善矣. 所以能存是心以檢其身 然或但知誠意 而不能密察此心之存否 則又無以直內而修身也 自此以下並以舊文爲正.

이른바 자신이 수양되지 않으면 그 가정을 다스릴 수 없다는 말이다.480)

라고 하였다. 사랑, 미움, 슬픔, 존경, 오만은 인류가 언제나 지니고 있는 감정이며 이것이 심리 상태에 영향을 끼쳐 옳지 못하게 만든다. 대부분의 사람은 자기가 사랑하고, 경외하고, 불쌍히 여기는 사람에 대하여서는 아무리 추악하더라도 여전히 아름답게 여기며, 자기가 미워하고 천하게 그리고 오만하게 여기는 사람에 대하여서는 아무리 아름답다 하더라도 여전히 밉고 졸렬하게 생각한다. 이것이 소위 歪曲된 心理인데, 대체로 心理가 歪曲되면 편견이 생기게 되어 마침내는 진리를 혼동시키고 사실을 전도시켜 부정확한 判斷, 부정확한 行爲를 하여 알지 못하는 사이에 바르지 못한 착오에 빠져들게 된다.

마음은 외부의 영향을 받아 고쳐지고 변하기 쉬우므로 사람은 마땅히 외부의 힘에 항거하도록 노력하여, 마음이 동요되고 굴복되지 않도록 평정한 상태를 유지하게 만들어야 한다. 그런 까닭에 평소에 마음을 수양하는 공부가 가장 중요하다고 하였다.

格物을 통하여 致知하며 비로소 정확한 판별능력을 갖게 되고 자신의 힘을 집중할 수 있는가 없는가는 뜻의 성실에 달려있다. 뜻이 이미 성실하면 그 다음은 이렇게 이 힘을 정확한 방향으로 이끌어 가는가 하는 것이다. 그런데 이 힘을 지배하고 방향을 조정하는 것이 바로 마음이다.481)

여기서는 마음을 바루는 일을 中庸 思想으로 설명하려 한다. 마음

---

480) 『大學』 8, 所謂齊其家 在修其身者 人之其所親愛而辟焉 之其所賤惡而辟焉 之其所畏敬而辟焉 之其所哀矜而辟焉 之其所敖惰而辟焉 故好而知其惡 惡而知其美者 天下鮮矣. 故諺有之曰 人莫知其子之惡 莫知其苗之碩. 此謂身不修 不可以齊其家.

481) 鄭仁在 譯, 위의 책, p.227.

을 바르게 가지려고 하면 먼저 '中'을 파악하고 '中'을 파악하려고 하면 먼저 그 뜻을 성실하게 하여야 한다.

'中'이란 글자가 포함하고 있는 뜻은 中國哲學思想에서 극히 중요한 부분이라 할 만하다. 『中庸』이 이러한 사상을 천명하여 발휘한 가장 중요한 저작이지만 그 源頭는 아니다. 그 시초를 말하면 堯임금부터 시작해야 할 것이다. 堯임금은 천하를 舜임금에게 주면서 경고하기를, '아! 舜이여, 천도의 운수는 너의 몸에 있으니, 치우치지 않는 中道를 파악하라! 四海의 백성이 곤궁해지면 하늘이 내린 군왕의 福祿도 영원히 끝날 것이다.'라고 하였는데, 그 후에 대대로 성인에 서로 전하여 모두 時中을 교훈으로 삼아 1700여 년을 지나서 공자에까지 이르러 집대성되었고 '中'자에 '庸'자를 합하여 中庸의 철학을 발휘하게 되었다. 주자가 『中庸章句』의 序에서 비교적 상세한 설명을 하였는데, 그 내용은 다음과 같다.

中庸은 어째서 지었는가? 子思子께서 道學의 傳함을 잃을까 우려하여 지은 것이다. 上古時代에 聖神이 하늘의 뜻을 이어 極을 세움으로부터 道統의 전함이 유래가 있게 되었다. 經書에 나타나는 것으로는, '진실로 그 中(中道)을 잡으라'는 것은 堯임금이 舜임금에게 傳授해 주신 것이요, '人心은 위태롭고 道心은 隱微하니, 精히 하고 한결같이 하여야 진실로 그 中을 잡을 수 있다'는 것은 舜임금이 禹임금에게 傳授해 주신 것이니, 堯의 한 말씀이 지극하고 다하였거늘, 舜이 다시 세 말씀을 더 한 것은 堯의 한 말씀을 반드시 이와 같이 한 뒤에야 거의 할 수 있음을 밝힌 것이다.
일찍이 논하건대, 心의 虛靈知覺은 하나일 뿐인데, 人心과 道心의 다름이 있다고 한 것은, 혹은 形氣의 私에서 나오고, 혹은 性命의 올바른 것에서 근원하여, 知覺을 한 것이 똑같지 않기 때문이다. 이러므로 혹은 위태로워 편안치 못하고, 혹은 微妙하여 보기가 어렵다. 그러나 이 형체를 가지고 있지 않은 이가 없으므로 비록 上智라도 人心이 없지 못하고 또한 이 性을 가지고 있지 않은 이가 없으므로, 비록 下愚라도 道心이 없지 않으니, 이 두 가지가 方寸 (마음)의 사이에 섞여 있어서 다스릴 바를 알지 못하면, 위태로운 것이 더욱 위태로워지고, 은미한 것이 더욱 은미해져서 天理의 공 변됨이 끝내 人欲의 사사로움을 이기지 못할 것이다. '精'은 두 가지의 사이를 살펴 섞이지 않게 하는 것이요, '一'은 本心의 올바름 을 지켜 잃지 않게 하는 것이니, 이에 從事하여 조금도 間斷함이 없어, 반드시 道心으로 하여금 一身의 주장을 삼고, 人心이 매양 命令을 듣게 하면 위태로운 것이 편안하게 되고, 은미한 것이 드 러나게 되어, 動·靜과, 말하고 행동하는 것이 저절로 過·不及의 잘못이 없게 될 것이다.

…… 그 걱정하심이 깊기 때문에 말씀하심이 간절하고, 염려하심 이 멀기 때문에 설명하심이 자세하니, 그 天命·率性이라고 말씀 하신 것은 道心을 이름이요, 擇善·固執이라고 말씀하신 것은 精 一을 이름이요, 君子·時中이라고 말씀하신 것은 執中을 이름이니, 세상의 서로 뒤함이 千餘年이 되지만, 그 말씀의 다르지 않음이 符節을 합함과 같다.482)

라고 하여, 中庸 思想에 대한 原論的인 말을 하고 있다. 그러면, 여기 서 볼 수 있는 '中'과 '庸'의 의미는 무엇인가. 程子와 朱子는 이에 대

---

482) 『中庸』序, 中庸何爲而作 子思子 憂道學之失其傳而作也 蓋自上古 聖 神繼天立極而道統之傳 有自來矣 其見於經則允執厥中者 堯之所以授舜 也 人心惟危 道心惟微 惟精惟一 允執厥中者 舜之所以授禹也 堯之一 言 至矣盡矣 而舜復益之以三言者 則所以明夫堯之一言 必如是而後 可 庶幾也 蓋嘗論之 心之虛靈知覺 一而已矣 而以爲有人心道心之異者 則 以其或生於形氣之私 或原於性命之正 而所以爲知覺者不同 是以或危殆 而不安 或微妙而難見耳 然人莫不有是形 故雖上智不能無人心 亦莫不 有是性 故雖下愚不能無道心 二者雜於方寸之間 而不知所以治之 則危 者愈危 微者愈微 而天理之公 卒無以勝夫人欲之私矣 精則察夫二者之 間而不雜也 一則守其本心之正而不離也 從事於斯 無少間斷 必使道心 常爲一身之主 而人心 每聽命焉 則危者安 微者著 而動靜云爲 自無過 不及之差矣. …… 蓋其憂之也深 故其言之也切 其慮之也遠 故其說之也 詳 其曰 天命率性 則道心之謂也 其曰 擇善固執 則精一之謂也 其曰 君子時中 則執中之謂也 世之相後千有餘年 而其言之不異 如合符節.

해 다음과 같이 해석했다.

> 中은 偏僻되지 않고 치우치지 않으며, 過와 不及이 없는 것의 이
> 름이요, 庸은 平常함이다.483)

이에 대한 朱子의 주를 보면, "子程子가 말씀하셨다. 편벽되지 않
음을 中이라 이르고, 변치 않음을 庸이라 이르니, 中은 천하의 正道
요, 庸은 천하의 定理이다."484) 또한 '中'의 의미를 『中庸』에서는 다
음과 같이 설명하고 있다. "기뻐하고 노하고 슬퍼하고 情이 發하지
않는 것을 中이라 이르고, 發하여 모두 節度에 맞는 것을 和라 이르
니, 中이란 것은 천하의 큰 근본이요, 和란 것은 천하의 공통된 道이
다."라고 하였는데, 이에 대한 주를 보면, "喜怒哀樂은 情이요 이것이
發하지 않는 것은 바로 性이요, 편벽되고 치우친 바가 없으므로 中
이라 이르며, 發함에 모두 節度에 맞는 것은 情의 올바름이니, 어그
러지는 바가 없으므로 和라고 이른다. 大本은 하늘이 명하신 性이니,
천하의 이치가 모두 이로 말미암아 나오니, 道의 體요, 達道는 性을
따름을 이르니, 天下와 古今에 함께 행하는 것이니, 道의 用이다. 이
는 性情의 덕을 말씀하여 道를 떠날 수 없는 뜻을 밝힌 것이다."라
고 하였다.

이에서 알 수 있는 것은, 인간의 性情이 밖으로 표출되어도 그 안
정됨을 유지하고 올바른 상태가 和라고 볼 수 있고, 中이란 和의 극
치 내지는 궁극 도달점이라 볼 수 있다. 그렇다면 中과 和가 지극해
지려면 어떻게 해야 하는가.

---

483) 『中庸』, 首程子語, 中者 不偏不倚無過不及之名 庸平常也.

484) 『中庸』 章句 題下 注, 子程子曰 不偏之謂中 不易之胃庸 中者天下之正
道 庸者天下之定理.

中과 和를 지극히 하면, 天地가 제자리를 편안히 하고, 만물이 잘 生育될 것이다.485)

戒懼로부터 요약하여 지극히 精한 가운데에 편벽되고 치우친 바가 없어 그 지킴이 잃지 않는 데 이르면, 그 中을 지극히 하여 天地가 제자리를 편안히 할 것이요, 謹獨으로부터 精히 하여 事物을 應하는 것에 조금도 잘못됨이 없어, 가는 곳마다 그렇지 않음이 없는 데 이르면, 그 和를 지극히 하여 만물이 生育될 것이다. 天地와 萬物이 본래 나와 一體이다. 그리하여 나의 마음이 바르면 天地의 마음이 또한 바르고, 나의 기운이 순하면 天地의 기운이 또한 순하다. 그러므로 그 效驗이 이와 같음에 이르는 것이니, 이는 學問의 지극한 功效요, 聖人의 能事인데, 애당초 밖에 기다림이 있지 않고, 修道의 가르침도 또한 이 안에 들어있다.486)

라고 하여, 여기서는, 마음을 올바르게 유지하기 위해서 즉, 中과 和를 지극히 하려면, 두려워하고 조심하고 삼가는 戒愼恐懼하는 存養省察을 해야 함을 강조하고 있다. 인간의 마음 상태, 혹은 심리 상태가 흔들리지 않고 평형을 유지하기 위해서는 끊임없는 자기 성찰과 매사에 言行을 조심하고 삼가야 함을 말하는 것이다. 그렇게 해서 나의 마음과 나의 기운이 바르고 순하면, 모든 것을 바르게 대할 수 있고, 어떠한 판단도 정확히 할 수 있는 것이다. 또한,

仲尼께서 말씀하셨다. 君子는 中庸을 하고, 小人은 中庸에 반대로 한다. 君子가 中庸을 함은 君子이면서 때로 맞게 하기 때문이요, 小人이 中庸에 반대로 함은 小人이면서 忌憚이 없기 때문이다.487)

---

485) 同上, 致中和 天地位焉 萬物育焉.
486) 同上, 自戒懼而約之 以至於至靜之中無所偏倚而其守不失 則極其中而天地位矣 自謹獨而精之 以至於應物之處無少差謬而無適不然 則極其和而萬物育矣 蓋天地萬物本吾一體吾之心正 則天地之心亦正矣 吾之氣順 則天地之氣亦順矣.

　여기서는 '때로 맞게 하는'의 '時中'으로 中庸을 설명하고 있는데, 이에 대한 주를 보면, "君子가 中庸을 하는 까닭은 君子의 德이 있고 또 능히 때에 따라 中에 처하기 때문이요, 小人이 中庸에 반대로 하는 까닭은 小人의 마음이 있고 또 忌憚하는 바가 없기 때문이다. 中은 일정한 體가 없어 때에 따라 있으니, 이것이 바로 平常의 理이다. 君子는 이것이 자신에게 있음을 알기 때문에 능히 보지 않을 때에도 戒愼하고 듣지 않을 때에도 恐懼하여 때마다 맞지 않음이 없고, 小人은 이것이 있음을 알지 못하니, 욕심을 부리고 망령되이 행동하여 忌憚하는 바가 없다"[488]라고 하였는데, 이는 中庸이라 함은 때에 맞게 함을 강조한 것이다. 누구든 中庸의 德이 있으면 매사를 때에 따라 그때에 맞는 中에 처할 수 있다. 항상 삼가고 조심하고 두려워하는 마음가짐의 상태라면, 개인적인 욕심을 버리고 공평한 심리 상태로 때에 맞는 판단을 내릴 수 있음을 말한 것이다. 그런데 中和를 中庸이라 한 것은 다음에서 밝히고 있다.

　　和를 변하여 庸이라고 말한 것은 游氏가 말하기를, '性情으로써 말하면 中和라 하고, 德行으로써 말하면 中庸이라 한다.' 하였으니, 그 말이 옳다. 그러나 中庸의 中은 실로 中和의 뜻을 겸하였다.[489]

고 하여, 中和를 性情의 차원에서 보고, 中庸을 德行의 차원에서 설명하였고, 中庸의 '中'에 中和의 의미가 있음을 설명하고 있다.[490]

---

487) 『中庸』 2, 仲尼曰 君子中庸 小人反中庸. 君子之中庸也 君子而時中 小人之中庸也 小人而無忌憚也.

488) 同上, 君子之所以爲中庸者 以其有君子之德 而又能隨時以處中也 小人之所以反中庸者 以其有小人之心 而又無所忌憚也 蓋中無定體 隨時而在 是乃平常之理也 君子知其在我 故能戒謹不睹 恐懼不聞 而無時不中 小人不知有此 則肆欲妄行而無所忌憚矣.

489) 同上, 變和言庸者 游氏曰 以性情言之 則曰中和 以德行言之 則曰中庸 是也 然 中庸之中實兼中和之義.

또한 孔子는 中庸의 德을 지극한 德이라고 하고, 이에 넘치거나
이에 미치지 못함을 경계하는 말을 하고 있다.

> 孔子께서 말씀하셨다. 道가 행해지지 않는 이유를 내 알았으니,
> 지혜로운 자는 過하고 어리석은 자는 不及하기 때문이다. 道가 밝
> 아지지 못하는 이유를 내 알았으니, 어진 자는 過하고 어질지 못
> 한 자는 不及하기 때문이다.491)

라고 하였는데, 이에 대한 주를 보면, "道는 天理의 當然함이니, 中일
뿐이다. 智·愚와 賢·不肖의 過하고 不及함은 타고난 資稟이 달라
그 中을 잃은 것이다. 지혜로운 자는 앎이 지나쳐 이미 道를 족히
행할 것이 없다 하고, 어리석은 자는 앎에 미치지 못하고 또 행할
바를 알지 못하니, 이는 道가 항상 행해지지 못하는 所以이다. 어진
자는 行이 지나쳐 이미 道를 족히 알 것이 없다 하고, 어질지 못한
자는 行에 미치지 못하고 또 알 바를 구하지 않으니, 이는 道가 항
상 밝아지지 못하는 所以이다."492)라고 하였는데, 여기서는 사람들이
마음의 올바른 상태인 中의 상태를 유지하지 못하여 이른바 道가 행
해지지 못하는 이유는, 어진 자는 행동이 너무 지나쳐 中에 넘치게
되고, 어리석은 자는 행동이 미치지 못해 中에 도달하지 못하는 것
이라고 설명하고 있다. 사람이 살아가는 데는 이 中의 상태를 유지

---

490) 王大千, 「「中和」, 「中庸」與「中道」辨」, 孔孟月刊 제32권 제8기, 民國 83年
   4月, pp.10-16에도, 中和를 喜怒哀樂的 心理(感情) 作用으로, 中庸을 美好
   而平常的人倫日用之道로 보고 있다.

491) 『中庸』 4, 子曰 道之不行也 我知之矣 知者過之 愚者不及也 道之不明
   也 我知之矣 賢者過之 不肖者不及也.

492) 同上, 道者天理之當然 中而已矣 知愚賢不肖之過不及 則生稟之異而失
   其中也 知者知之過 旣以道爲不足行 愚者不及知 又不知所以行 此道之
   所以常不行也 賢者行之過 旣以道爲不足知 不肖者不及行 又不求所以
   知 此道之所以常不明也.

하지 않으면 안 되는데, 사람들이 스스로 살피고 삼가지 않는 폐단을 다음과 같이 설명하고 있다. "사람들이 飮食을 먹고 마시지 않는 이가 없건마는 맛을 아는 이는 적다."[493]라고 했는데, 이에 대한 주를 보면, "道는 떠날 수가 없는데 사람들이 스스로 살피지 않는다. 이 때문에 過하고 不及한 폐단이 있는 것이다."[494]라고 하여, 道가 행해지지 않는 이유를 사람들이 스스로 살피고 삼가지 않는 데 있다고 보았다.

한편, 孔子는 中庸을 유지하는 例를 知, 仁, 勇에서의 中庸으로 말하였는데, 그 중 知와 勇의 中庸에 관하여 다음과 같이 말한다. 먼저 知에 대하여는,

> 孔子께서 말씀하셨다. "舜임금은 큰 지혜이실 것이다. 舜임금은 묻기를 좋아하시고, 淺近한 말씀을 살피기 좋아하시되, 惡을 숨겨주고 善을 드날리시며, 두 끝을 잡으시어 그 中을 백성에게 쓰시니, 그 때문에 舜임금이 되신 것이다."[495]

라고 하였는데, 그 주를 보면, "舜임금이 큰 지혜가 되신 까닭은 자기 지혜를 쓰지 않고 남에게서 취하셨기 때문이다. 邇言은 淺近한 말인데도 오히려 반드시 살피셨으니, 그 버린 善이 없음을 알 수 있다. 그러나 그 말의 善하지 못한 것은 숨겨주고 드러내지 않으며, 그 善한 것은 傳播하고 숨기지 아니하여, 廣大하고 光明함이 또 이와 같았으니, 사람들이 그 누가 善으로써 말해 주기를 즐거워하지 않겠는가. 兩端은 衆論이 같지 않음의 극치를 이른다. 모든 사물에는 다

---

493) 同上, 人莫不飮食也 鮮能知味也.

494) 同上, 道不可離人自不察 是以有過不及之弊.

495) 『中庸』 6, 子曰 舜其大知也與 舜好問而好察邇言 隱惡而揚善 執其兩端 用其中於民 其斯以 爲舜乎.

兩端이 있으니, 小와 大, 厚와 薄과 같은 종류이다. 善의 가운데에 또 그 두 끝을 잡고서 헤아려 中을 취한 뒤에 쓴다면, 擇함이 분명하고 행함이 지극한 것이다. 그러나 자신에게 있는 權度(저울과 자)가 精하고 간절하여 어그러지지 않는 자가 아니면, 어찌 이에 참여할 수 있겠는가. 이는 知가 過·不及이 없어서 道가 행해지게 된 이유이다."496)라고 했는데, 이는 知의 中庸을 말한 것이다. 마음을 바로 하려면 性情을 바로 해야 하는데, 知에 있어서의 中庸이란 옳고 그른 것, 혹은 옳은 것 간의 선택을 얼마나 올바로 할 수 있는가에 달려 있음을 말한 것이다. 모든 상황에는 양 끝이 있다. 이 양 끝은 善惡 혹은 是非가 될 수도 있고, 그 양 끝이 둘 다 善이나 是가 될 수도 있다. 그 양 끝이 善惡 혹은 是非일 때는 당연히 善과 是를 선택해야 하고, 그 양 끝이 둘 다 善 혹은 是일 때에는 어떤 쪽이 더 善하고 옳은가를 결정해야 한다. 이 결정과정에서 자신에게 있는 權度가 바르고 정확하고 어그러짐이 없다면 中에 도달하여 정확한 판단을 내릴 수 있을 것이다. 이 때는 過·不及의 상태가 없어져 비로소 올바른 말과 행동을 할 수 있을 것이다.

또한, 中庸을 택하고도 그것을 지키지 못하면 올바른 智慧라고 할 수 없는데, 中庸을 지키기 위한 방법으로 다음을 말하고 있다. "孔子께서 말씀하셨다. 顔回의 사람됨이 中庸을 가려 한 善을 얻으면 拳拳히 가슴 속에 두어 잃지 않는다."497)라고 했는데, 이에 대한 주를

---

496) 同上, 舜之所以爲大知者 以其不自用而取諸人也 邇言者 淺近之言 猶必察焉 其無遺善可知 然於其言之未善者 則隱而不宣 其善者則播而不匿 其廣大光明 又如此 則人孰不樂告以善哉 兩端謂衆論不同之極致 蓋凡物 皆有兩端 如小大厚薄之類 於善之中又執其兩端而量度以取中然後用之 則其擇之審而行之至矣 然非在我之權度精切不差 何以與此 此知之所以無過不及而道之所以行也.

497) 『中庸』8, 子曰 回之爲人也 擇乎中庸 得一善則拳拳服膺而弗失之矣.

보면, "拳拳은 받들어 잡는 모양이다. 服은 著(붙여둠)와 같으며 膺은 가슴이니, 받들어 잡아서 마음과 가슴의 사이에 붙여 둠이니, 능히 지킴을 말한다. 顔子는 참으로 알았다. 그러므로 능히 택하고 능히 지킴이 이와 같았으니, 이는 行이 過·不及이 없어서 道가 밝아지게 된 이유이다."[498]라고 하여, 마음의 바름, 즉 中庸 혹은 中和 상태가 되었으면 이를 지키고 유지하여 올바른 말과 행동 혹은 옳은 판단을 하여야 함을 말한 것이다. 中庸을 지키고 유지하는 방법을 拳拳復膺이라 하였는데, 이는 받들어 잡아 가슴 속에 늘 생각하는 것으로, 택한 中庸의 마음 상태를 잃지 않으려고 노력하는 것을 말한다.

또한 中庸의 마음 상태를 유지하기 위한 또 하나의 방법은 勇을 가져야 하는데, 勇에 대해 子路가 공자에게 묻자 다음과 같이 말했다. "그러므로 君子는 和하되 흐르지 않으니, 강하다, 꿋꿋함이여! 中立하여 치우치지 않으니, 강하다, 꿋꿋함이여! 나라에 道가 있을 때에는 궁할 적의 意志를 변치 않으니, 강하다, 꿋꿋함이여! 나라에 道가 없을 때에는 죽음에 이르러도 志操를 변치 않으니, 강하다, 꿋꿋함이여!"[499]라고 하였는데, 이에 대한 주를 보면, "······ 나라에 道가 있을 때에는 榮達하지 못했을 때의 지키던 바를 변치 않고, 나라에 道가 없을 때에는 平生(平素)의 지키던 바를 변치 않으니, 이는 이른바 中庸은 능히 할 수 없다는 것이다. 이것은 스스로 人欲의 私를 버림이 있지 않으면 擇하여 지킬 수가 없으니, 君子의 강함이 무엇이 이보다 크겠는가. 夫子께서 이것으로써 子路에게 말씀해 주신 것은, 血氣의 강함을 抑制하여 德義의 용맹으로써 나아가게 하신 것이

---

498) 同上, 拳拳奉持之貌 服猶著也 膺胸也 奉持而著之心胸之間 言能守也 顔子蓋眞知之 故能擇能守 如此 此 行之所以無過不及而道之所以明也.

499) 『中庸』 10, 故君子 和而不流 强哉矯 中立而不倚 强哉矯 國有道 不變 塞焉 强哉矯 國無道 至 死不變 强哉矯.

다."500)라고 하였다. 미음의 바른 상태 혹은 中庸의 마음 상태는 받들어 잡아 가슴으로 늘 생각하지 않으면 안 되듯이 또한 강하게 지키는 용기 혹은 人欲의 사사로운 감정을 제거하려는 결단력이 있지 않으면 안 됨을 말한 것이다.

이상에서, 正心의 의미와 正心을 유지하기 위한 방법들을 보았다. 뜻이 성실해지면, 참으로 惡이 없고 진실로 善이 있을 것인데, 이 때문에 능히 마음을 보존하여 그 몸을 檢束하는 것 이것이 正心이다. 正心은 '敬으로서 마음을 보존하는 일'이며, 마음을 보존하면 자신의 내면과 외면을 검속할 수 있는데 이것이 正心이다. 또한 正心은 마음속에 忿懥, 恐懼, 好樂, 憂患의 情이 있으면 그 마음 상태를 바로 할 수 없기 때문에 正心을 유지하기 위해서는 이러한 네 가지의 마음의 상태를 제거하도록 노력해야 하는 것이 중요하다.

마음을 바루는 일 즉 正心의 방법은 中庸의 마음가짐으로 설명할 수 있는데, '中'은 偏僻되지 않고, 치우치지 않는 것이고, '庸'은 平常함이다. 中庸은 性情의 차원에서 中和로도 설명되는데, 인간의 性情이 밖으로 표출되어도 편벽되지 않고 그 안정됨을 유지하고 올바른 상태가 '和'이며, '中'은 '和'의 궁극점이라 볼 수 있다.

이러한 中和 혹은 中庸을 유지하는 方法은 먼저 두려워하고 조심하고 삼가는 즉 戒愼恐懼하는 存養, 省察이다. 이는 인간의 마음 상태 혹은 심리 상태가 흔들리지 않고 평형을 유지하기 위해서는 항상 戒愼恐懼하는 自己省察이 필요함을 말하고 있다. 中庸을 유지하는 또 하나의 방법은 智, 仁, 勇 三達德에 있어서의 中庸을 지키는 것인데, 知(혹은 智)에 있어서의 中庸이 유지되면, 양 끝이 善과 惡, 是와

---

500) 同上, …… 國有道 不變未達之所守 國無道 不變平生之所守也 次則所謂中庸之不可能者 非有以自勝其人欲之私 不能擇而守也 君子之强 孰大於是 夫子以是告子路者 所以抑其血氣之剛而進之以德義之勇也.

非일 때는 善과 是를 택하고, 양 끝이 둘 다 善 혹은 是 일 때는 어
느 쪽이 더 善하고 옳은가를 결정할 수 있다. 여기서 中庸을 유지하
는 방법은 拳拳服膺인데, 이는 받들어 잡아 가슴 속에 늘 생각하는
것으로 택한 中庸의 마음의 상태를 잃지 않으려고 노력하는 것을 말
한다. 拳拳服膺과 아울러 勇을 가지는 것이 또한 中庸의 상태를 유
지하는 방법인데, 이는 人欲의 사사로움을 버리는 결단력이 中庸의
상태를 유지할 수 있게 해줌을 말하는 것이다.

3) 六經과 六藝를 통한 涵養 - 詩敎, 禮敎, 樂敎를 통한 純化

儒家의 敎育은 그 내용으로 六經과 六藝가 있는데, 여기서는 性情
의 純化와 관련하여 詩敎와 禮敎 그리고 樂敎를 중심으로 각 교육의
의미와 性情純化 過程을 다룬다. 먼저 音樂을 통한 性情의 涵養을
보자. 孔子는 모든 악기가 自然의 理致에 따라 만들어짐을 강조한다.

> 孔子께서 魯나라 大師에게 음악을 말씀하셨다. 음악은 알 만한 것
> 이다. 처음 시작할 적엔, 五音을 합하여 시작하고, 풀어 놓을 때에
> 는 조화를 이루고 분명하며, 연속되어서 한 장을 끝마쳐야 한다.[501]

라고 하였는데, 이는 음악이 시작하여 한 장을 끝마칠 때까지 그 조
화로움은 마치 자연의 이치와도 같음을 말한 것이다. 이에 대한 주
를 보면, "謝氏가 말하였다. 五音과 六律이 갖추어지지 않으면 音樂
이라 말할 수 없다. …… 五音이 합하면 淸濁과 高下(높은 音과 낮
은 音)가 마치 五味가 서로 도운 뒤에 조화되는 것과 같기 때문에

---

501) 『論語』, 「八佾」23, 子語魯大師樂曰 樂其可知也 始作 翕如也 從之 純
　　如也 皦如也 繹如也 以成.

純如라고 말한 것이다. 그러나 어찌 宮은 宮만 하고, 商은 商만 할
뿐이겠는가. 서로 반대되지 않고 서로 연결됨이 마치 구슬을 꿴 것
과 같아야 한다. 그러므로 '연속하여 음악을 끝낸다'라고 말씀한 것이
다."502)라고 하였다. 『小學』에서도, 舜임금이 그의 신하 夔에게 명령
하여 天子와 卿大夫의 맏아들을 다음과 같이 가르치도록 했는데,

　　夔에게 명령하셨다. 너를 명하여 典樂을 삼노니, 天子와 卿大夫의
　　冑子(맏아들)를 가르치되, 곧으면서도 너그러우면서도 엄숙하며
　　강하면서도 사나움이 없으며 간략하면서도 오만함이 없도록 해야
　　하니, 詩는 뜻을 말한 것이요, 歌는 말을 길게 읊는 것이요, 聲은
　　길게 읊조림에 따르는 것이요, 律은 읊조리는 소리를 조화시키는
　　것이니, 八音이 잘 어울려 서로 차례를 빼앗지 말아야 神과 사람
　　이 화합할 것이다.503)

라고 하였는데, 이는 주로 귀족 집안의 자제를 교육시키는 것을 설
명하고 있지만, 여기서는 孔子와 孟子의 敎育思想에서의 初期의 情
緖敎育을 엿볼 수 있다. 詩를 읊조리고, 길게 늘어뜨려 읽고, 이 읊조
림에 장단을 맞추는 것은 어렸을 적부터의 교육에서 性情의 涵養을
그 목표에 두고 있는 것이다. 이에 대한 주를 보면,

　　聲은 五聲이니, 宮, 商, 角, 徵, 羽요, 律은 12律이니, 黃鐘, 大簇,
　　姑洗, 蕤賓, 夷則, 無射은 陽律이요, 大呂, 來鐘, 中呂, 林鐘, 南呂,
　　應鐘은 陰律이다. 八音은 金, 石, 絲, 竹, 匏, 土, 革, 木으로 만든
　　악기의 종류이다.
　　蔡氏가 말하였다. 무릇 사람은 곧은 자는 반드시 온화함에 부족하

502) 同上, 謝氏曰 五音六律不具 不足以音樂 …… 五音合矣 淸濁高下如
　　五味之相濟而後和 故 曰純如 合而和矣 欲其無相奪倫 故 曰皦如 然
　　豈宮自宮而商自商乎 不相反而相連 如貫珠可也 故 曰繹如也以成.

503) 『小學』, 「立敎」6.

214

므로 그 온화하고자 하고, 너그러운 자는 반드시 엄숙함에 부족하
므로 그 엄숙하고자 하니, 그 한쪽으로 편벽될까 염려하여 輔翼하
는 것이요, 강한 자는 반드시 사나움에 이르므로 그 사나움이 없
고자 하고, 간략한 자는 반드시 오만함에 이르므로 그 오만함이
없고자 하는 것이니, 그 지나침을 막아서 경계하고 금지시키는 것
이다. 冑子를 가르치는 자는 그 이와 같이 하고자 하되 그 가르치
는 바의 도구는 또한 오로지 音樂에 있었으니, 音樂은 사람의 中
和의 德을 길러서 그 氣質의 편벽됨을 구제할 수 있기 때문이다.
마음이 가는 바를 志라 한다. 마음이 가는 바가 있으면 반드시 말
에 나타나므로 詩는 뜻을 말한 것이라 하였고, 이미 말에 나타나
면 반드시 長短의 節(리듬)이 있으므로 歌는 말을 길게 읊조리는
것이라 하였고, 이미 長短의 節이 있으면 반드시 高下와 淸濁이
있으면 또한 반드시 12律로 조화하여야 이에 文을 이루어 어지럽
지 않으니, 이른바 律은 소리를 조화한다는 것이다. 사람의 소리
가 이미 和하였으면 이에 그 소리를 八音에 입혀서 음악을 만들
면 화합하지 않음이 없어 서로 침해하거나 어지러워 그 차례를
잃지 않아 조정에서도 연주하고 郊祭와 廟祭에도 올려 神과 사람
이 화합할 수 있다. 聖人이 음악을 만들어 性情을 함양하고 人材
를 육성하며, 鬼神을 섬기고 上下를 화평하게 하셨으니, 그 體用과
功效의 廣大하고 深切함이 마침내 이와 같았는데, 지금은 모두 다
시 볼 수 없으니, 이루 다 탄식할 수 있겠는가.504)

라고 하였다. 이는 音樂을 통한 性情의 涵養을 잘 나타내는 글이라
할 수 있다. 音樂은 사람의 中和의 德을 길러주고, 그 氣質이 한 쪽
으로 치우친 것을 바르게 잡아준다. 사람의 뜻이 詩로 나타나게 되
고, 말이 詩로 나타나면, 반드시 長短의 리듬이 있고 長短의 리듬은
곧 높고 낮음, 淸濁의 차이가 나타나므로 聲으로 나타나고 이 聲은
12律로 조화를 이루게 되는 것이다. 이것이 음악을 통한 性情의 涵
養 過程이다.

---

504) 同上.

孔子는 樂을 다음과 같이 보고 있다. "인이 이루어지지 못하면 禮樂이 일어나지 못하고, 禮樂이 일어나지 못하면 刑罰이 알맞지 못하고, 刑罰이 알맞지 못하면 백성들이 손발을 둘 곳이 없어진다."505)라고 하였는데, 이에 대한 주를 보면, "范氏가 말하였다. 일이 그 秩序를 얻음을 禮라 이르고, 사물이 그 和함을 얻음을 樂이라 이른다. 일이 이루어지지 못하면 질서가 없어지고 和하지 못한다. 그러므로 禮樂이 일어나지 못하고, 禮樂이 일어나지 못하면 政事를 시행함에 모두 正理를 잃게 된다. 그러므로 刑罰이 알맞지 못하는 것이다."506)라고 하였다. 이와 관련된 내용으로 孔子는 禮와 樂을 義理와 연결시켜 다음과 같이 말했다.

> 孔子께서 말씀하셨다. 禮이다, 禮이다 하지만, 玉帛을 이르는 것이 있겠는가? 樂이다, 樂이다 하지만, 鐘鼓를 이르는 것이겠는가.507)

이에 대한 주에서 程子의 해석을 보면, "禮는 하나의 질서(序)이며, 樂은 하나의 조화(和)일 뿐이니, 序와 和, 이 두 글자가 많은 義理를 함축하고 있다. 天下에는 어느 한 가지 일도 禮樂이 없는 것이 없으니, 우선 예를 들면, 두 개의 의자를 놓았는데, 하나가 바르지 않으면 秩序가 없고, 질서가 없으면 괴리되고, 괴리되면 調和를 이루지 못하게 되고 만다. …… 禮樂은 어느 곳이든 없는 곳이 없으니, 학자들은 반드시 알아야 할 것이다."508)라고 하였다. 세상의 모든 일에는

---

505) 『論語』, 「子路」3, 事不成則禮樂不興 禮樂不興則刑罰不中 刑罰不中則民無所措手足.

506) 同上, 楊氏曰 事得其序之謂禮 物得其和之謂樂 事不成 則無序而不和 故 禮樂不興 禮樂不興 則施之政事 皆失其道 故 刑罰不中.

507) 『論語』, 陽貨 11, 子曰 禮云禮云 玉帛云乎哉 樂云樂云 鐘鼓云乎哉.

508) 同上, 禮 只是一箇序 樂 只是一箇和 只此兩字 含蓄多少義理 天下 無一物無禮樂 且如置此兩椅 一不正 便是無序 無序 便乖 乖 便不和.

調和와 和合이 있어야 하는데, 이 조화와 화합을 있게 하는 것이 樂인 것이다. 樂에 대한 교육은 사람들로 하여금 性情을 涵養시켜 事物의 理致의 調和로움과 和合을 알게 하는 것이다(樂의 作用과 樂의 成立, 聲, 音, 樂의 관계 등 樂에 관해서는 앞에서 性과 情을 설명하면서 서술하였다).

孔子는 또한 詩와 禮와 樂을 통한 교육의 과정을 다음과 같이 말한다.

> 孔子께서 말씀하셨다. 詩에서 (착한 것을 좋아하고 나쁜 것을 싫어하는 마음을) 興起시키며, 禮에 서며, 樂에서 完成한다.509)

여기서는 詩, 禮, 樂을 통한 교육의 의미를 말하고 있는데, 그 구체적인 해석을 주에서 보면, "詩는 性情에 근본하여 邪도 있고 正도 있는데, 그 말한 것이 이미 알기 쉽고, 읊는 사이에 抑揚과 反覆이 있어 사람을 감동시킴이 또 쉬우므로, 배우는 초기에 착함을 좋아하고 악함을 미워하는 마음을 흥기하여 스스로 그치지 못하는 것은 반드시 이 詩에서 얻게 된다.

禮는 공경하고 사양하는 것으로 근본을 삼고, 節文과 度數의 상세함에 있어 사람의 肌膚의 모임과 筋骸의 묶임을 견고하게 할 수 있다. 이 때문에 배우는 중간에 능히 卓然히 자립하여 事物에 흔들리고 빼앗김을 당하지 않는 것은 반드시 이 禮에서 얻게 된다.

樂에는 五聲과 十二律이 있는데, 번갈아 화답하여 歌舞와 八音의 節度를 삼는다. 그리하여 사람의 性情을 함양하며, 간사하고 더러운 것을 깨끗이 씻어내고, 찌꺼기를 말끔히 정화시킨다. 그러므로 배우

…… 禮樂 無處無之 學者要須識得.

509) 『論語』, 「泰伯」8, 子曰 興於詩, 立於禮, 成於樂.

는 終期에 義가 精해지고, 仁이 완숙채짐에 이르러 자연히 道德에 和順해지는 것은 반드시 이 樂에서 얻게 되니, 이는 학문의 완성이다."510)라고 하였다.

'興於詩'는 거짓이 없는 참된 경지로 眞이 깃들어 있는 곳이며, '立於禮'는 倫理的 規範으로서 善이 깃들어 있는 곳이며, '成於樂'은 調和의 극치이니 美가 깃들어 있는 곳이라 할 수 있다.511) 詩는 사람들을 감동시켜 善과 惡이 들어 있는 詩를 옳는 사이에 善을 좋아하고, 惡을 미워하는 性情을 길러준다. 禮는 恭敬하고 辭讓하는 것이 몸에 익숙하여져서 사람과 일을 대함에 절도와 분수대로 응하여 모든 상황에 대응함에 항상 절도가 있게 해준다. 樂은 사람의 性情을 길러주어 사악하고 더러운 생각을 없애주고 항상 자연의 이치에 따라 살아가도록 한다. 程子는 詩, 禮, 樂을 통한 교육의 쇠퇴함을 안타까워하며 다음과 같이 말하였다.

> 天下에 英才가 적지 않으나 다만 道學이 밝지 못하기 때문에 성취한 바가 있지 못한 것이다. 옛사람들은 古詩를 지금 사람들의 歌曲처럼 외어 마을의 어린 아이들까지도 모두 익히 들어서 그 歌詞를 알고 있었다. 이 때문에 善한 마음을 興起할 수 있었던 것인데, 지금은 宿儒들도 오히려 古詩의 뜻을 깨닫지 못하니, 하물며 배우는 자들이야 말할 나위가 있겠는가? 이는 詩에 興起하지 못하는 것이다. 옛 사람들은 물을 뿌리고 청소하며 應對하는 것으로

---

510) 同上, 詩本性情 有邪有正 其爲言 旣易知 而吟詠之間 抑揚反覆 其感人 又易入 故 學者之初 所以興起其好善惡惡之心而不能自已者 必於此而得之. 禮 以恭敬辭遜爲本 而有節文度數之詳 可以固人肌膚之會 筋骸之束 故 學者之中 所以能卓然自立而不爲事物之所搖奪者 必於此而得之. 樂有五聲十二律 更唱迭和 以爲歌舞八音之節 可以養人之性情 而蕩滌其邪穢 消融其查滓 故 學者之終 所以至於義精仁熟而自和順於道德者 必於此而得之 是學之成也.

511) 韓國孔子學會, 『孔子思想과 現代』, 서울: 思社硏, 1994, p.253.

218

부터 冠婚喪祭에 이르기까지 모두 禮가 있었는데, 지금은 禮가 모두 廢棄되었다. 이 때문에 人倫이 밝지 못하고 집을 다스림에 法度가 없는 것이니, 이는 禮에 서지 못하는 것이다.

옛 사람의 음악은, 소리는 귀를 기르고, 채색은 눈을 기르며 노래와 읊는 것은 性情을 涵養하고 舞蹈하는 것은 혈맥을 기르는 것이었는데, 이제는 모두 없어졌으니 이는 樂에 완성하지 못하는 것이다. 이러므로 옛날이 인재를 이루기는 쉬웠는데, 지금 인재를 이루기는 어려운 것이다.[512]

詩는 사람들로 하여금 善한 마음을 흥기시키고, 禮를 통한 교육을 통하여 人倫이 밝아지게 되며, 樂은 性情을 함양하게 한다. 오늘날의 道德教育에서도 詩, 禮, 樂을 통한 교육은 사람들의 情緒를 純化시키고 善한 마음을 기르게 하는 데 필수적인 요소일 것이다. 특히 禮教를 통한 道德教育은 매사에 공경하고 사양하는 것이 몸에 배어서 모든 일을 절도와 분수 있게 처리할 수 있는 능력을 기르게 할 것이다. 또한 詩와 樂 등 예술을 통한 교육은 학생들의 情緒를 純化하고 善한 마음을 기르게 하는 데 큰 의의가 있을 것이다. 예술을 통해 사람들은 인간의 삶을 이해하고 인간답게 사는 길, 즉 인간의 도리대로 사는 것이 무엇인지를 깨닫게 할 것이다.

이 점에서, 孔子의 藝를 통한 教育의 意味를 보면 다음과 같다.

孔子께서 말씀하셨다. 道에 뜻을 두며, 德을 굳게 지키며, 仁에 의지하며, 藝에 노닐어야 한다.[513]

---

512) 『論語』「泰伯」8, 程子曰 天下之英才 不爲少矣 特以道學不明 故 不得有所成就 夫古人之詩 如今之歌曲 雖閭里童稚 皆習聞之而知其說 故 能興起 今 雖老師宿儒 尙不能曉其義 況學者乎 是不得興於詩也 古人 自灑掃應對 以至冠婚喪祭 莫不有禮 今皆廢壞 是以 人倫不明 治家無法 是不得立於禮也 古人之樂 聲音所以養其耳 采色所以養其目 歌詠所以養其性情 舞蹈所以養其血脈 今皆無之 是不得成於樂也 是以 古之成材也 易 今之成材也 難.

여기에서는 학문을 하는 자세에 대해 말하고 있는데, 특히 '藝에 노닐어야 한다'의 의미에 관한 주를 보면, "遊(노닌다)는 사물을 玩 賞하여 性情에 알맞게 함을 이름이요, 藝는 곧 禮, 樂의 글과 射, 御, 書, 數의 法이니, 모두 지극한 이치가 있어서 日常生活에 빼놓을 수 없는 것이다. 아침저녁으로 六藝에 노닐어 義理의 趣向을 넓혀간다 면, 일을 대처함에 여유가 있고 마음도 放心되는 바가 없을 것이다. …… 학문은 뜻을 세우는 것보다 앞서는 것이 없으니, 道에 뜻을 두 면 마음이 올바름에 있어서 다른 데로 흘러가지 않을 것이요, 德을 굳게 지키면 道가 마음에 얻어져서 떠나지 않을 것이요, 仁에 의지하 면 德性이 늘 쓰여져서 物慾이 물욕 행해지지 않을 것이요, 藝에 노 닐면 작은 일도 빠뜨리지 않아 움직이거나 쉬거나 끊임없는 修養이 있을 것이다. 배우는 자가 여기에서 先後의 순서와 輕重의 비중을 잃 지 않는다면 本末이 겸비되고 內外가 서로 修養되어, 日用生活하는 사이에 조금도 間斷도 없어 늘 이 속에 빠져 있고 從容하여, 어느 덧 자신이 聖賢의 경지에 들어감을 스스로 알지 못할 것이다."514)라고 하였다.

修養 혹은 德性涵養을 하는 첫 번째 단계는 뜻을 세우는 것이다. 뜻 을 세우되 道에 세운다 하였으니, 道는 곧 人倫을 말하며, 人倫은 일상 생활하는 사이에 인간이 마땅히 행해야 할 것을 이른다. 이러한 道를 행하여서 마음에 얻어지는 것이 德이다. 이러한 德을 떠나지 않게 유지

---

513) 『論語』, 「述而」6, 子曰 志於道, 據於德, 依於仁, 游於藝.

514) 同上, 游者 玩物適情之謂 藝 則禮樂之文 射御書數之法 皆至理所寓而 日用之不可闕者也 朝夕游焉 以博其義理之趣 則應務有餘 而心亦無所 放矣. 蓋學莫先於立志 志道則心存於正而不他 據德則道得於心而不失 依仁則德性常用而物欲不行 游藝則小物不遺而動息有養 學者於此 有以 不失其先後之序 輕重之倫焉 則本末兼該 內外交養 日用之間 無少間隙 而涵泳從容 忽不自知其入於聖賢之域矣.

하려 하는 것이 仁인 것이다. 仁은 모든 私欲이 없어져 心德이 온전한 것이다. 이러한 心德을 유지하고, 일을 대처함에 여유가 있고, 마음도 放心되는 바가 없게 하려면, 六藝를 통한 修養이 필요한 것이다. 이 점에서 孔子는 평소에 詩와 書 그리고 禮를 지키는 것을 강조하였는데,

> 孔子께서 평소 늘 말씀하시는 것은 詩와 書, 그리고 執禮(禮를 지키는 것)였으니 ……515)
> 詩로써 性情을 다스리고, 書로써 政事를 말하고, 禮로써 節文을 삼가니, 모두 일상생활의 실제에 절실하다. 그러므로 항상 이것을 말씀하신 것이다. 禮에 있어서만 유독 지킨다고 말씀한 것은 사람이 잡아서 지켜야 할 것을 가지고 말한 것이요, 비단 외우고 말할 뿐 만이 아니기 때문이다.516)

라고 하였는데, 여기에서 알 수 있는 것은, 詩란 사람의 性情을 다스리는 중요한 手段이 되는 것이고, 禮는 사람이 살아가면서 몸소 실행하고 행동으로 옮겨야 그 의미가 있는 것이지, 말로만 외우고 글로만 배우는 데서 그쳐서는 안 된다는 것이다. 孔子는 아들에게 詩와 禮를 공부할 것을 강조하였는데, "일찍이 홀로 서 계실 때에 내가 빨리 걸어 뜰을 지나는데, '詩를 배웠느냐?' 하고 물으시기에 '못하였습니다' 하고 대답하였더니, '詩를 배우지 않으면 말을 할 수 없다' 하시므로 내가 물러가 詩를 배웠노라. 다른 날에 또 홀로 서 계실 때에 내가 빨리 걸어 뜰을 지나는데, '禮를 배웠느냐?' 하고 물으시기에 '못 하였습니다' 하고 대답하였더니, '禮를 배우지 않으면 설수 없다' 하시므로 내가 물러나와 禮를 배웠노라."517) 하였다. 詩를

---

515) 『論語』, 「述而」17, 子所雅言 詩書執禮 …….
516) 同上, 詩以理情性 書以道政事 禮以謹節文 皆切於日用之實 故 常言之 禮獨言執者 以人所執守而言 非徒通說而已也.
517) 『論語』, 「季氏」13, 嘗獨立 鯉趨而過庭 曰學詩乎 對曰未也 不學詩 無以

배우면 事理가 通達해져서 心氣가 和平해진다. 그러므로 말을 잘하게 되고, 禮를 배우면 品節에 자세하고 밝아져서 德性이 굳게 정해져 능히 서게 된다고 주에서는 말하고 있다.

詩를 통한 교육은 貴族的이라기보다는 大衆的이고 民間的이었는데,[518] 孔子는 詩를 통한 교육의 성과를 다음과 같이 말하고 있다.

　　詩는 일으킬 수 있으며(뜻을 感發함), 살필 수 있으며(得失을 상고함), 무리를 지을 수 있으며(和하면서도 방탕한 데로 흐르지 않음), 원망할 수 있으며(원망하면서도 성내지는 않는 것), 가까이는 어버이를 섬길 수 있게 하며, 멀리는 임금을 섬길 수 있게 하고 (人倫의 道가 詩에 갖추어지지 않음이 없다), 새와 짐승, 풀과 나무의 이름을 많이 알게 한다(부수적으로 많은 지식을 자뢰할 수 있음).[519]

라고 하였고, 또한 孔子는 詩經 311편의 뜻을 다음의 한마디로 말하였다.

　　『詩經』3백 편의 뜻을 한마디의 말로 대표할 수 있으니, '생각에 간사함이 없다'(思無邪)는 말이다.[520]

이에 대한 주를 보면, "모든 詩에서 善을 말한 것은 사람의 착한 마음을 感動시켜 奮發하게 할 수 있고, 惡을 말한 것은 사람의 방탕한 마음을 懲戒할 수 있으니, 그 效用은 사람들이 바른 性情을 얻는

言 鯉退而學詩. 他日 又獨立 鯉趨而過庭 曰學禮乎 對曰未也 不學禮
無以立 鯉退而學禮.

518) 唐華, 『孔子哲學思想源流』, 臺灣 : 正中書局, 民國 66年, p.535.

519) 『論語』, 「陽貨」9, 詩可以興, 可以觀, 可以群, 可以怨, 邇之事父 遠之事,
多識於鳥獸草木之名.

520) 『論語』, 「爲政」2, 子曰 詩三百 一言以蔽之 曰思無邪.

데에 돌아갈 뿐이다. …… 程子가 말하였다. 생각에 간사함이 없다는
것은 誠이다."521)라고 하여, 『詩經』 311편을 공부하는 의의를 사람들
이 바른 性情을 얻는 것이라고 하였다. 즉, 詩를 통한 교육은 사람들
로 하여금 性情을 다스리게 하고, 마음을 바루게 하며, 생각함에 간
사함이 없는 성실함을 갖도록 하는 것이다.

또한 孔子는 禮에 관해 다음과 같이 말하였다.

> 孔子께서 말씀하셨다. 공손하되 禮가 없으면 수고롭고, 삼가되 禮
> 가 없으면 두렵고, 용맹스럽되 禮가 없으면 혼란하고, 강직하되 禮
> 가 없으면 너무 급하다.522)

이는 禮가 없으면 節文이 없으므로 네 가지의 폐단이 있음을 말한
것으로 행동을 하는 데 있어서 禮의 중요성을 말하고 있다. 孔子의
제자인 顔淵은 다음과 같이 禮를 통한 교육의 의의를 말하고 있다.

> 夫子께서 차근차근 사람을 잘 이끄시어 文으로써 나의 지식을 넓
> 혀주시고 禮로써 나의 행동을 요약하게 해 주셨다.523)
> 夫子께서 차근차근 잘 이끄시어 먼저 나를 文으로써 博學하게 하
> 시어 나로 하여금 古今의 일들을 알고 일의 변화를 통달하게 해
> 주셨다. 그런 뒤에 나의 行動을 禮로써 要約하게 하시어 나로 하
> 여금 배운 것을 尊重하게 하고 아는 것을 行하게 하시니, 이는 마
> 치 길을 가는 자가 자기 집에 다다르고, 밥 먹는 자가 배부름을
> 구하는 것과 같았다.524)

---

521) 同上, 詩 三百十一篇 言三百者 擧大數也 蔽 猶蓋也 思無邪 魯頌駉
　　篇之辭 凡詩之言 善者 可以感發人之善心 惡者 可以懲創人之逸志
　　其用 歸於使人得情性之正而已. …… 程子曰 思無邪者 誠也.

522) 『論語』, 「泰伯」2, 子曰 恭而無禮則勞 愼而無禮則葸 勇而無禮則亂 直而
　　無禮則絞.

523) 『論語』, 「子罕」10, 夫子 循循然善誘人 博我以文 約我以禮.

고 하였는데, 여기에서, 禮로써 敎育을 한나는 意味는 사람들로 하여
금 배운 깃을 마음속에 尊重하여 간직하게 하고, 아는 것을 실제로
體行하게 하는 데 있는 것을 알 수 있다.525)

『小學』에서는 詩와 樂과 禮를 통한 敎育의 過程을 다음과 같이 말
하고 있다.

> 열 살이 되거든 나가 바깥 스승에게 나아가 바깥에서 거쳐하고
> 잠자며, 六書와 계산을 배우며, 옷온 저고리와 비단으로 하지 않으
> 며, 예절은 처음(기초)을 따르며, 아침저녁에 어린이의 예의를 배
> 우되 간략하고 진실한 것을 청하여 익힌다.
> 열세 살이 되거든 음악을 배우고 詩를 외우며, 勺詩에 맞춰 춤을
> 춘다. 열다섯 살이 되거든 象詩에 맞춰 춤을 추며, 활쏘기와 말
> 타기를 배운다.
> 스무 살이 되거든 冠禮를 하여 비로소 禮를 배우며, 갖옷과 비단
> 옷을 입으며, (禹의 음악인) 大夏에 따라 춤을 추며, 효도와 공경
> 을 돈독히 행하며, 배우기를 널리 하고 가르치지 않으며, 안에 아
> 름다움을 쌓아두고 표현하지 않는다.526)

---

524) 同上, 夫子循循善誘 先博我以文 使我知古今 達事變 然後約我以禮 使
我尊所聞 行所知 如行者之赴家 食者之求飽.

525) 儒家에 있어서 禮敎를 통한 性情純化는 Louis Raths, Sidney Simon and
Merill Harmin, *Values and Teaching*, Columbus, OH: Charles E.
Merrill, 1978, pp.27-28에서 다루고 있는 정의적 영역의 교육에서의 대표
적인 교수 방법이라 할 수 있는 價値明瞭化에서의 價値化 過程의 2, 3단
계와 일맥상통한다고 본다. 여기서 설명하는 價値化 過程은 3단계인데,
이는 1) 선택(자유롭게, 대안들로부터, 각 대안들의 결과를 고려한 후에),
2) 존중(선택한 것을 소중히 여기고 그 선택에 대하여 행복하게 여기기,
선택항 것을 다른 사람들에게 기꺼이 자신감 있게 말하기), 3) 행위(선택
한 것에 입각하여 어떤 것을 행하기, 생활의 어떤 유형 속에서 반복적으
로)이다.

526) 『小學』, 「立敎」 2.

224

이는 內則에서 다루고 있는 내용인데, 어렸을 때에는 아주 기초적인 예절이나 기본 생활 습관을 강조하고 있으며, 10세 이후부터는 詩, 樂, 禮를 배울 것을 강조하고 있다. 樂과 춤에 관한 教育의 의의를 주에서 보면,

> 張子가 말하였다. 옛날 童子를 가르칠 때에 먼저 춤으로 한 것은 그 몸을 유연하게 하고자 해서이니, 마음이 가라앉으면 기운이 화해지고, 기운이 화하면 몸이 유연해진다. 옛날 胄子를 가르칠 때에 반드시 음악으로 한 것은 그 몸을 화하게 하고자 해서이다. 배우는 자는 뜻을 세우고자 하고, 몸은 화하고자 한다.527)

라고 하였다. 시와 춤과 노래를 통한 教育은 궁극적으로는 마음을 바로 잡고 性情을 涵養하는 데 그 目的이 있다. 마음이 바루어지고 정서가 순화되어 인간의 性情이 화평해지면 말과 행동을 이치에 따라 할 수 있고, 모든 사물을 바라봄에 어떤 기준을 세울 수가 있게 되며, 道德的인 人格體가 되는 기초가 마련되는 것이다. 小學의 교육 방법에 대해 보면,

> 小學의 교육 방법은 물 뿌리고 쓸며 응하고 대답하며, (집에) 들어와서는 효도하고 나가서는 공손하여, 동작이 혹시라도 어긋남이 없게 하는 것이니, 이것을 행하고 餘力이 있거든 詩經을 외우고 書經을 읽으며, 읊고 노래하며 춤추고 뛰어, 생각이 혹시라도 넘음이 없게 하는 것이다.528)

라고 하였는데, 이 같은 교육 방법은 항시 마음을 다스리고 마음을 보존하기 위함을 그 첫 번째 목표로 두었다. 가장 기초적인 단계는

---

527) 同上.
528) 『小學』題辭.

어린 나이에 맞는 가장 기초저인 예절을 배우고 부모를 사랑히고 형제를 사랑하고 어른을 공경하는 것이었다. 그런 다음 글도 알고 쓸줄도 알게 되면, 詩를 읊고 노래도 하고 춤도 추어 마음을 다스리는 데에 중점을 두게 되는 것이다. 이른바 六經과 六藝를 통한, 그중에서도 詩敎, 禮敎, 樂敎를 통한 情緖의 涵養을 이르는 것이다.

이상에서 詩敎, 禮敎, 樂敎를 통한 性情純化에 대해 알아보았다. 詩는 사람들을 감동시켜 善과 惡이 들어있는 詩를 읊는 사이에 善을 좋아하고 惡을 미워하는 性情을 길러준다. 禮는 恭敬하고 사양하는 것이 몸에 익숙하여져서 모든 상황에 대응함에 항상 節度가 있게 해 주며, 禮를 통해 品節이 자세해지고 밝아져 德性이 굳게 정해져 능히 서게 된다. 또한 禮를 통한 교육은 배운 것을 존중하게 하고 아는 것은 행하게 한다. 樂은 사람들의 性情을 길러주고, 마음을 다스리게 하며, 사악한 생각을 없애주고 항상 자연의 이치에 따라 살아가도록 해 준다.529) 또한 음악은 사람의 中和의 德을 길러주고, 그 氣質이 한 쪽으로 치우친 것을 바르게 잡아준다. 사람의 뜻이 詩로 나타나게 되고, 말이 詩로 나타나면, 반드시 長短의 리듬이 있고, 長短의 리듬은 곧 높고 낮음, 淸濁의 차이가 나타나므로 聲으로 나타나고 이 聲은 12律로 調和를 이루게 되는 것이다. 이것이 音樂을 통한 性情을 涵養하는 과정이다.

---

529) 高明, 『孔學管窺』, 臺北: 廣文書局印行, 民國 61年, pp.107-142에서도, 詩敎를 인간의 情志, 倫理, 知慧의 측면의 涵養을, 禮敎는 인간행위에 있어서, 指導, 節制, 綜貫, 여러 衡斷作用들을 갖추게 하고, 궁극적으로는 인간관계의 원만함을 갖게 하며, 樂敎는 인간의 性情을 純化하여 人格의 完成하게 하는 데 각각의 목적을 두고 있다고 보고 있다.

3. 道德行爲訓練을 위한 內省的 態度와 力行

여기서는 道德行爲訓練을 위한 內省的 態度와 力行을 다루려 한다. 먼저, 위에서 正心을 하는 방법으로서 愼獨을 다루었는데, 여기서는 自己省察에 초점을 둔 愼獨을 근거로 한 道德行爲訓練과 內省을 통한 省察的 敎育을 다룬다. 省察의 의미는 두 가지가 있는데, 하나는 省察이 직접적인 行爲라는 차원보다는 알고 있는 道德的 知識을 行動으로 옮기기 위한 전제조건으로서의 성찰이고, 두 번째는 실행한 어떤 행위가 옳은지 그른지를 반성하여 새로운 道德的 知識을 얻는 위한 省察의 의미가 있다.530)

孟子는 인간의 善性을 保存하고 培養함, 즉 소위 存心養性을 강조하였는데 이를 위한 방법을 養氣라고 하였다. 孟子의 養氣는 浩然之氣, 平旦之氣 및 夜氣 등을 의미하는데, 이러한 養氣를 통해 인간은 道德的인 行動을 實踐하기 위한 動機를 형성하게 된다.

儒家에서 학문을 하는 방법을 보면, 『論語』, 「子張」에서는, '배우기를 널리 하고 뜻을 독실하게 하며 절실하게 묻고 가까이 생각하면 仁이 그 가운데 있다'라고 하였고, 『中庸』에서는, '이것을 널리 배우며, 자세히 물으며, 신중히 생각하며, 밝게 분변하며, 독실하게 행하여야 한다'라고 하였다. 이 중에서 '독실하게 행하는 것'인 篤行은 자신이 택한 善을 굳게 잡는 것으로써 仁이라 할 수 있다. 道德的인 知識을 바탕으로 道德的인 行動을 실천하는 것을 '篤行'이라 하는데,

---

530) 여기서 省察의 의미를 보면, Heiner Roetz, *Confucian Ethics of the Axial Age*(Albany: State Univ. of New York Press, 1993), p.165에서는 'self-examination' 혹은 'self-reflection'으로 省察을 해석하고 있다. 『論語』에서는 省察의 의미를 反省과 內省(inner examination)과 內自訟(self-indictment)으로 설명하고 있다.

여기서는 篤行을 위한 愼思와 明辯도 함께 다루려 한다.

1) 愼獨과 內自訟을 通한 存養省察

愼獨과 省察은 도덕적 행동을 실천하기 위해 필요한 것으로, 愼獨
은 자신의 행동이 道와 멀어지는가를 항상 恐懼하는 것으로 배우는
사람의 마음은 항상 공경함과 두려워함을 두어 항상 道를 生角하며
에 어긋남이 없도록 노력하는 것을 의미한다. 省察 또한 이와 비슷
한 의미를 가지고 있으며, 여기서는 孔子와 孟子가 말하는 省察의
의미와 방법을 알아보고, 단순한 의미의 省身과 內自訟(內省)을 비
교함으로써 진정한 의미의 省察을 찾아내려 한다.

사람의 行動이 道德的이기 위해서는 內省的 態度와 力行을 들 수
있는데, 그 내용으로 우선 戒愼恐懼的 愼獨을 들 수 있다. 위에서 다
룬 마음을 바로 하는 것 즉 正心을 하는 방법으로 戒愼恐懼를 들 수
있다. 이에 대하여 『中庸』에서는 다음과 같이 말하고 있다.

> 道란 것은 須臾라도 떠날 수 없는 것이니, 떠날 수 있으면 道가
> 아니다. 이러므로 君子는 그 보지 않는 바에도 戒愼하며, 그 듣지
> 않는 바에도 恐懼하는 것이다.531)

이에 대한 주를 보면, "道는 日用事物에 마땅히 행하여야 할 理이
니, 모두 性의 德으로서 마음에 갖추어져 있어서 사물마다 있지 않
음이 없고, 때마다 그러하지 않음이 없으니, 이 때문에 잠시도 떠날
수 없는 것이다. 만일 그 떠날 수 있다면, 어찌 率性이라 말할 수 있

---

531) 『中庸』 1, 道也者 不可須臾離也 可離 非道也 是故君子 戒愼乎其所不
睹 恐懼乎其所不聞.

겠는가. 그러므로 君子의 마음은 항상 공경함과 두려워함을 두어, 비록 보고 듣지 않을 때라도 감히 소홀히 하지 못하니, 이 때문에 天理의 本然함을 보존하여 잠시의 시간이라도 道를 떠나지 않게 하는 것이다."532)라고 하였다. 마음을 바로 함은 항상 道를 생각하여 道에 어긋남이 없도록 노력하는 것이다. 그러므로 항상 마음은 道에서 멀어질까를 염려하며, 삼가고 두려워함을 잃지 말아야 하는 것이다. 이 삼가에 대하여 말하기를, 그 홀로 있을 때를 삼가야 한다고 말하고 있는데,

　　隱보다 드러남이 없으며 微보다 나타남이 없으니, 그러므로 君子
　　는 그 홀로(獨)를 삼가는 것이다.533)

하였다. 이에 대한 주를 보면, "隱은 어두운 곳이요, 微는 작은 일이다. 獨은 다른 사람들은 미처 알지 못하고 자기만이 홀로 아는 곳이다. 幽暗의 가운데와 細微한 일은 자취가 비록 나타나지 않았으나 幾微가 이미 動하였고, 남이 비록 알지 못하나 자기가 홀로 알고 있으니, 이는 天下의 일이 드러나 보이고 밝게 나타남이 이보다 더함이 없는 것이다. 이러므로 君子가 이미 항상 戒懼하고, 이에 더욱 삼가함을 가하는 것이니, 人慾을 장차 싹틀 때에 막아서 隱微한 가운데에 속으로 불어나고 자라서 道를 떠남이 멂에 이르지 않도록 하는 것이다."534)라고 하였다. 이는 홀로 있을지라도 道에서 떠날까 조심

---

532) 同上, 道者日用事物當行之理　皆性之德而具於心　無物不有　無時不然　所
　　以不可須臾離也　若其可離　則豈率性之謂哉　是以君子之心常存敬畏　雖
　　不見聞　亦不敢忽　所以存天理之本然　而不使離於須臾之頃也.

533) 同上, 莫見乎隱　幕顯乎微　故君子　愼其獨也.

534) 同上, 隱暗處也　微細事也　獨人所不知而己所獨知之地也　言幽暗之中　細微
　　之事　跡雖未形　而幾則已動　人雖不知　而己獨知之　則是天下之事　無有著見
　　明顯而過於此者　是以　君子旣常戒懼　而於此　尤加謹焉　所以遏人欲於將萌

하여 삼가서, 말과 행동 그리고 판단 등이 道에서 멀어지지 않도록 노력해야 함을 말하고 있다.

나음은 省察的 態度에 관해 논하려 한다. 絜矩之道는 자신에 대한 省察의 한 방법이 된다. 이에 대해, 『大學』에서는,

> 윗사람에게서 싫었던 것으로써 아랫사람을 부리지 말며, 아랫사람에게서 싫었던 것으로써 윗사람을 섬기지 말며, 앞사람에게서 싫었던 것으로써 뒷사람에게 加하지 말며, 뒷사람에게서 싫었던 것으로써 앞사람에게 따르지 말며, 오른 쪽에게서 싫었던 것으로써 왼쪽에게 사귀지 말며, 왼쪽에게서 싫었던 것으로써 오른 쪽에게 사귀지 말 것이니, 이것을 일러 矩로 재는 道라고 하는 것이다.[535]

라고 하였는데, 이는 내 마음으로 남의 마음을 미루어 보는 恕의 마음 상태를 기르는 방법이라 할 수 있다. 즉, 다른 사람이 나에게 하는 것이 마땅하지 않을 때에는 나도 다른 사람에게 그처럼 하지 않는 것이며, 상대방의 마음을 내 마음으로 미루어 고려해주는 배려의 마음 상태인 것이다. 위 구절에 대한 주를 보면, "내가 만일 윗사람이 나에게 無禮함을 원하지 않거든 반드시 이로써 아랫사람의 마음을 헤아려서 나 역시 감히 이 無禮함으로써 아랫사람을 부리지 말며, 아랫사람이 나에게 不忠함을 원하지 않거든 반드시 이로써 윗사람의 마음을 헤아려서 나 역시 이 不忠함으로써 윗사람을 섬기지 말아야 하니, 前後左右에 이르러서도 모두 그렇게 하지 않음이 없다면, 몸이 처한 바의 上下와 四方에 길고 짧음과 넓고 좁음이 彼此가 똑같아서 方正하지 않음이 없을 것이다. ……"[536]라고 하였는데, 이는 『論語』

그而不使其潛滋暗長於隱微之中 以至離道之遠也.

535) 『大學』 10, 所惡於上 毋以使下 所惡於下 毋以事上 所惡於前 毋以先後 所惡於後 毋以從前 所惡於右 毋以交於左 所惡於左 毋以交於右 此之謂絜矩之道也.

의 다음 구절과 같은 의미를 담고 있다. "子貢이 '한 말씀으로써 종신토록 행할 만한 것이 있습니까?' 하고 묻자 孔子께서 말씀하셨다. '그 恕일 것이다. 자기가 하고자 하지 않는 것을 남에게 베풀지 말려는 것이다.'"537)라고 하였다. 이는 자기 마음을 미루어 남에게 미치면 그 베풂이 무궁함을 의미하는 말이다. 배우는 사람은 여러 사람들과의 대인 관계에서 남에게 피해를 주는 행동을 하였는가, 남이 싫어하는 행동을 내가 하였는가 등을 생각하여, 자신의 지나간 시간을 되돌아보고 얼마만큼의 恕하는 마음을 가졌는가를 고려해야 할 것이다.

또한 『論語』, 「公冶長」에서는, "子貢이 말하기를, '저는 남이 나에게 加하기를 원하지 않는 일을 저도 남에게 加하지 않으려고 합니다.' ……"538)라고 하였는데, 이에 대한 주를 보면, "子貢이 말하기를, '남이 나에게 加하기를 원하지 않는 일을 나도 남에게 加하지 않으려고 한다.' 하였으니, 이는 仁者의 일로서 힘쓰지 않고 저절로 되는 것이다. …… 程子가 말씀하였다. '내가 남이 나에게 加하기를 원하지 않는 일을 나도 남에게 加하지 않으려고 함은 仁이요, 자신에게 시행하여 원하지 않는 것을 나 역시 남에게 베풀지 않으려 하는 것은 恕이다.'"539)라고 한다. 恕는 勿施於人의 뜻이 있으며, 여기서 勿은 禁止하는 말로서 恕는 저절로 되는 것이 아니라 의도적으로 내

---

536) 同上, 如不欲上之無禮於我 則必以此度下之心 而亦不敢以此無禮使之 不欲下之不忠於我 則必以此度上之心 而亦不敢以此不忠事之 至於前後左右 無不皆然 則身之所處上下四旁 長短廣狹 彼此如一 而無不方矣 …….

537) 『論語』, 「衛靈公」23.

538) 『論語』, 「公冶長」11, 子貢曰 我不欲人之加諸我也 吾亦欲無加諸人 …….

539) 同上, 子貢言我所不欲人加於我之事 我亦不欲以此加之於人 此仁者之事 不待勉强. 程子曰 我不欲人之加諸我 吾亦欲無加諸人 仁也 始諸己而不願 亦勿始於人恕也.

마음을 미루어 남을 생각하고 배려하려고 노력하는 것이다.

恕에 대해 孟子는 다음과 같이 말하고 있다.

恕를 힘써서 行하면 仁을 구함이 이보다 가까울 수 없다.[540]

라고 하였는데, 이에 대한 주를 보면, "恕는 내 마음을 미루어 남에게 미치는 것이다. 자신을 돌이켜봄에 성실하면 仁이니, 그 성실하지 못함이 있다면, 이는 아직도 私意에 막힘이 있어서 이치가 순수하지 못한 것이다. 그러므로 마땅히 모든 일에 힘써서 자기 마음을 미루어 남에게 미친다면, 거의 마음이 공정하고 이치가 맞아져 仁이 멀지 않게 될 것이다."[541]라고 하였다. 여기서는 恕를 내 마음을 미루어 남에게 미치는 것(推己及人)으로 설명하고 있다. 또한 자신을 돌아봄에 성실하지 못함이 있는 이유를 개인적인 감정이 개입되는 데 있다고 보고 恕의 마음을 기르게 되면, 마음이 공평하여져서 이치에 맞게 행동할 수 있게 됨을 말하고 있다.

孔子는 內面的으로 省察하는 한 방법을 다음과 같이 말한다.

孔子께서 말씀하셨다. 어진 이의 行動을 보고는 그와 같기를 생각하며, 어질지 못한 이의 행동을 보고는 안으로 스스로 반성해야 한다.[542]

이는, 항상 남의 행동을 보고 어떤 것을 본받고 어떤 것은 따라하지 말아야 할 것인가를 내면적으로 되돌아보아야 함을 말하고 있다.

---

540) 『孟子』, 「盡心 上」4, 强恕而行 求仁莫近焉.

541) 同上, 恕推己以及人也 反身而誠則仁矣 其有未誠 則是猶有私意之隔而理未純也 故 當凡事勉强 推己及人 庶幾心公理得而仁不遠也.

542) 『論語』, 「里仁」17, 子曰 見賢思齊焉 見不賢而內自省也.

남이 잘하는 것을 보고는 나 자신도 또한 이러한 善이 있기를 바래야 하고, 남이 잘못하는 것을 보면, 나 자신도 이러한 악이 있을까를 두려워해야 한다. 孔子는 또한,

> 孔子께서 말씀하셨다. 세 사람이 길을 감에 반드시 나의 스승이 있으니, 그중에 善한 자를 가려서 따르고, 善하지 못한 자를 가려서 자신의 잘못을 고쳐야 한다.543)

라고 하였는데, 이에 대한 주를 보면, "세 사람이 함께 길을 가면 그 중의 하나는 나 자신이니, 저 두 사람 가운데 한 사람은 善하고 한 사람은 惡하다면, 나는 그 善한 사람의 善行을 따르고, 그 惡한 사람의 惡行을 경계삼아 고쳐야 한다. 이것은 두 사람이 모두 나의 스승이 되는 것이다."544)라고 하였다. 善한 상황과 惡한 상황이 모두 나의 수양을 위해 필요한 것이다. 善한 상황을 보고 나의 善한 면이 얼마나 되는가를 성찰해보고, 惡한 상황을 보고 자신의 惡한 면을 반성해보는 것은 省察의 또 한 가지 방법일 것이다.

자신에 대한 省察을 하는 까닭은 그 本心을 잃지 않게 하기 위함이다. "胡氏가 말하였다. 聖人의 가르치심은 방법이 많으나, 그 요점은 사람으로 하여금 그 本心을 잃지 않게 할 뿐이다. 이 本心을 얻고자 하는 자는 오직 聖人이 제시하신 배움에 뜻을 두어 그 차례를 따라 나아가야 할 것이니, 모든 理를 밝게 깨달은 뒤에 이르게 되면, 일상 생활하는 사이에 本心이 밝아져서, ……"545)라고 하였는데, 자

---

543) 『論語』, 「述而」21, 子曰 三人行 必有我師焉 擇其善者而從之 其不善者而改之.

544) 同上, 三人同行 其一 我也 彼二人者一善一惡 則我從其善而改其惡焉 是二人者皆我師也.

545) 『論語』, 「爲政」4, 胡氏曰 成人之敎亦多術 然 其要 使人不失其本心而已 欲得此心者 惟志乎聖人所示之學 循其序而進焉 至於一疵不存

신의 말과 行動에 대한 省察을 하는 이유는 인간으로서의 本心을 유지하기 위한 것이고, 인간으로서의 도리에 맞추어 살아가는 것이 모든 사물의 이치를 깨닫게 되는 것이고, 이러는 사이에 인간의 本心은 보존되는 것이다.

또한 孟子는 뜻을 고상히 함(尙志)을 선비의 할 일이라고 말했는데, 이는 省察的 삶을 사는 한 방법이라 할 수 있다. '王子塾이 물었다. '선비는 무엇을 일삼습니까?' 孟子께서 말씀하셨다. '뜻을 高尙히 한다.'546) 이에 대한 주를 보면, "尙은 고상히 하는 것이다. 志는 마음이 가는 바이다. 선비는 이미 公, 卿, 大夫의 道를 행할 수 없고, 또 農, 工, 商賈의 業을 해서는 안 되니, 그렇다면 그 뜻을 고상히 할 뿐인 것이다."547)라고 했다. 위에서 말한 선비는 배우는 사람 혹은 공부하는 사람이라고 할 수 있을 것이다. 배우는 사람은 기성세대들이나 바랄 것 같은 거창한 소망을 바라서도 안 되고, 그 반대되는 것을 기대해도 안 될 것이다. 공부하는 사람은 단지 뜻을 고상히 가짐으로서 자신을 수양하는 데 힘을 써야 할 것이다. 孟子는 뜻을 고상히 함을 다음과 같이 말하고 있다.

'무엇을 뜻을 고상히 한다고 이릅니까?' 孟子께서 말씀하셨다. '仁義일 뿐이니, 한 사람이라도 無罪한 사람을 죽임은 仁이 아니며, 자기의 소유가 아닌데 취하는 것은 義가 아니다. 居하는 것은 어디에 있어야 하는가? 仁이 이것이요, 길은 어디에 있어야 하는가? 義가 이것이다. 仁에 居하고 義를 따른다면 大人의 일이 구비된 것이다.'548)

萬里明盡之後 則其日用之間 本心瑩然 ……

546) 『孟子』, 「盡心 上」33, 孟子曰尙志.

547) 同上, 尙高尙也 志者心之所之也 士旣未得行公卿大夫之道 又不當爲農工商賈之業 則高尙其志而已.

548) 同上, 何謂尙志曰仁義而已矣 殺一無罪非仁也 非其有而取之非義也 居惡在 仁是也 路惡在義是也 居仁由義大人之事備矣.

孟子는 뜻을 고상히 하는 구체적 방법을 위에서 말했다. 仁이 아니고 義가 아닌 일은 아무리 작은 일이라도 하지 않으며, 언제나 仁에 거하고, 義로운 일을 하는 것이 배우는 사람들이 뜻을 고상히 하는 방법임을 말하고 있다.

뜻을 고상히 하는 것과 아울러 孟子는 省察的 삶을 사는 방법으로, 행하고 익히는 데 있어서 철저히 할 것을 강조하고 있다.

> 孟子께서 말씀하셨다. 행하면서도 밝게 알지 못하며, 익히면서도 살피지 못한다. 그러므로 종신토록 행하면서도 그 道를 모르는 자가 많은 것이다.[549]

이에 대한 주를 보면, "자기가 행하고 있으면서도 그 所當然을 분명히 알지 못하며, 이미 익히고 있으면서도 오히려 그 所以然을 알지 못한다. 이 때문에 종신토록 행하면서도 그 道를 알지 못하는 자가 많음을 말씀한 것이다."[550]라고 하였는데, 이는 省察을 하는 올바른 자세에 대해 말한 것이다. 자신의 생각과 행동을 省察함에 있어서는 그것이 왜 그래야만 하는가 혹은 그것은 왜 그럴 수 밖에 없는가를 따져서 省察해야 함을 말하고 있다. 그리고 價値 判斷의 根據는 마땅히 所以然과 所當然에 있어야 할 것이다.

所以然과 所當然에 해당하는 것을 人倫으로 보고 孟子는 다음과 같이 말하였다.

> 舜임금은 여러 사물의 이치에 밝으시며 人倫에 특히 살피셨으니, 仁

---

549) 『孟子』, 「盡心 上」5, 孟子曰 行之而不著焉 習矣而不察焉 終身由之而不知其道者衆也.

550) 同上, 言方行之而不能明其所當然 旣習矣而猶不識其所以然 所以終身由之而不知其道者多也.

義를 따라 행하신 것이요, 仁義를 행하려고 하신 것은 아니었다.[551]

　'人倫을 살핀다'에서 살핀다는 의미는 그 이치의 상세함을 다함이 있는 것이라고 주에서는 말하고 있다. 또한 주에서는 사물의 이치는 진실로 度外가 아니나, 人倫이 특히 사람의 몸에 간절한 것이라고 말하고 있다. 자신의 생각과 행동에 대한 省察을 함에 있어 그 기준이 되는 것은 그것들이 과연 인간의 도리에 맞는가 즉, 인륜에서 벗어나는 것이 아닌가를 고려해보는 것일 것이다. 만일 생각과 行動이 人倫에서 벗어나면 해서는 안 되는 것이다. 人倫에 관해서는 孟子에서 다음과 같이 말하고 있다. "倫은 차례이니, 父子간에는 친함이 있고, 君臣간에는 의리가 있고, 夫婦간에는 분별이 있고, 長幼간에는 질서가 있고, 朋友간에는 신의가 있는 것이니, 이는 사람의 큰 윤리이다."[552]라고 하였는데, 여기에서 보듯이 人倫은 三綱五倫으로 볼 수 있고, 자신을 되돌아보는 省察의 기준은 이 人倫에 그 근거를 두어야 함을 말하고 있다. 사람이 위대한 까닭은 人倫이 있기 때문인 것이다.[553]

　또한 孟子는 마음의 기능을 생각하는 것이라고 하였는데, 역시 이 것도 省察의 중요성을 말한 것이라 볼 수 있다.[554] "孟子께서 말씀

---

551) 『孟子』, 「離婁 下」19, 舜明於庶物 察於人倫 由仁義行 非行仁義也.

552) 『孟子』, 「滕文公 上」3, 倫序也 父子有親 君臣有義 夫婦有別 朋友有信 此人之大倫也 庠序學校 皆以明此而已.

553) 『孟子』, 「滕文公 下」10.

554) 孟子에 있어서 마음(心)은 두 가지의 의미가 있다. 江万秀, 李春秋, 『中國 德育思想史』, 호남교육출판사, 1992, pp.95-96에서는 孟子에 있어서 '心'의 의미를 體로서의 心과 用으로서의 心으로 보고 있다. 『孟子』「盡心 上」에 서는, '그 마음을 다 하는 자는 그 性을 아니, 그 性을 알면 하늘을 알게 된다. 그 마음을 보존하여 그 性을 가름은 하늘을 섬기는 것이요 ……'라 고 하였고, 「告子 上」에서는, '마음의 기능은 생각하는 것'이라고 하였다. 전자의 '心'은 仁義禮智의 인간의 善性 즉 良心을 말하는 것이고 心의 體

하셨다. 귀와 눈의 기능은 생각하지 못하여 물건에 가리워지니, 물건
(外物)이 물건(耳目)과 사귀면 거기에 끌려갈 뿐이요, 마음의 기능
은 생각할 수 있으니, 생각하면 얻고, 생각하지 못하면, 얻지 못한다.
이것은 하늘이 인간에게 부여해 주신 것이니, ……"555)라고 하였는
데, 이는 마음을 바로 하고, 마음을 세우는 방법은 끊임없는 省察과
생각하는 일을 반복하는 것임을 설명하고 있다. 생각하고 省察하면
올바른 판단을 할 수 있고, 올바른 판단을 하면 올바른 행동을 할
수 있는 것이다. 孟子는 자기 자신을 되돌아보는 방법을 다음과 같
이 말하고 있다.

> 孟子께서 말씀하셨다. 남을 사랑해도 친해지지 않거든 그 仁을 돌
> 이켜보고, 사람을 다스려도 다스려지지 않거든 그 智를 돌이켜보
> 고, 사람에게 禮를 해도 답례하지 않거든 그 敬을 돌이켜 보아야
> 한다. 行하고도 얻지 못함이 있거든 모두 자신에게 돌이켜 찾아야
> 하니, 자신이 바루어지면 천하가 돌아오는 것이다.556)

이는 어떤 行動을 하고도 자신이 바라는 대로 되지 않는 경우, 남
이나 환경을 탓하는 것이 아니라 '反求諸己' 즉 자신에게 부족한 점
이 무엇인가를 되돌아보는 데서 문제의 해결을 찾는 것을 말하고 있

이며, 후자의 '心'은 理性的인 思惟能力으로서의 '思'를 의미하며 心의 用
이다. 본문에서 '마음의 기능으로서의 생각하는 것'은 후자를 가리키는 것
이고 또한 여기서의 '思'는 인간의 행동이 道와 性과 人倫 등에 맞는가를
생각하는 '省察的인 思'를 의미한다. 왜냐하면, '性'은 '思'의 대상이기 때
문이다. 論語 季氏 10에서는 九思를 말했는데, 여기서의 思 역시 思考와
反省의 의미가 있다.

555) 『孟子』, 「告子 上」15, 心之官則思 思則得之 不思則不得也 此天之所與
我者 ……

556) 『孟子』, 「離婁 上」4, 孟子曰 愛人不親 反其仁 治人不治 反其智 禮人不
答 反其敬. 行有不得者 皆反求諸己 其身正而天下歸之.

다. 이와 같이 하면 스스로 다스럼이 디욱 치밀하여 몸과 마음이 바르지 못함이 없음을 또한 말하고 있다. 자신에 대한 省察은 마음을 바르게 세우게 하고, 마음이 바루어지면 자신뿐 아니라 모든 狀況을 바르게 볼 수 있는 것이다.

　다음은 內省에 관해 논하려 한다. 이를 논하기 위하여 우선 自我의 形成 段階를 서술하려 한다. 孔子 思想에 있어서 '자기(self)'의 의미는 원자적으로 고립된 存在가 아니라 社會的인 環境과 相互 依存的인 의미를 가진다.557) 즉 自己形成化 과정은 근본적으로 社會的 過程을 말한다. 孔子 思想에 있어서 自我는 相互性의 關係에서 파악될 수 있다. "孔子께서 말씀하셨다. 德은 외롭지 않아, 반드시 이웃이 있는 것이다."558)라고 하였는데, 여기서는 한 道德的 개인이 어떤 환경에 놓여 있음의 상태를 볼 수 있는데, 이는 한 개인과 타인 간의 긴장된 相互 關係가 있음을 말하는 것이다. 그러나 이 양자 사이에서 道德的 人間으로의 형성에서 더 중요한 것은 자기 자신인 것이다. 孔子 思想에 있어서, '自我'는 모든 道德的인 행동에 대한 끊임없는 정향점이 된다. 自我는 단순히 타율적인 것의 내면화라는 의미에서가 아니라 倫理的인 自我에 대한 反省된 確信이라는 의미에서 외부로부터 주어지는 지침들에 대한 기능들을 감당하는 內的인 根據가 된다. 孔子는 말하기를, "자기의 私欲을 이겨 禮에 돌아감이 仁을 하는 것이니, …… 仁을 하는 것은 자기 몸에 달려 있으니, 남에게 달려 있는 것이겠는가?"라고 했는데, 이는 仁을 행하는 데 있어서 自我의 역할과 노력을 강조하고 있는 것이다.

　『論語』에서는 이러한 自我의 形成을 세 단계로 보고 있다.559) 그

---

557) Roetz, Heiner, *Confucian Ethics of the Axial Age*, Albany: State Univ. of N.Y. Press, 1993, p.160.

558) 『論語』, 「里仁」 25, 子曰, 德不孤, 必有隣.

238

것은 自尊, 自强 그리고 自省이다.

自尊은 모든 道德的 行動의 전제조건이 된다. 자신에 대해 존경하고 귀하게 여기지 못하는 사람은 타인에 대해서도 존경하고 귀하게 여기지 못하기 때문이다. 『孟子』에서도 다음과 같이 말하고 있다. "말 모는 御者도 활을 쏘는 射手와 더불어 아부하는 것을 부끄러워해서, 아부하여 禽獸를 잡기를 丘陵과 같이 할 수 있더라도 하지 않았으니, 선비가 만일 道를 굽혀 저를 따른다면 어찌 하겠는가. 또한 자네가 잘못이다. 자기 몸을 굽힌 자가 능히 남을 곧게 펴는 경우는 없는 것이다."560)에서, 이는 仁者는 자기 자신을 포용할 수 있고 이것을 미루어 남을 사랑할 수 있다는 慈愛를 말하고 있는 것이다. 즉, 自尊은 자기 사랑과 타인 사랑을 포함하는 慈愛로 볼 수 있는 것이다.

自强은 동요하지 않는 道德的 意志를 가진 사람으로 성장하기 위한 노력으로 볼 수 있다. 孔子는 다른 사람의 칭찬에 연연해하지 않고 자기 의존적인 인간을 강조하고 있다. "사람들이 알아주지 않더라도 서운해 하지 않는다면 君子가 아니겠는가."561)와, "孔子께서 말씀하셨다. 君子는 자기의 무능함을 병으로 여기고, 남이 자신을 알아주지 못함을 병으로 여기지 않는다."562)와, "孔子께서 말씀하셨다. 君子는 두루 사랑하고 偏黨하지 않으며, 小人은 偏黨하고 두루 사랑하지 않는다."563)와, "孔子께서 말씀하셨다. 君子는 씩씩하되 다투지 않으며, 무리 짓되 편당하지 않는다."564)와, "孔子께서 말씀하셨다. 君

---

559) Roetz, Heiner, 위의 책, p.161.

560) 『孟子』, 「滕文公 下」1, 御者 且羞與射者比 比而得禽獸 雖若丘陵 弗爲也
　　如枉道而從彼 何也 且子過矣 枉己者 未有能直人者也.

561) 『論語』, 「學而」1, 人不知而不溫, 不亦君子乎.

562) 『論語』, 「衛靈公」18, 子曰, 君子病無能焉, 不病人之不己知也.

563) 『論語』, 「爲政」14, 子曰, 君子周而不比, 小人比而不周.

564) 『論語』, 「衛靈公」21, 子曰, 君子矜而不爭, 群而不黨.

子는 和하고 同(阿黨)하지 않으며, 小人은 同하고 和하지 않는다."565) 에서는, 君子는 남의 시선을 의식하지 않고 자신의 도덕성을 따라서 자신을 닦고 있는 사이다. 또한 君子는 가난과 禁慾主義를 갖추고 있어야 한다. 아울러 諦念과 自制도 필요한데, 道德的인 目的을 성취 하는 데 이들은 필요한 요소가 된다.

孔子는, "선비가 道에 뜻을 두고서 나쁜 옷과 나쁜 음식을 부끄러 워하는 자는 더불어 道를 의논할 수 없다."566)와, "君子는 道를 걱정 하고 가난함을 걱정하지 않는다."567)와, "거친 밥을 먹고 물을 마시 며 팔을 굽혀 베더라도 樂은 또한 그 가운데 있으니, 의롭지 못하고 서 富하고 또 貴함은 나에게 있어 뜬구름과 같으니라."568)라고 하였 다. 이는 겸손함이 사람들을 모든 상황에서 자유롭게 함을 말하고 있다. 즉 아무 욕심이 없이 道에 따라 사는 것이 君子의 참모습이며, 修身敎育의 目標가 되는 것이다.

自强의 훈련에 대한 하나의 例를 든다면, 孔子의 敎育 內容 중에서 音樂은 또한 自强을 위한 하나의 수단이 된다. 음악은 전통과의 유대 를 하게 하고, 그것은 공동체로의 統合과 感情의 啓發이라는 측면에서 긍정적이고 사회적인 영향력을 갖는다. 音樂은 또한 다음에서 또 다 른 의미를 갖게 하는데, "孔子께서 衛나라에서 경쇠를 두들기셨는데, 삼태기를 메고 孔氏의 문 앞을 지나가는 자가 듣고서 말하였다. '마 음이 天下에 있구나. 경쇠를 두들김이여!' 조금 있다가 말하였다. '비 루하다. 너무도 단단하구나! 나를 알아주지 못하면 그만두어야 할 것 이니, 물이 깊으면 건너고, 얕으면 옷을 걷고 건너야 하는 것이다.' 孔

---

565) 『論語』, 「子路」23, 子曰, 君子和而不同, 小人同而不和.

566) 『論語』, 「里仁」9, 士志於道而恥惡衣惡食者, 未足與議也.

567) 『論語』, 「衛靈公」31, 君子憂道, 不憂貧.

568) 『論語』, 「述而」15, 子曰 飯疏食飮水 曲肱而枕之 樂亦在其中矣 不義而 富且貴 於我 如浮雲.

240

子께서 말씀하셨다. '과감하구나! 어려울 것이 없겠구나!'"569)에서는, 音樂을 통해 세상일에 초연함을 표현하고 있다. 이에서 音樂을 통한 공동체와의 유대 강화와 세상의 富貴에 초연하려는 사람의 갈등 상황을 볼 수 있는데, 이 둘 사이의 調和는 자신 밖의 일에 있어서의 不調和에 대해 하나의 內的인 調和를 의미한다. 이러한 내적인 調和를 찾는 가운데 그것은 자아를 강하게 하는 작용을 갖는다.

끝으로, 自省에 대해 보면, 道德的인 인간의 형성은 끊임없는 自我 省察을 필요로 한다. 그래서 인간은 실패의 이유를 자신에게서 찾으려 한다.

孔子께서 말씀하셨다. 君子는 자신에게서 찾고, 小人은 남에게서 찾는다.570)

孟子께서 말씀하셨다. 사람을 사랑해도 친해지지 않거든 그 仁을 돌이켜보고, 사람을 다스려도 다스려지지 않거든 그 智를 돌이켜 보고, 사람에게 禮를 해도 답례하지 않거든 그 敬을 돌이켜 보아야 한다. 행하고도 얻지 못함이 있거든 모두 자신에게 돌이켜 찾아야 하니, 자신이 바루어지면 天下가 돌아오는 것이다.571)

仁者는 활쏘기 하는 것과 같으니, 활을 쏘는 자는 자신을 바로 잡은 뒤에야 발사하여, 발사한 것이 맞지 않더라도 자신을 이긴 자를 원망하지 않고 돌이켜서 자신에게서 찾을 뿐이다.572)

孔子께서 말씀하셨다. 활쏘기는 君子의 자세와 같음이 있으니, (활을 쏘아) 正鵠을 잃으면 자기 몸에 돌이켜 찾는다.573)

---

569) 『論語』, 「憲問」42, 子擊磬於衛 有荷蕢而過孔氏之門者 曰有心哉 擊磬乎. 既而曰鄙哉 硜硜乎 莫己知也 斯已而矣. 深則厲 淺則揭 子曰 果哉 末之難矣.

570) 『論語』, 「衛靈公」20, 子曰, 君子求諸己, 小人求諸人.

571) 『孟子』, 「離婁 上」4, 孟子曰 愛人不親 反其仁 治人不治 反其智 禮人不答 反其敬. 行有不得者 皆反求諸己 其身正而天下歸之.

572) 『孟子』, 「公孫丑 上」7, 仁者如射 射者正己而後發 發而不中 不怨勝己者 反求諸己而已矣.

이상은 仁을 행함이 자신에게 달려 있듯이, 항상 자신의 내면에서 성찰하여 자신의 智와 敬 혹은 그 밖의 자신의 부족한 점을 반성하여 과실을 자신에게서 찾고 남을 원망하지 않는 것을 말한다. 이러한 自己 省察은 자신의 부족한 점이나 실패에 대해서 뿐 아니라 그 반대의 경우도 해당될 수 있는데, 이 점에서 自己 省察은 가능한 좌절의 원인뿐 아니라 어떤 행동이 기대되는 결과를 가져오든 그렇지 않든 그 행동의 動機에 대해서도 省察하는 것이다. 일반적으로 孔子의 思想은 외적으로 관찰되는 규범보다는 내적인 태도를 중요시했다.

이상에서 自我의 形成段階를 보았는데, 이 과정에서의 自我省察은 省身과 차이점이 있다.

> 曾子가 말씀하였다. 나는 날마다 세 가지로 내 몸을 살피노니, 남을 위하여 일을 도모해 줌에 충성스럽지 못한가? 朋友와 더불어 사귐에 성실하지 못한가? 傳授받은 것을 복습하지 않은가 이다.[574]

> "근심하지 않으며 두려워하지 않으면 이 君子라 이를 수 있습니까?" 孔子께서 말씀하셨다. "안으로 반성(內省)하여 조그마한 하자도 없으니, 어찌 근심하며 어찌 두려워하겠는가."[575]

이 두 구절에서, 위의 것은 省身에 해당하는 것이고, 아래의 것은 內省을 말하는 것이다. 전자는 '자신이 행한 일을 되돌아보는 것'이고 후자는 '內的인 省察'을 말하는 것이다. 또한 전자는 행동을 한 후에 반성을 하는 것이고, 후자는 행동을 하기 전과 후에 하는 반성인 것이다. 내적인 성찰은 內心으로 자책하는 것 즉 內自訟을 의미하는데, "孔子

---

573) 『中庸』 14, 子曰, 射有似乎君子, 失諸正鵠, 反求諸其身.

574) 『論語』, 「學而」4, 曾子曰 吾日三省吾身 爲人謀而不忠乎 與朋友交而不信乎 傳不習乎.

575) 『論語』, 「顔淵」4, 不憂不懼 斯謂之君子矣乎 子曰 內省不疚 夫何憂何懼.

께서 말씀하셨다. 어쩔 수 없구나! 나는 아직 자신의 허물을 보고서
內心으로 자책하는 자를 보지 못하였다."576)라고 하였다. 內自訟이란,
입으로 말하지 않고, 內心으로 自責하는 것을 말한다. 內自訟은 앞의
인용에서 孔子와 孟子가 말한 省察을 말하는 것으로 단순히 도모한
어떤 일을 反省하는 것이 아니라 道德的인 知識이 行動으로 實踐되기
위한 전제조건으로서의 성찰을 의미하고, 자신이 이미 한 行動을 反省
하고 다시 새로운 道德的 知識을 얻기 위한 것으로서의 省察을 의미
한다. 또한 內自訟이란 자신의 행동이 道德的인가, 궁극적으로는 그것
이 人倫에 어긋나는 것인가 아닌가를 따져보는 것을 의미한다.

이상에서 孔子와 孟子가 말하는 省察 혹은 內省의 의미와 그 방법
을 알아보았다. 또한 儒家에서 말하는 自我의 형성단계를 보면서 그
마지막 단계가 省察임을 보았다. 이에서 단순한 省身과 內省의 차이
점을 보았고, 여기서의 省察은 內省임을 강조하였다. 省察의 의미는
도덕적 행동을 실천하기 위한 전제조건으로서의 省察과 이미 새로운
道德的 知識을 얻기 위한 省察이며, 또한 자신의 행동이 道德的인가
혹은 소위 '人倫'에 어긋나지 않았는가를 반성하는 것이다.

2) 養氣를 통한 人性의 啓發

孟子는 德性涵養을 위해 마음을 보존할 것을 강조하고, 善性을 잃
지 않고 保存하여 이를 확충해나가는 것이 교육이라고 보았다. 그는
사람이 비록 四端과 良知, 良能 등의 善性을 타고났다 할지라도 이
를 保全하지 않으면 그 善性이 보장될 수 없는 것이라고 보았다.577)

---

576) 『論語』, 「公冶長」, 26, 子曰已矣乎 吾未見能見其過而內自訟者也.
577) 吳善均, 「孟子의 教育思想 研究」, 漢陽大, 博士學位論文, 1989, p.98.

맹자는 君子가 일반인과 다른 점은 바로 人間 本有의 純善한 心을 保全하는 것, 즉, '存心'하는 데 있다고 주장한다.

　　孔子께서 말씀하시길, '잡으면 보존되고 놓으면 잃어서, 나가고 들어옴이 정한 때가 없으며, 그 방향을 알 수 없는 것은 오직 사람의 마음을 두고 말한 것이다.' 하셨다.[578]

　여기서 孟子는 操存을 강조하였는데, 이는 本心을 지켜서 잃어버리지 않도록 함을 의미한다. 孟子는 마음을 잃게 됨을 아쉬워하며, 다음과 같이 개탄하였다.

　　그 길을 버리고 따르지 않으며, 그 마음을 잃어버리고 찾을 줄을 모르니, 애처롭다. 사람이 닭과 개가 도망가면 찾을 줄을 알되, 마음을 잃고서는 찾을 줄을 알지 못하니, 학문하는 방법은 다른 것이 없다. 그 放心을 찾는 것일 뿐이다.[579]

　孟子는 또한 마음을 保存하는 방법으로 寡欲을 들고 있다. 寡欲은 욕망을 적게 함을 의미한다. 그것은 인간의 本性이나 本心의 喪失은 過欲으로 인하여 良心이나 道德的 理性의 흐려짐과 마비됨으로 말미암기 때문이다. 사람이 邪欲에 흐르면 善惡正邪의 辨別이 흐려져서 善性을 잃기 쉽기 때문에 本然之性을 해치는 일에 利欲보다 더한 것이 없는 것이다. 그러므로 孟子는,

　　孟子께서 말씀하셨다. '마음을 수양함은 욕심을 적게 하는 것보다 더 좋은 것이 없으니 그 사람됨이 욕심이 적으면 비록 보존되지 못

---

578) 『孟子』, 「告子 上」8, …… 公子曰 操則存, 舍則亡, 出入無時, 莫知其鄕, 惟心之謂與.

579) 『孟子』, 「告子 上」11, …… 舍其路而不由 放其心而不知求 哀哉. 人有鷄犬放則知求之 有放心而不知求. 學問之道 無他 求其放心而已矣.

함이 있더라도 보존되지 못하는 것이 적을 것이요, 사람됨이 욕심
이 많으면 비록 보존됨이 있더라도 보존된 것이 적을 것이다.'580)

라 하여 마음을 修養하는 데는 寡欲보다 더 좋은 것이 없음을 강조
했다. 寡欲하면, 비록 本心을 保存하지 못한다 하더라도 그 잃은 程
度가 적을 것이며 多欲하면 本心을 保存하는 일이 있다 하더라도 그
程度가 적을 것이라고 하여 多欲을 경계하고 寡欲을 강조하였다. 朱
子도 그 註에서 "欲은 입과 코와 귀와 눈과 四肢의 욕망 같은 것이
니, 비록 사람이 없을 수는 없는 것이나, 많이 하고 절제하지 않는다
면, 그 本心을 잃지 않을 자가 없으니, 배우는 자가 마땅히 경계하여
야 할 것이다."581)라 하여 無欲은 불가능하다 하고 多欲的 無節制를
警戒하고 있다.

孟子는 人間本然의 心性을 善한 것으로 보기 때문에 그 심성을 尊
貴하게 보아서 保存하여 상실하지 않는 일을 교육의 궁극 目標로 주
장하였다. 그러나 人間의 本性은 善하기는 하나 後天的 生活環境과
人間의 感性的 誘惑 그리고 過欲 등으로 말미암아 그 善性이 유지되
기는 위태롭기도 하고 좌절될 수도 있다. 그러므로 인간의 本然之性
인 善性이 자연적으로 유지되기 위해서는 어떤 노력이 필요한데, 이
것이 養性이다.582) 즉, 선한 본성을 培養하여 그 善性을 십분 발휘할
수 있게 하는 교육적 노력이 養性인 것이다.

孟子께서 말씀하셨다. '그 마음을 다하는 자는 그 性을 아니, 그
性을 알면 하늘을 알게 된다. 그 마음을 보존하여 그 性을 기름은

580) 『孟子』, 「盡心 下」, 35, 孟子曰 養心 莫善於寡欲 其爲人也寡欲 雖有不存
   焉者 寡矣 其爲人也多欲 雖有存焉者 寡矣.
581) 『孟子』, 「盡心 下」, 35, 欲如口鼻耳目四支之欲 雖人之所不能無 然多而不
   節 未有不失其本心者 學者所當深戒也 …….
582) 吳善均, 앞의 論文, 102.

하늘을 섬기는 것이요, 요절하거니 강수힘에 의심하시 않아, 봄을
닦고 天命을 기다림은 命을 세우는 것이다.'583)

라고 하였는데, 이는 善한 本心을 完全히 다할 수 있을 때 그 본성
인 善性을 賦與해 준 天意도 알 수 있게 되니, 자기의 본심을 잘 보
전하여 그 본성을 培養한다면 天을 섬기는 길이 된다. 短命이든 長
壽든 간에 오로지 천명에 따라서 자기를 닦아 天命을 기다리는 것이
天命에 順應하는 것이 된다.

　孟子는 存心을 위해 養氣를 강조하였다. 孟子가 氣에 대해 말한
것은 夜氣와 平旦之氣584) 및 浩然之氣585)인데, 그 氣의 뜻은 각각
다르다. 平旦之氣란, 아침의 맑고 깨끗한 기운을 말하는 것으로 이는
밤새 자고 나서 상쾌한 아침에 雜念이 없는 純粹하고도 차분한 기분
으로 良心을 싹 터 오르게 하는 기운을 말한다. 또 夜氣란 밤새 길
러진 맑고 明朗한 기운을 말하는 것으로 平旦之氣와 큰 차이가 없는
것이다. 夜氣나 平旦之氣는 우리가 평소의 생활을 통해서 흔히 경험
하는 것이다. 현대와 같이 바쁜 일과 속에서 사람들은 한순간의 반
성이나 자신을 되돌아 볼 시간을 갖지 못한 채 하루하루를 바쁘게
보낸다. 밤사이 한가한 시간을 통하여 우리의 마음은 평정을 찾고
다음날을 설계하는 여유를 갖기도 한다. 그러나 다시 낮이 되면 밤
사이의 반성이나 아침의 맑고 순수한 감정이 뒤섞이게 되니 이를 거

---

583) 『孟子』, 「盡心 上」1, 孟子曰 盡其心者, 知其性也. 知其性, 則知天矣. 存其
　　心, 養其性, 所以事天也. 夭壽不貳, 修身以俟之, 所以立命也.

584) 『孟子』, 「告子 上」8, …… 雖存乎人者 豈無仁義之心哉 其所以放其良心
　　者 亦猶斧斤之於木也 旦旦而伐之 可以爲美乎 其日夜之所息 平旦之氣
　　其好惡與人相近也 者幾希 則其旦晝之所爲 有梏亡之矣 梏之反覆 則其
　　夜氣不足以存 夜氣不足以存 則其違禽獸不遠矣 人見其禽獸也 而以爲
　　未嘗有才焉者 是豈人之情也 哉 …….

585) 『孟子』, 「公孫丑 上」2, …… 我善養吾浩然之氣 …….

듭하면 밤사이의 길러진 기운이 없어지게 된다는 것이다. 孟子는
"日夜에 자라나는 바와 平旦의 맑은 기운에 그 좋아하고 미워함이
남들과 서로 가까운 것이 얼마 되지 않는데, 낮에 하는 소행이 이것
을 楛亡하니 楛亡하기를 반복하면 夜氣가 족히 보존될 수 없고, 夜
氣가 보존될 수 없으면, 禽獸와의 거리가 멀지 않게 된다. 사람들은
그 禽獸같은 행실만 보고는 일찍이 훌륭한 材質이 있지 않았다고 여
기니, 이것이 어찌 사람의 實情이겠는가."[586)]라고 하여 孟子는 여기
서 夜氣와 平旦之氣를 잃지 말 것을 강조했다.

다음으로 孟子는 浩然之氣를 말한다. 孟子의 養氣說 중 가장 중요
한 것은 浩然之氣를 기르는 것이다. 浩然之氣는 血氣나 客氣와 같은
일시적인 것이 아니라 도덕화된 氣力이니 正義와 當爲性에서 생기는
신념의 氣魄인 것이다.[587)] 公孫丑가 浩然之氣에 대해 묻자, 孟子는,

> 그 氣됨이 지극히 크고 지극히 강하니, 정직함으로 잘 기르고 해
> 침이 없으면, 천지의 사이에 꽉 차게 된다. 그 氣됨이 義와 道에
> 배합되니, 이것이 없으면 굶주리게 된다. 이 浩然之氣는 義理를
> 많이 축적하여 생겨나는 것이다. 義가 하루아침에 갑자기 엄습하
> 여 취해지는 것은 아니니, 행하고서 마음에 부족하게 여기는 바가
> 있으면 호연지기가 굶주리게 된다.[588)]

라고 대답하였다. 浩然之氣는 義가 모여져서 된 것인데, 즉 集義에서
생겨나는 것으로 氣는 理와 義에 連繫되어야 강한 힘이 발생되기 때

---

586) 『孟子』, 「告子 上」8, 其日夜之所息 平旦之氣 其好惡與人相近也 者幾希 則
其旦晝之所爲 有楛亡之矣 楛之反覆 則其夜氣不足以存 夜氣不足以存 則其
違禽獸不遠矣 人見其禽獸也 而以爲未嘗有才焉者 是豈人之情也哉.

587) 楊一峯, 「孟子浩然之氣淺」, 孟子學報, 第22期, pp.117-121.

588) 『孟子』, 「公孫丑 上」3 …… 其爲氣也 至大至剛 以直養而無害 則塞於天
地之間. 其爲氣也 配義與道 無是 餒也 是集義所生者 非義襲而取之也
行有不慊於心則餒矣.

문에 義理에 背馳되면 그 氣는 虛餒해져서 活力을 잃게 되는 것이다. 그러므로 行動하는 것이 부당하여 마음에 통쾌하지 않은 점이 있으면, 떳떳하지 못하기 때문에 萎縮되고 虛餒이 온다고 하는 것이고, 반대로 행동하는 것이 합리적이고 道理에 부합되면 得意發揚하여 正正堂堂하게 소신대로 貫徹할 수 있는 義氣가 생기게 되는 것이니 이것이 진정한 大勇이요, 이러한 氣가 浩然之氣인 것이다. 孟子는 浩然之氣를 기르는 방법을 다음과 같이 말하고 있다.

  반드시 義를 集積시키는 일이라면, 그 일을 멈추지 말고, 마음을 망령되이 갖지 말며, 지나치게 助長하지 말라.[589]

하였으니, 義를 集積하는 일, 즉 集義를 중단하면 浩然之氣가 생겨날 수 없으며, 마음을 망령되이 가지면, 義와 道의 基準이 흐려지고, 지나치게 잘 되게 하려고 하면 오히려 역효과가 나기 때문이다. 여기서 지나치게 助長하지 말라고 한 것은, 싹이 자라는 것을 돕는다고 싹을 뽑아 올리면 도리어 말라 죽게 된다는 것으로 助長이 도리어 害가 될 수 있음을 이르는 말이다.[590] 그렇다고 放置해서도 안 된다고 하였는데, 맹자는 무익하다고 버려두는 사람은 김을 매주지 않는 것이고, 무리하게 잘 자라게 하려는 사람은 싹을 뽑아 올리는 것이니 무익할 뿐만 아니라 도리어 해치는 것이라고 말했다.[591]

  이와 같이 배양된 浩然之氣는 仁義가 함께 하는 道德的 當爲性을

---

589) 『孟子』, 「公孫丑 上」2, …… 必有事焉而勿正, 心勿忘, 勿助長也, 無若宋人然 …….

590) 『孟子』, 「公孫丑 上」2, …… 宋人 有閔其苗 之不長而揠之者 芒芒然歸 謂其人 曰今日 病矣 予助苗長矣 其子 趨而往視之 苗則槁矣 天下之不助苗長者寡矣…….

591) 『孟子』, 「公孫丑 上」2, …… 以爲無益而舍之者 不耘苗者也 助之長者 揠苗者也 非徒無益 而又害之 …….

배경으로 하는 大勇氣이기 때문에 浩然之氣를 기르는 것이 養氣이고, 그 氣가 없어지지 않도록 지키는 것이 守氣이며, 浩然之氣를 통하여 용기를 기르는 것이 養勇인 것이다.[592] 孟子는 養勇에 대하여, "北宮 黝의 勇을 기름은 피부가 찔려도 흔들리지 않으며 눈동자를 피하지 않아서, 생각하기를 털끝만큼이라도 남에게 挫折을 당하면 마치 市朝에서 종아리를 맞는 것처럼 여겨, 褐寬博에게도 모욕을 당하지 않으며 또한 萬乘의 군주에게도 모욕을 받지 않아, 萬乘의 군주를 찌르는 것 보기를 마치 褐夫를 찔러 죽이는 것처럼 생각하여, 무서운 諸侯가 없어서 험담하는 소리기 이르면 반드시 보복하였다."[593]라고 北宮黝의 養勇에 관하여 말하고, 또 "孟施舍의 勇을 기름은 '이기지 못함을 보되, 이기는 것과 같이 여기노니, 적을 헤아린 뒤에 전진하며 승리를 생각한 뒤에 교전한다면 이것은 적의 三軍을 두려워하는 자이다.' 내 어찌 필승을 할 수 있으리오, 두려움이 없을 뿐이다."[594]라고 말하였으며, 孟子는 曾子의 勇氣에 대하여,

옛적에 曾子가 子襄에게 이르기를 '그대는 勇을 좋아하는가? 내 일찍이 大勇을 부자에게 들었으니, 스스로 돌이켜서 정직하지 못하면 비록 褐寬博이라도 내 두려워하지 않겠는가. 그러나 스스로 돌이켜서 정직하다면 비록 천만 명이 있더라도 내가 가서 대적할 수 있다.'[595]

---

592) 吳善均, 앞의 論文, p.107.

593) 『孟子』, 「公孫丑 上」2, …… 北宮黝之養勇也 不膚撓 不目逃 思以一毫挫 於人 若撻之於市朝 不受於褐寬博 亦不受於萬乘之君 視刺萬乘之君 若 刺褐夫 無嚴諸侯 惡聲至 必反之 …….

594) 『孟子』, 「公孫丑 上」2, …… 孟施舍之所養勇也 曰 視不勝 猶勝也 量敵 而後進 慮勝而後會 是畏三軍者也 舍豈能爲必勝哉 能無懼而已矣…….

595) 『孟子』, 「公孫丑 上」2, …… 昔者 曾子謂子襄曰 子好勇乎 吾嘗聞大勇於 夫子矣 自反而不縮 雖褐寬博 吾不惴焉 自反而縮 雖千萬人 吾往矣 …….

라고 말하였다. 孟子가 위의 세 가지 예를 들어 養勇을 상조한 것은 仁義를 구현하는 데는 용기가 필요하기 때문이다. 孟子는 인간에게 끊임없이 일어나는 여러 가지 욕구를 조절하고 제한하기 위해서는 勇斷이 필요하며, 또한 사회적으로 仁義, 正道를 실현하는데도 용기가 없이는 불가능하기 때문에 養勇을 강조하게 된 것이다.

孟子는 이와 같이 養氣, 養勇을 통하여 얻어진 최고의 氣品을 不動心이라고 본다. 그는

　　나는 40에 마음을 동요하지 않았노라.596)

라고 했는데, 不動心이 되기 위해서는 氣를 잘 다스려야 한다고 다음과 같이 말했다.

　　意志는 氣의 將師요, 氣는 몸에 꽉 차 있는 것이니, 意志가 최고요, 氣가 그 다음이다. 그러므로 말하기를, '그 意志를 잘 잡고도 또 그 氣를 포악히 하지 말라.'고 한 것이다.597)

라고 하였는데, 志는 氣의 統師子로서 志가 나타나면 氣가 그 뒤를 따른다는 것이고, 氣는 몸에 가득 채워져 있으며, 또 志를 올바르게 지켜서 그 氣를 刺戟하는 일이 없도록 하는 것이 氣를 다스리는 방법이라고 하였다. 志를 바로잡고 氣가 또한 잘 다스려지기 위해서 孟子는,

---

596) 『孟子』, 「公孫丑 上」2, …… 孟子曰 否 我四十不動心 …….
597) 『孟子』, 「公孫丑 上」2, …… 夫志 氣之帥也 氣體之充也 夫志至焉 氣次焉 故曰 持其志 無暴其氣 旣曰 志至焉 氣次焉 又曰 持其志 無暴其氣者 …….

意志가 한결같으면 氣를 動하고 氣가 한결같으면 意志를 動하는
것이니, 지금 넘어지고 달리는 것은 氣이지만, 도리어 그 마음을
동요하게 된다.598)

라고 했으니, 志가 한결같으면 氣를 움직이고, 氣가 한결같으면 志를
움직이게 되는 것이니, 달리고 넘어지고 하는 것이 氣이지만 그것이
도리어 마음을 動搖시키게 된다고 하는 것이다. 그러므로 志를 바로
잡아서 氣에 동요되는 일이 없도록 하는 것이 不動心의 요인이 된다
는 것이다.

3) 愼思와 明辨과 篤行을 통한 道德 實踐

여기서는 愼思와 明辨과 篤行의 의미를 논하려 한다. 먼저 愼思란
무엇인가? 愼思란 지식 재료에 대하여 미루어 생각하는 것이며 그
세밀한 것을 구하는 것이다. 지식현상 중에서 우리가 알고 기억하는
사물 그 상호간의 관계를 연상하고 추구하여야 비로소 개념이 구성
되는 것이다. 만일 개념이 없다면, 지식의 재료는 산산이 흩어져 아
무 소용이 없게 된다.

孟子께서 말씀하셨다. 마음의 기능은 생각하는 것이므로 생각하면
얻을 수 있고 생각하지 않으면 얻지 못한다.599)
진실로 마음을 쓰지 않으면, 생각지 못하니 얻지 못할 뿐 아니라
보아도 보이지 않고, 들어도 들리지 않으며 먹어도 그 맛을 알지
못한다.600)

---

598) 『孟子』, 「公孫丑 上」2, …… 曰志壹 則動氣 氣壹則動志也 今夫 蹶者趨
者 是氣也而反動其心 …….
599) 『孟子』, 「告子 上」15, 心之官則思 思則得之 不思則不得也.

진실로 마음을 써서 생각하면, 하늘이 높고 별들이 멀리 있다고 하지만, 그것이 그렇게 된 까닭을 찾아내면, 천년 후의 동짓날도 앉아서 셈할 수 있는 것이다.601)

子夏는 '널리 배우고 뜻을 독실하게 하며, 절실히 물은 다음 가까운 데부터 생각하라'602)

라고 하였다. 널리 배우고 절실히 물은 다음 계속하여 가까운 것부터 생각해 나가면 학문이 깊은 사람이라고 하겠다. 孔門의 학문은 매우 사유를 중시한다. 사유하지 않는 폐단에 대해 孔子는 다음과 같이 말한다.

하루 종일 배불리 먹어도 마음 쓰는 데가 없으면 어렵겠구나! 도박하고 바둑 두는 자만도 못하다. 이런 사람은 그래도 내기에 이기려고 마음을 쓰지 않는가.603)

배우지만 생각지 않으면 얻음이 없고, 생각하지만 배우지 않으면 위태롭다.604)

어떻게 할까? 어떻게 할까?라 말하지 않는 사람에겐 내 또한 그를 어찌할지 알지 못하겠노라.605)

이 구절에서 '어떻게 할까'는 익숙히 생각하고 살펴서 처한다는 뜻으로 보통 사람들이 그렇지 않음을 경계한 말이며, 다음의 인용도 또한 이를 말하고 있는 것이다.

---

600) 『大學』傳 7, 心不在焉 視而不見 聽而不聞 食而不知其味.

601) 『孟子』, 「離婁 下」26, 天之高也 星辰之遠也 苟求其故 千歲之日至 可坐而致也.

602) 『論語』, 「子張」6, 子夏曰 博學而篤志 切問而近思 仁在其中.

603) 『論語』, 「陽貨」22, 子曰 飽食終日 無所用心 難矣哉 不有博奕者乎.

604) 『論語』, 「爲政」15, 子曰 學而不思則罔 思而不學則殆.

605) 『論語』, 「衛靈公」15, 如之何 如之何者 吾末如之何也已矣.

孔子께서 말씀하셨다. 마음 속으로 통하려고 노력하지 않으면 열어주지 않으며, 애태워하지 않으면 말해주지 않되, 한 귀퉁이를 들어주었는데 이것을 가지고 남은 세 귀퉁이를 反證하지 못하면 다시 더 일러주지 않아야 한다.606)

明辨이란 무엇인가? 明辨이란 지식자료에 대한 구별을 명석하게 하도록 노력하는 것이다. 우주간의 사물의 종류는 매우 많고 사물의 성질도 역시 복잡하다. 같은 것도 있고, 다른 것도 있고, 바른 것도 있고, 반대되는 것도 있고, 참된 것도 있고, 거짓된 것도 있고, 착한 것도 있고, 악한 것도 있고, 옳은 것도 있고, 그른 것도 있으니, 반드시 깊이 해석하여 그 참된 모습을 밝히어야 한다. 오늘날의 학문은 실험과 실증을 중시하는데, 이것은 모두 진리탐구의 표현인 것이다. 사물의 성질과 情態가 만일 뚜렷하게 분별되면 그래도 쉽게 가려질 수 있다. 그러나 가장 식별이 어려운 것은 성질이 비슷하고 情態가 서로 유사하면서도 어떤 것은 안팎이 부합되지 않은 것이 있으니 이것은 특별히 마음을 써야 是非를 가리고 眞僞를 가려낼 수 있다. 孔子는 평생 동안 '비슷하나 그렇지 않은 것'을 매우 싫어하였다. 대체로 비슷한 것 같으나 실은 거짓인 것은 眞僞와 善惡이 서로 뒤범벅이 되어, 가장 악에 빠지기 쉽다. 이것이 덕을 어그러뜨리고 행위를 문란케 하는 것이다. 孔子는 비슷하면서 그렇지 않은 것을 미워하면서 다음을 말한다.

孔子는 '비슷하면서 그렇지 않은 것을 미워한다. 가라지를 미워함은 벼 싹과 혼동될까봐서 그런 것이요, 거짓말하는 잔소리꾼을 미워함은 진실된 의인과 혼동될까 걱정되기 때문이요, 말 잘하는 패를 미워함은 믿음직한 사람과 혼동될까 걱정되기 때문이요, 음란

606) 『論語』, 「述而」8, 子曰 不憤不啓 不悱不發 擧一隅 不以三隅反 則不復也.

한 정나라 민요를 미워함은 고상한 음악과 혼동될까 걱정하기 때문이요, 자주 빛을 미워함은 붉은 빛과 혼동될까 걱정하기 때문이다' 하였으니 군자는 바른 길로 돌아와서 걸어야 한다. 길이 바르면 서민들이 분발하여 일어날 것이요, 백성들이 일어나면, 거기엔 사특한 것이 없을 것이다.607)

다음으로 篤行의 의미를 알아보기 위해 먼저 行爲(行)의 뜻을 보자. 행위(行)에 내포된 뜻으로는 두 가지가 있다.608) 그 하나는 말(言)과 상대되는 개념으로서의 행위이다. 孔子는,

君子는 그 말을 조심하고 행실을 말보다 앞서게 한다.609)

라고 했는데, 이는 말과 행동은 일치해야 하며 말만 앞세우고 실천에 옮기지 않는 것은 부끄러운 것이란 뜻이다. 또 다른 槪念은 道德 規範과 道德 觀念에 대한 實行과 같이 履行의 뜻으로 행위가 쓰였다. 공자는,

弟子가 들어가서는 孝하고, 나와서는 恭遜하며, (행실을) 삼가고, (말을) 성실하게 하며, 널리 사람들을 사랑하되 仁한 이를 친히 해야 하니, 이것을 행하고 餘力이 있으면 글을 배워야 한다.610)

文은 내 남과 같지 않았겠는가마는, 君子의 道를 몸소 행함은 내 아직 얻은 것이 있지 못하다.611)

---

607) 『孟子』, 「盡心 下」37, 孔子曰 惡似而非者 惡莠 恐其亂苗也 惡佞 恐其亂義也 惡利口 恐其亂信也 惡鄭聲 恐其亂樂也 惡紫 恐其亂朱也 惡鄕原 恐其亂德也.
608) 전명용 외 譯, 『中國古代倫理學』, 이론과 실천, 1990, p.71.
609) 『論語』, 「憲問」29, 君子, 恥其言而過其行.
610) 『論語』, 「學而」6.
611) 『論語』, 「述而」32.

고 했는데, 여기서의 행위란 곧 도덕 생활 중의 실천적인 활동을 말한
다. 孔子는 한 사람의 도덕적 품성이 고상한가를 판단하는 데에는 그
의 말(言)이 아니라 그의 실제적인 행동을 보아야 한다고 생각했다.

> 내가 처음에는 남에 대하여 그의 말을 듣고 그의 행실을 믿었으
> 니, 이제 나는 남에 대해서 그의 말을 듣고 다시 그의 행실을 살
> 펴보게 되었다.[612]

라고 했다. 따라서 그는 행위(行)를 학생들을 교육하는 과목의 하나
로서 보았다. "孔子께서는 네 가지로써 가르치셨으니, 文, 行, 忠, 信
이었다."[613]라는 기록에서 그것을 알 수 있다. 孔子는 도덕을 겸비한
사람은 사상적인 의식이 도덕적인 준칙에 부합할 뿐 아니라 이런 의
식이 행동으로 표현되어야 한다는 것이다. 소위 '殺身成仁'이란 仁의
의식을 행동으로 구현한 것이다. 孔子는 이런 실천은 매우 어려워
지식을 습득하는 것 보다 상당한 어려움이 뒤따른다고 생각했다. 따
라서 그는 항상 '실천'으로 자신과 학생들을 독려했다.

篤行이란 배워서 아는 것을 이롭게 여겨 行하는 것이다.

> 誠實한 자는 하늘의 道요, 성실히 하려는 자는 사람의 道이니, 성
> 실한 자는 힘쓰지 않고도 알아서 從容히 道에 맞으니, 聖人이요,
> 성실히 하려는 자는 善을 택하여 굳게 잡는 자이다.[614]

여기서는, 善을 택하여(擇善) 굳게 잡는 것(固執)을 말하고 있는

---

612) 『論語』, 「公冶長」9, 子曰 始吾於人也 聽其言而信其行 今吾於人也 聽其
言而觀其行.
613) 『論語』, 「述而」24, 子以四教, 文行忠信.
614) 『中庸』20, 誠者 天之道也 誠之者 人之道也 誠者 不勉而中 不思而得
從容中道 聖人也 誠之者 擇善而固執之者也.

데, 배워서 아는 것이 옳다고 여기면 그것을 굳게 지켜 행동으로 옮기는 것의 중요함을 말하고 있는 것이다. 善을 택하여 굳게 잡는 방법으로는,

널리 배우며, 자세히 물으며, 신중히 생각하며, 밝게 분변하며, 독실하게 행하여야 한다.615)

라고 하였는데, 이에 대한 註를 보면, "이것은 성실히 하는 條目이다. 배우고 묻고 생각하고 분변함은 善을 택하는 것으로서 智가 되니, 배워서 아는 것이요, 독실하게 행함은 굳게 잡는 것으로서 仁이 되니, 이롭게 여겨 행하는 것이다"616)라고 하여 行動을 仁으로 연결시키고 있으며, 行이란 이롭게 여겨 실제로 體行하는 것이며, 위에서 말했듯이 履行의 의미가 있는 것이다. 또한 君子의 배움은 애써서 알고, 힘써서 행해야 함을 강조하고 있는데, 이에 대해 다음과 같이 말하고 있다.

배우지 않음이 있을지언정 배울진댄 능하지 못하거든 놓지 말며, 묻지 않음이 있을지언정 물을진댄 알지 못하거든 놓지 말며, 생각하지 않음이 있을지언정 생각할진댄 알지 못하거든 놓지 말며, 분변하지 않음이 있을지언정 분변할진댄 분명하지 못하거든 놓지 말며, 행하지 않음이 있을지언정 행할진댄 독실하지 못하거든 놓지 마라, 남이 한 번에 능하거든 나는 백 번을 하며, 남이 열 번에 능하거든 나는 천 번을 하여야 한다.617)

---

615) 同上, 博學之 審問之 愼思之 明辨之 篤行之.

616) 同上, 此誠之之目也 學問思辨 所以擇善而爲知 學而知也 篤行 所以固執而爲仁 利而行也.

617) 同上, 有弗學 學之 弗能 弗措也 有弗問 問之 弗知 弗措也 有弗思 思之 弗得 弗措也 有 弗辨 辨之 弗明 弗措也 有弗行 行之 弗篤 弗措也 人一能之 己百之 人十能之 己千之.

여기서는 한 번 시작한 공부는 반드시 그 완성을 이루어야 하고, 그러기 위해서는 항상 그 공부를 남보다 백배, 천배로 해야 함을 말하고 있다. 또한 擇善과 固執의 공부 효과를 밝아짐과 강해짐으로 보고 있는데,

　　과연 이 道(方法)에 능하면 비록 어리석으나 반드시 밝아지며, 비
　　록 柔弱하나 반드시 강해진다.618)

이에 대한 주를 보면, "呂氏가 말하였다. 君子가 배우는 까닭은 氣質을 변화하기 위할 뿐이다. 德이 氣質을 이기면 어리석은 자가 밝음에 나아가고, 유약한 자가 강함에 나아갈 수 있거니와, 능히 이기지 못하면 비록 배움에 뜻을 두더라도 어리석은 자가 밝아지지 못하고, 어둡고 밝으며 강하고 약함을 받은 것이 같지 않음은 才質이니, 사람이 각기 다른 바이다. 성실히 하는 것은 그 똑같음을 회복하고 다름을 변화하는 것이다. 아름답지 못한 자질로, 변화하여 아름다워지기를 구할진댄 공부를 백배로 하지 않으면 이룰 수가 없다. ……"619)라고 했는데, 擇善固執은 사람이 제 각기 타고난 서로 다른 氣質을 변화시켜 하늘로부터 받은 인간의 본성에 서로 가깝게 되는 길이며, 백배 천배 노력하여 배워서 아는 바를 행동으로 옮기려는 노력은 비록 어리석은 사람일지라도 사리에 밝아지게 되며, 비록 의지가 나약하고 유약하더라도 강하게 될 수 있음을 말하고 있다.

---

618) 同上, 果能此道矣 雖愚必明 雖柔必强.

619) 同上, 呂氏曰 君子所以學者 爲能變化氣質而已 德勝氣質 則愚者可進於
　　明 柔者可進於强 不能勝之 則雖有志於學 亦愚不能明 柔不能立而已矣
　　蓋均善而無惡者 性也 人所同也 昏明强弱之稟 不齊者 才也 人所異也
　　誠之者 所以反其同而變其異也 夫以不美之質 求變而美 非百倍其功 不
　　足以致之 ……

V. 孔孟思想에 나타난 德性涵養과
韓國의 道德·倫理 教育

 이 장에서는 전통윤리교육에 관한 諸 論議와 본문에서 다룬 孔孟思想에 나타난 德性涵養論이 한국의 道德·倫理 敎育에 주는 시사점 혹은 孔孟의 德性涵養論 중 한국의 道德·倫理 敎育에 적용할 수 있는 논의점들을 다루려 한다. 전통윤리교육은 民族正體性 確立과 人性敎育의 實現을 위해 그 필요성과 중요성이 대두된다. 전통윤리교육은 또한 현대의 탈가치적이고 상대주의적인 윤리관을 극복하고 儒家에서 말하는 보편적이고 절대적인 가치관을 가르치는 것에서 그 필요성이 대두된다.

 傳統倫理敎育은 知識爲主의 敎育보다는 人間의 內面의 成熟을 통한 人間性 敎育을 의미한다. 즉 傳統倫理敎育은 출세와 상급학교 진학을 위한 교육이라기보다는 인간의 도덕적인 인격을 완성하기 위한 소위 '爲己之學'으로서의 敎育을 말한다. 또한 이러한 '爲己之學'의 目標는 知識敎育과 感性的인 敎育을 받은 全人的 人間이다.

 現代 敎育은 普遍的인 倫理觀을 중시하기보다는 知識爲主의 技能的이고 斷片的인 敎育을 위주로 진행되고 있는데, 특히 현대의 도덕·윤리 교육에서는 이러한 현대 교육의 문제점을 보편적인 윤리관을 제시하는 전통윤리교육에서 그 해결점을 찾아야 한다고 본다. 아울러 현대 교육에서 소홀히 다루어지고 있는 民族 正體性 敎育을 위해서도 傳統倫理敎育은 큰 의의가 있다고 본다.

1. 傳統倫理教育에 관한 諸 論議

1) 傳統倫理教育의 重要性

전통윤리교육의 의의는 民族의 正體性 내지는 主體性을 확립하는 데 있다. 흔히 전통의 계승과 발전의 목적을 "民族主體性"으로 표현하는 경우가 있다. 사실 民族主體性이라는 목적이 傳統教育의 가장 일반적인 목적이요 그래서 누구나 쉽게 동의할 수 있는 것이다. 민족 교유의 문화를 계승하고 발전시키는 것이 民族主體性을 형성하는 데 결정적으로 중요하다.[620]

傳統倫理教育의 중요성은 다음의 네 경우에서 볼 수 있다.[621] 첫째는 價値觀과 文化的 正體性의 混亂이다. 구한말의 시대적 혼란, 일제하 40년사, 해방 후 미국과 함께 들어온 아메리카리즘 등으로 우리 국민들은 믿고 의지할 만한, 그리고 구체적인 생활장 면에서 判斷 準據로 사용할 수 있는 價値觀을 갖지 못하게 되었다. 이 準據가 傳統的인 文化遺産에 일정 부분 의지해야 한다는 생각에는 이의가 없을 것이다.

둘째는, 요즘 靑少年들에 대한 旣成世代들의 念慮에서 비롯된 것이다. 소위 신세대들이라 불리는 오늘날의 청년들의 국적없는 의식과 생활양식은 기성세대들을 당혹케 하고 있다. 셋째는 世界化라고 하는 세계적 변화의 흐름과 관련된 것이다. 보통 세계화라고 하면 전통문화에 대해 부정적인 영향을 미칠 것으로 보이지만 이 세계적인 흐름은 각국의 民族主義를 자극하고 또한 고유문화의 상품화를

---

620) 정재걸, 「학교교육과 전통문화교육」, 전통과 현대, 1998년 여름호.
621) 정재걸, 『전통교육의 체계화를 위한 연구』, 한국교육개발원, 1993, pp.3-4.

통한 국제경쟁력 강화로 이어지고 있다.[622] 마지막으로 전통문화에 대한 필요성은 統 敎育과 관련하여 그 의미가 증대되고 있다. 통일이라는 것이 어느 한순간 달성되는 것이 아니라 분단된 지역의 주민들이 日常生活 속에서 一體感을 가질 때 비로소 통일이 되는 것이라고 본다면 統一敎育은 곧 民族同質性 回復 敎育을 의미하는 것이라 볼 수 있다. 그리고 민족동질성의 회복의 토대가 되는 것이 바로 수천 년간 공유해 온 우리의 固有文化라는 점에서 傳統倫理敎育에 대한 관심이 증대되고 있는 것이다.

이상에서 傳統倫理敎育의 必要性을 알아보았다. 이 중에서 傳統倫理敎育의 중요성과 필요성을 논하는 데 의미가 있는 것은 첫 번째로 말한 價値觀과 文化的 正體性의 混亂이라 할 수 있다. 2000년대를 바라보고 있는 현 시점에서 한국은 세계인과의 조화로움을 추구하는 인격과 한국민의 주체적인 성격을 고루 갖춘 인격을 그 교육 목표로 해야 할 것이다. 한국은 이제까지의 민주화 과정과 근대화 과정을 거치면서 많은 시행착오를 겪었다. 또한 무분별한 외래 사상의 도입은 전통적인 것을 무의미한 것으로 여기게 하고 현대적이고 외래적인 것은 필수적인 것으로 보게 하는 현대판 사대주의를 가져오게 하였다. 다시 말해 精神的인 次元에서 보면, 傳統的인 價値 혹은 倫理와 現代的인 價値, 倫理 사이의 乖離와 불일치는 한국인을 가치관의

---

622) 鄭世九, 「세계화시대의 초・중등학교 윤리교육의 과제」, 한국도덕국민윤리과교육학회, 도덕국민윤리과교육 제5집, 1994. 7, p.4에서는, 세계화 현상의 특징을 다음과 같이 말한다. 1) 통신과 교통의 세계체계로의 발전, 2) 지역적, 국가적 경제의 세계 경제로의 편입, 3) 특색이 있는 지역적, 국가적 문화와 함께 사회 간의 상호관계로 인한 세계 문화의 증가, 4) 국내와 국제정치 사이의 전통적인 경계를 허물어버린 전 세계적인 정치경제의 등장, 5) 지구의 생태계에 대한 점증하는 인간 활동의 영향, 6) 지구의 거주자로서 지구공동체 회원으로서의 확대되는 正體性과 세계의식 등이다.

혼란 속으로 빠져들게 하였다.

傳統文化와 傳統的인 倫理가 존중되고 사회가 안정되어 있었던 시대와 동일한 문화권 안에서는 옳고 그른 행위를 판단하는 가치문제는 분명한 기준을 가지고 있었다. 대부분의 사람들은 그러한 가치판단의 기준에 동의했다. 동양적인 전통에서 이러한 가치판단의 기준들 중의 하나는 三綱五常이라 할 수 있다. 그중에서도 孝悌, 仁 등은 중요한 가치판단의 근거가 된다고 볼 수 있다.

그러나 오늘날 급격한 사회변화에 따라 相對主義的이고 懷疑的인 思考方式이 횡행하게 되자, 기존 가치관의 기준에 대해 異見이 속출하고 道德·倫理 敎育은 상대주의에 젖어 버렸다. 그래서 현대인은 사회적 아노미 현상과 비인간화와 더불어 道德的 無關心 내지 불감증이라는 수렁에 빠져 허우적거리고 있다. 오늘날 한국에서 道德·倫理 敎育은 학교에서도 가정에서도 무시되고 있다. 특히 學校敎育은 入試爲主의 技能主義的 敎育에 밀려 反社會的, 非道德的 人間을 양성하는 기관으로 전락하고 말았다.

오늘날의 한국인의 價値觀은 매우 혼란되어 있다. 많은 사람들 특히 젊은 세대들은 傳統的인 價値를 不信하고 있으며 絶對的인 價値가 존재할 수 있다는 것을 의심하며 상대주의적인 가치관과 물질적인 가치의 숭배에 빠져 있다. 이러한 한국인의 가치관의 혼란의 원인은 산업화를 통한 無規範(anomie) 상태의 극대화, 윤리적인 회의주의 및 가치 상대주의의 발호를 그 대표적인 것으로 들 수 있다.

과학기술의 급격한 발달은 인간의 사회생활에도 극심한 영향을 미치어 사회는 급변하게 되었다. 그래서 이제까지의 사회 공동생활의 중심이요 근간이던 傳統은 무너지게 되었고 삶의 방식도 급변하게 되었다. 傳統과의 斷絶은 인간의 사회생활의 기준이 되는 倫理意識에 큰 혼란을 가져다주었다. 사람들은 오늘날 行爲의 規範이나 價値

의 기준을 모르고 있으며, 羞恥라든가 惻隱헤 하는 마음이라든가 禮節과 같은 사람으로서의 지켜야 할 道德感에 점차로 둔감해져가고 있다.

傳統倫理教育의 중요성과 필요성은 이상에서 본 것처럼 현대 한국인들로 하여금 傳統과 現代 간의 價値觀의 混亂을 극복하게 하고, 가치판단의 기준으로서 普遍的 價値 혹은 倫理를 깨닫게 하고, 윤리적 상대주의와 회의주의를 극복하여 인간으로서 지켜야 할 道理를 알고 이를 실천하는 삶을 살도록 하는 데에 있다.

2) 傳統倫理教育의 意味와 目的

우리는 오늘날 傳統의 斷絶을 맞고 있다. 傳統의 斷絶은 인간의 사회생활의 기준이 되는 價値判斷에 큰 혼란을 가져다주고 있다. 사람들은 오늘날 行爲의 規範이나 올바른 가치의 기준을 모르고 있고, 즉흥적으로 판단하고 행동한다.

원래 道德的인 規範은 傳統文化를 기반으로 하는 것이다.[623] 우리는 현대의 지성인들이 그들의 價値判斷의 根據를 理性的인 合理性과 效率性에서 찾으려고 하는 것을 볼 수 있다. 그러나 합리성과 효율성은 人間의 行動을 規制할 수 있는 바람직한 價値判斷을 제공해주지 못한다. 人間의 尊嚴性, 人間의 生命의 價値, 人間의 內面世界의 崇高함, 사랑, 자비, 용서, 희망, 성실 등은 傳統文化가 우리에게 가르쳐주는 것일 뿐이며, 이러한 精神的인 價値들은 理性的인 合理性이나 實用的인 效率性이 보장해주지 못한다.

---

623) 진교훈, 「한국의 근대화 과정과 윤리의식의 변천」, 한국국민윤리학회, 『국민윤리연구』 제36호, 1997. 6, p.492.

合理的인 思考方式이나 技術은 악한 목적을 위해서도 봉사할 수 있는 단순한 수단에 불과한 것이다. 따라서 合理的인 科學과 技術은 인류를 멸망시키고 人間을 荒廢化시키고 자연을 파괴하는 데 악용될 수 있고, 인류를 구원할 수도 있다. 傳統的인 精神文化를 무시한 현대 지성인의 合理性이란 手段으로서의 합리성에 지나지 않으며, 人間의 行動을 규제하고 인류의 공존, 공영을 촉구하는 道德的인 合理性은 오로지 傳統文化와 關聯해서만 찾을 수 있다.

지난날 儒敎敎育의 目標는 대개 자신의 人格陶冶를 目標로 하는 '爲己之學'과 지식의 획득으로 남(민족, 국가)에게 봉사하려는 '爲人之學'으로 대별할 수 있었다. 性理學만 하더라도 그 本領은 '爲人之學'보다는 '爲己之學'에 있었으나, 官路가 좁아들고 政治的 出世에 이용되기 시작하자, 立身 出世主義의 敎育, 詞章中心의 敎育, 涉世에 약삭빠른 官人養成의 敎育만을 강조하기에 이르렀던 것이다.624)

그러다가 반세기가량의 일제에 의한 간접, 직접 통치는 우리 겨레에게 더욱 왜곡된 교육관을 심어 주었다. 日帝에 附和하든가 敎育을 抛棄하든가, 아니면 소극적으로 동참하든가, 이러한 좁은 선택의 길만이 주어졌고 敎育的 人間像은 총독부 관리나 醫師의 길이 연달의 척도처럼 되었다. 朝鮮時代의 科擧를 통한 白비, 紅비의 歸屬的 후광 효과는 일제에 와서도 그대로, 「高文패스—군수—고등관」, 「의사—부귀 안락」의 길로 대입되었던 것이다. 여기에 뿌리 깊은 官學優位思想이 더욱 심화되었으며, 이른바 소수 정예 중심의 選民思想마저 깊고 넓게 자리 잡게 된 것이다.

남이야 어찌되었건 간에 '내 아들만'은 기필코 一流官學에 넣겠다는 私的 敎育觀은 해방 이후 自由民主主義思想이 합쳐져 더욱 個別

---

624) 丁淳睦, 金仁會 공저, 『敎育이란 무엇인가—韓國敎育原理의 探索』, 서울: 實學社, 1976, p.407.

主義를 낳게 된다. 시구화된 의식과 피바디(Peabody)의 1, 2, 3차 교육 사절단과 듀우이의 진보주의 교육철학과 행동과학적 교육행동 지침과 수량화, 균일화, 상품화의 물량적 교육 공학에로의 傾倒 등, 이루 말할 수 없는 외래사상과 기술을 거침없이 받아들였는데도, 우리의 교육은 더욱 더 수척하기만 하다.

해방 이후 그동안 先進한 外來敎育思潮나 敎育 方法에 대한 무비판적인 도입과 수용이 이루어졌다. 주로 미국을 중심으로 직수입되었으나, 일본을 거쳐 重輸入되어 온 敎育 思潮와 敎育 方法은 미국에서도 넓은 공감대를 갖지 못하고 비판과 쟁점을 크게 내포하였던 實用主義 敎育論 一邊倒이었던 것임을 생각할 때 우리의 교육입국의 개막과 전개는 출발부터 문제성이 있었음을 알 수 있게 한다.625)

'무엇을 가르칠 것인가'의 문제가 교육에 있어서 최대의 명제라고 본다면, 교육의 사명은 일차적으로 傳統的 文化遺産 가운데 본질적인 것, 인류의 최고의 예지를 대표하는 것을 선택하여 다음 세대에 전달하는 것이어야 함은 너무나 명백한 일이다. 文化的 遺産의 保存과 創造的인 傳達은 根源的 人間營爲이다.

오늘날 한국의 교육은 한말 개화기, 일제시대, 해방 이후 서구의 교육 사조의 유입 등의 과정을 거치면서 과거와도 크게 다르지 않은 出世爲主의 敎育, 入試爲主의 敎育, 知識 爲主의 敎育이 그 주가 되고 있다. 무엇보다도 道德, 倫理 敎育과 관련해 볼 때, 知識爲主의 敎育은 人間의 內面的인 成熟을 통한 人格의 完成보다는 지식중심의 혹은 기능 중심의 인간을 길러내고 있는 것이 커다란 문제라고 본다.

敎育의 方法에는 여러 가지가 있을 수 있다. 그러나 교육은 결국

---

625) 위의 책, p.412. 또한, 丁淳睦, 『옛 선비교육의 길』, 서울: 문음사, 1992, p.83에서는, 우리나라 교육학에서의 미국식 행동주의적 교육 방법은 결과적으로는 인간의 객관화, 피상적 업적주의, 감각주의적 가치관 등 비인간적 대중문화를 표출하게 되었다고 보고 있다.

삶의 형식을 배우는 것이고 이러한 삶의 행위는 理性的인 認識과 感
性的인 信念의 全人的 關係에서 일어난다. 객관적이고 이성적인 지
식만으로 교육을 설명할 수 없다. 우리의 교육이 지적인 수월성을
지나치게 강조하다 보니 斷片的인 知識은 잡다하게 저장하였지만 사
람됨의 깊은 뿌리는 상실하고 말았다. 즉 인간됨의 敎育보다는 성적
위주의 知識敎育이 오늘날 한국 교육의 주를 이루고 있는 것이다.

   이상에서, 傳統倫理敎育은 知識爲主의 敎育보다는 人間의 內面의
成熟을 통한 人間性 敎育을 의미한다. 즉 傳統倫理敎育은 출세와 상
급학교 진학을 위한 교육이라기보다는 인간의 도덕적인 인격을 완성
하기 위한 소위 '爲己之學'으로서의 敎育을 말한다. 또한 이러한 '爲
己之學'의 目標는 知識敎育과 感性的인 敎育을 받은 全人的 人間이
다. 儒家에서 말하는 全人이란 知와 行을 고루 갖춘 人格을 말하며,
이는 본문에서 '君子'로 다루었다. 우리나라의 전통에서 보면 君子는
다시 '선비'로 말할 수 있다.

   전통적인 의미에서 선비교육을 오늘날 한국의 교육에 적용해 보면
다음과 같다. 첫째, 오늘의 전통윤리교육은 「正·義」로워야 할 것이
다. '正'은 가치관의 주관적 확립에서 나온다. 현대인은 너무나 '타인
의 눈'을 의식한다. 용기를 지니고 주동적으로 주어진 환경을 창조하
지 못하고 늘 피동적인 환경적응에 민감하다. 자신의 성찰을 통한
올바른 가치판단을 내리지 못하고 되도록 남이 하는 대로 따라 한다.
道德意識은 스스로의 힘에 의하여 만들어지는 것이다. 전통사회에서
선비는 眞理에 '正'하였고, 行爲에 '義'로웠다.

   둘째, 오늘의 전통윤리교육은 「敬·愛」로워야 한다. 敬, 愛의 정신
은 우선 스스로를 敬愛하여야 한다. 여기서는 각각이 인격이 중시되
고 이러한 가운데 참다운 개성교육이 이루어지는 것이다. 전통적인
선비교육에 있어서 境涯에 의한 개성교육은 배우는 사람들의 자질에

따라 교육하는 내용과 방법 및 정도가 달랐고, 그 능력과 개성의 신장을 도모코자 하였다. 뿐만 아니라 학생 위주의 자발적 학습을 교육의 주된 작용으로 보았다. 오늘날 글 가르치는 교사(經師)는 많으나, 사람을 가르치는 스승(人師)은 드물다. 선생은 선생임에 그치고, 학생은 학생임에 그칠 때 그들이 비로소 만난다고 한다면, 敬愛의 敎育은 학생과 교사가 서로 만나는 감화의 교육이며, 인격의 교육이 될 것이다.

셋째, 선비정신의 계승과 발전은 人間敎育에 대한 근본적인 수정을 하지 않으면 안 된다. 藝術을 통한 人間敎育이 요청된다. 서구의 문화가 외적 물량주의를 추구하는 외형적 업적과 발전의 문화라고 할 수 있다면, 우리의 선비문화는 人間精神의 內面化를 추구하는 문화라고 구별 지을 수 있을 것 같다. 전통적인 교육에서는 立德, 立言, 立功의 과정이 있었는데, 이 가운데 오늘날 立言과 立功이라는 業績主義가 중요시되면 될수록 立德하는 문화주의가 더욱 요청된다고 본다.

藝術과 敎育의 공통점은 첫째로, 교육의 목적은 인간의 性向을 조화적으로 발달시키는 데 있으며, 이것은 예술에 있어서의 '調和의 原理'와 같다. 둘째, 藝術은 인간의 깊은 이해에서 출발한다는 점에서 교육의 길과 같다. 또한 藝術敎育의 기능을 보면, 첫째로, 인간의 요구와 능력에 대해 인격발달에 도움을 주는 것이며, 둘째로는 개인은 그가 소속한 사회에 있어서 보다 값어치 있고 보다 협조적인 구성원이 되게끔 도와주는 데 있다고 본다.626) 즉 藝術을 통한 敎育은 人格의 發達을 그 敎育原理로 한다.

---

626) 丁淳睦, 『藝術敎育論』, 서울: 교육과학사, 1983, p.34.

3) 傳統思想과 中國思想 論議의 限界와 示唆點

東洋思想이 만병통치일 수도 없고, 또 東洋哲學을 하나로 묶을 수 없다. 중국에서나 한국에서 근대화 과정에서 왜 동양사상을 배척했는가를 다각적으로 검토해 보아야 할 것이다. 가령 漢文을 바탕으로 매개되고 성숙된 東洋哲學은 정체된 농경사회에서의 家父長的 질서 체계가 중심사상이었다면, 그것을 산업사회에 들어와서도 그대로 통용되어야 한다고 주장하는 것은 무리다. 동양철학은 맹목적인 추종의 대상이 될 수도 없고 일부 동양철학의 唯我獨尊的인 태도나 서양사상의 전반적인 매도나 거부는 불식되어야 할 것이다.

동양철학을 연구하는 데 있어서 무엇보다도 시급한 것은 방법론의 개발일 것이다. 어떠한 방법론으로 동양사상을 연구할 것인가에 대한 합의가 학자들 간에 이루어지지 않고 있는 것 같다. 동양철학 연구에 대한 방법론을 모색하는 데 있어서 原典에 대한 접근을 어떠한 입장에서 할 것인가는 중요한 문제가 된다. 아직도 동양철학자들에게서 文獻硏究와 문헌해석과 비판적인 철학적 사고가 구분이 되지 않음을 볼 수 있다. 孔子가 어느 책에서 어떻게 말씀하셨다든가 또는 이를 朱子集註에서 어떻게 해석했다는 것 그 자체가 무조건 진리는 될 수 없을 것이다. 왜 그 말씀을 우리가 진리로 받아들일 수 있는지 그 이유를 밝혀야만 비로소 철학이 될 수 있을 것이다. 여기서 우리는 동양철학은 이 시대의 징표 또는 시대정신을 고려해야 하고 변화하는 사회에 걸 맞는 새로운 해석을 거듭 모색해야 할 것이다.627)

철학은 자연과학처럼 필연적인 현상을 다루고 그때 그때 檢證이 될 수 있는 내용을 다루는 것이 아니므로 말의 역사성을 고려하고

---

627) 秦敎勳, 「한국의 근대화 과정과 윤리의식의 변천」, 한국국민윤리학회, 『국민윤리연구』 제36호, 1997, 6, p.496.

先行研究를 주시하다 보면 수동적이고 의타저인 수도 있다. 그러나 철학은 근본적으로 자기를 반성하고 보다 더 창조적이어야 한다. 철학은 독자적으로 비판과 반성을 통해 발전한다는 점을 동양철학자들은 고려해야 할 것이다.

한국에서 지금까지의 東洋哲學 研究는 中國哲學에 偏重되어 왔다. 中國哲學이 곧 東洋哲學이 아님은 물론이다. 따라서 동양철학은 中國哲學 一邊倒에서 벗어나야 할 것이다. 예를 들면, 힌두사상과 이슬람철학에 대한 연구도 해야 할 것이고, 불교의 경우, 漢字로 된 문헌 외에 팔리어와 산스크리트어, 티베트어, 몽고어로 된 문헌 연구도 활발하게 해야 할 것이다. 또한 中國哲學이 한국에 수용되는 과정에서 한국의 학자들이 재해석한 연구들에 대한 평가도 주목해야 할 연구분야이다. 이는 한국의 민족교육 내지는 민족주체성을 찾는 傳統倫理教育의 가장 기초적인 단계라고 할 수 있다. 아울러 한국 학자들의 전통사상에 대한 연구를 평가하는 일은 韓國 道德·倫理 教育에 있어서 한국식의 道德·倫理 教育 哲學을 탐색하는 데 큰 의의가 있다고 본다.

4) 傳統倫理教育과 現代 教育의 接木

한국교육의 미래는 새로운 教育 理念 혹은 教育 哲學의 定立에서 출발해야 한다. 우리의 교육 이념은 공간적인 차원에서 '世界 속의 韓國'을, 시간적인 차원에서 '傳統과 現代의 調和'를 찾는 데에 있다. 그러면 傳統倫理教育과 現代 教育 간의 접목은 어느 방향에서 이루어져야 하는가. 여기서는 한국의 도덕·윤리 교육의 원리와 철학을 모색한다는 의미에서 현대 한국 사회의 絶對的 倫理觀의 不在로부터 그 출발점을 삼아야 한다고 본다. 즉, 現代 敎育은 普遍的인 倫理觀을 제시하기보다는 知識爲主의 技能的이고 斷片的인 敎育을 위주로 진행되고 있는데, 특히 현대의 도덕·윤리 교육에서는 이러한 현대 교육의 문제점을 보편적인 윤리관을 제시하는 전통윤리교육에서 그 해결점을 찾아야 한다고 본다. 아울러 현대 교육에서 소홀히 다루어지고 있는 民族 正體性 敎育을 위해서도 傳統倫理敎育은 큰 의의가 있다고 본다.

제7차 초·중·고등학교 도덕과 교육과정 개정연구에서는, 고등학교 11, 12학년의 선택과목으로서 「傳統倫理」과목을 설정하였다. 고등학교 2-3학년 대상 심화 선택 과목인 「傳統倫理」 시안에서 그 성격을 보면, '학생들로 하여금 우리 조상들이 삶의 현장에서 따르고 실행했던 윤리적 삶을 현대적 시각에서 재음미하여 한국인으로서 지녀야 할 바람직한 윤리적 인식과 자세를 보다 확고히 정립하게 하는 데 그 목적을 두고 있다. 따라서 「傳統倫理」에서는 학생들로 하여금 우리 조상들이 지켜온 전통윤리의 여러 내용과 기본 정신 그리고 그 현대적 의의와 중요성을 올바르게 인식하여, 자신과 가족에게 가치 있는 삶, 친족·이웃·교우 관계에서 바람직한 삶, 국가·사회에 능동적으로 이바지하고 자연을 아끼는 삶의 자세를 길러 주기 위한 과목이다'[628]라고 하였다.

이는 「전통윤리」가 새 교육과정 개정의 기본 방향으로 강조되고 있는 인성교육, 그리고 사회·국가적 차원에서 중시되고 있는 예절교육, 민족정체성 교육을 다루고 있는 핵심과목이며, 또한 유구한 민족문화의 전통을 현대적으로 계승하여 민족주체성을 지닌 미래 지향의 도덕적이고 창조적인 한국인으로 성장할 수 있게 하기 위한 과목임을 말하고 있는 것이다.

---

628) 서울대학교 도덕과 교육과정 개정 연구위원회, 「제7차 초·중·고등학교 도덕과 교육과정 개정연구」, 1997. 10, p.98.

2. 孔孟의 德性涵養과 現行 및 앞으로의 道德・倫理 教育

1) 全人的 教育 强化 - '君子'의 現代的 意味

傳統的인 教育은 지금의 普遍 教育과는 달리 상류층이나 양반층의 자제 등 제한된 신분들을 대상으로 하는 소위 지도자 교육이라 할 수 있다. 그렇기 때문에 教育의 目標를 보면, 물론 修身이 가장 기본적이고 중요한 目標가 되었지만, 修身이 이루어지면 비로소 官吏가 되어 治人 즉 安人의 역할을 수행하는 것 또한 중요한 목표라 할 수 있다. 일반적으로 이러한 修己治人의 경지에 도달하고 인격적으로 완성된 사람을 君子라 한다.

오늘날 이 君子의 의미는 어떻게 해석되어야 하는가? 본 연구에서는 序論에서도 밝혔듯이 오늘날의 初・中等 道德・倫理 教育과 관련하여 修身에 초점을 두어 논의하였다. 이 점에서 보면, 君子란 修身이 완성되어 道德的인 人格의 完成을 이룬 사람이라 할 수 있다. 이러한 君子의 의미는 현대의 教育 특히 道德・倫理 教育의 입장에서 어떻게 이해되어야 할 것인가.

君子의 教育的 意味는 全人이라 할 수 있다. 이 全人은 知・情・意를 모두 갖춘, 즉 知・仁・勇의 三達德을 갖춘 사람으로 보아야 할 것이다. 본문에서 다룬 덕성함양의 지적 영역과 행동적 영역을 모두 갖춘 사람이다. 먼저 知德에 관해 보면, 이는 모든 道德的 知識을 아는 것 즉 인간으로서 마땅히 행해야 할 당위적 이치에 관한 도덕적 지식을 아는 것이고, 이를 위하여 『論語』에서는 '博學於文'을 강조하였다. 知德과 관련된 중요 개념은 好學이다. 언제나 배우고 학습하기를 게을리 하지 않고 道에 관한 知識을 터득하여 이것을 올바른 마음을 갖고 이를 올바른 行動을 하기 위한 기초로 삼을 것을 강조한다.

仁德과 관련하여서는 愛他的인 마음가짐을 갖고 私欲을 이겨 人倫의 道理대로 행동하려는 마음가짐 혹은 태도를 기르고 나아가 이것이 行動으로 이어지게 하는 省察하는 태도와 실제적인 行動 實踐이라고 말할 수 있겠다. 본문에서 仁을 克己復禮로 설명하였는데, 이는 자기의 私欲을 극복하고 인간의 道理 즉 禮를 따라 행동할 것을 의미한다. 仁은 道德的인 行爲를 위한 기본 조건으로서 私心이 없이 他人을 配慮하는 愛他的인 態度를 말하며 이를 行動으로 옮기는 것까지도 포함한다. 그래서 『中庸』에서는 仁을 力行에 가깝다고 하였다.

勇德은 『中庸』에서 知恥에 가깝다고 하였고, 또한 '勇者不懼'라 하였고, '見義不爲 無勇也'라 한 것에서 勇의 의미를 알 수 있다. 勇은 알고 있는 道德的 知識과 仁의 態度, 行動을 흔들리지 않게 유지시켜주어 종국에는 道德的인 行動을 할 수 있도록 격려하는 推進力이라 할 수 있다. 다시 말해 知, 情, 意 중 '意'에 해당하는 것으로, '善한 行動'을 하려는 마음, '義로운 行動을 하려는 추진력', '人倫에 맞는 行動을 하려는 意志力' 등으로 표현할 수 있겠다.

知와 仁과 勇의 三德은 하나로 통일되어야 그 의미가 있으며, 그 중에서도 仁이 중심이 되어야 하고, 知는 知仁의 역할을 하고, 勇은 行仁의 역할을 한다고 볼 수 있다.

두 번째로 '君子'의 敎育的 意味는 文과 質을 모두 갖춘 사람이다. 여기서는 文을 갖추되 거기에는 質이 바탕이 되어야 함의 의미도 들어 있는데, 質은 인간됨의 바탕을 말하는 것이다. 孟子는 『孟子』 「離婁」 編에서, 君子는 仁과 禮로서 存心을 한다(君子以仁存心 以禮存心)고 하였고, 孔子도 『論語』의 「公冶長」과 「學而」에서 君子는 義로써 質을 삼고(君子義以爲質), 君子는 根本에 힘쓰고, 根本이 세워지면 道가 생겨난다고 하였다(君子務本 本立而道生). 또한 『學而』 編

에서 孝弟가 仁을 행하는 근본(孝弟也者 其爲仁之本與)이라고 하였다. 이는 모두 인간됨의 바탕을 강조하는 구절들로써 학문을 함과 동시에 인격적인 완성을 위한 내면적인 수양도 할 것을 말하는 것이다. 또한 文에 관하여보면, 『論語』의 「雍也」編에서, '博學於文 約之以禮'라 하여 文은 소위 六經과 六藝를 통한 도덕적인 지식을 공부함을 말한다. 孔孟思想에 있어서 學問이란 별다른 것이 아니라 일상생활에서 요구되는 합당한 도리 또는 그것을 탐구하는 것이 된다고 볼 수 있다.

이상에서 말한 君子에 관한 논의는 오늘날의 人間敎育 혹은 全人敎育과 관련하여 말할 수 있을 것 같다. 人間敎育은 그 主體를 人間에게 두는 것이다. 따라서 교육의 모든 과정에 있어서 社會에 비중을 두기보다는 人間에게 비중을 두는 것이다. 다시 말하면 인간이 주체가 되는 교육이라 할 수 있다. 여기서는 인간으로서의 개인이 사회에 적응하기 위하여 그 사회의 지배적인 신념이나 규범이나 가치관을 학습해 나가는 교육, 다시 말하면 주어진 사회에 적응하는 교육이 아니라 그 사회의 지배적인 신념이나 규범이나 가치관을 분석하고 비판하고 창조하고 정립하는 교육, 주어진 사회를 이끌어가는 교육이 이루어지는 것이다. 이것이 바로 인간이 주체가 되는 교육이라고 할 수 있다.629)

인간교육은 하나의 인간을 인간답게 살아가도록 무엇보다도 심성혹은 마음가짐 혹은 태도를 기르는 것이라 할 수 있다. 더 나아가 모든 도덕적인 상황에서 어떤 것이 인간답게 사는 것인가를 판단할 수 있는 정확한 판단력을 기르게 하는 것이라고도 할 수 있다. 본문에서 서술한 儒家敎育에서의 교육적 인간상으로 제시된 君子는 인간

---

629) 池敎憲, 「傳統倫理의 現代的 意義와 그 사회적 기능」, 東村 池敎憲博士 華甲紀念論文選集 刊行委員會, 『東洋哲學과 韓國思想』, 1995, p.324.

답게 살고 즉 인간의 도리가 무엇인지를 알고 그에 따라 행동을 하며, 어떻게 행동하는 것이 인간의 道理에 맞는가를 판단할 수 있는 도덕적인 판단력을 갖춘 인격을 말하는 것이다.

이상에서, '君子'의 현재 教育的 意味를 全人과 文質을 겸비한 사람이라고 보았다. 現行 初·中等 教科教育에서 실시되고 있는 道德·倫理 教育은 君子를 위와 같이 보아 학생들을 知와 情과 意를 모두 갖춘 道德的 人格者로 教育시켜야 하고, 또한 仁과 義, 禮 등의 道德을 겸비하여 인간으로서의 기본적인 바탕을 길러줌과 동시에 人倫 등 道德的인 知識에 대한 이해와 습득도 강조되어야 한다.

2) 當爲的 理致에 관한 知的 教育의 强化 - '孝'의 現代的 意味

德性涵養의 知的인 領域을 본문에서 格物致知論으로 설명하였다. 格物致知에 대한 朱子的 解釋을 보면, 事物과 일에 대한 理致를 窮究하는 것으로 설명된다. 그런데 여기서의 理致는 인간이 마땅히 지켜야 하는 當爲的인 理致를 말한다. 그래서 德性涵養에 있어서 知的인 教育은 이러한 當爲的인 理致에 대한 道德的인 知識을 갖게 하는 것이다. 여기서는 이러한 道德的인 知識 가운데에서 오늘날의 道德·倫理 教育에서 활용할 수 있는 것으로서 '孝'의 현대적 의미를 다루려 하는데, 이는 본문에서 儒家에 있어서 최고의 德을 仁으로 보았고, 仁을 행하는 근본적인 일은 孝悌로 보았기 때문에, 본 연구자는 인간으로서 지켜야 하는 當爲的 理致에 관한 道德的인 知識 가운데 가장 근본이 되는 것을 孝悌 그 중에서도 '孝'로 보기 때문이다.

본문에서 '孝'에 관한 孔子의 가르침을 『論語』에서 보았다. 여기서는 『孝經』에 나타난 孝의 의미를 추가하여 보려 한다. 孝를 교육학

적 관점에서 해석하는 데에 있어서 『孝經』은 결정적 단서를 제공한
다. 『孝經』은 孝를 德과 敎라는 두 개념에 의거하여 설명하고 있다.
『孝經』에 의하면 '무릇 孝는 德의 근본이고 敎는 孝에서 비롯된다
(夫孝 德之本也 敎之所由生也 開宗明義章)',[630]고 하였고 또 '자신의
부모를 사랑하지 않고 다른 사람을 사랑하는 것은 悖德이고 자신의
부모를 공경하지 않고 다른 사람을 공경하는 것은 悖禮이다. 패덕과
패례가 만연하게 되면 善惡의 기준이 불분명해져 백성들은 행위의
준칙을 잃어버리게 된다(不愛其親 而愛他人者 謂之悖德 不敬其親 而
敬他人者 謂之悖禮 以訓則昏 民亡則焉 孝優劣章)'라고 하였다. 이 말
은 孝 없이는 德이나 禮가 있을 수 없다는 뜻으로 해석된다. 부모를
사랑하거나 공경하지 않으면서 다른 사람을 사랑하거나 공경하는 것
이 패덕이나 패례가 되는 것은 그런 사랑이나 공경이 善惡의 기준을
흐리게 만들기 때문이다.

　『孝經』에 의하면, '부모와 자식의 道는 천성이다. 이것은 임금과 신
하의 誼에 있어서도 마찬가지이다(父子之道天性也 君臣知誼也, 父母
生積章)'라고 하였는데, 여기에서 天性의 의미는 孝를 통하여 실현해
야 할 가치 또는 규범이 객관적으로 존재한다는 것, 그리고 孝가 그
기준을 따르는 일과 관련을 맺고 있다는 것을 의미한다. 다시 말해
孝는 인간으로서 지켜야만 하는 當爲的 理致를 따르는 일인 것이다.
孝를 天性이라고 보는 것은 規範의 當爲性을 말하는 것이며, 이는
개인의 의사에 따라 해도 좋고 안 해도 좋은 그런 것이 아니라, 孝
는 하늘이 부여해 준 의무로 알아야 할 뿐만 아니라 孝를 행하지 않
고서는 하늘의 뜻에 맞는 올바른 인간이 될 수 없다는 것을 말한다.

---

630) 柳漢九, 「孝의 意味: 한 敎育學的 解釋」, 한국교육학회 도덕교육연구회,
　　『도덕교육연구』 제8집, 1996. 5, p.27. 이하 글에서 참고한 『孝經』은 古文
　　孝經孔氏傳 22개 章이다.

또한 孝가 天性이라는 의미는 사람이라면 누구나 그 실천을 의무로 삼아야 한다는 것을 말한다.

孝에는 愛와 敬의 의미가 있다. 愛가 孝가 되는 것은 그것이 부모와 자식 사이에서 구체화됨으로써 이다. 더욱이 孝에는 愛의 요소뿐만 아니라 敬의 요소가 포함되어 있는데, 孝의 현대적 의미를 논의하는 데 있어서 중요한 요소는 '敬'이다. 孝란 부모님에게 무조건적으로 봉양만을 하는 것이 아니라 그 봉양 속에는 항시 '敬'의 마음이 기본이 되어야 하는 것이다. 이 점에서 오늘날의 '孝' 教育에서 중요한 것은 '敬'의 마음이 바탕이 된 孝를 알도록 하는 것이고, 敬의 마음을 어떻게 길러줄 것인가이다.

孝는 위에서 인간으로서 마땅히 지켜야만 하는 當爲的 理致를 따르는 일이라고 보았고, 孝를 하는 방법으로 愛와 敬 특히 敬의 중요성을 들었다. 孝는 儒家 德性涵養의 知的인 領域에서 當爲的 理致에 대한 道德的 知識의 중요한 內容이며, 현대적 의미에서 孝는 부모님에 대한 무조건적인 순종과 복종보다는 敬의 마음을 갖도록 하는 것을 강조하여야 한다.

3) 行動 實踐 敎育의 强化 - 道德 習慣 培養과 省察敎育의 强化

가) 道德 習慣 培養을 위한 禮敎의 目標와 內容의 具體性 必要

본 연구에서는 孔孟思想에 나타난 德性涵養을 知的인 側面의 敎育과 行動的인 側面의 敎育으로 나누어 原典을 분석하였다. 知的인 측면에서는 事物과 일(事)의 理致를 窮究하는 것이라 할 수 있다. 이런 점에서 知의 意味에는 知慧, 理智, 知識이 있음을 알았다. 行動的

인 側面에서는 行의 意味를 셋으로 나누어있는데, 첫째는 基本的인 道
德 習慣을 훈련하는 것이고, 둘째는 道德 感情 培養과 관련하여 性
情 즉 오늘날의 態度 혹은 情緒의 涵養과 관련된 것이고, 셋째는 道
德 行爲 訓練과 關聯된 것으로, 知的인 領域에서 行動 領域으로 옮
겨 가는 데서 媒介 役割을 하는 것으로서의 省察과, 行動을 한 후에
그 行動이 道德的이었나 非道德的이었나 즉 자신이 한 行動이 人倫
의 범위를 벗어난 것인가 아닌가를 되돌아보아 다시 이 結果가 知的
인 領域에로 반영되어 새로운 도덕적 지식을 얻기 위한 것으로서의
省察이 이에 포함된다.

먼저, 基本的인 道德 習慣 培養을 오늘날의 道德·倫理 敎科敎育
과 관련하여 보면, 儒家의 敎育思想에서는 어릴 때의 敎育을 강조하
고 있다. 『小學』에서는 어릴 때 옳고 그름을 分別하지 못하면 성장
하여서는 이미 잘못된 價値觀이 習慣化되어 고치기가 어려워진다고
한다. 이 점에서 지금의 初等敎育이라 할 수 있는 小學敎育에서는
人間으로서 지켜야 할 基本的인 道德 德目과 道理를 몸으로 實踐하
게 하였다. 그 대표적인 德目들과 道理 혹은 기본적인 예의범절을
대표할 수 있는 것이 이른바 五倫이라 할 수 있다. 그 중에서도 小
學敎育은 父子간의 道理와 長幼간의 道理 그리고 朋友간의 道理에
대해 실제로 體行하게 하는 구체적인 상황들을 들어 가르치고 있다.
예를 들어, 父子 間의 道理에 관해서 보면, 부모님과 마주할 때는 비
스듬히 서지 않는다든지, 자식 된 사람이 밖에 볼 일이 있어 나갈
때에는 반드시 가는 곳을 알리고 돌아와서는 부모님을 찾아뵌다 라
든지 부모님이 부를 때에는 하던 일을 멈추고 달려가고, 무엇을 먹
고 있을 때에는 입에 있는 것을 뱉고 부름에 응한다든지, 부모님께
서 말씀을 하실 때에는 얼굴과 가슴에 시선을 두어야 하고 말씀이
없을 경우, 서 계실 때에는 부모님의 발을 쳐다보고, 앉아 계실 때에

는 무릎을 쳐다보아야 한다고 가르치고 있는데, 매우 구체적인 경우
와 상황에서 어떻게 행동해야 하는가를 실제적으로 가르치고 있다.

또한 옷을 입고 음식을 먹을 때에 대해서도 가르치고 있다. 가령,
음식을 먹을 때의 예절 가운데에는, 다른 사람과 함께 음식을 먹을
때에는 배 부르려 하지 말라, 밥을 뭉치지 말며 밥을 크게 뜨지 말
며, 길게 흘려 마시지 말라, 음식을 당하여 혀를 차지 말며, 뼈를 깨
물지 말며, 먹다 남은 생선이나 고기를 그릇에 되돌려 놓지 말며, 개
에게 뼈를 던져주지 말며, 먹고 싶은 것을 굳이 얻으려 하지 말라,
국을 들여 마시지 말며, 국을 조미하지 말며, 이를 쑤시지 말라, 젖은
고기는 이로 끊고, 마른 고기는 이로 끊지 말며, 구운 고기는 한꺼번
에 먹지 말라, 사온 술과 포를 먹지 말라 등 음식을 취하는 데 있어
서 역시 구체적이고 실제적인 내용으로 가르치고 있다.

오늘날 初等敎育에서 행해지고 있는 道德敎育을 보면, 사람이 살아
가면서 맺게 되는 여러 人間關係 속에서 지켜야 할 規範과 規則들을
강조하며, 그 規範과 規則들을 지키기 위해서는 어떻게 행동하라는
식의 대개 槪括的이고 抽象的인 상황을 제시하고 여기에 따른 槪括
的이고 추상적인 行動을 지시하는 敎育이 이루어지고 있다고 본다.
개괄적이고 추상적이라는 의미는 내용 진술이 단정적이고 주입적이
라는 뜻으로, 학생들로 하여금 생각할 여지를 주지 않고 일방적으로
명령하듯 하는 내용 진술을 말하는 것이며, 구체적인 상황제시가 없
이 단정적이고 주입적인 예절만을 서술하고 있음을 말하는 것이다.
예를 들면, 交通秩序를 지켜라, 친구들과 싸우지 말라, 생일초대를 받
았을 때에는 음식을 감사한 마음으로 먹어라, 부모님의 말씀을 잘 들
어라, 나라 사랑을 해라, 선생님을 존경해라, 저축을 해라, 공중 질서
를 지켜라, 여러 사람이 모인 곳에서는 조용히 해라 등 어떤 具體的
인 狀況에서 어떻게 行動해야 하는지를 구체적인 내용으로 전달하지

못하고 있다. 이 점에서 孔孟思想에서의 德目教育이 오늘날의 初等 道德教育에 시사하는 바는 基本的인 道德 行動 習慣을 중요시하고 강조하되 보다 구체적인 狀況을 제시하고, 이 상황을 이해시키고 여기에 맞는 具體的인 行動과 基本 禮節을 제시해 주어야 한다.

나) 內省을 통한 省察的 態度의 涵養 強化

省察은 인간이 지켜야만 하는 當爲的 理致에 관한 道德的 知識이 行動으로 이어지는 데 媒介的인 役割을 할 뿐만 아니라 이미 행한 行動을 되돌아보아 그 結果를 다시 참다운 道德的 知識을 얻게 하는 役割도 하는 것이다. 省察을 설명하는 구절을 原典에서 보면, 우선, 『論語』의 「里仁」편에서 '見賢思齊焉, 見不賢而內自省也'에서 볼 수 있는데, 이는 '어진 이의 行動을 보고는 그와 같기를 생각하며, 어질지 못한 이의 行動을 보고는 스스로 반성해야 한다'는 의미이다. 또한, 省察과 관련된 구절은 『論語』의 「公冶長」편의 '已矣乎. 吾未見能見 其過而內自訟也'에서 볼 수 있는데, 이는 '어쩔 수 없구나. 나는 아직 자신의 허물을 보고서 內心으로 自責하는 자를 보지 못하였다'는 의미이다. '內自訟'의 의미는 註에서 '입으로 말하지 않고 內心으로 自 責(自咎)하는 것'이라고 설명하고 있다. 또한 省察(省身)과 관련된 구절을 「學而」편에서 曾子의 말에서 볼 수 있는데, '吾日三省吾身 爲人謨而不忠乎 與朋友交而不信乎 傳不習乎'가 그것인데, 이는 '나는 날마다 세 가지로 내 몸을 살피노니, 남을 위하여 일을 도모해 줌에 충성스럽지 못한가, 朋友와 더불어 사귐에 성실하지 못한가, 傳受받은 것을 復習하지 않는가이다'의 의미이다. 이상의 구절에서 알 수 있는 것은 '自省'이란 道德 規範을 지키고 實踐했는가를 內心으로 反省하는 것을 의미 하고, 惡을 除去하고 善을 따르는가, 올바른 行動

을 하고 있는가를 自覺, 反省하는 것을 意味한다.[631]

省察과 行動의 관계를 보면, 自省은 內面的인 工夫를 뜻하며, 身體
的인 力行은 外面으로 드러나는 것이다. 이 말은 力行이 自省의 必
然的인 結果임을 말하는 것이다.[632] 『論語』「顔淵」編에서, 樊遲가
'崇德'에 대해 물었을 때, 孔子는 '先事後得'이라 하였는데, 이는 '어려
움을 먼저하고 소득을 뒤에 하라'는 뜻인데, 이에 대한 朱熹의 註를
보면, '당연히 해야 할 바를 하고, 그 功效를 계산하지 않는다면, 德
이 날로 쌓이되 스스로 알지 못할 것이다(爲所當爲而不計其功, 則德
日積而不自知矣)'라고 말하고 있다. 즉, 이는 高尙한 道德的 境地에
이르려면 날마다 마땅히 해야 할 바를 행하고 이것들이 쌓여서 되는
것을 말한다. 自省的 力行 즉 自省을 통해 行動 實踐에 힘쓰는 것은
修身 혹은 德性涵養에 필수적인 要素라 할 수 있을 것이다.

孔子는 그의 '人性論'을 논함에 있어서, '性相近也 習相遠也'(『論語』,
「陽貨」編)라고 하였는데, 즉, 이는 '性稟은 서로 비슷하나 習慣에 의
해서 서로 멀어지게 된다'는 의미이다. 여기서 '習'은 學習을 의미하는
것으로, 朱熹의 註를 보면, '習於善則善 習於惡則惡'이라 하여 '善에
習慣이 되면 선해지고, 惡에 習慣이 되면 악해지는 것'임을 말하고 있
다. 이는 省察의 具體的인 方法이 될 수 있다고 보는데, 즉 되도록 善
한 行動을 하려고 노력했는가, 되도록 惡을 피하려고 힘썼는가를 항
상 反省하고 날마다 善을 하고, 善을 향해 나아가는 생활을 해야 하는
것이다.

德性涵養에 있어서 省察은 人間으로서 마땅히 지켜야 하는 人倫을
따르도록 하며, 人格을 高尙한 경지에 이르게 하고 궁극적으로는 善
한 行動을 實踐하게 하여 道德的인 人格을 完成하도록 하는 역할을

---

631) 張德文, 孔子論修身及其美育思想, 孔孟月刊, 제33권 제8기, 民國 84年 4月, p.3.
632) 同上.

한다. 現行 初·中等 道德·倫理 敎科敎育에서 이리한 省察的 삶을
강조하는 한 방법은 省察의 方法에 대한 교육이라 할 수 있겠다. 말
하자면 어떻게 儒家에서 말히는 德性涵養을 위한 省察을 가르칠 것
인가이다. 孟子의 경우, 求放心과 存心의 방법으로 養氣를 강조하였
고, 그 內容은 浩然之氣, 平旦之氣 혹은 夜氣였다. 이러한 內容들을
敎科敎育에서 어떻게 가르칠 것인가 즉 그 方法이 문제가 된다. 朱
熹는 省察과 관련하여 讀書와 思索을 강조하였다. 『孟子』의 「告子
上」에서 주희는 '心은 생각할 수 있으니 생각하는 것으로 직분을 삼
는다(心則能思 而思爲職)'고 말한다. 또한 孔子는 『論語』, 「爲政」 편
에서, '배우고 생각하지 않으면 어둡고, 생각하고 배우지 않으면 위태
롭다(學而不思則罔 思而不學則殆)'고 하였다. 배우는 것은 곧 옛 성
현의 글과 가르침을 읽는 것이다. 읽고 생각하고, 생각하고 또 배우
면, 자연히 그 의미를 알 수 있다. 만약 읽었더라도 생각하지 않는다
면 그 의미는 알 수 없다. 또 생각하였어도 읽지 않는다면 이해한
것이라도 불안하다.633) 즉 이는 읽고서 생각하고 생각하고서 읽는
것이다. 思索은 讀書에서 소홀히 할 수 없다.

思索과 關聯되는 것은 熟讀이라 할 수 있다. 朱熹는 熟讀과 思索
을 하나의 연관된 것으로 생각하지만 그 가운데서도 熟讀을 더 우선
시한다. '책을 볼 때에는 먼저 熟讀하여 그 말이 모두 내 입에서 나
오는 것같이 하며, 계속해서 정밀히 하여 그 뜻이 모두 내 마음에서
나오는 것같이 하여야 한다. 그런 뒤에 얻는 것이 있을 것이다.'634)
주희는 多讀보다는 熟讀을 더 중요시하였는데, '讀書는 많이 탐내어

---

633) 『朱子語類』 上, 권 10, 學 4·讀書法 上, 214쪽, 상단 8-12행. 學便是讀 讀
　　了又思 思了又讀 自然有意 若讀而不思 又不知其意味 思而不讀 縱使堯得
　　終是疎難不安.

634) 같은 책, 권 10, 學 4·讀書法 上, 213쪽, 상단 6 26-27행. 大抵觀書先須熟讀
　　便其言皆若出於吾之口 繼以精思 便其意皆若出於吾之心 然後可以有得爾.

읽으려 하지 말고, 오히려 정밀히 읽어야 한다(讀書不可貪多 且要精熟)'고 하여, 正看, 背看, 左看, 右看하여 양면을 볼 것을 강조하였다.

이상에서 儒家에서 말하는 讀書와 思索에 대해 朱熹의 입장을 예를 들어 개괄적으로 서술하였다. 原典에서 보다 많은 讀書法(讀書의 範疇도 포함)과 思索法을 연구하여 이를 現行 敎科敎育에 적용하고 이에 관련된 내용을 교과서에서 제시한다면 道德·倫理 敎育의 效果面에서 커다란 成果가 있을 것이다.

4) 現行 初·中等 道德·倫理 敎科書 內容 分析

여기서는 孔孟思想에 나타난 德性涵養 교육에서 위에서 말한 君子的인 修養論, 孝思想, 禮節敎育, 道德的인 基本 德目의 習慣敎育, 省察敎育 등 본 연구에서 서술한 덕성함양의 내용들이 현행 초·중등 도덕·윤리 교과서에서는 어떻게 나타나는지 그 내용 분석을 하고, 이의 결과에 따른 제안점을 제시한다. 초등학교의 경우는 기본적인 예절교육이나 효 사상, 기본 덕목의 습관과 관련하여 다루고, 중등의 경우는 성찰에 초점을 두어 분석한다.[635]

먼저 초등학교 1학년의 경우, 바른 생활과 생활의 길잡이로 나뉘는데, 1학기의 경우는 1단원 반가운 인사, 3단원 바른 몸가짐, 5단원 화목한 우리 가족 등이 다루어지고 있고, 2학기의 경우는 4단원 즐거운 식사, 5단원 이웃과의 예절, 6단원 우리 선생님, 7단원 다정한 친구, 8단원 서로 돕는 생활 등이 德性涵養과 관련된 내용이다. 전반

---

635) 한국교육개발원, 『남북한 초등학교 도덕과 교육과정 및 교과서 비교 분석 연구』, 1996, pp.75-88에서는, 남한의 초등학교 교과서를 1) 주요 지도 내용, 2) 주로 다루어지는 소재, 3) 글의 유형, 4) 주요 등장인물, 5) 삽화 및 사진 등의 항목으로 분석하였다.

적으로 그 내용 진술에 있어서 바른 생활이 경우는 1학기 1단원 8쪽의 경우 '인사를 할 때에는 알맞은 인사말을 합니다', 10쪽의 경우 '인사는 상대방에 따라 알맞게 합니다'라는 식으로 기초적인 예절교육을 짤막한 진술과 함께 그림을 제시하고 있다. 이에 대한 생활의 길잡이의 내용을 보면, 6쪽에서 9쪽까지 '이럴 때에는 어떻게 인사할까요?'란 질문을 하고, '차 안에서 양보를 받았습니다', '내가 잘못해서 다른 사람과 부딪혔습니다', '친구와 말다툼을 하였습니다' 등의 진술과 함께 각각에 따른 그림이 제시되어 있다.

바른생활의 경우는 그 내용 진술이 너무 짧고, 제시하는 상황들의 범위가 구체적이기보다는 포괄적이고 광범위한 진술들을 하고 있다. 특징적인 것은 당위적인 진술들을 단정적으로 서술하고 있는 것이다. 반면 생활의 길잡이의 경우는 좀 더 다양한 상황들을 제시하고는 있으나 보다 실생활과 관련된 구체적인 답을 제시해주면서 왜 그렇게 해야 하는가에 대한 이유를 쉽게 설명할 수도 있을 것이다.

2학년의 경우, 먼저 1학기에서는 1단원 바른 인사, 2단원 바른 자세, 바른 걸음, 4단원 손님 예절, 주인 예절, 5단원 고마우신 부모님 등이 중요 내용이라 할 수 있다. 2학기에서는, 4단원 나의 가족과 친척, 5단원 다정한 이웃 등이 德性涵養과 관련된 내용이다. 바른 생활의 경우, 1학기 1단원 바른 인사의 9쪽에 보면, '가족 중에 아픈 사람이 있으면, 알맞은 인사를 합니다. 그리고 편안하게 해 드립니다'라고 되어 있고 역시 그림이 제시되어 있는데, '알맞은 인사'란 표현은 초등학생 2년에게는 매우 막연하고 애매한 서술이라고 본다. 이에 해당하는 생활의 길잡이를 보면, 아침에 일어나 부모님께 인사드리기, 등굣길에 이웃 할아버지께 인사드리기, 교통경찰관께 인사드리기, 선생님께 인사드리기, 친구들과 인사하기, 아픈 친구에게 인사하기, 이웃 어른께 인사드리기, 친척 어른께 인사드리기 등 각 상황에 맞는 인사말과 함께 그림이 함께 제시되고 있어, 바른 생활의 내용보다는 보다 구체적인 상황들과 인사말, 그림이 함께 제시되고 있어 기본적인 예절을 익히는 데 도움을 주고 있다.

부모님에 대한 사랑과 고마움을 가르치는 1학기 5단원 고마우신 부모님의 경우, 바른 생활에서는 49쪽에서, '할아버지와 할머니는 부모님을 낳아 주시고 길러 주신 분들입니다. 부모님께서는 할아버지, 할머니를 잘 모십니다. 우리도 할아버지, 할머니를 기쁘게 해 드립니다.'라는 내용이 있는데, 이 중에서 '잘 모십니다', '기쁘게 해 드립니다'의 표현은 역시 애매하고 포괄적이며, '모십니다', '해 드립니다'의 표현보다는 '해 드려야 합니다'와 같이 보다 당위적인 서술로 학생들로 하여금 '효는 해야만 한다'는 정신을 심어주어야 하고, 어떻게 모시고 무엇을 해드리는지에 대한 구체적인 내용 진술도 있어야 할 것이다. 이에 해당하는 생활의 길잡이 5단원 부모님을 기쁘게를 보면, 여기서는 부모님의 말을 듣지 않고 집을 나갔다 고생하고 집에 돌아와 의젓한 까치가 되었다는 '아기 까치'라는 이야기가 제시되고 있다. 여기서는 이 이야기의 출처라든지, 이 글을 읽고 생각해 볼 문제라든지를 제시하지 않고 있는데, 어느 이야기 이건 그 출처를 밝혀 어느 나라 이야기인지, 옛날 것인지, 요즘 것인지 등을 밝힘으로써 학생들 뿐 만 아니라 학부모들까지도 학생들을 지도하는 데 도움을 주었으면 하고, 우리의 전래 동화라든지, 우리의 창작 동화 등 우선적으로 우리 정서에 맞는 이야기 자료를 많이 제시하여 한국인으로서의 정체성을 갖게 하고, 조상들의 지혜와 삶을 통해 기본적인 예절을 익히도록 하는 것이 바람직할 것이고, 물론 외국의 이야기 자료들도 출처와 함께 제시될 수 있다. 또한 초등 2년생의 수준에 맞는 생각할 문제도 제시하는 것이 바람직할 것이다.

3학년의 경우, 1학기에 2단원 정직한 사람, 3단원 서로 아껴주는 사람들, 4단원 소중한 친구, 9단원 여러 사람을 위하여 등이 주요 내용이고, 2학기의 경우 4단원 감사하는 마음, 8단원 친절한 우리들 등이 德性涵養과 관련된 내용이다. 3학년의 경우는 1, 2학년에서 다루지 않았던 동식물에 대한 사랑, 아껴 쓰는 생활, 참다운 봉사 등의 내용이 들어 있다.

생활의 길잡이의 경우, 1학기에서는, 1. 깨끗하고 단정하게, 2. 평절과 큰 절 익히기, 4. 부모님 말씀 잘 듣기, 5. 이웃끼리 정답게, 6. 즐거운 식사, 11. 친절한 한국인, 12. 조상들의 예절 생활 등이 주요 내용이고, 2학기의 경우는 1. 단정한 옷차림, 2. 높임말 쓰기, 4. 형제끼리 사이좋게 지내기, 5. 친족 간의 인사, 6. 친구 집을 방문할 때, 7. 선생님께 바르게 인사하기, 10. 조상들이 예절생활 등이 주요 내용이라 할 수 있다.

3학년 이상과 1, 2학년의 차이점은 첫째, 생활의 길잡이에서 상황에 맞는 행동 규칙을 제시해 준다는 것이다. 예를 들면, 3학년 2학기 생활의 길잡이 4단원. 형제끼리 사이좋게 지내기의 33쪽을 보면, '형제는 서로 제 몸처럼 사랑합니다'라는 전제가 주어지고, 이에 해당하는 내용으로 '맛있는 음식을 나누어 먹습니다, 즐거운 일이 있으면 함께 기뻐합니다. 힘든 일은 서로 미루지 않고, 도와 가며 합니다, 어려운 일은 서로 의논하여 함께 해결하려고 노력합니다' 등이 서술되고 있는데, 이는 학생들로 하여금 상황에 따른 예절과 마음가짐을 생각해 볼 여유도 없이 교과서에서 제시하는 사항들을 글자 그대로 수용하고 따르게 하는 주입적인 교육을 조장하고 있는 듯하다. 또한 1학기와 2학기 모두 기본적인 예절교육 면에서 보면, 절하기, 높임말 쓰기, 부모님과의 약속을 지키기 등에서 보면, 형식적인 예절을 가르치고, 상황에 맞는 인사말을 미리 제시하여 주는 내용이 많고, 실제 그러한 예절의 근본 의미에 관한 교육 내용은 부족한 것 같다. 예를

284

들면, 1학기 생활의 길잡이 4단원 부모님 말씀 잘 듣기의 경우, 28쪽
을 보면, '부모님과의 약속을 지킵니다'에 해당하는 행동 규칙으로,
'외출할 때에는 반드시 부모님께 말씀드리고 집에 돌아와서는 꼭 뵙
고 인사를 드립니다. 외출했다가 늦어지게 되면 미리 알려 드립니다'
를 제시해주고 있는데, 왜 그렇게 해야 하는가에 대한 이유, 즉, 부모
님이 걱정을 하시니까, 날이 어두워지니까, 방문한 집에 실례가 되니
까 등을 설명하는 내용들이 보완되어야 할 것이다. 무조건적으로 단
정적이고 형식적인 예절들을 주입하는 내용들은 지양되어야 할 것이
다(또한 3학년 1, 2학기 모두 외국인에 대한 예절을 다루고 있는데,
이는 하나의 인간으로서 지켜야 할 기본적인 예절을 중요시해야 할
시기에 외국인에 대한 예절을 강조하는 것은 타당하지 않다고 본다).

　　3학년 이상과 1, 2 학년의 두 번째 차이점은 1, 2학기 각각 생활의
길잡이 끝단원에 조상들의 예절생활을 두어 전통윤리교육을 시키는
내용들을 담고 있다(4학년의 경우 1학기에는 6단원에서 다루고 있고
2학기의 경우는 7단원에서 다루고 있고, 5, 6학년의 경우는 1, 2학기
가 한 권으로 되어있고 끝단원에서 다룸). 3학년의 경우는 四字小學,
4학년의 경우는 擊蒙要訣과 童蒙先習, 5학년의 경우는 明心寶鑑, 6학
년의 경우는 論語 이야기가 그것이다(1, 2학년의 경우는 나라 사랑,
나라를 위해 애쓰는 분들, 우리는 한겨레, 자랑스러운 우리나라 등의
단원에서 조상들의 부모와 나라에 대한 사랑, 조상들의 민족문화에
대한 내용들이 들어 있다). 3학년 1학기의 경우 四字小學 중 부모님
의 은혜, 형제간의 우애, 바른 몸가짐과 행동에 대한 중요한 구절들
을 제시하고 있고, 2학기의 경우는 스승과 벗에 대한 예절과 생각하
는 자세에 대한 중요한 구절들을 제시하고 있다. 이들을 보면, 모두
내용 나열식으로 되어 있고, 즉 좋은 말들만 추려내어 나열하고 있
을 뿐 이에 대한 예화도 부족하고, 무엇보다도 생각할 문제 등을 제

시하지 못하고 있다. 단지 좋은 글들만이 나열식으로 지루하게 서술되어 있는데, 이는 학생들로 하여금 전통윤리를 지루하고 당연한 얘기만 하는 것으로 오해하기 쉽게 한다. 제시한 내용을 오늘날의 생활에 어떻게 적용시켜 나가야 하는가에 대한 사고와 성찰을 필요로 하는 문제점들을 찾게 한다든지 제시해 주어야 학생들이 전통윤리에 대한 올바른 이해를 할 수 있을 것이다.

4학년의 경우, 1학기에는, 도덕의 경우, 3단원 친족 간의 예절, 4단원 용서하는 마음, 9단원 내가 사랑하는 대한민국 등이 주요 내용이고, 2학기에는 7단원 빛나는 우리 문화를 주요 내용이라 볼 수 있다. 생활의 길잡이의 경우는, 1학기에는 2단원 예절바른 인사, 3단원 화목한 가정생활, 4단원 즐거운 식사시간, 6단원 조상들의 어린 시절, 7단원 학교에 오신 손님맞이, 10단원 이웃나라에 꽃 핀 우리 예술 등이 있으며, 2학기의 경우는 1단원 전화 예절, 3단원 고마우신 부모님, 4단원 가깝고 반가운 사람들, 6단원 친구 사이 예절, 7단원 조상들의 예절생활 등이 있다.

이 가운데, 1학기 생활의 길잡이 4단원 즐거운 식사시간을 보면, 1학년부터 이제까지 식사에 관한 예절이 다루어지고 있는데, 대체로 피상적이고 형식적인 식사 예절에 대해 서술하고 있다. 예를 들면, 40쪽에서 '감사하는 마음을 가집니다', '천천히 꼭꼭 씹어 먹습니다', '즐겁게 식사합니다, 음식을 흘리지 않습니다' 등으로 식사 중의 예절을 가르치고 있고, 43쪽이 경우는, '숟가락과 젓가락을 따로 사용합니다, 밥과 국은 숟가락으로 먹고, 반찬은 젓가락으로 먹습니다' 등으로 식가 중의 예절을 가르치고 있다. 본문에서 서술한 『小學』의 식사 예절 내용과 비교해 볼 때, 현행 교과서의 식사 예절에 관한 내용이 좀더 구체적으로 제시되었으면 한다. 가령, 어떤 음식은 어떨 때 젓가락을 사용하고, 어떤 음식은 손으로 찢고, 뼈와 가시는 어떻게 하

고 등으로 음식을 어떻게 먹어야 하는가를 어릴수록 일찍 몸에 습관
이 되도록 구체적인 용어로 내용 진술을 하여야 할 것이다. 아울러
단순히 음식을 마련해 준 분에 대해 '감사하는 마음을 갖는다' 등의
형식적인 감사가 아니라, 가령, 감사하기 때문에 음식은 어떻게 먹어
야 하는가에 대한 내용 진술을 할 수 있을 것이다. 즉, 왜 감사해야
하는가, 감사하다면 어떻게 음식을 먹어야 하는가 등의 식사 예절을
지켜야 하는 이유와 근거를 자세히, 구체적으로 제시해야 할 것이다.

한편, 6단원에서는 『擊蒙要訣』의 내용을 다룸으로써 조상들의 어린
시절을 가르치고 있는데, 자신의 품위를 간직함, 성인이 되겠다는 뜻
을 세움, 책을 읽는 태도, 부모님을 섬기는 태도를 다루고 있다. 이
내용들은 대체로 어렵고 3학년의 四字小學의 경우와 마찬가지로 책
의 내용을 나열만 하고 그 내용을 쉽게 이해할 만한 예화나 보충설
명이나 생각할 문제 등이 제시되지 않고 있다. 63쪽의 '품위'나 64쪽
의 '성인', '최초의 깨끗한 바탕을 회복하면'이나, 66쪽의 '구절마다 반
드시 실천할 방법을 찾아야 한다', '책은 책대로, 나는 나대로' 등은
그 의미가 깊고 어려운 말들이라 본다. 또한 부모님에 대한 효 사상
의 내용은 적은 반면, 자신의 품위를 간직함이나 성인이 되겠다는 뜻
을 세움 등의 내용을 더 길게 다루고 있어 전체적으로 내용이 어렵
게 구성되었고, 초등생으로서 지켜야만 하는 기본적인 예절교육 부분
을 더 비중 있게 다루어야 할 것이다. 또한 원전의 글을 그대로 인용
하지 않고 풀어서 서술하였는데, 오히려 원전의 글을 해석하여 그대
로 인용한 다음, 오늘날의 생활상과 비교하여 실천 가능한 기본적인
행동 규칙들을 제시하는 것이 교육적인 효과가 더 클 것으로 본다.

2학기 생활의 길잡이의 경우는 7단원에서 『童蒙先習』의 내용으로
조상들의 예절생활을 지도하고 있다. 여기서는 먼저 사람의 도리를
개괄하고, 소위 五倫 즉 父子有親, 君臣有義, 夫婦有別, 長幼有序, 朋

友有信을 다루고 있고, 끝으로 동방의 예의바른 나라라는 소제목으로 우리나라 사람들이 예로부터 인륜의 도리에 밝았음을 본받아 훌륭한 사람으로 자랄 것을 강조하고 있다. 그리고 특이한 것은 오륜을 설명하는 가운데 옛날 우리 조상들의 생활과 오늘날 우리들의 생활을 그림으로 나타내어 서로 비교하고 있다.

　3학년 1, 2학기와 4학년 1학기의 조상들의 예절생활 단원들과 비교할 때, 4학년 2학기의 경우는 오륜을 다루고 있어 인간이 지켜야 하는 도리들을 비교적 짜임새가 있게 서술하였고, 단원의 첫 장에서 '어린이가 먼저 배워야 할 내용이란 무엇이었을까요? 그 가운데 지금도 우리가 배워야 할 것은 무엇이고, 바꾸어야 할 것은 무엇일까요?'라고 하여 단원을 시작하기 전 배우고 생각해야 할 문제를 명확히 제시하고 있다.

　그런데 한 가지 지적하고 싶은 것은 4학년 2학기 생활의 길잡이에서 3단원은 고마우신 부모님이고, 4단원은 가깝고 반가운 사람들(친족에 대한 예절을 다루고 있음)이며, 6단원은 친구 사이 예절이다. 이들의 내용은 과연 7단원의 조상들의 예절생활에서 다룬 오륜과의 차이점이 있을까 하는 것이다. 즉, 다시 말해, 3, 4, 6단원에서 다룬 인간 간의 관계에서 지켜야 하는 도리와 7단원의 오륜과의 차이점이 있을까 하는 것이다. 다시 말해 현대적인 생활과 옛날 생활을 분리하여 단원을 구성하고 있어 전통과 현대의 접목을 어렵게 하고 있다. 인간이 지켜야 하는 도리는 옛날이나 지금이나 형식상의 변화는 있을 수 있으나 그 근본 원리는 변하지 않을 것이다. 즉, 인간 간의 관계에서 요구되는 도리는 그 근본은 변하지 않을 것이다. 부모님에 대한 사랑이나 친구간의 예절이나, 친족 간의 예절 등은 예나 지금이나 변하지 않는 것이다.

　그런데 3, 4, 6단원은 마치 오늘날의 도리이고, 7단원은 옛날의 도리 같은 느낌을 받게 되어(3학년 1, 2학기와 4학년 1학기의 경우도 마찬가지임), 학생들로 하여금 가치관의 혼란을 가져오게 할 수도 있다. 결국 문제가 되는 것은 오늘날의 인간교육 혹은 도덕교육의 중심을 어디에 둘 것인가이다. 이 문제에 대해 제안하고 싶은 것은 전통적인 사회로부터 지켜져 온 우리의 윤리의식을 근간으로 하여 인간관계를 설정하고 이에 따른 도리들을 제시하고, 또한 이에 오늘날에 필요한 예절이나 도리들을 추가하고 옛날 것 중에서 불필요한 형식적인 예절들을 생략하는 방향으로 내용을 진술하면 좋을 것 같다. 최소한 현행 교과서처럼 오늘날의 도리 따로, 옛날의 도리 따로 내용을 서술하는 것은 학생들로 하여금 가치관의 혼란을 가져오게 할 것이다.

5학년 도덕의 경우는 3단원 예절바른 생활, 12단원 정다운 이웃, 13단원 친절한 태도 등이 덕성 함양의 주요 내용이 되고, 1, 2, 3, 4학년과 다른 점은 1단원 생명의 소중함, 6단원 사람의 기본 원리, 15단원 올바른 경제생활, 17단원 지구촌 시대의 문화 교류 등의 단원이 있어 기본적인 예절이나 도덕의 습관화보다는 다양한 시각을 학생들로 하여금 갖게 하고 있다. 덕성함양과 관련되는 단원은 3단원의 예절바른 생활에서 볼 수 있는데, 23쪽에서는 전통예절의 정신을 다루고 있는데, 일흔 살의 노인이 돌아가신 아버지의 무덤가에서 3년 시묘살이를 함을 예화로 들고 있다. 또 27쪽에서는 우리 집의 예절 생활을 다루고 있는데, 여기서는 어느 학급에서 실시한 '우리 집의 예절 생활'에 대한 발표회를 통해 각 가정의 예절 생활을 그리고 있다. 대체적으로 3단원은 전통 예절과 현대 가정의 예절을 간접적으로 비교할 수 있는 시각을 학생들에게 심어주는 데 효과가 있을 내용인 듯싶다. 그런데 31쪽의 더 공부할 문제에서는 관례와 계례를 설명하고 있는데, 이는 단원의 성격과 맞지 않는 내용인 것 같고, 내용 또한 어렵다고 본다.

5학년 생활이 길잡이의 경우에는, 1단원 예절바른 걸음걸이, 2단원 경우에 맞는 인사말, 5단원 우리 가족, 6단원 이웃사람에 대한 예절 바른 태도, 7단원 손님맞이, 8단원 가정의례, 9단원 선생님에 대한 예절, 11단원 공공장소에서의 예절, 16단원 외국인에 대한 예절, 17단원 조상들의 마음가짐 등이 덕성함양과 관련된 내용이라 할 수 있다. 먼저 1단원의 예절바른 걸음걸이에서는 11쪽에서 바른 걸음 바른 나라라는 예화를 서술하였는데, 이는 어느 한 지혜로운 임금님이 신하들이 바른 걸음을 하는가를 지켜보기 위해 출입문에 검댕을 묻혀 놓아 어느 신하가 바른 걸음을 하여 손에 그 검댕을 묻히지 않았나를 알아본다는 얘기이다. 이는 학생들에게 바른 걸음걸이를 하도록 하는 적절한 예는 아닌 것 같다. 또한 2단원의, 경우에 따른 인사말에서는 엄마와 함께 생선가게를 들른 여자아이에게 생선가게 주인이 존댓말을 하는 예화를 들고 있는 데 역시 적절한 예화가 아닌 것 같다.

또한 6단원의 이웃 사람에 대한 예절 바른 태도에서는 60쪽에서 63쪽의 경우, 이웃과의 공동생활을 위한 기본예절을 다루고 있는데, 여기서는 이웃과의 생활예절, 공동 주택에서의 생활예절, 이웃 간의 방문예절, 이웃 어른에 대한 예절, 쓰레기 처리는 깔끔하게 등을 다루고 있는데, 다른 학년의 경우와 마찬가지로 외면적이고 형식적인 예절을 단정적이고 주입식으로 가르치고 있고, 내면적인 공경심이라든지 왜 그러한 예절을 지켜야 하는지에 관한 생각할 내용이나 상황 설정이 되지 않고 있다. 또한 65쪽에서는 주차 예절을 다루고 있는데, '반드시 주차가 허용된 장소에 차를 세우도록 한다', '다른 사람이나 다른 차량 통행에 방해가 되지 않는지를 세심히 살핀 다음에 주차를 한다'의 내용은 마치 5학년 학생들이 주차를 할 때 지켜야 하는 예절 같은 느낌을 준다. 주차 예절의 경우는 초등학생의 수준에는 맞지 않는 내용인 것 같다. 더욱이, 65쪽의 중간에 있는 '잠깐 주차 표지판을 만들어서 예쁘게 색칠하고 비닐로 씌워 승용차가 있는 이웃집에 나누어 주자'는 내용은 더더욱 단원의 성격과 맞지 않는 것 같다.

9단원의 선생님에 대한 예절을 보면, 86쪽의 내용 중, '속에 있는 마음은 예절의 실체이고, 그 마음을 상대편에게 알리는 말과 행동이 예절의 격식이다. 격식이 없는 예절은 남이 알아챌 수가 없으니 예절이라 할 수 없다. 약속된 예절의 격식을 잘 알고 실천하도록 하자'는 우선 말이 어렵고, 무엇보다도 예절의 실체인 내면의 마음가짐보다는 형식적이고 외면적인 예절의 격식을 강조하고 있는 듯하여 예절을 가르치는 기본 정신을 소홀히 할 여지를 남기고 있다.

17단원의 조상들의 마음가짐에서는 명심보감의 내용을 다루고 있는데, 여기서는 선행하기, 몸을 바르게 하기, 마음을 바르게 지키기, 열심히 공부하기, 사람을 사귀는 바른 길 등으로 나누어 서술하고 있다. 서술형식은 다른 학년과 마찬가지로 좋은 글귀들만을 모아서 나열하고 있고, 차이점은 다른 학년보다 내용의 양이 많다는 것이다. 그리고 끝으로 생각할 문제를 6가지 제시하고 있다. 본문의 내용이 너무 많아 학생들이 이해하는 데 어려움이 있을 것 같고, 다른 학년과 마찬가지로 오늘날의 생활상과 비교하여 생각해 볼 기회가 주어진다면 더 이해가 쉬울 것으로 본다.

6학년 도덕의 경우, 모두 17단원으로 되어 있고, 그 중에서 1단원 나의 삶, 나의 일, 2단원 최선을 다하는 생활, 3단원 올바른 예절 생활, 4단원 사랑과 자비, 10단원 진정한 가치, 11단원 실천하는 생활, 13단원 사랑하고 공경하며, 14단원 더불어 사는 세상, 16단원 조상의 얼 등의 내용이 덕성함양과 관련되는 것들이다. 다른 학년과 구별되는 단원은 5단원 법을 지키려는 마음, 7단원 정의로운 사회 등이다.

10단원의 진정한 가치에서는 101쪽에서 물질적인 가치보다는 정신적인 가치를 소중히 하자는 내용을 다루고 있는데, 어떤 생활이 물질적인 가치를 추구하는 것이고 어떤 생활이 정신적인 가치를 추구하는 것인지에 대한 설명도 없이 막연하고 단정적으로 정신적인 가치가 더 중요하다고 설명하고 있다. 또, 102쪽과 103쪽의 은주의 선택에서는, 유명 상표의 옷을 사달라고 조르는 은주에게 은주의 엄마는 자신에게 잘 어울리고 실용적인 옷이 좋다고 설명을 하고는, 끝에서 가시고 있는 것을 활용해야 한다면서 예전에 졸라서 산 컴퓨터를 요즘 사용하지 않는다고 은주를 나무라는 내용을 다루고 있다. 이는 정신적인 가치를 중시한다는 내용의 소재의 선택은 좋은데, 이야기의 결말이 단원의 성격과 맞지 않는 것 같다.

16단원의 조상의 얼의 내용 가운데, 174쪽에서 178쪽의 '첨성대에서'는 우리 민족, 우리 문화에 대해 이해하려는 의도에서 서술한 예화인데, 이야기의 주인공인 현이는 첨성대를 찾았으나 그것이 생각보다 초라하고 볼품이 없어 아버지에게 불만을 표시하는 내용이 거의 두 페이지 가까이 서술되고 있고, 후반부에서 지나가던 아저씨가 첨성대의 의미를 설명해주는 내용을 싣고 있다. 이 예화는 조상들의 업적을 소중히 여기고 보전하려는 마음보다는 미처 첨성대를 가보지 못한 사람들에게까지 첨성대에 대한 나쁜 이미지를 심어 주지 않을까 하는 염려를 주는 내용이라 할 수 있다. 그리고 178쪽에서는 '우리 문화유산 중에서 세계 최고나 세계 최초의 것들을 찾아보고, 우리 조상들이 자랑스럽게 생각되는 부분을 알아보자'라고 하였는데, 이는 마치 조상들의 업적 중에서 세계 최고인 것만 의미를 두는 것 같아 교육적인 차원에서 바람직하지 못한 것 같다.

6학년 생활의 길잡이의 경우는, 1단원 올바른 인사 예절, 2단원 이야기를 나눌 때의 지킬 일, 4단원 우리의 음식 문화, 5단원 참된 효

도, 6단원 친족 간의 촌수와 칭호, 7단원 조상을 섬기는 바른 태도, 8
단원 이웃과 더불어 사는 지혜, 9단원 선생님의 가르침 따르기, 10단
원 친구 사이의 예절, 13단원 음식점에서 지켜야 할 예절, 18단원 논
어 이야기 등이 덕성함양과 관련된 단원이라고 본다.

　2단원 이야기를 나눌 때의 지킬 일에서는, 18쪽에서 20쪽까지 말
할 때의 예절을 홍진이라는 주인공이 학생들에게 설문지를 돌려 조
사한 내용을 발표하고 있다. 여기서는 다른 학년의 경우와 마찬가지
로 불쾌감을 주는 경우, 기분을 좋게 하는 경우, 호감을 주는 태도,
불쾌감을 주는 태도, 기분 좋은 느낌을 주는 말, 기분을 상하게 하는
말로 나누어 어떤 상황제시가 없이 단정적이고 주입적인 내용을 나
열, 서술하고 있다. 또한 23쪽과 24쪽의 '오시오, 가시오, 자시오'의
예화는 단원의 성격과 맞는 예화가 아니라고 보며, 교육적인 교훈도
없는 내용인 듯싶다.

　4단원의 우리의 음식 문화에서는 김치, 콩나물과 미역국, 불고기와
채소, 우리 음식의 맛을 내는 장, 계절에 따른 음식 등을 다루고 있
는데, 이는 도덕과 보다는 오히려 다른 교과에서 다루는 것이 나을
것 같고, 41쪽의 절식 즉 명절이나 대보름, 동지 등 특별한 날에 먹
는 음식을 다루는데, 이 부분의 양을 더 늘리고, 우리의 명절과 절에
대한 각각의 의미와 그날에 먹는 음식의 의미 등을 다루어 조상들의
삶을 이해하여 오늘에 그 정신을 계승할 수 있도록 하는 것이 바람
직하다고 본다.

　5단원의 참된 효도에서는 46쪽과 47쪽에서 '어머니와 우유 한 병'
이라는 예화가 있는데, 감옥에 있는 아들에게 어머니가 날마다 우유
를 가져다주다가 하루는 그 어머니가 눈길에 미끄러져 우유를 깨뜨
리고 집으로 돌아왔는데, 어머니가 우유를 살 돈이 없어 일을 하여
품삯을 받아 우유를 사 가지고 와서 감옥의 아들에게 주니 아들이

참회의 눈물을 흘렸다는 예화이다. 이 예화가 주는 교훈이 참된 효도와 큰 관련은 없는 듯하다. 그러나 48쪽에서 50쪽까지의 신효자전에서는 오늘날의 생활에서 효도하는 길이 무엇인가를 만화로 나타내고 있는데, 이는 학생들로 하여금 자신의 생활을 되돌아보게 하고 자신이 부모님을 위해 효도하는 길이 무엇인가를 생각하게 하는 내용들인 것 같다.

끝으로 18단원의 논어 이야기에서는 올바른 학문의 길, 남을 생각하는 마음씨, 모든 도덕의 근본인 효, 올바른 사귐, 군자와 소인, 같은 질문에 두 가지 답 등의 내용이 있는데, 다른 학년과 비교해 볼 때, 우선 원전의 글을 인용하기 전에 각각의 소제목에 관해 이해를 돕기 위한 내용을 서술하여 원전의 글을 보다 쉽게 접근하도록 하였다. 또한 다른 학년과 같이 단원의 끝에 생각할 문제를 제시하지 않고 각각의 소단원 끝에 생각할 문제를 제시하여 각각의 주제들에 대해 생각할 수 있게 하였다. 다만 179쪽의 같은 질문에 두 가지 답이라는 내용은 공자가 제자의 개인적인 능력의 차이에 따라 같은 질문에 대해 답을 달리한 것인데, 즉 공자의 교육 방법 중의 한 가지라고 볼 수 있는 것인데, 이는 단원의 서론에서 밝힌 것처럼 깊은 학문을 하고 수양을 쌓아 훌륭한 인격을 닦는 내용과는 거리가 있다고 본다. 그리고 몇몇의 경우 이해하기 어려운 구절들이 있는데, 예를 들면, 173쪽의 '아는 것을 안다고 하고 모르는 것을 모른다고 하는 것, 이것이 바로 아는 것이다'라든지, 176쪽의 '착한 사람들이 좋아하고 나쁜 사람들이 미워하는, 그런 사람이 훌륭한 사람이다'라든지, 177쪽의 '군자는 긍지를 가지고 있으나 다투지 않고, 여러 사람과 친하게 지내지만 편들거나 빌붙어 지내지는 않는다' 등이다.

이상에서 본 연구에서 다룬 덕성함양의 내용을 현행 초등학교 바른생활과 도덕 그리고 생활의 길잡이 교과서에서는 어떻게 다루고 있는지 내용 분석을 하였다. 이 결과에 대한 제언을 다음과 같이 서술하여 결론을 맺으려 한다.

첫째, 전통적인 윤리와 현대적인 윤리 간에 과연 어떤 것을 기준으로 하여 덕목이나 예절 등을 결정하는가의 문제를 지적할 수 있다. 3학년 이상의 경우를 보면, 한 단원은 조상들의 예절 생활을 다루어 전통적인 윤리를 다루었고, 나머지 단원은 현대의 생활상을 근거로 한 예절들을 다루었다. 이것은 학생들로 하여금 전통적인 요소와 현대적인 요소는 서로 별개의 것으로 이해하기 쉽고, 무엇보다도 전통과 현대가 생활 방식 면에서 접목될 수 있다는 생각을 갖지 못하도록 할 수 있다. 현대의 윤리는 필요하니까 지키려고 애쓰고, 한 단원에 국한된 전통윤리는 오늘날에는 대부분 맞지 않으므로 무시하고 소홀히 해도 되는 것으로 여기게 할 수 있다. 전통적인 윤리인 오륜에서 제시하는 다섯 가지의 인간관계는 나머지 모든 단원의 내용을 포괄할 수 있다고 본다. 그런데 일단 내용의 양에 있어서 전통적인 요소를 다루는 부분이 적기 때문에 현대적인 요소를 중요시하기 쉽다. 그런데 문제가 되는 것은 현대적인 윤리를 가르치는 방식이 위에서 보았듯이 모두 형식적이고 외형적인 예절이나 덕목들을 단정적이고 주입적으로 제시하고 있어, 왜 그러한 예절이나 덕목들을 지키고 중시해야 하는지 즉 기본적인 예절이나 덕목들의 근거나 이유를 설명해주지 않고 무조건 '이런 경우에는 이렇게 해라, 저런 경우에는 이렇게 해라'는 식으로 내용을 서술하고 있어, 초등학생에게 필요한 기본적인 덕목이나 예절 등을 주입식으로 넣어주고 있는 실정이라고 본다. 그런데 본 연구자는 기본적인 덕목이나 예절의 근거, 즉 왜 그러한 덕목들을 지키고 왜 그러한 예절을 지켜야 하는가를 설명해 주는 것이 전통적인 윤리라고 본다. 즉, 기본적인 덕목들과 예절을 지키고, 개인적인 수양을 쌓고, 효도를 하고, 공부를 하고, 다른 사람들과의 관계를 원만히 하는 것은 궁극적으로 하나의 훌륭한 인격으로 성장하기 위한 것인데, 전통적인 윤리는 무엇보다도 하나의 인간이 도덕적인 인격체로 성장하는 것을 최고의 목표로 삼았던 것이다.[636]

이 점에서 전통적인 윤리를 기준으로 하여 이 기준에서 인간관계를 설정하고 이에 따른 덕목이나 예절 등을 가르치며, 이에 오늘날의 생활에서 생겨난 여러 예절들, 예를 들면 교통질서 지키기, 외국인에 대한 예절, 이웃 간의 예절, 경제생활에 따른 윤리 등도 함께 포괄하여 가르칠 수 있을 것이다. 다시 말해, 현대적인 윤리와 전통적인 윤리를 따로따로 설정하지 말고, 전통적인 윤리를 기준으로 하여 현대적인 삶의 양식에서 파생된 여러 경우들에 따른 예절들을 포괄하여 기본적인 덕목과 예절교육을 하면 도덕적인 인격체로의 성장을 강조하는 전통윤리를 이해하고 현대 윤리도 자연스럽게 수용되어 전통과 현대의 접목도 꾀할 수 있을 것으로 본다.

둘째, 모든 경우의 예절을 왜 지켜야 하는가에 대한 근거, 즉, 공경하는 마음과 태도에서 우러나는, 인간의 내면적인 측면을 성숙을 고려하지 않고 대부분의 경우 단정적이고 주입적으로 기본적인 예절을 가르치고 있다. 또한 구체적인 상황을 제시하지 않고, '이런 경우는 이렇게, 저런 경우는 저렇게'식으로 외우게 하고 있다. 예절바른 생활이란 외워서 되는 것이 아니라 마음에서 우러나는 공경심과 사랑에서 이루어지는 것이지 입으로 외워서 행동하는 것에서 이루어지지 않는 것이다.

---

636) 中國의 初等學教의 경우 道德 教科의 內容을, 生活規範과 基本道德으로 나누어 가르치고 있다. 生活規範의 教育에서는 14개 항목, 즉 衣服, 居住, 談話, 飮食, 公共場所 등에 관련된 예절을 가르치고, 基本道德의 教育에서는 20개의 德目, 즉 孝悌, 勤學, 誠實 仁愛, 信義愛國 등을 가르친다. 이와 같이 덕목을 중심으로 하는 교육도 현대와 전통적인 요소들을 접목해서 교육할 수 있는 가능성이 있다고 본다. 國立編譯館主編, 『國民小學 生活與倫理』, 臺灣: 明光堂印書局, 民國 62年.

셋째, 바른 생활과 도덕 교과서의 경우는 대부분 학년 모두 내용이 너무 간결하고 내용이 자세하지 않아 교육적인 효과가 크지 않은 교과서라 본다. 반면 생활의 길잡이는 비교적 설명도 자세하고 예화도 있고 그림도 제시되어 있어 각 단원의 내용을 이해하는 데 도덕 교과서보다는 도움을 준다고 본다. 이런 점에서 두 교과서를 통합하여 내용을 재구성하여 만드는 것이 바람직하다고 본다. 특히 3학년 이상의 조상들의 예절 생활에서 인용된 사자소학, 격몽요결, 동몽선습, 명심보감, 논어 등은 생활의 길잡이에서만 다루고 있어 전통적인 것을 소홀히 하는 교사의 경우는 도덕 교과서만으로 수업하는 경우도 있을 수 있고, 이런 경우 개인적인 수양을 중시하는 전통 윤리가 소홀히 되어 오늘날과 같은 물질만능 시대를 살아가는 학생들에게 정신적인 성숙을 강조하는 전통윤리교육이 무시될 수도 있다.

넷째, 타 교과에서도 가르칠 수 있는 단원들이 있다. 예를 들면, 경제생활, 정의로운 사회, 환경 문제, 교통질서 지키기, 사람의 기본 권리, 지구촌 시대의 문화 교류, 법을 지키려는 마음 등이 그것인데, 이는 타 교과에서도 가르칠 수 있는 영역이다. 도덕과에서도 물론 이 영역을 가르쳐야 하지만 내용적인 면, 즉 경제생활, 기본 권리, 환경 문제 등에 대한 내용만을 가르치지 말고 이 내용과 관련된 태도와 마음가짐, 자세 등 내면적인 차원의 문제를 다루는 데 중점을 두어야 한다. 즉 타 교과에서는 내용을 가르치고 도덕과에서는 태도를 가르치는 데 중요성을 두어야 한다. 도덕과는 개인 윤리에 초점을 두어 하나의 개인이 올바른 가치관을 확립시키기 위하여 학생들로 하여금 올바른 마음가짐과 태도를 갖도록 하는 데 역점을 두어야 할 것이다.

한편, 중학교와 고등학교의 경우는 본 연구에서 다룬 덕성함양 그 중에서도 성찰적인 교육과 관련하여 전통윤리를 다루고 있는 부분을 중심으로 교과서의 내용을 분석하였다. 먼저, 중학교의 경우는 대단

원 Ⅲ 중 1단원 현대 사회와 전통 도덕에서 전통 윤리에 대해 다루
고 있다. 여기서는 현대 사회의 도덕 문제, 오늘날의 전통 도덕의 모
습, 전통 도덕의 기본 정신, 전통 도덕의 내용 등을 다루고 있다. 현
대 사회와 도덕 문제에서는 현대 사회의 도덕적인 문제들 즉 자신의
이성과 양심에 따라 자율적으로 살아가지 못하는 현대인, 물질만능
주의, 이기주의, 생명경시와 쾌락 추구 등을 다루고 있고, 144쪽에서
는 이러한 현대의 도덕적인 문제점들을 해결하기 위해 전통 도덕을
계승하여 조상들의 지혜와 슬기를 배울 것을 강조하고 있다. 여기서
는 현대 사회의 도덕적인 문제들을 청소년들이 실감나게 느낄 수 있
는 상황제시가 없이 물질만능이니, 이기주의니, 생명경시니 하는 문
제들을 서술하고 있는데, 다시 말해 상황설정이 이루어지지 않은 상
황에서 즉, 물질을 숭상하는 태도는 어떤 생활 방식에서 나오는가
라든지, 요즘 청소년의 이기주의적 태도란 어떤 것인지 등에 관한
상황 설정 없이 현대의 도덕적인 문제들을 제기하고 있어 청소년들
에게는 설득력도 없고 그들로 하여금 그러한 문제들을 해결하기 위
한 필요성을 느끼게 하고 문제 해결을 위한 노력을 기울이게 하기도
어려울 것으로 본다.

144쪽의 오늘날의 전통 도덕의 모습에서는 효의 실천에 관해 서술
하는 가운데, 전통 도덕의 옹호론과 반대론을 대비시키고 있다. 이에
대한 결론을 146쪽에서는 '도덕의 주체는 사람이며, 시대와 상황에
알맞은 도덕을 적용하고 실천하는 것도 또한 사람의 몫이다. 그러므
로 우리에게는 전통 도덕을 올바르게 계승하여, 이 시대에 맞게 적
용하고 발전시켜야 할 책임이 있는 것이다'라고 내리고 있다. 이는
매우 추상적이고 학생들로 하여금 생각할 여유도 주지 않고 단정적
으로 해결점을 제시하는 내용이라 본다. '시대와 상황에 알맞은 도덕
을 적용하고 실천하는 것'이라든지, '전통 도덕을 올바르게 계승하여

이 시대에 맞게 적용하고 발전시켜야 할 책임이 있는 것' 등의 내용 진술은 어떻게 하는 것이 시대에 알맞은 도덕을 적용하고 실천하는 것인지, 또 전통 도덕을 계승하여 이 시대에 맞게 적용하고 발전시켜야 할 책임이 있게 행동하는 것은 어떤 것인지에 대한 구체적이고 실천 가능한 내용들을 제시하는 것으로 바뀌어야 할 것이다. 단지 청소년들의 생활 방식과 동떨어진 듯한 피상적이고 단정적인 내용 진술은 학생들로 하여금 자신의 삶과 생활을 반성하게 하지 못할 뿐 아니라 교육적인 효과도 적을 것이다.

148쪽의 전통 도덕의 기본 정신에서는 전통 도덕의 형식적인 면의 바탕이 되는 변하지 않는 정신의 이해가 중요하다고 서술한다. 그 내용으로 먼저, 원시신앙에 대해서는 하늘 숭배와 홍익인간의 넓고 큰 인간애를 설명하고, 불교에 대해서는 화랑의 세속 오계와 생명 존중 사상 그리고 호국 불교에 대해 설명하고, 유교에 관해서는 修己와 治人 그리고 五倫을 다루고 있다. 이 중에서 본 연구와 관련된 유교에 관한 내용을 보면, 151쪽에서, '사람은 태어날 때 이미 하늘로부터 착한 마음씨를 받았으나, 욕심이 이것을 가려서 잘 드러나지 않게 된다. 따라서 인간 본래의 순수하고 깨끗한 마음씨를 회복하기 위해서는 자기 자신에 대한 끊임없는 수양, 즉 修己를 통하여 욕심을 제거해야 한다. 그리고 修己를 이룩한 사람은 다른 사람을 도덕적으로 가르쳐 올바르게 이끄는 治人에 힘써야 한다'와, 152쪽에서 '자신의 몸과 마음을 올바르게 닦아 인간의 본성을 깨닫는 일이 모든 것의 바탕이 된다는 것이다'와 '오륜은 오늘날에도 여전히 우리가 본받아야 할 가치가 있다고 하겠다' 등의 내용은 수기와 치인의 의미를 전달하는 데 그치고 있고, 오륜은 오늘날에도 여전히 유효하다고 서술하는 데 그치고 있을 뿐 오늘날 어떻게 오륜을 본받아야 하는가 라든지, 오늘날 청소년의 입장에서 자기 자신에 대한 수양은 어떻게 쌓는 것인지에 대한 구체적이고 실천 가능한 행동 지침을 제시하지 못하고 있어, 교육적인 효과를 가져 올 수 있는 내용이 되기는 어려운 것 같다. 또한 지인의 경우는 유교의 기본 사상을 전달할 뿐이어서 본 연구에서 다룬 성찰적인 태도 즉 인간으로서 지켜야 하는 도리가 어떤 것인지를 판단하고 그것에 따라 살아가려는 반성적인 태도를 가르치기에는 내용이 적절하지 않은 것 같다. 오히려 수기의 측면을 자세히 설명하여 오늘날의 생활과 비교하여 실천 가능한 태도와 생각을 본받도록 하여 개인적인 수양을 위해 성찰하고 반성하는 삶을 강조하는 내용을 부가하는 것이 바람직한 것 같다.

152쪽의 오륜의 경우도 초등학교에 관해 언급한 것처럼 전통과 현대를 생활 방식 면에서 접목하는 접근이 필요하다고 본다. 즉, 오륜의 기본 사상을 가르치고 이를 현대의 생활에서 어떻게 지켜 나가야 하는가를 지적하되, 전통적인 윤리의 기본 정신은 유지하도록 지도할 수 있는 내용으로 보완되어야 할 것이다.

152쪽에서 157쪽까지의 전통 도덕의 내용에서는 예로부터 변함없이 강조되어 온 도덕을 말하는데, 가정생활에서는 자애, 효도, 우애 등이며, 사회생활에서는 절제와 아량, 믿음과 의리, 예의와 염치, 청렴과 검소 등이라고 설명하고, 157쪽에서는 '오늘의 우리들은 조상들의 도덕 생활을 본받아 절제와 아량, 믿음과 의리, 예의와 염치, 청렴과 검소의 자세를 갖추고 이를 올바르게 실천할 수 있도록 노력해야겠다'로 끝을 맺고 있다. 또한 154쪽에서는 절제와 아량에 관해 설명하면서, 초등학교 4학년 1학기 생활의 길잡이 6단원에 나오는 격몽요결의 내용을 다루고 있다. 이 모든 내용들은 유가의 기본 사상들을 나열하고 설명하는 것에서 그치고 있고, 이들의 내용을 어떻게 소화하고 이에 비추어 자신의 생활은 어떤가를 반성해 볼 수 있는 기회 즉, 학생들의 실제 생활과 연결되는 상황이나 실제 학생들의 생각과는 거리를 두고 나열식으로 전통 도덕의 내용을 설명하고 있어 실제 학생들의 인격 성장 내지는 인간교육에는 큰 효과가 없을 것으로 본다.

또한 157쪽에서는 연구 및 실천 과제를 제시하고 있는데, 그 중에서 '소설이나 텔레비전 드라마 속의 한 인물을 선택하여, 그가 겪고 있는 현대 사회의 도덕적 문제를 설명하고, 그 해결 방법은 무엇인지 토론해 보자'에서는 소설이나 드라마 속의 인물이 청소년인 경우가 얼마나 될 것인지 특히 드라마 속의 인물이 청소년인 경우가 얼마나 되는지 의문이며, 이들을 택한다 하더라도 실제 청소년을 대표할 수 있을지도 의문이다. 이런 점에서 실제 중학교 도덕을 배우는 학생들이 주인공이 되어 그들의 문제들을 역할놀이를 통해 알아보고 이를 통해 현대 사회의 도덕적인 문제들을 해결하려는 시도를 하는 것이 바람직하지 않을까 생각한다. 또한 '전통 도덕을 올바르게 계승하는 모습을 우리 주변에서 찾아, 그 내용을 정리해 보자'라고 하였는데, 이는 단원의 본문에서 전통 도덕을 올바르게 계승하는 것의 의미와 예를 설명하거나 예시하지 않아 학생들은 우선 전통 도덕을 올바르게 계승하는 모습의 의미에 관해 의문을 가질 것이다. 다시 말해 학생들은 본문의 내용을 통해 '전통 도덕을 올바르게 계승하는 것이구나'라는 사실을 주입적으로 받아들였을 뿐 그것을 어떻게 하는 것인지는 그들의 구체적인 생활이나 생각과는 연결되지 않았기 때문에 답을 구할 수 없을 것이다.

중학교 도덕의 경우, 1학년에서 다룬 전통 도덕을 다루는 단원을 살펴보았다. 결론적으로 말하여 교과서의 내용은 전통 도덕이나 전통 사상에 대해 이론적으로 내용을 전달할 뿐 덕성함양이나 인간교육 등의 교육적인 효과를 가져 올 수 있는 성찰적 태도나 반성적 태도를 길러 줄 수 있는 내용은 부족한 것 같다. 즉 청소년의 구체적인 생활과 관련하여 내용을 전개한다든지, 전통 도덕늘을 현대의 생활 방식과 연결해 볼 때 어떤 방향으로 계승해야 한다든지, 현대의 도덕적인 문제들을 해결하는 데 있어 전통 도덕들은 어떤 점에서 의미가 있다든지 등 현대 청소년들의 생활 방식과 사고방식과 연관된 내용 진술이 바람직할 것이다. 청소년들의 생각과 삶은 저만큼 동떨어져 있는데, 교과서는 그야말로 교과서답다면, 도덕과 에서 인간교육이니 인격교육이니 하는 말들은 의미가 없을 것이다. 더구나 서구 사상에 물들어버린 청소년들에게 우리의 전통 사상을 계승, 발전시키라는 과제를 제시할 수도 없을 것이다.

고등학교 윤리의 경우 본 연구에서 다룬 덕성함양과 관련된 전통 도덕이나 사상을 다룬 부분은 대단원 Ⅳ의 1단원 동양의 윤리사상이다(대단원 Ⅰ 인간과 윤리에서도 동양의 사상을 다루고 있음). 그 소단원의 내용을 보면, 동양 윤리사상의 연원, 동양 윤리사상의 전개, 동양 윤리사상의 현대적 의의이다. 앞의 두 소단원에서는 儒學과 道家思想 그리고 佛敎思想에 관해 설명을 한다. 그러한 사상들이 어떻게 우리나라에 들어 왔으며, 그러한 사상들의 중심 사상은 무엇인가 등에 관한 내용들이다. 그리고 마지막 소단원에서는 동양 윤리사상의 현대적 의의를 다루고 있는데, 여기서는 '동양사상의 몇 가지 특징들을 생각해 보고, 그것들이 현대 사회에서 살아가는 우리에게 어떠한 교훈을 주는지 알아보기로 하자'라고 하여, 다음과 같이 그 특징들을 서술하고 있다. 첫째, 동양사상은 개인의 도덕적 삶을 위한 수양론을 강조하였다. 둘째, 동양사상은 현실적으로 존재하는 인간의 본성을 중시하고 신뢰하였다. 셋째, 동양사상은 개인의 도덕적인 자각을 기반으로 하여 바람직한 사회인이 되기를 희구하였다. 넷째, 동양사상은 생명을 존중하고 자연과의 조화를 매우 소중하게 생각하였다. 다섯째, 동양사상은 이론적 탐구와 함께 실천을 중요시하였다. 여섯째, 동양사상은 정치·사회적 측면에서 오늘날 우리들의 일상생활에 도움이 되는 많은 지혜를 제공하였다. 이상과 같은 동양사상의 특징을 말하고, 204쪽에서는 '우리는 동양의 윤리사상을 통하여 그동안 우리가 소홀히 했던 소중한 인간됨의 가치를 회복하고, 새로운 삶의 방향과 함께 미래 사회의 바람직한 윤리적 지침이 될 지혜를 얻을 수 있도록 노력해야겠다'라고 서술하고 있다.

고등학교의 윤리는 동양 윤리사상의 내용과 의미를 배우고 외우는 것에서 한 걸음 나아가 학생들의 가치관을 형성하게 하고 궁극적으로는 도덕적인 인격을 성숙시켜야 하는 과목이다. 그러나 실제 교과서의 내용을 보면 동양사상을 배우고 외우는 수준이지 실제 학생들의 생활을 반성해본다든지, 합리적이고 도덕적인 판단을 내리게 하는 등에는 교과서의 내용이 너무 이론적이다. 오히려 동양사상의 전체 내용을 다루지 말고 그 중에서 청소년들의 인격을 성장시키고 덕성을 함양하는 데 도움을 주는 내용 즉 개인 윤리에 관한 여러 사상들을 가르치고, 이의 내용을 보다 구체적으로 풀어 쓰고, 무엇보다도 현대 청소년들의 삶과 동떨어지지 않은 예화들을 제시하면서 현대의 도덕적인 문제들을 해결하는 데 전통적인 요소들을 적용해 볼 수 있는 기회를 주는 내용이 바람직할 것이다.

중학교의 도덕과 고등학교의 윤리의 경우, 그 내용 구성은 개인 윤리, 가정, 학교생활에서의 예절, 사회 윤리, 윤리사상의 흐름과 전개, 국가, 민족 문제, 통일 문제 등으로 이루어진다. 교과서의 내용 중 현대적인 요소에서 개인 윤리, 사회 윤리, 국가 윤리로 나누어지고, 또, 전통적인 요소에서도 마찬가지로 나누어진다. 초등학교의 도덕과 관련하여 언급한 것처럼 한 개인의 도덕적인 인격 완성 즉 修己 내지는 修養을 비롯하여 여러 인간관계에서의 인간의 도리를 강조한 전통 윤리는 위의 개인 윤리, 사회 윤리, 국가 윤리 등을 모두 포괄할 수 있을 것이다. 결국 앞에서 제시한 전통 윤리와 현대 윤리를 따로 떼어 다룰 것인가, 아니면 어떤 것을 기준으로 하여 이 둘을 접목할 것인가가 문제일 것이다. 본 연구자는 타 교과와 구분이 되지 않는 내용들을 과감히 삭제하고 도덕·윤리과는 학생들의 덕성을 함양하고 도덕적인 인격체로 키우는 개인 윤리적인 측면을 강조하고, 이 점에서 도덕·윤리 교과서에서는 전통윤리에서 강조하는 덕목론, 수양론을 중심으로 모든 인간관계와 모든 일상생활에서 지켜야 하는 인간의 도리가 무엇인지를 알고 이에 따라 구체적인 행동을 실천하게 하는 내용들을 제시해야 할 것이다.

3. 孔孟의 德性涵養에서 藝術을 通한 道德·倫理 敎育 深化 提高

1) 詩와 音樂 敎育을 통한 情緖純化와 人格形成

藝術은 그 탁월한 감정 효과나 다양한 사회기능 때문에 가장 유효한 敎化 및 敎育의 수단으로 이용될 수 있다. 藝術을 통한 敎育은 인간 문화에서의 美나 藝術의 중심적 의의를 강조하고, 이것을 근본 원리 내지 지도 원리로 하여 인간형성을 넓혀 가도록 하는 것이다. 그러므로 이를 위해 '調和的 人間의 具現'과 '調和的 社會의 具現'이 그 기본적인 방향이라 할 수 있다.[637]

고대 중국에 있어서는 오늘날과 같은 藝術의 개념 내지 저작은 물

---

637) 竹內敏雄 편수, 안영길 외 역, 『美學·藝術學 辭典』, 서울: 미진사, 1993, pp.613-616.

론 따로 없었고, 다만 周代에 주요한 교육과정으로서의 六藝 즉, 禮, 樂, 射, 御, 書, 數 속에 포함되어 있었던 것으로 볼 수가 있겠다. 이는 藝術에 관한 실제적인 기능의 훈련이나 학적 연구가 人格形成에서 빠져서는 안 될 중요한 요소임을 보여주는 것으로 이해할 수 있다.

孔子는 君子로서의 人格陶冶를 통해 당시의 道德的 墮落狀況을 극복하고 사회 안정을 이루고자 하는 염원에 도달하고자 人間과 藝術의 相關關係를 논하면서 藝術이 갖는 敎育的, 倫理的, 實踐的 效用性을 매우 중시함으로써 藝術敎育 機能의 頂点이 '훌륭한 人格美를 갖춘 人間', '調和로운 社會'임을 시사하고, 교육 내용에 藝術을 적극 포함시켰다. 특히 『論語』, 「泰伯」에서, '詩에서 興起하며, 禮에 서며, 樂에서 完成한다(興於詩 立於禮 成於樂)'는 말은 藝術의 敎育 課程으로서의 의미를 잘 나타내 주는 구절이라 할 수 있다.

孔子는 순수한 심정의 표현인 詩藝術은 또한 인간의 情緖를 윤택하게 하고 사리분별을 갖게 하며 나아가서는 인생에 있어서 참다운 애정이라는 것이 무엇인지를 알게 하는 道德性 내지 敎育的 效用性이 있다고 생각한 것이다.[638] 『論語』, 「陽貨」에서는 '詩는 일으킬 수 있으며, 무리를 지을 수 있으며, 원망할 수 있으며, 가까이는 어버이를 섬길 수 있게 하며, 멀리는 임금을 섬길 수 있게 하고, 새와 짐승, 풀과 나무의 이름을 많이 알게 한다(詩可以興 可以觀 可以怨 邇之事父 邇之事君 多識於鳥獸草木之名)'고 하였는데, 여기서 孔子는 제자들에게 詩의 중요성을 강조하면서 詩의 感應的 效能, 風俗의 盛衰나 人物의 情態, 人間關係의 倫理的 道理, 大自然속의 生物에 관한 知識 등 詩의 敎育的 效用性에 관해 가르치고 있다.

즉 詩는 人間의 純粹한 道德感情을 감발시키고 일체 사물을 관조토록 하여 주기에 詩를 배워야 한다는 것이다. 이외에 부대적인 조

---

638) 白琪洙, 「孔子의 藝術思想」, 『東洋學』 제11집, 1981, p.269.

건으로는 大衆과 情誼를 통하세 하고, 개인의 愛怨을 나타낼 수 있고, 부모와 인군을 섬기는 도리를 깨우쳐주고, 초목조수의 이름을 기억토록 하는 등등이 뒤따른다는 것이다. 이처럼 孔子에게 있어서의 詩는 下學과 上達을 일관시키고, 인간의 우주와 감정과를 융화시켜 道德과 藝術을 合一토록하는 契機가 된다. 즉, 性情의 純化와 道德化가 함께 이루어지는 美善의 和諧通一者이다.639)

孔子는 고대의 樂敎精神을 계승하여 樂敎를 중시하였다. 孔子 자신의 음악에 대한 관심은 물론이고 음악이 갖는 특징 때문이었을 것이다. 『論語』에서 음악이 중요시되고 있되, 그것은 직업적인 연주자로서가 아니라 調和를 본질로 하는 음악을 통한 有德者로서의 君子의 調和로운 人格陶冶를 위한 방편으로서의 의미를 갖는 것이었다. 즉, 詩와 더불어 '樂' 역시 詩藝術의 경우와 마찬가지로 인간의 심정의 發露로써 教育的, 倫理的 效用性이 있는 것으로 볼 수 있다.

『禮記』의 「樂記」에 보면, '음악의 원초적 계기가 인간의 심정적 발로에 있으며, 인간의 심정이 外界의 사물에 대해서 觸發되어 가동함으로써 나타나는 다양한 소리가 상을 변화하여 이 변화가 곡조를 이루어 音이 되고 이 音에 맞추어 …… (凡音之起 由人心生也 人心之動 物使之然也 感於物而動 故形於聲 聲相應故生變 變成方謂之音 此音而樂之及 ……)'라고 하였는데, 이 말에서 음악은 인간의 심정, 심정적 감동, 聲, 音, 樂이란 다섯 가지 단계의 발전과정으로써 성립되는 것이다.

무릇 音樂이란 인간의 심정의 發露로써 감정의 표출이라고 할 수는 있는 것이기에 심정이 正하고 和하지 못하면 이에 따라 거기서 나오는 음악도 正과 和를 얻을 수 없는 것이다. 音樂은 인간의 心情에 감동을 주는 것이기에, 民心을 善하게 할 수도 있는 것이다. 그래

---

639) 韓國孔子學會, 『孔子思想과 現代』, 서울: 思社硏, 1986, p.154-156.

서 『禮記』의 「樂記」에 보면, '音樂이란 것은 聖人의 즐거워하는 바로
써 萬民의 心情을 善하게 할 수가 있는 것이며, 깊은 감동을 안겨주
고 風俗을 바꿀 수 있게까지도 할 수가 있는 것이기에 先王은 音樂
敎育을 진흥시켰다고 전해진다(樂也者 聖人之所樂也 而可以善民心
其感人心 其移風俗 故先王著其敎焉)'라고 하였다. 이는 곧 音樂을 통
한 人間 精神의 敎化에 의한 敎育的 내지 倫理的 效用性, 즉 人間의
氣質이나 性格 등을 中和시키고 圓滿한 人格을 陶冶시키는 필수 요
소였음을 시사하는 것이라고 하겠다. 나아가 이상적인, 교육적인 全
人格者로서의 君子는 음악을 통해서 완성된다고 보아도 무방하다.

2) 中學校 道德科에서 藝術을 通한 道德敎育 深化

1, 2년 전부터 도덕과의 교수 방법과 평가에 있어서 도덕과와 국
어과의 통합적 접근이나 음악, 미술과 와의 통합적 접근이 이루어지
고 있다. 여기서는 이러한 통합적 접근을 통해 현재 예술교육을 통
한 도덕교육이 어떻게 이루어지고 있는가, 이에 대한 제안점은 무엇
인가를 서술한다.[640]

먼저, 국어과와 도덕과의 통합적 접근에서 사용되는 교수 방법과
평가는 이야기 완성하기, 포트폴리오 구성하기와 자기 평가적 반성
등이 있고, 음악과 미술과 와의 통합적 접근에는 그림 그리기(예를
들어 양심 그리기), 수업 중 배경 음악 사용하기 등이 있다. 먼저 국
어과와의 접근법에서 '이야기 완성하기'의 예를 보면 다음과 같다(이
는 중학교 1학년 도덕 대단원 Ⅰ 삶과 도덕 중 2단원 도덕적 사고와

---

640) 여기서는 서울대학교 사범대학교 부속중학교 도덕과에서 실시하고 있는
국어과, 음악과, 미술과와 도덕과의 통합적인 접근을 예시한다.

신념 중 (3) 아는 것, 믿는 것, 행하는 것을 가르치는 방법임).

※다음은 실제로 서울의 어느 버스 정류장 근처에서 있었던 일입니다. 이미 살펴 본 바와 같이, 도덕적 생활을 위해서는 '도덕적 지식, 도덕적 신념, 도덕적 행동'이 조회된 삶을 추구해야 합니다. 이러한 요소들이 나타나도록 유의하면서 글을 완성해보도록 하세요.(작성시간: 15분)

비가 내리는 저녁 무렵 길거리에서 할아버지 한 분이 오한에 떨면서 쓰러져 신음하고 있었습니다. 그러나 많은 사람들이 그것을 보면서도 그냥 지나쳐 버리고 말았습니다. 때마침 급하게 학원으로 가던 고등학교 학생 세 명이 이 할아버지를 발견하게 되었습니다. 한 학생은 ······

학생들은 위의 제시문을 이어서 자신의 의견을 글로 작성해야 하고 교사는 이것을 가지고 평가하는 것이다.

또한, 포트폴리오 구성은 교사가 제시하는 주제를 연구하여 과제물을 제출하는 것이다. 포트폴리오의 구성 주제의 한 예를 들면 다음과 같다(이는 중학교 1학년 도덕 대단원 Ⅰ 삶과 도덕 중 2단원 도덕적 사고와 신념 중 (4) 도덕적인 삶의 모습들을 가르치는 방법임).

자신이 존경하는 역사 속의 인격자, 그리고 자신의 주변에서 볼 수 있고, 현재 살고 있는 인격자들의 도덕적인 삶을 관찰법, 면접법, 독후감, 일간지·월간지 스크랩 등을 통하여 작품을 제시해보자.

포트폴리오 구성 방법은 보통 자기 평가적 반성을 부수적으로 실행하고 있는데, 자기 평가적 반성의 한 주제를 예로 들면 다음과 같다.

인격자들의 도덕적인 삶의 모습에 관한 조사과정에서 느낀 점, 인격자들이 우리에게 주는 도덕적 메시지, 그들의 삶에 비추어 본 자신의 삶의 모습, 앞으로의 노력 방향 등을 솔직하고 진지하게 기록한다.

교사는 학생들이 위에서 제시한 주제대로 포트폴리오와 자기 평가적 반성에 관한 글을 작성하여 제출하면 그것을 평가한다.

한편, 음악과와 도덕과의 통합적인 접근을 보면, 여기서의 음악은 수업의 간접 효과를 가져오기 위해 사용하는 것으로, 이는 교사가 수업시간에 단원에 맞는 논술 문제를 제시하여 학생들이 이 문제에 관해 글을 작성하는 사이에 학생들에게 격정적이지 않고 음률의 고저가 심하지 않은 단일 악기 위주의 음악을 들려주는 방법이다. 즉 수업의 효과를 가져오기 위하여 음악은 교실 분위기를 차분하게 해주고 학생들의 마음도 차분하게 하여 학생들 내면의 마음을 허심탄회하게 표현하는 데 도움을 주는 간접 효과를 가진다.

미술과와 도덕과의 접근 방법을 보면, 그림으로 표현하고, 근거제시하기 및 논술의 방법과 마인드맵 작성하기 등이 있다. 먼저, 그림으로 표현하고, 근거 제시하기, 논술의 방법의 예를 들면 여기서는 다음의 과제가 주어진다(이는 중학교 1학년 도덕의 대단원 Ⅰ 삶과 도덕에서 1단원 인간의 삶과 도덕 중 (3) 양심과 도덕을 가르치는 방법임).

- 각자 자신의 양심을 그림으로 표현하기,
- 자신이 그린 그림 소개 및 그림이 담고 있는 내용 발표
- 발표한 내용을 토대로 도덕적인 인간이 지닌 양심의 역할 정리하기

미술과와 도덕과의 통합적 접근의 또 한 가지 방법은 마인드맵 그리기이다. 마인드맵은 어떤 중요한 낱말이나 개념 혹은 이미지를 연

상 작용에 의해 나무 가지가 뻗어 나가늣이 생각해보도록 하는 기법
이다. 이 방법은 아이디어의 성질이 유사한 것들끼리 묶어 줌으로써
보다 더 다양한 아이디어의 산출이 가능하게 될 뿐만 아니라, 아이
디어 간의 관계를 쉽게 파악할 수 있다. 마인드맵의 중요 용어는 중
심 이미지(주제를 이미지화한 것으로 종이의 가운데 그린 그림), 주
가지(중심 이미지의 하위 개념, 요소로 책의 큰 제목과 유사), 부가
지(주가지의 하위 개념, 요소로 작은 제목과 유사), 세부가지(부가지
의 하위 개념, 요소로 부가지의 내용에 속하거나 관련된 내용) 등이
다. 예를 들어, 중학교 1학년 도덕의 대단원 Ⅰ에서 3단원 청소년기
와 중학생 시절 중 (1) 삶의 단계와 청소년기를 가르칠 때 교사는
학생들에게 '마인드맵' 작성지의 가운데에 '청소년기와 나'라는 개념
을 준다. 그러면 학생들은 이것을 기준으로 하여 주가지, 부가지, 세
부가지를 그려 나가는 것이다.

　이상에서, 도덕과의 교수 방법과 평가에 있어서 실제 실시되고 있
는 도덕과와 국어과의 접근법, 도덕과와 음악과의 접근법, 도덕과와
미술과의 접근법을 간단히 소개 하였다. 본 연구에서는 공맹 사상에
나타난 덕성함양에 관해 서술하면서 性情의 純化를 위해 원전에서
詩敎와 樂敎를 설명하였다. 이것과 위에서 소개한 이야기 완성하기,
그림 그리기, 마인드맵 그리기, 음악 들려주기를 비교 설명하면, 우선
詩敎와 樂敎는 직접적으로 詩를 배우고 樂을 배우면서 그 안에 내포
된 정신을 배우고 사상을 배우고 또한 성정을 순화하여 도덕적인 인
격을 완성하는 데 도움을 주게 된다. 그런데 현행 도덕과에서 실시
하는 도덕과와 국어과의 접근법은 국어과의 교육 내용인 말하기, 쓰
기, 읽기, 표현하기 등의 요소들을 빌려와 도덕과에서도 사용하는 것
이라 할 수 있다. 이와 더불어 도덕과 에서는 시나 소설 등 실제로
문학 작품을 접할 수 있게 하여 즉 교과서에 인용하거나 읽기 자료

를 선정하여 그 작품들 속에 들어 있는 사상과 정신을 가르칠 수 있
도록 하는 것도 바람직할 것이다. 물론 작품 선정은 교과서 단원의
성격과 맞는 것이어야 할 것이다.

　음악과, 미술과와 도덕과의 통합적 접근에서는 음악 들려주기, 그
림 그리기가 주를 이루고 있는데, 이것 역시 음악과와 미술과의 교
육 내용이라 할 수 있는 음악 감상과 그림 그리기를 도덕과에 이용
하는 것이라 할 수 있다. 이와 더불어 예를 들면 음악에서 그 음악
이 생겨난 배경이라든지, 혹은 어떤 노래의 가사를 음미해 봄으로써
그 노래가 전하는 인간의 삶을 이해한다든지, 전통 음악을 감상하여
조상들의 정신을 이해한다든지 하는 효과를 도덕과에서 기대할 수
있을 것이고, 미술의 경우도 어떤 작품을 감상함으로써 그것을 그린
화가의 삶을 통해 자신의 삶을 돌아본다든지, 그 그림을 통해 아름
다운 마음씨를 기르게 되고 그러는 과정에서 정서를 순화시키는 효
과도 가져 올 것이다.

　예술교육은 예술을 위한 교육이 아니라 교육을 위한 예술, 예술을
통한 인간교육을 말한다. 예술을 통한 인간교육이란 예술교육을 통
해 정서를 순화하여 궁극적으로는 한 인간을 도덕적인 인간으로 성
장하게 하는 것이다. 그러므로 현행 도덕·윤리과 에서도 많은 문학
작품들과 음악, 노래, 미술 작품 감상 등을 통하여 학생들의 정서를
순화하는 교수 방법과 평가 방법을 개발해야 할 것이다.

參考文獻

1. 原　典

『論語』. 학민문화사, 1990.

『孟子』. 학민문화사, 1990.

『大學・中庸』. 학민문화사, 1990.

『小學』. 학민문화사, 1990.

『禮記』. 학민문화사, 1990.

『周易』. 보경문화사, 1994.

『書傳』. 보경문화사, 1992.

『性理大全』. 보경문화사, 1994.

『朱熹集』. 중국: 사천교육출판사, 1996.

『朱子大全』. 보경문화사, 1984.

『朱子語類』. 中國:中華書局, 1994.

成元慶 譯註, 『近思綠』. 明文堂, 1993.

成百曉 譯註, 『論語集註』, 서울: 전통문화연구회, 1994.

------, 『孟子集註』, ------------------------, 1994.

------, 『小學集註』, ------------------------, 1994.

------, 『大學・中庸 集註』, ------------------, 1994.

2. 單行本

1) 國內書

郭沫若, 조성을 역, 『중국고대사상사』, 서울: 까치, 1991.

具本明, 『中國思想의 源流體系』, 서울: 대왕사, 1982.

금장태, 『한국유교의 재조명』, 서울: 전망사, 1982.

------, 『유학사상의 이해』, 서울: 집문당, 1996.

金敬琢, 『中國哲學思想史』, 서울: 東國文化社, 1955.

金丁煥, 『교육의 본질과 과제』, 서울: 박영사, 1975.

------, 『민족과 교육』, 서울: 박영사, 1976.

------, 『全人敎育論－道德·倫理 敎育 基礎論』, 서울: 세영사, 1982.

------, 『인간화 교육 어떻게 할 것인가』, 서울: 내일을 여는 책, 1995.

민족과 사상연구회, 『四端七情論』, 서울: 서광사, 1997.

박병기, 추병완, 『윤리학과 도덕교육』, 서울: 인간사랑, 1996.

박세일 외 역, 아담 스미스, 『道德感情論』, 서울: 비봉출판사, 1996.

박재주 외 譯, 미우라 도우사꾸 著, 『중국윤리사상사』, 서울: 원미사, 1997.

成校珍, 『동양철학개론』, 서울: 以文出版社, 1994.

성균관대학교 유학과 교재편찬위원회, 『유학사상』, 서울: 성균관대학교 출판부, 1996.

世如秦敎勳敎授華甲記念論文集 刊行委員會, 『倫理學과 倫理敎育』, 서울: 경문사, 1997.

송영배 譯, 허버트 핑가레트 著, 『孔子의 哲學』, 서울: 서광사, 1993.

안종수 譯, 陳大齊 著, 『孔子의 學說』, 서울: 이론과 실천, 1996.

양계초, 이계주 역, 『중국고전학 입문』, 서울: 형성사, 1995.

유명종, 『韓國儒學硏究』, 서울: 이문출판사, 1988.

유승국, 『東洋哲學硏究』, 서울: 근역서재, 1983.

윤사순, 『東洋思想과 韓國思想』, 서울: 을유문화사, 1987.

윤천근, 『유학의 철학적 문제들』, 서울: 법인문화사, 1996.

이규호, 차인석, 『현대사회의 철학적 이해』, 서울: 배영사, 1977.

李洪雨, 『敎育의 目的과 難點』, 서울: 敎育科學社, 1987.

------, 『增補 敎育課程探究』, 서울: 博英社, 1992.

林義道 외 譯, David R. Krathwohl 외, 『敎育目標分類學(Ⅱ) 情意的 領域』, 서울: 敎育科學社, 1983.

임한영, 『죤 듀이의 생애와 사상』, 서울: 배영사, 1985.

鄭炳連, 『韓國哲學의 深層分析』, 광주: 전남대 출판부, 1995.

------, 『茶山 四書學 硏究』, 서울: 경인문화사, 1994.

鄭世九 외 공역, 『인격교육과 덕교육』, 서울: 배영사, 1996.

------, 『탐구수업』, 서울: 배영사, 1982.

------, 『가치·태도교육의 이론과 실제』, 서울: 배영사, 1981.

------ 역, 『자녀와 학생들을 올바르게 기르기 위한 도덕교육』, 서울: 교육과학사, 1994.

정순목, 『옛 선비교육의 길』, 서울: 문음사, 1992.

------, 『조선시대의 교육명저순례』, 서울: 배영사, 1995.

------, 김인회, 『교육이란 무엇인가: 한국교육 원리의 탐색』, 서울: 실학사, 1976.

314

------, ------,『한국 문화와 교육』, 서울: 이대출판부, 1974.

------,『예술교육론』, 서울: 교육과학사, 1983.

鄭仁在 譯, 陳立夫 著,『中國哲學의 人間學的 理解』, 서울: 民知社, 1992.

------譯, 勞思光 저,『中國哲學史(全4冊)』, 서울: 탐구당, 1997.

------譯, 馮友蘭 저,『中國哲學史』, 서울: 형설출판사, 1987.

------ 譯, 方東美 저,『중국인의 인생철학』, 서울: 탐구당, 1983.

鄭瑽,『孔子의 敎育思想』, 서울: 집문당, 1980.

------,『孔子思想의 人間學的 研究』, 서울: 東國大學校 出版部, 1975.

중국철학연구회,『논쟁으로 보는 중국철학』, 서울: 예문서원, 1994.

秦敎勳,『철학적 인간학(Ⅰ)』, 서울: 경문사, 1982.

車錫基 譯, 任時先 著,『中國敎育思想史』, 서울: 敎育科學社, 1989.

최근덕 편저,『유학강의』, 서울: 성균관, 1995.

최봉영,『한국인의 사회적 성격(1), (2)』, 서울: 느티나무, 1994.

------,『조선시대 유교 문화』, 서울: 사계절, 1997.

------,『한국문화의 성격』, 서울: 사계절, 1997.

최영성,『韓國儒學思想史 1-5』, 서울: 아세아문화사, 1994-1997.

한국공자학회,『孔子思想과 現代』, 서울: 思社研, 1994.

한국동양철학회,『東洋哲學의 本體論과 人性論』, 서울: 연세대학교 출판부, 1986.

韓國精神文化研究院 편,『傳統倫理의 現代的 照明』, 성남: 한국정신문화연구원, 1989.

2) 國外書

江万秀, 李春秋, 『中國德育思想史』, 호남교육출판사, 1992.

高　明, 『孔學管窺』, 臺北: 廣文書局, 民國 61年.

匡亞明, 『孔子評傳』, 齊魯書社出版發行, 1985.

------, 『儒家思想與未來社會』, 上海: 人民出版社, 1991.

邱鎭京, 『論語思想體系』, 文津出版社印行, 民國 81年.

金景芳 外 共著, 『孔子新傳』, 長沙: 호남출판사, 1991.

唐　君, 『道德自我之建立』, 臺灣: 學生書局, 民國 80年.

唐　華, 『孔子哲學思想源流』, 台北: 正中書局印行, 民國 66年.

董乃强, 主編, 『孔學知識詞典』, 중국: 中國國際广播出版社, 1990.

杜　爲, 『中庸本義』, 台北: 臺灣, 常務印書館, 民國 74年.

杜任之 外, 『孔子學說精華體系』, 中國 山西省: 新華, 1985.

駱建人, 『孟子學說體系探賾』, 文津出版社印行, 民國 77年.

儍祖基 編, 『孔子思想研究論集』, 齊魯書社出版發行, 1987.

儍佐才, 『孔子教育思想體系研究』, 中國 湖南省: 湖南教育出版社, 1989.

方東美, 『中國人生哲學』, 臺北: 黎明文化事業公司, 民國 77年.

北村澤吉, 『儒學概論』, 臺灣: 常務印書館發行, 民國 74年.

滕春興, 『孟子教育哲學思想體系與批判』, 台北: 正中書局, 民國 73年.

黎有玲 外 編, 『家庭・社會・道德』, 臺灣: 商務印書館, 民國 80年.

葉經柱, 『孔子的道德哲學』, 台北: 正中書局, 民國 66年.

伍振鷟, 『中國教育思想史－先秦部份』, 師大書苑, 民國 76年.

------, 『------------- －兩宋部份』, --------------------.

汪國樑, 『孔子哲學新論』, 廣西師範大學出版社, 1990.

王雲五 외 編, 『中國倫理學史』, 臺灣: 商務印書館, 民國 76年.

柳嶽生, 『大學闡微』, 臺灣: 學生書局, 民國 68年.

日 知 編, 『孔子的 政治學－論語』, 길림성: 東北師範大學出版社, 1990.

林義正, 『孔子學說探微』, 東大圖書公司印行, 1987.

錢 穆, 『論孟論文集』, 台北: 黎明文化事業服份有限公司, 民國 70年.

鄭曼靑 注釋, 『學庸新解』, 台北: 臺灣常務印書館, 民國 76年.

鍾肇鵬, 『孔子硏究』, 中國社會科學出版社, 1990.

朱伯崑, 『先秦倫理學槪論』, 북경대학출판부, 1984.

陳大齊, 『孔子學說』, 台北: 正中書局, 民國 53年.

陳立夫, 『孟子之道德倫理思想』, 台北: 正中書局, 民國 75年.

陳滿銘, 『中庸思想硏究』, 文津出版社印行, 民國 78年.

------, 『學庸粗談』, 文津出版社仁行, 民國 71年.

蔡元培, 『中國倫理學史』, 臺灣: 商務印書館, 民國 76年.

谷本 富, 『孟子と新敎育』, 東京: 大盟館, 1910.

大濱 晧, 『朱子の哲學』, 東京: 東京大 出版部, 1983.

白河鯉洋 著, 『孔子』, 東京: 東亞堂書房, 明治 43年.

宇野精一, 『儒家思想の本質』, 東京: 東京大 出版部, 1967.

原富男, 『修成道德論體系』, 東京: 育英印刷, 1981.

戶川尙, 『人間の 道の 心』, 日本: 玉川大學出版部.

Ames, Roger T. Wimal Dissanayake & Thomas P. Kasulis eds., *Self As Person In Asian Theory and Practice*, Albany: State

University of New York, 1994

Carr, Brian ed. Morals and Society in Asian Philosophy, Richmond: Curzon, 1996.

Chazan, Barry I. & Soltis, Jonas F. eds., *Moral Education*, N.Y.: Teachers College Press, 1973.

Chen Jingpan, *Confucius as a Teacher*, Beijing: Foreign Languages Press, 1990.

Fung, Yu-lan, *A History of Chinese Philosophy*, Vol. 1, Princeton: princeton Univ. Press, 1952.

------, *A Short History of Chinese Philosophy*, N.Y.: The Macmillan Co.1948.

Good, Carter V. ed. *Dictionary of Education*, N.Y.: McGraw-Hill Book Company, Inc. 1959.

Graham, A. C. *Disputers of the TAO*, La Salle: Open Court, 1989.

Haber, Joram Graf, *Doing and being - selected Reading in Moral Philosophy*, N.Y.: Macmillan Publishing Company, 1993.

Hall, David L. & Ames, Roger T., *Thinking Through Confucius*, Albany: State Univ. of N.Y. Press, 1987.

Hansen, Chad, *Daoist Theory of Chinese Thought - A Philosophical Interpretation*, N.Y.: Oxford Univ. Press, 1992.

Heiner, Roetz, *Confucian Ethics of the Axial Age*, Albany: State Univ. of N.Y. Press, 1993.

Hurka, Thomas, *Perfectionism*, N.Y.: Oxford Univ. Press, 1993.

Ivanhoe, Philip J., *Ethics in The Confucian Tradition - The Thought of Mencius and Wang Yang-Ming*, Atlanta: Scholar Press,

1990.

Legge, James, *The Chinese Classics*, v. 1 & 2.

Mcshea, Robert J., *Morality and Human Nature - a new route to ethical Theory*, Philadelphia: Temple Univ. Press, 1990.

Metzger, Thomas A., *Escape from Predicament*, N.Y.: Columbia Univ. Press, 1977.

Monroe, Kristen Renwick, *The Heart of Altruism - perceptions of a common Humanity*, Princeton: Princeton Univ. Press, 1996.

Rescher, Nicholas, *Moral Absolutes, - An Essay on the Nature and Rational of Morality*, N.Y.: Peter Lang, 1989.

Schwartz, Benjamin I., *The World of Thought In Ancient China*, Cambridge: Harvard Univ. Press, 1985.

Shen, Vincent & van Doan, Tram, eds., *Morality, Metaphysics and Chinese Culture*, Washington, D.C.: Library of Congress Cataloping-in-Publication, 1992.

Sherman, Nancy, *The Fabric of Character - Aristotle's Theory of Virtue*, N.Y.: Oxford Univ. Press, 1989.

Shun, Kwong-Loi, *Mencius and early chinese thought*, Stanford: Stanford Univ. Press, 1997.

Theodore de Bary, Wm. & Chaffee, John W. eds., *Neo-Confucian Education: The Formative Stage*, L. A.: Univ. of California Press, 1989.

De Bary, Theodore, Wm., *The Message of the Mind in Neo-Confucianism*, N.Y.: Columbia Univ. Press, 1989.

Tu, Wei-Ming, Way, *Learning, and Politics - Essays on the*

Confucian Intellectual, Albany: State Univ. of New York Press, 1993.

Welchman, Jennifer, Dewey's ethical Thought, N.Y.: Cornell Univ. Press, 1995.

3) 論 文

高大煉, 「儒學에 있어서 마음의 문제와 교육」, 한국정신문화연구원 대학원, 논문집 제2호, 1987.

------, 「朱子의 敎育論과 聖人의 敎育的 意味」, 동양고전학회, 『동양고전연구』 제4집, 1995.

권혁환, 「초등 도덕교육의 인격교육 접근법 연구」, 서울대 대학원, 박사학위논문, 1996.

김덕균, 「先秦儒家의 慾望理論」, 한국동양철학회, 『동양철학』 제6집, 1995.

김동인, 「아동용 교재로서의 《孝經》과 《小學》」, 서울대 교육사학회, 『교육사학연구』 제2·3집, 1990.

김문식, 「조선의 지도자 교육과 현대의 보편교육」, 『전통과 현대』, 창간호, 1997년 5월.

------, 「小學과 아동교육」, 『전통과 현대』, 1998년 여름호.

김영철, 「傳統敎育의 槪念과 그 現代的 意義」, 서울 사대 교육학과, 『敎育理論』 제10권 제1호, 1996. 9월.

金忠烈, 「동양이론에 있어서 常과 變」, 율곡사상연구원, 『율곡학』 제4집, 1992.

김태용, 「中庸의 '性' 개념에 대한 연구」, 한양대 대학원, 철학과, 석사학위논문, 1996.

朴魯洪, 「朱子의 仁說」, 한국동양철학회, 『동양철학』 제5집, 1994.

박성규, 「大學 格物論 小考－朱熹를 중심으로」, 서울대 대학원, 철학과, 석사학위논문, 1998.

박재주, 「論語에 나타난 孔子의 德育思想」, 『윤리교육연구』 8집, 1994.

朴賢株, 「王陽明의 知行合一說 研究」, 한국정신문화연구원 한국학 대학원 철학·종교 진공, 석사학위논문, 1995.

裵宗鎬, 「退溪 李滉先生의 敬思想과 現代」, 율곡사상연구원, 『율곡학』 제3집, 1991.

申昌鎬, 「儒學 敎育 方法論의 哲學的 基礎－孔子, 孟子, 荀子에서 朱子로의 전변」, 『동양고전학회』 8집, 1997년 5월.

梁勝姫, 「「樂記」樂理思想의 哲學的 研究」, 성대 대학원 동양 철학과, 박사학위논문, 1992.

유병렬, 「道德교육의 目標로서의 道德的 人格에 관한 연구」, 한국도덕 국민윤리과교육학회, 『도덕윤리과교육』 제7호, 1996.

劉錫權, 「朱熹 앎 공부의 과제와 방법」, 서울대 대학원 철학과, 석사학위논문, 1997.

유한구, 「孝의 意味: 한 敎育學的 解釋」, 한국교육학회 도덕교육연구회, 『도덕교육연구』 제8집, 1996.

尹天根, 「中庸研究－中庸의 率性修道論」, 고려대 대학원, 철학과, 석사학위논문, 1987.

이영문, 「道德敎育의 原理로서의 善의 槪念」, 한국교육학회 도덕교육연구회, 『도덕교육연구』 제6집, 1994.

이인재, 「쉘러 인격주의 가치윤리학의 도덕교육적 함의에 관한 연구」, 서울대 대학원 국민윤리교육과 박사논문, 1995.

李烘雨, 「全人敎育論」, 한국교육학회 도덕교육연구회, 『도덕교육연구』 제8집, 1996.

------, 「人間本性論」, 서울사대 교육학과, 『敎育理論』 제10권 제1호, 1996년 9월.

張聖模, 「新儒學의 道德敎育 理論」, 한국교육학회 도덕교육연구회, 『도덕교육연구』 제5집, 1993.

張聖模, 柳漢九, 李煥基, 「人性敎育의 東洋的 傳統」, 한국교육학회 도덕교육연구회, 『도덕교육연구』 제9집, 1997년 11월.

鄭炳連, 「茶山 『中庸』 註의 經學的 硏究」, 성대 대학원 동양철학과, 박사학위논문, 1988.

------, 「中庸의 性論」, 한국동양철학회, 『동양철학』 제3집, 1992.

鄭世九, 「세계화시대의 초·중등학교 윤리교육의 과제」, 한국도덕윤리과교육학회, 『도덕윤리과교육』 제5호, 1994.

------, 「도덕·윤리과 교육의 당면과제」, 한국도덕윤리과교육학회, 『도덕윤리과교육』 제7호, 1996.7

丁淳睦, 「한국개화교육의 이상과 전개」, 한국정신문화연구원 교육연구실, 『한국교육연구』 제1집, 1980.

정재걸, 「동도서기론 연구(3): 민족적 교육관의 정립을 위하여」, 서울대 교육사학회, 『교육사학연구』 제8집, 1998.

------, 「전통교육의 체계화를 위한 연구」, 한국교육개발원, 1993.

정 종, 「공자 사상의 현대적 조명」, 철학연구회, 『철학연구』 제12집, 1977.

------, 「인간 공자의 예술세계」, 철학연구회, 『철학연구』 제13집, 1978.

崔根德, 「孔子의 心性論」, 한국동양철학회, 『동양철학』 제3집, 1992.

최봉영, 「조선시대 儒學敎育과 '敎學'의 意味」, 서울대 교육사학회, 『교
　　육사학연구』 제8집, 1998.

東方朔, 「孟子的道德修養學說」, 孔孟月刊, 제29권 제1기, 民國 79년 9월.

董金裕, 「孔孟仁愛思想對人, 物的關懷及其時代意義」, ---, 제29권 제2기,
　　民國 79년 10월.

徐文珊, 「敎育與學術倫理」, ----, 제29권 제3기, 민국 79년 11월.

王 甦, 「中庸的 兩 輪 哲學」, ---, 제29권 제4기, 民國 79년 12월.

鄧茂貴, 「孔子敎育學說與現代中西敎育之比較」, ---, 제29권 제11기, 民
　　國 80년 7월.

李煥明, 「孝的源流與新的孝道觀(上)」, ---, 제30권 제2기, 民國 80년 10월.

陳有鑫, 「孔子敎學方法硏究」, ---, 제30권 제7기, 民國 81년 3월.

李 軍, 「論孟子的「浩然之氣」與傳統民族精神」, ---, 제30권 제8기, 民國
　　81년 4월.

林翠芬, 「孟子「內聖外王」思想之理論基礎探源」, ---, 제31권 제2기, 民國
　　81년 10월.

陳雪麗, 「孔子的「敎學方法」開後世敎學思想之先河」, ---, 제31권 제5기,
　　民國 82년 1월.

吳國珍, 「孔子人本敎育思想的現代價値」, ---, 제31권 제6기, 民國 82년 2월.

黃 勇, 「德性主義人性論:儒家倫理思想構建的理論基石」, ---, 제31권 제7
　　기, 民國 82년 3월.

羅思美, 「孟子的哲學-天道觀」, ---, 제31권 제8기, 民國 82년 4월.

楊澤波, 「孔孟心性之學的分歧(上), (下)」 --, 제31권 세11기, 民國 82년 7월, 8월.

土更生, 「以論語爲例, 談四書敎學之我見」, ---, 제32권 제1기, 民國 82년 9월.

王大千, 「「中和」, 「中道」與「中庸」辨」, ---, 제32권 제8기, 民國 83년 4월.

陳茂吉, 「中庸的敎育思想」, ---, 제32권 제12기, 民國 83년 8월.

林月盛, 「孔子論君子給現代敎師的啓思」, ---, 제33권 제5기, 民國 84년 1월.

王大千, 「孔子的仁道」, ---, 제33권 제7기, 民國 84년 3월.

張德文, 「孔子農修身及其美育思想」, ---, 제33권 제8기, 民國 84년 4월.

楊澤波, 「性善論的原則」, ---. 제33권 제8기, 民國 84년 8월.

于述勝, 「孔子的「博文約禮」說釋義」, ---, 제33권 제9기, 民國 84년 5월.

敖小蘭, 「從孔子身上看到的敎師素質」, ---, 제34권 제4기, 民國 84년 12월.

Bergen, Timothy J. Jr.; Mi, Han-fu, 「An analysis and review of Confucian philosophy as the basis for Chinese education」, 『International Education』, v24, 1995.

Bloom, Iren, 「Human nature and biological nature in Mencius」, 『Philosophy East & West』, v47 n1, Jan. 1997.

Chung Ying Cheng, 「Confucian methodology and understanding the human person」, in Tymieniecka, A-T.(ed.), Phenomenology of life in a dialogue between chinese and occidental philosophy, Dordrecht, D. Reidel Publishing Company, 1984.

Grange, Joseph, 「The disappearance of the public good: Confucius, Dewey, Rorty」, 『Philosophy East & West』, v46 n3, July

1996.

Liu, Shu, hsien-Shun, Kwong, loi-al, et, 「Some reflections on Mencius' views of mind-heart and human nature」, 『Philosophy East & West』, v46 n2, April 1996.

Park, Ynhui, 「Rationality and Human Dignity: Confucius, Kant and Scheffer on the Ultimate Aim of Education」, 『Studies in philosophy and education』, v16 n1-2, 1997.

Rogers, Gerald F. 「Confucius, The First Teacher' of Humanism?」, 『Free inquiry』, v13 n2, 1993.

Ryan, James A. 「A defence of Mencius' ethical naturalism」, 『Asian Philosophy』, v7 n1, March 1997.

Sartwell, Crispin, 「Confucius and country music」, 『Philosophy East & West』, v43 n2, April 1993.

Shun, Kwong, loi, 「Mencius on jen-hsing」, 『Philosophy East & West』, v47 n1, Jan. 1997.

Soles, David E. 「Confucius and the Role of Reason」, 『Journal of Chinese philosophy』, v22 n3, Sep.1995.

Yong Pil, Rhee, 「Synthetic Systems Theory: Linkage between Western Theory of Physics and Eastern Thought」, in 『Systems Research Behavioral Science』, vol. 14 No.3.

Wayne, Alt, 「Revisiting the shop of Confucius」, 『Asian Philosophy』, v4 n3, 1994.

부 록 : 원전 어록

제1장

* 옛날의 배우는 자들은 자기를 위해 공부했고, 오늘날의 배우는 자들은 남을 위해 공부한다.(논어 헌문 25)

* 孔子께서 말씀하셨다. '性稟은 서로 비슷하지만 習慣은 서로 먼 것이다.'
  孔子께서 말씀하셨다. '오직 지극히 지혜로운 자와 지극히 어리석은 자는 옮겨지지 아니한다.'(논어 양화 2)

* 孔子께서 말씀하셨다. '가르침은 있으나 종류는 없다.'(논어 위령공 38)

* 孔子께서 말씀하셨다. 아침에 道를 들으면 저녁에 죽어도 괜찮다.(논어 이인 8)

* 孔子께서 말씀하셨다. 선비가 道에 뜻을 두고서 나쁜 옷과 나쁜 음식을 부끄러워하는 자는 더불어 道를 의논할 수 없다.(논어 이인 9)

* 庠, 序, 學, 校를 설치하여 백성들을 가르쳤으니. 庠은 봉양한다는 뜻이요, 校는 가르친다는 뜻이요, 序는 활쏘기를 익힌다는 뜻입니다. 夏나라에서는 校라 하였고, 殷나라에서는 序라 하였고, 周나라에서는 庠이라 하였으며, 學은 三代가 이름을 함께 하였으니, 이는 모두 人倫을 밝히는 것이었습니다. 人倫이 위에서 밝으면 小民들

이 아래에서 친해집니다.(맹자 등문공 상 3)

* 인간에게는 道理가 있는데, 배불리 먹고 따뜻이 옷을 입어서 편안히 거처하기만 하고 가르침이 없으면, 禽獸와 가까워진다. 이 때문에 聖人이 이를 근심하시어, 契로 하여금 司徒를 삼아 人倫을 가르치게 하셨으니.(맹자 등문공 상 4)

* 孔子께서 말씀하셨다. 나는 열다섯 살에 學問에 뜻을 두었고, 서른 살에 自立하였고, 마흔 살에 事理에 疑惑하지 않았고, 쉰 살에 天命을 알았고, 예순 살에 귀로 들으면 그대로 이해되었고, 일흔 살에 마음에 하고자 하는 바를 좇아도 法度에 넘지 않았다.(논어 위정 4)

* 사람들이 차마 해치지 못하는 마음을 가지고 있다고 말하는 까닭은, 지금에 사람들이 갑자기 어린 아이가 장차 우물로 들어가려는 것을 보고 모두 깜짝 놀라고 惻隱해 하는 마음을 가지니, 이것은 어린 아이의 父母와 交分을 맺으려고 해서도 아니며, 鄕黨과 朋友들에게 명예를 구해서도 아니며, 잔인하다는 명성을 싫어해서 그런 것도 아니다.(맹자 공손추 상 6)

* 孟子께서 말씀하셨다. '사람들이 배우지 않고도 능한 것은 良能이요, 생각하지 않고도 아는 것은 良知이다.'(맹자 진심 상 15)

* 孔子께서 말씀하셨다. 天下에 道가 있으면 벼슬하고, 道가 없으면 숨을 것이니라. 나라에 道가 있을 때 가난하고 천한 것이 부끄럽고, 나라에 道가 없을 때 부하고 귀한 것이 부끄러운 것이다.(논어 태백 13)

* 孔子께서 말씀하셨다. 君子의 道가 네 가지가 있었으니, 몸가짐이

공손하며, 윗사람을 섬김이 공경스러우며, 백성을 기름이 은혜로우
며, 백성을 부림에 의로웠다.(논어 공야장 15)

* 德이란 말은 얻는다의 뜻이니, 道를 행하여 마음에 얻음이 있는
  것이다.(논어 위정 1)

* 부모님께 효도하고 웃어른을 공경하는 것은 仁의 근본이다.
  (논어 학이 2)

* 어진 사람은 남을 사랑하고, 예의가 있는 사람은 남을 공경한다.
  남을 사랑하는 사람은 남도 항시 그를 사랑하고 남을 공경하는 사
  람은 남도 항시 그를 공경한다.(맹자 이루 하 28)

* 仁은 사람이 간직해야 할 본심이요, 義는 사람이 마땅히 걸어가야
  할 길이다. 사람들은 이 마땅히 걸어가야 할 길을 버리고 여기에
  따르지 아니하며, 간직해야 할 마음을 놓아두고 찾을 줄을 모르니
  참으로 애석한 일이다.(맹자 고자 상 11)

제2장

* 孔子께서 네 가지로써 가르치시니, 文, 行, 忠, 信이었다.(논어 술이 24)

* 君子는 아홉 가지 생각이 있으니, 봄에는 밝음을 생각하고, 들음에
  는 귀 밝음을 생각하며, 얼굴빛은 온화함을 생각하며, 모양은 공손
  함을 생각하며, 말은 충성함을 생각하며, 일은 경건함을 생각하며,
  의심스러움은 물음을 생각하고, 분함은 어려움을 생각하며, 얻은

것을 보면 義를 생각한다.(논어 계씨 10)

* 배우기만 하고 생각하지 않으면 얻음이 없고, 생각하기만 하고 배
우지 않으면 위태롭다.(논어 위정 15)

* 孔子께서 말씀하셨다. 배우는 사람이 발분하지 않으면 깨우쳐주지
않고, 다소 깨달은 이치를 말로 표현하기를 애쓰지 않는다면 입을
틔워 주지 아니하며, 네모난 물건의 한 모퉁이를 가르쳐 주어 세
모퉁이로 돌아와 증명하지 못한다면 다시 가르쳐 주지 않는다.
(논어 술이 8)

* 天下의 達道가 다섯인데, 이것을 행하는 것은 세 가지이니, 君臣間
과 父子間과 夫婦間과 昆弟間과 朋友間의 사귐의 다섯 가지는 天
下의 達道요, 智・仁・勇 이 세 가지는 天下의 達德이니, 이것을
행하는 것은 하나입니다.(중용 20)

* 學問을 좋아함은 智에 가깝고, 힘써 행함은 仁에 가깝고, 부끄러움
을 앎은 勇에 가깝다.(중용 20)

* 樊遲가 仁을 묻자, 孔子께서 '사람을 사랑하는 것이다' 하셨다. 知
를 묻자 孔子께서 '사람을 아는 것이다' 하셨다.(논어 안연 22)

* 그러므로 君子는 몸을 닦지 않을 수 없는 것이니, 몸을 닦을 것을
생각할진댄, 어버이를 섬기지 않을 수 없고, 어버이를 섬길 것을
생각할진댄 사람을 알지 않을 수 없고, 사람을 알 것을 생각할진
댄 하늘의 이치를 알지 않을 수 없습니다.(중용 20)

* 誠實한 자는 하늘의 道요, 誠實히 히려는 자는 사람의 道이니, 성실한 자는 힘쓰지 않고도 道에 맞으며, 생각하지 않고도 알아서 從容히 道에 맞으며, 생각하지 않고도 알아서 從容히 道에 맞으니, 聖人이요, 성실히 하려는 자는 善을 택하여 굳게 잡는 자이다.(중용 20)

* 孔子께서 말씀하셨다. 由야! 내 너에게 아는 것을 가르쳐주겠다. 아는 것을 안다고 하고 모르는 것을 모른다고 하는 것이, 이것이 아는 것이다.(논어 위정 17)

* 兩端은 衆論이 같지 않음의 極致를 이른다. 모든 사물에는 다 兩端이 있으니, 小와 大, 厚와 博과 같은 종류이다. 善의 가운데에 또 그 두 끝을 잡고서 헤아려 中을 취한 뒤에 쓴다면, 擇함이 분명하고 행함이 지극한 것이다. ……(중용 6)

* 仁者는 자신이 서고자 함에 남도 서게 하며, 자신이 통달하고자 함에 남도 통달하게 하는 것이다.(논어 옹야 28)

* 子張이 孔子에게 仁을 여쭙자, 孔子께서 말씀하셨다. '능히 다섯 가지를 天下에 행할 수 있으면 仁이 된다' 하셨다. 子張이 가르쳐주기를 청하자, 말씀하시기를, '공손함(恭), 너그러움(寬), 믿음(信), 민첩함(敏), 은혜로움(惠)이니, 공손하면 업신여김을 받지 않고, 너그러우면 뭇사람들을 얻게 되고, 믿음이 있으면 남들이 의지하게 되고, 민첩하면 功이 있게 되고, 은혜로우면 충분히 남들을 부릴 수 있게 된다.'(논어 양화 6)

* 顔淵이 仁을 묻자, 공자께서 말씀하셨다. 자기의 私欲을 이겨 禮에

돌아감이 仁을 하는 것이니, 하루 동안이라도 私欲을 이겨 禮에 돌아가면 天下가 仁을 許與하는 것이다. 仁을 하는 것은 자기 몸에 달려있으니, 남에게 달려있는 것이겠는가.(논어 안연 1)

* 君子의 道가 세 가지인데, 나는 능한 것이 없다. 仁者는 근심하지 않고, 知者는 의혹하지 않고, 勇者는 두려워하지 않는 것이다.(논어 헌문 30)

* 孔子께서 말씀하시기를, 參아! 우리 道는 한 가지 理가 만 가지 일을 꿰뚫고 있다 하시니, …… 曾子께서 대답하셨다 선생님의 道는 忠恕일 뿐입니다.(논어 이인 15)

* 程子가 말씀하셨다. 孔子께서 仁을 말씀하실 적에 문을 나갔을 때에는 큰 손님을 뵈온 듯이 하고, 백성을 부릴 때에는 큰 제사를 받들 듯이 하라고 말씀하셨으니, 그 氣象을 보면 모름지기 마음이 넓고 몸이 확 펴져서 動容하고 周旋함에 禮에 맞아야 하니, 오직 謹獨이 바로 이것을 지켜내는 법이다.(논어 안연 2)

* 어떤 일에 失敗하면 그 原因을 자신에게서 찾는다.(중용 14)

* 사람을 사랑하는데도 친근해지지 않으면 仁이 부족한가 반성하고, 남을 다스리는데도 다스려지지 않으면 智慧가 부족하지 않은가 反省하고, 남을 禮로써 대했는데도 반응이 없으면 공경스럽지 못했는지 반성하라. 行하여 얻지 못하면, 모두 돌이켜 자신에게 原因을 찾아라. 自己 몸이 올바르면 天下가 돌아온다.(맹자 이루 상 4)

제3장

* 내가 아는 비를 극진한 곳까지 유추해 나가려면, 반드시 저 사물의 理에 나아가 이해해야 한다. 致知는 나로부터 말하는 것이고, 格物은 사물에 나아가서 말하는 것이다. 만약 格物하지 않는다면, 무엇을 통해서 知를 얻겠는가? 오늘날 사람들 중에는 또한 그의 知를 極處에까지 미루어나가는 사람도 있는데, 그들은 단지 범범하게 생각만 다할 뿐 전혀 사물 상에 나아가 궁구하지 않는다.(주자어류 15-50)

* 孔子께서 말씀하셨다. 알지 못하면서 함부로 행동하는 것이 있는가? 나는 이러한 일이 없노라. 많이 듣고서 그 좋은 것을 가려서 따르며, 많이 보고서 기억해 둔다면 이것이 아는 것의 다음이 된다.(논어 술이 27)

* 孔子께서 말씀하셨다. 많이 듣고서 의심나는 것을 빼버리고 그 나머지를 삼가서 말하면 허물이 적어지며, 많이 보고서 위태로운 것을 빼버리고 그 나머지를 삼가서 행하면 후회하는 일이 적어질 것이니, ……(논어 위정 18)

* 먹는데 배부르기를 구하지 않고 거처하는데 평안하기를 구하지 않는다.(논어 학이 14)

* 아는 것(知)은 좋아하는 것(好)만 같지 않고, 좋아하는 것은 즐기는 것(樂)만 같지 않다.(논어 옹야 20)

* 孔子께서 말씀하셨다. 배움은 마치 아직 부족한 듯이 하며, 오히려

때를 잃을까 걱정하라.(논어 태백 17)

* 孔子께서 말씀하셨다. 배우고 때때로 익히면 또한 즐겁지 아니한
가.(논어 학이 1)

* 子夏가 물었다. '예쁜 웃음에 보조개가 예쁘며 아름다운 눈에 눈동자
가 선명함이여! 흰 비단으로 채색을 한다.' 하였으니, 무엇을 말한
것입니까? 孔子께서 말씀하셨다. '그림 그리는 일은 흰 비단을 마련
하는 것보다 뒤에 하는 것이다.' 子夏가 말했다. '禮가(忠信보다) 뒤
이겠군요?' 하고 말하자 孔子께서 말씀하셨다. '나를 興起시키는 자는
商(子夏)이로구나! 비로소 함께 『詩』를 말할 만하다.'(논어 팔일 8)

제4장

* 밥 먹을 때면 밥 먹는 법을 가르치며, 말할 수 있을 때에는 말하
는 법을 가르친 것이다.(성리대전 소학)

* 君子가 文에 대하여 널리 배우고 禮로써 要約한다면 또한 道에 어
긋나지 않을 것이다.(논어 옹야 25)

* 孟子께서 말씀하셨다. 道가 가까운 곳에 있는데도 먼 곳에서 구하
며, 일이 쉬운 데 있는데도 어려운 데서 찾는다. 사람마다 각기 그
어버이를 친히 하고 그 어른을 어른으로 섬기면 천하가 太平해질
것이다.(맹자 이루 상 11)

* 옛날 小學校에서 사람을 가르치되, 물 뿌리고 쓸며 應하고 대답하

며 나아가고 물러나는 禮節과 어비이를 사랑하고 어른을 恭敬하며
스승을 높이고 벗을 친히 하는 方道로써 하였으니, 이는 모두 몸을
닦고 집안을 가지런히 하고 나라를 다스리고 천하를 평안히 하는
근본이 되는 것이다. 반드시 어릴 때에 講하여 익히게 한 것은 그
익힘이 智慧와 함께 자라며 敎化가 마음과 함께 이루어져서 거슬
러 감당하지 못하는 근심을 없게 하고자 해서이다.(소학 소학서제)

* 朱子가 말씀하셨다. '後生의 初學子는 우선 『小學』을 보아야 한다.
이것은 사람을 만드는 樣子(틀)이기 때문이다.'(소학 소학제사)

* 여덟 살이 되거든 門戶를 출입함과 자리에 나아가고 음식을 먹음에
반드시 長子보다 뒤에 하여 비로소 謙讓을 가르친다.(소학 입교 2)

* 天下의 사물에 이르면 반드시 각각 所以然의 理由(所以然之故)와
所當然의 法則(所當然之則)이 있으니, 이것이 이른바 理이다.(대학
혹문)

* 孟懿子가 孝를 묻자, 孔子께서 '어김이 없어야 한다'고 대답하셨다.
樊遲가 '무엇을 이르신 것입니까?' 하고 묻자, 孔子께서 말씀하셨
다. '살아계시면 禮로 섬기고, 돌아가시면 禮로 장사지내고, 禮로
제사지내는 것이다.'(논어 위정 5)라고 하였고, "孟武伯이 孝를 묻
자, 孔子께서 말씀하셨다. 부모는 오직 자식이 병들까 근심하신
다."(논어 위정 6)라고 하였고, "子遊가 孝를 묻자, 孔子께서 말씀
하셨다. 지금의 孝라는 것은(물질적으로) 잘 봉양한다고 이를 수
있다. 그러나 犬馬에게도 모두 길러줌이 있으니, 공경하지 않으면
무엇으로 구별하겠는가?"(논어 위정 7)라고 하였고, "子夏가 孝를
묻자, 孔子께서 말씀하셨다. 얼굴빛을 온화하게 하는 것이 어려우

니, 父兄에게 일이 있으면 弟子가 그 수고로움을 대신하고, 술과 밥이 있으면 父兄을 잡숫게 하는 것을 일찍이 孝라고 할 수 있다."(논어 술이 8)라고 하였다.

* 君子가 말하였다. 禮와 음악은 잠시도 몸에서 뗄 수 없는 것이다. 음악의 본질을 궁구하여 마음을 다스리면 平易하고, 순수하며, 자애롭고 성실한 마음이 油然히 생겨난다. 그러한 마음이 생겨나면 즐겁고, 즐거우면 안정되고, 그렇게 되면 오래 지속되며, 오래 지속되면 하늘과 존재방식을 함께 하고, 그렇게 되면, 神 즉 조화세계의 영묘한 작용과 하나가 된다. 하나가 되면 화내지 않아도 위엄이 서게 된다. 이것이 이른바 음악의 본질을 궁구하여 마음을 다스린다는 것이다.(악기)

* 무릇 곱의 발생은 사람의 마음으로부터 나오는 것이다. 사람의 마음이 움직이는 것은 사물이 그렇게 만드는 것이다. 사물에 느끼어 움직이기 때문에 소리(聲)로 나타난다. 소리가 서로 응하기 때문에 변화가 일어나고, 변화가 일정한 격조를 이루므로 곱이라 한다. 이 곱을 조합하여 樂器에 실어 연주하고 간척과 우모의 춤을 곁들이게 되니 樂이라 한다.(악기)

* 무릇 곱은 사람의 마음에서 생기는 것이다. 樂은 倫理와 통하는 것이다. 이런 까닭으로 소리만 알고 곱의 文理를 알지 못하는 것은 禽獸이다. 곱만 알고 樂의 效用을 알지 못하면 서민들이다. 오직 君子만이 樂을 알 수 있다.(악기)

* 무릇 음이란 사람의 마음에서 생기는 것이다. 감정이 마음에서 느낌이 있으면 소리로 표현된다. 소리가 문채를 이루면 곱이라고 한

다, 이런 이유로 治世의 音은 편안히여 즐기게 되어 그 성지가 화
생하게 된다. 亂世의 音은 원망하면서도 분노에 차 있어 그 政治가
道理에 이긋나게 된다. 亡國의 音은 슬퍼서 시름에 차 있어 그 백
성이 곤궁하게 된다. 聲音의 道理는 政治와 통하는 것이다.(악기)

* 性은 바로 마음이 가지고 있는 理致이며, 마음은 바로 理致가 깃
  들어 있는 땅이다.(주자어류)

* 기뻐하고 노하고 슬퍼하고 즐거워하는 情이 발하지 않은 것을 中이라
  이르고, 發하여 모두 節度에 맞는 것을 和라 이르니, ……(중용 1)

* 性이란 마음의 理致이며 情이란 마음의 움직임이다.(주자어류)

* 惻隱之心은 仁의 端緒요, 羞惡之心은 義의 端緒요, 辭讓之心은 禮
  의 端緒요, 是非之心은 知의 端緒니라.(맹자 공손추 상 6)

* 喜怒哀樂이 아직 나타나지 아니한 상태를 中이라 하고, 나타나서
  모두 節度에 알맞게 된 상태를 和라 이르니, 中이란 것은 天下의
  큰 근본이요, 和란 것은 天下의 공통된 道이다.(중용 1)

* 이른바 그 뜻을 성실히 한다는 것은 스스로 속이지 마는 것이니,
  惡을 미워하기를 惡臭를 미워하는 것과 같이 하며, 善을 좋아하기
  를 好色을 좋아하는 것과 같이 하여야 하니, 이것을 自謙이라 이
  른다. 그러므로 君子는 반드시 그 홀로를 삼가는 것이다.(대학 6)

* 小人이 한가로이 居할 때에 不善한 짓을 이르지 못하는 바가 없다
  가, 君子를 본 뒤에 겸연쩍게 그 不善함을 가리우고 善함을 드러

내나니, 남들이 자기를 보기를 자신의 肺腑를 보듯이 할 것이니, 그렇다면 무슨 유익함이 있겠는가. 이것을 일러, '中心에 성실하면 外面에 나타난다'고 하는 것이다. 그러므로 君子는 반드시 그 홀로 있을 때를 삼가는 것이다.(대학 6)

* 이른바 몸을 닦음이 그 마음을 바룸에 있다는 것은 마음에 忿懥하는 바가 있으면 그 바름을 얻지 못하며, 恐懼하는 바가 있으면 그 바름을 얻지 못하며, 好樂하는 바가 있으면 그 바름을 얻지 못하며, 憂患하는 바가 있으면 그 바름을 얻지 못한다.(대학 7)

* 뜻이 성실해지면, 참으로 惡이 없고 진실로 善이 있을 것이니, 이 때문에 능히 마음을 보존하여 그 몸을 檢束하는 것이다. 그러나 혹 다만 誠意만을 알고, 이 마음의 보존되고 보존되지 않음을 치밀히 살피지 못한다면, 또 안을 곧게 하여 몸을 닦을 수가 없다.(대학 7)

* 이른바 그 가정을 다스리는 것은 그 자신을 수양하는 데 있다는 말은, 인간이 사랑하는 것에 편벽되고 싫어하는 것에도 편벽되며, 존경하는 것에도 편벽되고, 불쌍히 여기는 것에도 편벽되며, 교만하고 태만한 것에도 편벽된다. 그러므로 좋아하면서 그 싫은 점을 알고, 싫어하면서도 그 훌륭한 점을 아는 자는 이 세상에서 드물다. 그러므로 속담에 말하기를, '인간은 자기 자식의 잘못(惡)을 알지 못하고 자기 苗의 가라지도 알지 못한다'고 하였다. 이것이 이른바 자신이 수양되지 않으면 그 가정을 다스릴 수 없다는 말이다.(대학 8)

* 中은 偏僻되지 않고 치우치지 않으며, 過와 不及이 없는 것의 이름이요, 庸은 平常함이다.(중용 수장)

* 和를 변하여 庸이라고 말한 것은 游氏가 말하기를, '性情으로써 말하면 中和라 하고, 德行으로써 말하면 中庸이라 한다.' 하였으니, 그 말이 옳다. 그러나 中庸의 中은 실로 中和의 뜻을 겸하였다.(중용 2)

* 聲은 五聲이니, 宮, 商, 角, 徵, 羽요, 律은 12律이니, 黃鐘, 大簇, 姑洗, 蕤賓, 夷則, 無射은 陽律이요, 大呂, 來鐘, 中呂, 林鐘, 南呂, 應鐘은 陰律이다. 八音은 金, 石, 絲, 竹, 匏, 土, 革, 木으로 만든 악기의 종류이다.

蔡氏가 말하였다. 무릇 사람은 곧은 자는 반드시 온화함에 부족하므로 그 온화하고자 하고, 너그러운 자는 반드시 엄숙함에 부족하므로 그 엄숙하고자 하니, 그 한쪽으로 편벽될까 염려하여 輔翼하는 것이요, 강한 자는 반드시 사나움에 이르므로 그 사나움이 없고자 하고, 간략한 자는 반드시 오만함에 이르므로 그 오만함이 없고자 하는 것이니, 그 지나침을 막아서 경계하고 금지시키는 것이다. 冑子를 가르치는 자는 그 이와 같이 하고자 하되 그 가르치는 바의 도구는 또한 오로지 音樂에 있었으니, 音樂은 사람의 中和의 德을 길러서 그 氣質의 편벽됨을 구제할 수 있기 때문이다. 마음이 가는 바를 志라 한다. 마음이 가는 바가 있으면 반드시 말에 나타나므로 詩는 뜻을 말한 것이라 하였고, 이미 말에 나타나면 반드시 長短의 節(리듬)이 있으므로 歌는 말을 길게 읊조리는 것이라 하였고, 이미 長短의 節이 있으면 반드시 高下와 淸濁이 있으면 또한 반드시 12律로 조화하여야 이에 文을 이루어 어지럽지 않으니, 이른바 律은 소리를 조화한다는 것이다. 사람의 소리가 이미 和하였으면 이에 그 소리를 八音에 입혀서 음악을 만들면 화합하지 않음이 없어 서로 침해하거나 어지러워 그 차례를 잃지 않아 조정에서도 연주하고 郊祭와 廟祭에도 올려 神과 사람이 화합할 수 있다. 聖人이 음악을 만들어 性情을 함양하고 人材를 육성하며, 鬼神을 섬기고 上下를 화평하게 하셨으니, 그 體用과 功效의 廣大하고 深切함이 마침내 이와 같았는데, 지금은 모두 다시 볼 수 없으니, 이루 다 탄식할 수 있겠는가.(소학 입교 6)

* 孔子께서 말씀하셨다. 詩에서(착한 것을 좋아하고 나쁜 것을 싫어하는 마음을) 興起시키며, 禮에 서며, 樂에서 完成한다.(논어 태백 8)

* 孔子께서 평소 늘 말씀하시는 것은 詩와 書, 그리고 執禮(禮를 지키는 것)였으니 ……
詩로써 性情을 다스리고, 書로써 政事를 말하고, 禮로써 節文을 삼가니, 모두 일상생활의 실제에 절실하다. 그러므로 항상 이것을 말씀하신 것이다. 禮에 있어서만 유독 지킨다고 말씀한 것은 사람이 잡아서 지켜야 할 것을 가지고 말한 것이요, 비단 외우고 말할 뿐만이 아니기 때문이다.(논어 술이 17)

* 『詩經』 3백 편의 뜻을 한마디의 말로 대표할 수 있으니, '생각에 간사함이 없다'(思無邪)는 말이다.(논어 위정 2)

* 張子가 말하였다. 옛날 童子를 가르칠 때에 먼저 춤으로 한 것은 그 몸을 유연하게 하고자 해서이니, 마음이 가라앉으면 기운이 화해지고, 기운이 화하면 몸이 유연해진다. 옛날 冑子를 가르칠 때에 반드시 음악으로 한 것은 그 몸을 화하게 하고자 해서이다. 배우는 자는 뜻을 세우고자 하고, 몸은 화하고자 한다.(소학 입교 2)

* 小學의 교육 방법은 물 뿌리고 쓸며 응하고 대답하며, (집에) 들어와서는 효도하고 나가서는 공손하여, 동작이 혹시라도 어긋남이 없게 하는 것이니, 이것을 행하고 餘力이 있거든 詩經을 외우고

書經을 읽으며, 읊고 노래하며 춤추고 뛰어, 생각이 혹시라도 넘음이 없게 하는 것이다.(소학 제사)

* 道란 것은 須臾라도 떠날 수 없는 것이니, 떠날 수 있으면 道가 아니다. 이러므로 君子는 그 보지 않는 바에도 戒愼하며, 그 듣지 않는 바에도 恐懼하는 것이다.(중용 1)

* 윗사람에게서 싫었던 것으로써 아랫사람을 부리지 말며, 아랫사람에게서 싫었던 것으로써 윗사람을 섬기지 말며, 앞사람에게서 싫었던 것으로써 뒷사람에게 加하지 말며, 뒷사람에게서 싫었던 것으로써 앞사람에게 따르지 말며, 오른 쪽에게서 싫었던 것으로써 왼쪽에게 사귀지 말며, 왼쪽에게서 싫었던 것으로써 오른 쪽에게 사귀지 말 것이니, 이것을 일러 矩로 재는 道라고 하는 것이다.(대학 10)

* 孔子께서 말씀하셨다. 어진 이의 行動을 보고는 그와 같기를 생각하며, 어질지 못한 이의 행동을 보고는 안으로 스스로 반성해야 한다.(논어 이인 17)

* 孔子께서 말씀하셨다. 세 사람이 길을 감에 반드시 나의 스승이 있으니, 그중에 善한 자를 가려서 따르고, 善하지 못한 자를 가려서 자신의 잘못을 고쳐야 한다.(논어 술이 21)

* 孟子께서 말씀하셨다. 남을 사랑해도 친해지지 않거든 그 仁을 돌이켜보고, 사람을 다스려도 다스려지지 않거든 그 智를 돌이켜보고, 사람에게 禮를 해도 답례하지 않거든 그 敬을 돌이켜보아야 한다. 行하고도 얻지 못함이 있거든 모두 자신에게 돌이켜 찾아야 하니, 자신이 바루어지면 천하가 돌아오는 것이다.(맹자 이루 상 4)

* 孔子께서 말씀하셨다. 君子는 자신에게서 찾고, 小人은 남에게서 찾는다.(논어 위령공 20)

* 仁者는 활쏘기 하는 것과 같으니, 활을 쏘는 자는 자신을 바로 잡은 뒤에야 발사하여, 발사한 것이 맞지 않더라도 자신을 이긴 자를 원망하지 않고 돌이켜서 자신에게서 찾을 뿐이다.(맹자 공손추 상 7)

* 孔子께서 말씀하셨다. 활쏘기는 君子의 자세와 같음이 있으니, (활을 쏘아) 正鵠을 잃으면 자기 몸에 돌이켜 찾는다.(중용 14)

* 曾子가 말씀하였다. 나는 날마다 세 가지로 내 몸을 살피노니, 남을 위하여 일을 도모해 줌에 충성스럽지 못한가? 朋友와 더불어 사귐에 성실하지 못한가? 傳授받은 것을 복습하지 않은가이다.(논어 학이 4)

* 그 길을 버리고 따르지 않으며, 그 마음을 잃어버리고 찾을 줄을 모르니, 애처롭다. 사람이 닭과 개가 도망가면 찾을 줄을 알되, 마음을 잃고서는 찾을 줄을 알지 못하니, 학문하는 방법은 다른 것이 없다. 그 放心을 찾는 것일 뿐이다.(맹자 고자 상 11)

* 孟子께서 말씀하셨다. '마음을 수양함은 욕심을 적게 하는 것보다 더 좋은 것이 없으니 그 사람됨이 욕심이 적으면 비록 보존되지 못함이 있더라도 보존되지 못하는 것이 적을 것이요, 사람됨이 욕심이 많으면 비록 보존됨이 있더라도 보존된 것이 적을 것이다.' (맹자 진심 하 35)

* 반드시 義를 集積시키는 일이라면, 그 일을 멈추지 말고, 마음을

밍령되이 깇지 밀며, 지나지세 助長하지 밀라.(맹사 공손추 상 2)

* 孟子께서 말씀하셨다. 마음의 기능은 생각하는 것이므로 생각하면 얻을 수 있고 생각하지 않으면 얻지 못한다.(맹자 고자 상 15)

* 진실로 마음을 쓰지 않으면, 생각지 못하니 얻지 못할 뿐 아니라 보아도 보이지 않고, 들어도 들이지 않으며 먹어도 그 맛을 알지 못한다.(대학 전 7)

* 弟子가 들어가서는 孝하고, 나와서는 恭遜하며, (행실을) 삼가고, (말을) 성실하게 하며, 널리 사람들을 사랑하되 仁한 이를 친히 해야 하니, 이것을 행하고 餘力이 있으면 글을 배워야 한다.(논어 학이 6)

* 널리 배우며, 자세히 물으며, 신중히 생각하며, 밝게 분변하며, 독실하게 행하여야 한다.(중용 20)

* 배우지 않음이 있을지언정 배울진댄 능하지 못하거든 놓지 말며, 묻지 않음이 있을지언정 물을진댄 알지 못하거든 놓지 말며, 생각하지 않음이 있을지언정 생각할진댄 알지 못하거든 놓지 말며, 분변하지 않음이 있을지언정 분변할진댄 분명하지 못하거든 놓지 말며, 행하지 않음이 있을지언정 행할진댄 독실하지 못하거든 놓지 말아, 남이 한 번에 능하거든 나는 백번을 하며, 남이 열 번에 능하거든 나는 천 번을 하여야 한다.(중용 20)

• 저자 •

서은숙
(徐恩淑)

• 약 력 •

1962년 서울 출생

서울대학교 국민윤리교육과 학사, 석사, 박사
독일 Aachen 대학교 철학부(교육철학) 박사수료
서울대 BK21 아·태교육발전연구단 박사후연구원
미국 Connecticut 주립대학교 철학과 Visiting Scholar
서울대, 서울교대, 경인교대, 춘천교대, 공주교대, 청주교대 등 강의
현재 동국대 문과대학 윤리문화학과 조교수

• 주요논저 •

「理 哲學의 두 가지 유형에 따른 倫理思想과 自然觀-주자,
  나흠순, 이황, 이이를 중심으로」
「王夫之의 氣 哲學과 倫理思想」
「儒家의 省察을 통한 도덕과 교육」
「李滉의 「言行錄」에 나타난 道德的 主體性 教育論」
「栗谷의 教育思想」
「高峰 心學의 教育思想 一考察」
「公職倫理定立을 위한 조선 왕조 정치사회에서 淸白吏의
  기능에 관한 연구」
「霞谷 鄭齊斗의 良知說과 倫理思想」
「儒家 倫理와 佛敎 倫理의 會通」
「21세기 글로벌 윤리 확립을 위한 일고찰」
「한국 도덕과 교육의 방향」
『原典 資料와 함께 살펴 본 韓國 思想과 教育 倫理』(공저)
『東洋 思想의 理解』(공저)

외 다수

동양윤리교육론

• 초판 인쇄	2007년 2월 28일
• 초판 발행	2007년 2월 28일
• 지 은 이	서은숙
• 펴 낸 이	채종준
• 펴 낸 곳	한국학술정보㈜
	경기도 파주시 교하읍 문발리 526-2
	파주출판문화정보산업단지
	전화 031) 908-3181(대표) · 팩스 031) 908-3189
	홈페이지 http://www.kstudy.com
	e-mail(출판사업부) publish@kstudy.com
• 등 록	제일산-115호(2000. 6. 19)
• 가 격	22,000원

ISBN 978-89-534-6150-5 93150 (Paper Book)
　　　978-89-534-6151-2 98150 (e-Book)